国家级一流本科专业课程配套教材 · 新形态教材

新时代高等学校会计学、财务管理专业基础课程精品系列

面向 21 世纪课程教材
Textbook Series for 21st Century

"十二五"普通高等教育本科国家级规

iCourse · 教材

会计学基础（第五版）

主编 刘峰 潘琰 林斌

中国教育出版传媒集团

高等教育出版社 · 北京

内容简介

　　本书是面向 21 世纪课程教材"十二五"普通高等教育本科国家级规划教材。本书是会计学的入门教材，是在第四版的基础上修订而成，全书共八章。其中，第一章用达尔文的演化思想来解释并定位会计在人类社会发展中的角色；第二至五章是会计循环，由简到繁，介绍会计循环的基本原理与应用；第六章结合最新的发展，介绍内部控制的原理与应用；第七章是财务报表的编报与基本财务分析；第八章对会计基本理论与方法做了简要讨论，以帮助读者更好地理解会计学的原理与应用。

　　为了增加本教材的趣味性、可读性，我们尽量避免采用抽象的理论讨论与阐述，而代之以市场上常见的公司案例、日常故事，并以二维码的形式加入延伸阅读、在线测评题等内容。本书不仅适合作为大学本科教材，也可以作为自学读物。

图书在版编目（ＣＩＰ）数据

　　会计学基础 / 刘峰,潘琰,林斌主编 . -- 5 版 . --
北京：高等教育出版社，2023.6（2024.8重印）
　　ISBN 978-7-04-060133-6

　　Ⅰ．①会… Ⅱ．①刘… ②潘… ③林… Ⅲ．①会计学
－高等学校－教材 Ⅳ．①F230

　　中国国家版本馆CIP数据核字(2023)第035070号

会计学基础

KUAIJIXUE JICHU

| 策划编辑 | 雷　雪 | 责任编辑 | 雷　雪 | 封面设计 | 马天驰 | 版式设计 | 张　杰 |
| 责任绘图 | 李沛蓉 | 责任校对 | 张　然 | 责任印制 | 刘弘远 | | |

出版发行	高等教育出版社	网　　址	http://www.hep.edu.cn
社　　址	北京市西城区德外大街 4 号		http://www.hep.com.cn
邮政编码	100120	网上订购	http://www.hepmall.com.cn
印　　刷	唐山市润丰印务有限公司		http://www.hepmall.com
开　　本	787 mm×1092 mm　1/16		http://www.hepmall.cn
印　　张	19.5	版　　次	2000 年 7 月第 1 版
字　　数	450 千字		2023 年 6 月第 5 版
购书热线	010-58581118	印　　次	2024 年 8 月第 3 次印刷
咨询电话	400-810-0598	定　　价	53.00 元

总 前 言

根据教育部《关于积极推进"高等教育面向 21 世纪教学内容和课程体系改革计划"实施工作的若干意见》的要求,我们组织了长江以南设有会计专业博士点和硕士点的院校中的会计学者(主要是中青年会计学家),在进行教学内容改革和科研的基础上,分工编写高等学校会计学专业主干课程系列《会计学基础》《财务会计》《管理会计》《成本会计》《财务管理》和《审计学》六本教材以及配套使用的《财务会计习题集》《审计学案例》两本辅助用书。

在世纪之交,世界许多国家,包括发达国家和发展中国家都对 21 世纪的会计教育改革进行了探索和研究。从世界各国会计教育改革与发展的大环境考虑,根据我国建设具有中国特色的社会主义的总要求,改革和建立高等会计教育的教学内容与课程体系,不仅非常紧迫而且十分重要,它关系到 21 世纪我们应培养什么样的高级会计专门人才,才能适应我国经济建设不断深入、开放不断扩大的需要。

21 世纪,我国的经济和社会状况已经并将继续发生深刻的变化。世界科学技术在高速发展,我国的会计与国际会计惯例接轨的趋势明显加快;我国将建立起社会主义市场经济体制和与它相适应的中国会计核算规范体系;会计学的各门分支学科和新领域的不断出现正迫使我们去认真地探索研究;社会对会计高级专门人才的需求,在数量、结构和质量、规格方面都有巨大的变化。这一切,都对高等会计教育改革提出了很高的要求。

本套教材的各位主编、副主编及负责主审的专家们,面对上述严峻形势,深感编、审任务紧迫而艰巨,责任光荣而重大!

本套教材将以邓小平关于"面向现代化,面向世界,面向未来"的教育理论为指针,在课程设置和教学内容的改革中注重素质教育,注重学生能力的培养,全面贯彻国家的教育方针。教材的体系与内容努力突出起点高、立意新和整体性强的特点,力求立足中国,放眼世界,把理论联系实际和继承、借鉴恰当地结合起来。

为了达到上述要求,我们在编写力量组织上也做了改革。编写的重担全部委托给中青年学者,老专家则协助把好质量关。各本教材的主编均为博士,绝大多数是教授或博导,副主编也均为副教授以上的专家,老一辈的会计学家担任主审,与主编共同定稿。

由于各方面对这套教材的期望与要求很高,而编写的难度又较大,书中难免存在一些缺点与疏漏,敬请专家、读者给予批评指正。

葛家澍

2000 年 2 月

2018 年秋季,本教材第四版修订出版;2020 年 1 月,新冠疫情暴发。持续近三年的新冠疫情,不仅给人类带来严峻的挑战,也给全球经济造成了影响,进一步验证了"人类命运共同体"的存在性与有效性。数智化时代,这一趋势更加凸显。这一变化促使本教材编写者从更基础的层面来思考会计,并将这一思考所得体现在本次修订上。

本教材的修订,体例、格式都没有大的变化。变化的部分主要包括:更新相关法律、法规以及数据、案例等,补充最新发生的市场事件,让学生能够学习到最新的知识,加深对会计的理解;增加智能财务的相关知识,为学生将来系统地学习相关课程打下基础;将一些拓展阅读内容以二维码的形式附在书中,以开阔学生的视野,提升教材的趣味性与可读性;增加在线测评题,答题后可查看成绩和答案,使学生随时了解自己对知识点的掌握情况。

传统的教材都倾向于从服务微观企业的视角来定义会计。本教材从第一版开始,就将会计定位于解决人类社会发展过程中的"信任"问题;本次修订,则进一步拓展这种思考,包括从"会计:人类社会共同'基因'""没有复式簿记,就没有资本的观念"等角度,讨论会计在人类生活发展中不可替代的作用。

本次修订,还是延续之前的合作与分工,刘峰教授团队负责第一章和第八章,并通读全书;林斌教授团队负责第二至第四章;潘琰教授团队负责第五至第七章。此外,福州大学林琳教授、中山大学严韶俊研究生、厦门大学研究生陈家辉、屠雨泽、杨子越等也参与了本次修订工作。

新文科建设的主要目标就是推进学科交叉融合。会计学长期被视为一门艰涩、高冷的专业学科。我们期望通过本教材,能够让更多学生愿意接触、学习会计;培养有理想、敢担当、能吃苦、肯奋斗的新时代好青年;推动学生能够从"人类命运共同体"的角度更宏观地把握会计;创建高质量的教育教学创新体系。

我们期待读者的批评与建议。

2023 年 2 月

第四版前言

2009年修订出版第三版，在间隔近10年后，我们这个团队又重新聚在一起，讨论修订再版。感谢互联网和微信，让分处三个城市且经常出差的我们，讨论起来几乎是无缝链接，也成就了今天的第四版教材。按照惯例，还是要有一个前言，介绍一下作者修订教材时的具体想法与考虑。

过去这10年，是我国、也是世界范围内大变革的年代。移动互联网、大数据、人工智能、云服务等的日益普及，给社会带来的变化与冲击是全方位的；相应地，社会经济环境已经并持续地处于改变之中。这些变化无疑会对会计提出各种新的挑战，也带来各种新的改变。在本教材中我们希望能够引导、帮助读者去思考、关注这些变化。

除了上述改变外，本版教材还根据新的会计准则的思想，对部分内容进行更新；鉴于内部控制在过去这一段时间变化非常大，本版也对"第六章内部控制"进行了专门的修订。我们在行文中还尽力揉进最新的经济理念、商业发展模式等，并引导学生讨论与思考这些发展对会计的可能影响。

从2000年本教材初版，到2018年的第四版，这将近20年的时间里，我们对会计的认识也在不断进化。从第一版主要以经济学的思想来讨论，到第四版中尝试融入达尔文的演化思想与基因观等，我们对会计在社会发展中所担负的角色的认识，在不断改变，或者说，处于不断更新中。我们也希望把这种认识上的改变传递给读者，并逐步改变人们对会计的认识仅停留在记账、算账、报账上的现状。

苔花如米小，也学牡丹开。这是清代诗人袁枚的一句诗。用它来说明我们的这本小书，也不无道理。我国每年出版的会计学原理类教材，不下百种；这本书就是如米粒般微小的苔花，毫不起眼，但是，它也要努力绽放，尽管没有牡丹那般气势与风度，但是，姿势、态度，不能少。

再一次感谢读者的包容与批评。你们的支持，是我们不断修订完善、成为经典之作的动力源。

2018年7月

第一版前言

编写一本融知识性、趣味性于一体的会计学入门教材,让初学者不至于一开始就因大量的专业术语而对会计学丧失兴趣或产生畏惧心理,是我们的最大愿望。编写这本教材之前,我们也先后在其他一些教材中做了尝试,但仍然没有完全摆脱原有会计学入门教材的框架。葛家澍教授主持的教育部"面向21世纪会计学系列课程及其教学内容改革研究与实践"项目组要求我们编写一本会计学入门教材,使我们萌生再试一次的想法。该系列教材编写委员会的各位指导老师对我们的想法给予了大力支持,特别是葛家澍教授、王松年教授、吴水澎教授等,认真听取了我们的设想,并提出了很多宝贵的意见。从1999年6月确定提纲,到12月完成初稿,其间反复推敲,不少章节称得上是"数易其稿"。最后完成的书稿,其总体结构仍然保持了会计学原理教材的特点,即以讲授复式簿记方法为主,但在各章节的安排上做了较大变动。例如,第一章总论部分,改从经济学的基本假设入手,以一个具体的例子说明会计产生的原因及它在现代社会所具有的作用。在此基础上,介绍了会计学科的基本框架。在给学生一个大致的会计印象后,第二章开始进入会计循环部分。其中,第二、三章分别介绍会计循环的基本方法,如复式记账、登记账簿等。第四章以一个制造业的例子,将会计循环的内容逐步深化。行文中,我们还穿插了一些报纸、杂志上可见的实例,并加以讨论、分析,以期学生能将书本学习与现实生活结合起来。第五章介绍内部控制。第六章是财务报表的编制与简单分析。第七章介绍了会计的一些基本理论,也包括会计信息的局限性、会计职业道德等内容。

本书是在各位作者共同参与下完成的,各章编写分工是:第一、七章,刘峰;第二章,林斌;第三章,林斌、任永平;第四、五章,潘琰;第六章,潘琰、任永平。刘峰担任主编。1999年12月在厦门大学召开的审稿会上,王松年教授和王治安教授对初稿进行了逐字逐句的审读,从全书结构到具体措辞,提出了全面的修改意见。王松年教授还不辞辛劳,将相关外文原版教材从上海带到厦门,以供我们开阔思路。按照两位主审教授的意见,我们又对书稿进行了修改,章永奎协助对全书的文字、数据进行了校订。

尽管我们尽了最大努力,但水平所限,书中难免会有一些疏漏不妥之处,恳请各位读者提出宝贵意见。

编 者
2000年2月25日于中山大学善衡堂

目　录

第一章　导论 ……………………………………………………………………………… 1

　　第一节　会计为什么而存在 …………………………………………………… 2

　　第二节　会计在现代社会中的作用 …………………………………………… 9

　　第三节　会计：一个不断发展的学科 ………………………………………… 19

　　本章小结 ………………………………………………………………………… 24

　　关键词 …………………………………………………………………………… 25

　　即测即评 ………………………………………………………………………… 25

　　案例分析 ………………………………………………………………………… 25

　　思考题 …………………………………………………………………………… 25

第二章　会计循环Ⅰ：会计恒等式与复式记账 ………………………………… 27

　　第一节　交易、事项分析与会计恒等式 …………………………………… 27

　　第二节　复式记账原理 ……………………………………………………… 41

　　本章小结 ………………………………………………………………………… 54

　　关键词 …………………………………………………………………………… 54

　　即测即评 ………………………………………………………………………… 55

　　案例分析 ………………………………………………………………………… 55

　　思考题 …………………………………………………………………………… 55

　　附录 ……………………………………………………………………………… 56

第三章　会计循环Ⅱ：会计凭证与会计账簿 …………………………………… 58

　　第一节　原始凭证 ……………………………………………………………… 59

　　第二节　记账凭证 ……………………………………………………………… 63

　　第三节　会计账簿 ……………………………………………………………… 67

　　第四节　过账与调整前试算平衡 …………………………………………… 75

　　本章小结 ………………………………………………………………………… 79

　　关键词 …………………………………………………………………………… 80

即测即评 ··· 80

案例分析 ··· 80

思考题 ··· 81

附录一 ··· 81

附录二 ··· 85

附录三 ··· 95

第四章 会计循环 III：账项调整与财务报表 ···················· 97

第一节 编制期末账项调整分录 ····························· 98

第二节 编制财务报表 ··· 104

第三节 结账及转回分录 ······································ 108

本章小结 ·· 110

关键词 ·· 110

即测即评 ·· 111

案例分析 ·· 111

思考题 ·· 112

附录一 ·· 113

附录二 ·· 115

附录三 ·· 118

第五章 会计循环 IV：制造业的经济活动和会计循环 ·········· 122

第一节 制造业企业及其经营循环 ························· 122

第二节 筹资业务核算 ··· 123

第三节 材料采购业务核算 ··································· 126

第四节 产品生产业务核算 ··································· 131

第五节 销售业务核算 ··· 135

第六节 财务成果核算 ··· 137

第七节 资金退出企业的核算 ······························ 142

本章小结 ·· 142

关键词 ·· 143

即测即评 ·· 143

案例分析 ·· 143

思考题 ·· 167

第六章 内部控制 ·······168

第一节 内部控制的基本原理 ·······169

第二节 现金和存货的内部控制 ·······180

第三节 财产清查 ·······191

本章小结 ·······198

关键词 ·······198

即测即评 ·······198

案例分析 ·······198

思考题 ·······200

第七章 财务报告:会计系统的"产品" ·······201

第一节 财务报表与财务报告 ·······201

第二节 工作底稿 ·······208

第三节 利润表:特定期间的业绩 ·······226

第四节 资产负债表:特定时点的财务状况 ·······230

第五节 现金流量表:现金从哪来,又到哪里去 ·······234

第六节 财务报表信息的再加工:报表分析 ·······244

本章小结 ·······259

关键词 ·······260

即测即评 ·······260

案例分析 ·······260

思考题 ·······260

第八章 会计理论与会计准则 ·······262

第一节 会计理论:一种解构性讨论 ·······263

第二节 会计基本假设与会计原则 ·······267

第三节 会计准则及其制定 ·······282

第四节 会计与经济环境:共生与互动 ·······286

本章小结 ·······290

关键词 ·······290

即测即评 ·······291

案例分析 ·······291

思考题 ·······291

主要参考文献 ·······293

第一章
导　论

在本章中，你将学到——

- 什么是企业
- 会计为什么而存在
- 会计学科是如何产生、发展的
- 会计学科的主要分支有哪些

每年高考结束，学生和家长都要研究志愿填报。除了考虑具体什么地点、什么大学外，专业也是学生和家长们考虑的因素之一。目前，中国的家长对孩子志愿的建议，很多时候还是从未来就业考虑而建议孩子选择会计专业，因为会计专业是目前大学所开设专业中就业面最广的，可以说，只要你持有会计专业毕业证，你可以叩开任何一个单位的大门，递上简历，询问对方是否有空缺。任何一家有一定规模的组织，包括企业和各种非企业组织，都必须要设立会计岗位。

不知道各位同学思考过没有，为什么每个单位都必须要设立会计岗位？虽然在数年前社会就在唱衰会计，认为大数据和人工智能时代，会计是最容易被淘汰的岗位。2015年9月11日，英国媒体BBC刊发一则题为《机器人会抢你的饭碗吗？》的文章，其中与会计相关的多个岗位都被认为存在较高的概率会被计算机化而淘汰。一些中文媒体以"会计将会被AI淘汰"为标题，进行宣传。但是，即便如此，会计仍然是目前高校中学生人数较多的专业，同时，也是各大企业招聘中的热门岗位。会计职业，不会因为外界的各种质疑、批评而萎缩。

我们来看大家都熟悉的故事——《水浒传》，梁山上是否设有会计岗位？答案是肯定的。《水浒传》第七十一回中，一百零八将受封，除了掌管钱粮头领外，还有"掌管考算钱粮支出纳入"人员等不同角色。一个以"打家劫舍"为"主营业务"的山寨上，为什么还要设立会计岗位？另一部经典作品《红楼梦》，说的是以贾府为主线的几大家族的悲欢离合，会计也同样存在，并且出任会计的王熙凤和探春都是书中的主要角色。推而广之，大到国家，小到家庭，都有会计的身影存在。全社会会计从业人员超过2 000万人，在所有专业技术岗位中，应当是从业人员总量最多的职业之一。问题是：为什么每个组织——无论大小——都需要会计？会计为什么而存在？或者说，社会为什么需要会计？社会需要会计干什么？对这些问题的回答，将构成第一章的主体内容，也是我们整个会计学入门课所要讨论的。我们只有能够回答"会计为什么而存在"这一最基本的问题，才能够比较好地把握会计在经济社会中的地位、作用，从而能够更有效地形成一个关于会计的总体框架。

比梁山（或贾府）会计问题更进一步，我们将会计的产生追溯到人类社会最早期的一些活动。例如，"腓尼基人（Phoenician）创造字母仅仅是为了会计"；"世界上最早的文献是账单和字典，那并不是偶然的。这些东西,揭露了促成苏美尔文字发明之迫切的实际需要"[①];"结绳记事"同样也与会计有关。而当人类社会进入有组织的集权政府时期,会计成为当时政府职能部门的一个部分,如我国西周就已经设立了"司会"职位来掌管国家和地方的"百物财用";到了现代社会,会计更是成为一个无所不在的职业,任何一个企业单位都必须设立会计部门,任何一个非营利组织,如学校、医院也都要设立会计部门;此外,还有一些会计从业人员单独组成会计师事务所,为社会提供专业的会计服务。

延伸阅读
会计学通识课:
理论与实践

作为一个职业,会计可以说是无处不在。那么,对一个会计初学者来说,可能更感兴趣的问题是:会计究竟是做什么的? 为什么大到国家、中到企业、小到家庭[②],都需要有会计? 会计到底在其中扮演一个什么样的角色? 会计职业是"常青树"还是"流星雨"? 会计学科最具特色的内容和方法有哪些? 此外,作为一个会计专业的学生,我们在大学期间应当如何学习,以便为未来的职业发展奠定一个良好的基础? 等等。

作为会计学的第一门课,我们希望通过对上述问题的回答,为各位会计初学者提供一个关于会计学的总体框架,帮助各位在学习具体的会计知识时能够"既见树木,又见森林",形成一个比较完整的"会计观"[③]。

第一节　会计为什么而存在

社会在不断发展与进步。在这一发展过程中,社会变革、技术进步不断催生出新的职业阶层,同时也不断淘汰那些不为社会所需的旧的职业阶层。"三百六十行,行行出状元",如果认真分析从古到今的"行",我们会发现,"行"的变化非常大。即便从 2000 年起——本书的读者群已经出生——来讨论,也有很多"行"经历了由兴到衰或从萌芽到退出的现象。以互联网和数码技术为例,它们的出现、应用与普及催生了很多新行业,也淘汰了很多旧行业。比如,苹果公司的创始人乔布斯,通过 iPod 和 iTunes 的方式推广音乐,直接改变了唱片发行行业及其惯例,传统的音乐销售渠道逐渐萎缩;数码技术应用到摄影领域,导致传统的胶片摄影技术、相关产品制造等被淘汰,佳能、尼康转型成功,仍然能够领潮于数码领域,但柯达就陷入困境,相应的"行"面临淘汰;计算机产品也在面临不断的更新换代,如优盘和移动硬盘的出现不仅彻底淘汰了软磁盘与驱动器生产厂家,对计算机存储介质的其他生产厂商也带来了冲击;互联网的广泛应用同样催生了一些新的"行当",包括直接依附于互联网的技术研发、互联网设备的研发与制造等,也包括因为互联网应用而间接产生的"行当",如阿里巴巴、京东一类的新商业模式,同样,一些行业和岗位也因此被淘汰,如印刷行业的植字工人、电报收发员等。20 世纪 90

---

①　柴尔德.远古文化史 // 文硕.西方会计史.北京:中国商业出版社,1987:4.

②　当然,现在最常见的家庭就是父母与孩子三个人,并不一定需要会计,但是,家里有多少收入,钱如何使用,爸爸、妈妈还是要经常考虑的。如果家庭规模足够大(像《红楼梦》中贾府那样的家庭),会计和账本就是必需的。

③　这里所说的会计观,包括三个层面的含义:首先,你应当了解会计(知其然),这也是绝大部分教材所努力的方向;其次,在此基础上,你还应当"知其所以然",理解会计发展背后的规律性因素;最后,你要能够做到自我学习、自我更新知识,这样,未来即便你们大学毕业后,也能永远保持自己对会计的知识不落后、不过时。

年代起,中国逐渐建立资本市场,到 2022 年 12 月 31 日,上海、深圳、北京三家证券交易所超过 5 000 家公司挂牌上市,由此同样引发了很多新兴的"行",包括会计专业学生未来就业的会计师事务所。尽管会计师是国际上一个古老的职业,但在中国,却是一个新兴行业。

从社会的发展与演变角度来看,几乎每年都有一些行业或职业因为不能为社会提供其独有的价值而被淘汰,也有一些新兴的行业或职业因为适应了社会的需求而兴旺、发达。基于人工智能的"机器人"概念几乎波及每一个行业,但是也有一些非常古老的职业至今仍然保持勃勃生机。如果说早年主要是富士康一类的加工类型企业用机器人代替流水线操作工人,那么高盛、摩根大通等投行用机器人代替投行工作人员的部分日常工作,普华永道和德勤的机器人代替注册会计师的部分日常工作,就是对我们各位同学有直接冲击的事情了。相应的问题是:会计这个职业会被机器人所代替吗?

对以会计为专业的大学生来说,如果未来会计职业也是一种"流星雨",显然不能为我们带来"终身依靠";果真如是,则它也不值得我们投入四年的时间和精力。会计究竟是"流星雨",还是"常青树"? 要对这一问题做出准确、全面的回答需要涉及的知识较多。下面,我们尝试从一些基本的经济学知识出发,讨论会计为什么会无处不在。为了简化讨论,除非特别说明,下文所说的会计都是指企业会计。

一、无处不在的会计与盈余观念

我们在日常的生活或工作中,经常会说一句口头禅,就是:这件事,我亏大了;或者,亏本的买卖不做。而我们同学在上大学之前,爸爸妈妈替你管理一切,上大学之后,需要学习的一件事情就是"量入为出"。这些日常生活中的智慧,背后包含了什么样的思想? 它与会计有什么必然的内在联系?

经济学是问题导向的,或者说,是实务导向的。会计学也是如此。在讨论会计学的一些基本问题时,离不开对现实经济环境的归纳和总结。但是,由于现实经济环境复杂、多变,不同的人所提及的经济环境往往差异甚远。为了简化讨论,下面我们首先从经济学和管理学都共同关注的一个抽象概念——企业——开始。

出于简化,我们将企业界定为人的利益联合体。每个人加入或离开一个企业,所考虑的都是自我利益或效用的最大化。无论是企业作为一个整体,还是企业内的每一个成员,他们首先要面对的就是有限资源的约束。

经济学的最基本前提应当是资源的有限性(limited resource)和稀缺性(resource scarcity)。如果社会资源无限、人人都能轻易地取得所有他(她)想要得到的份额,或者说,人类的需求能够完全得到满足,那么,就无所谓效用最大化或经济效益。正是由于社会资源是稀缺的,才促使人们尽一切可能去提高经济效益,以最大化地满足各自的需求。

延伸阅读
企业的性质:
公司治理角度的分析——一个解构性假说

在现实经济社会中,资源稀缺性和有限性不是前提假设,而是现实。"鱼与熊掌,不可得兼",本身就表明资源的有限性。资源有限不仅是指自然资源有限(如石油、土地等不可再生资源),也包括一些人为设定的有限性和稀缺性。比如,2022 年 2 月在北京举办的冬季奥运会,金牌总数有限(总共只有 109 枚);同样,我们在人生道路上都需要经历各种各样的竞争,也都有

胜负、高低等区别,比如你们参加的高考和大学录取竞争。自古以来,人们所说的努力、追求、拼搏等就是通过竞争来赢得有限的机会、有限的资源。企业竞争、优胜劣汰,同样因为市场容量有限,只有那些能够把握住市场变化的企业,才能获得生存所需要的资源。

资源稀缺不仅体现在现实世界物质资源的有限,还表现为人们没有足够的时间获取及消费物质资源。"吾生也有涯,而知也无涯"。"生有涯",决定了不仅"知无涯",而且其他各种活动也都"无涯",即不可能全部实现。现代科学发展越来越复杂,分工越来越细致,大学里的专业设置越来越细化,这也是"知无涯"的体现。

由于资源稀缺和有限,企业必须要在激烈竞争的市场环境中获胜,以最大限度地取得原本就十分有限的资源。如果企业在竞争中失败,将会面临被淘汰的处境,没有资源可以分配。竞争获胜,才能够存活,这就是达尔文主义的基本思想。

达尔文主义的思想是英国生物学家达尔文于19世纪提出的,其核心思想就是"物竞天择,适者生存"。无论是自然界还是人类社会,都会根据环境的变化进行调整,那些不能调整的物种就会被逐渐淘汰。

借鉴这一思想,Alchian(1950)提出了后来被称为"经济学达尔文主义"的理论[①],核心内容包括:充分竞争的市场环境就如同达尔文所说的自然环境;企业在竞争激烈的市场环境中,只有做得比同类企业好,才能够存活下来;由于不确定性、有限信息等条件的约束,企业成功更多的是一种偶然或机遇,包括利润最大化等只能是"口号",不能为企业的成功增加机会;在竞争激烈的市场环境下,人们只能通过"试错"的方式来探索有效的管理方法,包括模仿与借鉴成功企业的"成功"方法;在这一过程中,那些能够被绝大部分企业共同或广泛采用的方法,就应该是有效的方法。

竞争激烈的市场环境会自动淘汰那些在竞争中处于劣势的企业,而企业为了活下来,首先要做到的是"不亏",即企业的各项经营活动能够做到收支平衡;当然,竞争激烈的环境对企业的要求不仅是"不亏",而且要最大限度地实现利润最大化。利润最大化的确定就涉及一系列基本问题,包括:究竟什么是收入? 费用到底如何确定? 利润的实质含义是什么? 如何才能知道并确定企业是盈利还是亏损? 这些问题都是会计才能够清晰、明确回答的。

竞争压力和生存选择迫使企业的经营活动必须要遵循一些基本原则,其中,核心原则应该是效益原则,即企业的经营活动最终必须要"以收抵支,实现盈利"。

"以收抵支,实现盈利"不仅是企业行为的核心原则,它也贯穿于整个人类社会,包括我们个人。其实,每个人在他(她)的日常生活中都自觉或不自觉地在考虑效益问题。可以说,我们日常生活中都自觉或不自觉地在应用会计的基本思想或观念,如上文所说的亏本的买卖不能做,或者合算的事情才能做。经济学还为此专门用了一个术语来界定,即经济学上广泛讨论的经济人(economic man)的概念。

与道德意义上的人不同,经济学假定人是理性的经济人(rational economic man),他们通过各种努力追求自身利益最大化。这种"自身利益",可以是通常意义上的物质利益或经济利益,

---

① Armen Alchian. *Uncertainty*, *Evolution*, *and Economic Theory*. Journal of Political Economy, 1950, 58(3).

如取得高额的经济报酬;也可以是精神上的,如求得社会认同或博得"留取丹心照汗青"①。当然,经过长期的发展,社会已经形成了一套严格的法律制度来保护各种现存的利益关系。追求个人利益最大化,只能在法律框架内或法律没有明令禁止的范围内进行②。如果采取违反法律规定的方式来实现个人利益最大化,会受到严惩(包括法律的惩罚和社会道德舆论的谴责)。因此,任何经济人在追求自身利益最大化时,都必须要理性地选择那些所得高于所费的行为,舍弃所费大于所得的方案。

换言之,效益的考虑也贯穿于我们日常生活的几乎每一个环节。我们都知道,无论是个人、家庭、还是企业、组织、甚至政府,只有量入为出,生活才能继续;若入不敷出,则日子难以为继。在一个充分竞争的市场上,还需要我们面对多变、竞争的市场环境能够做到在竞争中胜出,获取收益乃至利润,存活下来,并不断发展壮大。这种对收入、支出或成本的考量,已经成为人们日常生活的一部分。而这些实际上就是会计最基础的内容。或者说,会计观是我们每个人在竞争激烈且优胜劣汰的市场环境下所必须拥有的。或许你没有意识到,但实际上,我们每个人都是我们自己的会计,日常生活中,我们经常会自觉或不自觉地进行收入、支出的对比。事实上,计算、比较得失,选择有利的行动方案,是我们每个人面对各种选择时的一种本能反应。按照达尔文的"适者生存"思想,这也是一种长期选择的自然结果。从这一意义上,我们甚至可以说,会计的观念已经融入我们每个人的血液当中。

二、信任:企业存在与发展的前提条件

理性经济人表明,人都在追求自身利益最大化,同时,还是"创造性"地追求自身利益的最大化。理性经济人的另一层含义就是聪明。当经济人想方设法来追求个人利益最大化时,他们必然会发挥聪明才智,"创造性"地采取各种可能的方法和手段,从而出现通常所说的"上有政策,下有对策"。日常生活中,这种现象俯拾皆是。

知识拓展 1-1

也有经济学家将经济人界定为 REMM,即机智(resourceful)、评价与比较(evaluative)、最大化(maximizing)和模式(model)。其中,机智表明人们为谋取利益最大化而采取各种可能的措施,日常生活中的"上有政策,下有对策"是"机智"的表现形式之一;在利益最大化的目标上,并不是纯粹追求更多的经济利益(或者说,绝对数量更多的货币收益),而是在不同的结果之间进行评价、比较,最后选择自己最满意的结果(如放弃部分金钱收益而取得更多的闲暇);最大化当然表明人们总是倾向于更多。③

---

① 如中国古代专制社会,皇帝拥有对整个社会的生杀予夺大权,但也出现很多大臣"死谏"的现象,以期"青史留名"。有兴趣的读者可以参阅黄仁宇著《万历十五年》(生活·读书·新知三联书店,1997)中有关"沽名卖直"等讨论或《明朝那些事儿》中关于明朝"言官"的介绍。

② 这只是一般意义而言的,不排斥由于社会各界的努力,促使现存不合理的法律规范趋向更合理(如我国从计划经济走向市场经济、从禁止私有经济到鼓励私营经济等)。实际上,这些努力本身也是经济人的一种表现。

③ Michael Jensen, William Meckling. The Nature of Man. Journal of Applied Corporate Finance, 1994(7).

　　给定资源有限,我们可以推测,理性经济人在争抢有限资源的过程中,一定会为实现自我利益最大化而"殚精竭虑"。从企业角度来看,任何企业都是由众多理性且自利的经济人所组成,这些经济人如果都为了各自的利益最大化而随时准备损害或牺牲他人——企业内的同事——的利益,相互之间的信任就成为问题。试想:如果企业内的各个成员之间缺乏基本的信任,他们就不可能合作;而没有合作,企业也就难以为继。具体而言,企业通常都需要相当高金额的资本,这些资本的提供者如何相信管理者? 如果不相信管理者,他们显然不会将巨额的资本交给管理者来经营管理;同样,一个大规模的企业必然涉及多层级管理,总经理在将其权力分解并部分转授给低一级管理人员行使的过程中,还是需要信任。不解决信任问题,企业就不可能顺利地生存、在竞争中存活,并不断发展、壮大。

　　在进一步讨论企业如何解决信任问题之前,我们还需要引入一个经济学上所广泛应用的成果,那就是有效市场假设(efficient market hypothesis)。在有效市场假设产生之前,人们认为股票价格主要受会计数据(如每股盈余等)的影响,经理人员通过操纵每股盈余等可以系统地控制股票价格。有效市场理论则认为,没有人能长期、系统地欺骗资本市场,市场能分辨出会计指标中真正反映公司业绩的部分和纯粹属于经理人员操纵的部分[①]。

　　将有效市场假设放在企业竞争与合作等问题上,就是要求企业之间不要做"一锤子买卖",而是要从长久合作的角度考虑(这实际上就是博弈论中所讨论的重复博弈和一次博弈问题),否则,那些"目光短浅"的企业在市场上将成为"孤家寡人",没有合作者。在市场经济时代,任何一个企业都只是整个市场运转中的一环,没有合作者,就意味着企业被孤立在市场运行链条之外。同样,如果仅是一次合作,企业内部员工之间必然缺乏基本的信任。有效市场假设表明,同事之间相互了解,任何欺骗行为(经济学上称之为"机会主义行为")都只能逞一时之功,无法收长久之效,最终由他们自己承担其机会主义行为的后果。就像高喊"狼来了"的牧羊男孩,当狼真的来了,村民们已经不会再来帮助他,他最后自己承担羊被狼吃了的后果。

　　尽管有效市场的存在使得企业内部各成员之间具有自我约束、自我克制的倾向,但这仍然不能有效保证所有成员之间相互信任。而信任是合作的基础,没有信任,就没有合作。企业家在实践过程中不断摸索,以期建立一个有效且低成本的信任机制。

三、会计的产生:一个思想实验

　　让我们以一个高度简化且推定的事例来说明会计的产生。[②]

　　李雄是会计专业大学三年级学生,自初中起就喜欢玩计算机,能自己设计并编制一些较简单的程序。暑假期间,他自己开发出一套开放式的会计信息化软件。其设计思想不同于目前市面上所见的商业化会计软件,且功能更加齐全,增加了管理分析与产品控制系统、财务分析及预警系统等功能。该软件设计完成后,在当地一家企业运行,效果较好。李雄也因此取得了

---

　　① 有效市场理论本身也是一个不断发展的概念,其提出者 E. Fama 教授在 1970 年的一篇论文中使用了弱式有效、次强式有效和强式有效,而在 1991 年的论文中,将"三种市场"转换为"不同的检验方法"。但是,有效市场本身已成为财务学和经济学所广泛引用与应用的一个术语。本书对这一术语的引用并不限于原作者的界定,而是根据我们的理解加以引申,用以一般性讨论,诸如经理人市场问题。

　　② 下文的思想实验要虚构一个企业,所用的名字、公司业务类型等都是虚拟的。

第一笔不菲的报酬。

受学校提倡创业的鼓励,李雄自己注册了一家专门以会计信息化软件的开发和应用及相关业务为主的咨询服务公司——金算子咨询服务公司(以下简称金算子公司),他本人是公司唯一的所有人。[①]

在公司经营的第一个年度里,李雄取得了一定的业务收入。如果不考虑税收因素(或者假定金算子公司实行的是定额税),李雄没有任何义务向他人提供完整反映金算子公司过去一年经营活动及成果的财务报表,因而,会计部门在金算子公司不是非设不可的。[②] 当然,如果李雄希望了解公司的经营情况,他可以设立一个会计岗位。也就是说,在一个完全私有、财产所有权与经营权两权合一的企业,如果没有税收和贷款等的影响,会计只是一项附加职能,而不是一个必需的职能。

在经营一段时间后,李雄准备进一步扩大金算子公司的规模,增加开发能力。扩大经营规模,需要一笔相当大金额的资金。李雄有两个选择:一是向银行贷款,二是找一些投资人。无论采取何种方式,取得出资人的信任是前提条件。如果出资人不信任,李雄将很难取得资本,或者取得资本所需要花费的代价很高。历史资料表明,在这一过程中,企业家创造了很多种方法,包括缴纳一定的保证金、让出资人委派财务负责人来控制资本的使用、给外部股东一定的认股价格优惠、随时向外部股东报告经营情况、重大投资决策必须要经过外部股东同意等。经过数百年甚至更长时间的发展,有些方法被淘汰了,有些方法得以保留。其中,借助会计方法完整地描述公司以往的经营业绩和财务状况,并对未来的发展前景进行合理预期,这一方法被保留下来并得到普遍应用,这足以证明它是一种有效的方法。

李雄为了吸引外部出资人,需要设立会计部门,向出资人详细介绍公司的经营情况。这样,会计就不再是一种"锦上花"的摆设,而是像"雪中炭"一样成为必需品。从另一个角度看,设立会计部门(包括聘请以严格著称的审计师),增加了李雄浪费或滥用公司财产的难度,等于向外界传递一个积极的信号:李雄不会这样做。

假定李雄以比较满意的条件找到了出资人。增资后的公司名称不变,但所有权人从1人增加到5人,新加入的4人每人出资若干(假定共200万元),共享有50%的股权,李雄自己享有另外50%的股权。[③] 这些股东(假定分别叫古栋贾、顾冬益、谷洞宾、莘东鼎)都在外地,无法参与日常经营管理。

引入外部股权后,李雄的经营风险和收益对比独资时发生了相应的变化。独资经营时,李雄独享他的所有辛劳带来的超额回报;将50%的股权让渡出去后,作为主要经营管理人员的李雄,只能享有50%的超额回报。同样,独资时李雄的任何在职消费(比如,修建豪华的办公室、购买豪华轿车、出差住五星级宾馆等)全部由他自己承担,现在他只需承担50%,其余部分由另外四位股东分担。从理性经济人角度出发,他一定不会付出独资经营时的全部努力,也不会像独资时那样"精打细算"。当然,市场是有效的,外部股东知道李雄不再像独资时那样尽职

---

① 需注意的是,这里只是举例说明问题,简化、忽略了很多问题。比如,会计信息化软件在真正能付诸商业应用之前,必须要经过国家相关部门的认证;法律对出资人、出资方式也有一定的要求等。

② 这里不考虑现行《中华人民共和国公司法》(简称《公司法》)的强制性要求。

③ 实际上,这一过程相当复杂,不仅涉及资产评估等程序,还包括在市场上寻找合适的买主、与买主进行谈判等。

尽责。并且,外部股东还要考虑投资的风险:如果金算子公司经营不佳,他们的投资可能会"血本无归"。

　　既然市场是有效的,李雄也就必定知道外部股东已经知道他有可能会牺牲外部股东的利益。为了金算子公司发展的需要,他又必须要吸收外部投资,以解决资金问题。[①] 因此,他就必须采取一些有效的方式赢得外部股东的信任,让外部股东相信他不会采取损人利己的机会主义行为。注意,市场是有效的,这就要求李雄采取一种机制,能够获得外部投资人持续的信任,或者说,一种持续的信任机制。这里之所以强调持续信任,就在于一旦李雄认为他已经取得了外部投资人的信任,特别是无条件的信任,那么,他就有可能采取一些机会主义行为来损害投资人的利益。从个别事件来看,即便公司经过百年经营,如美国的通用电气,日本的奥林巴斯和神户制钢等,也先后多次曝出这样或那样损害投资人利益的机会主义行为。这些事件表明,即便投资者和委托人之间已经取得了较长久的信任关系,仍然需要有一种机制保证投资人的信任能够落到实处。

　　为了取得投资人持续的信任,实践中同样试验过多种方法,如管理者个人资产抵押、投资人直接委派一些关键岗位人员(如财务总监)等。但在现代社会,一方面,企业规模不断增大,另一方面,投资人分散程度高,因此这些方法的成本效益比不佳,它们只能收一时或一地之功效,很难长期、全面应用。相比而言,通过会计方法,准确、完整地反映公司的经营情况,及时地向投资者报告,以增加他们对公司的了解和信心,就是企业广泛采用的一种方法,这也必然是一种相对有效的方法。

　　理论上看,外部股东从考虑自身投资安全、担心代理人(李雄实际上是在代理经营外部股东的资本)的机会主义行为等角度出发,希望了解并随时控制企业的全部经营活动。其中,他们最为关心的还是金算子公司最终的经营成果(是盈利还是亏损)、各自能分得的份额以及公司的发展前景等。通过了解金算子公司的经营情况,及时做出相应的决策(公司盈利状况较好时,要求分得必要的股利;公司经营状况不好时,对公司的经营活动进行必要的干预,如要求削减开支、改变销售策略、开发新的产品等),以使其在金算子公司的投资价值最大化。这些都以会计信息为基础。也就是说,当独资公司转变为合伙或股份公司时,会计成为内部管理者向外部股东[②]传递公司经营情况最有效的手段。此时,会计不是一个附加职能,而成为金算子公司能否正常运作的一个不可或缺的部分。

　　进而言之,只要我们承认经济人的自利属性,信任就是一个永恒的话题。正如民间的一句俗语,"亲兄弟,明算账",也就是说,即使至亲如兄弟,还需要将相互之间的经济往来算得清清楚楚、明明白白,只有这样,兄弟之间才不会产生很多不必要的矛盾和猜疑,兄弟之间的相互信任才有一个明明白白的基础。换言之,信任并不是无条件的,会计是信任最为重要的条件之一。

---

　　① 　实际上,如果李雄选择向银行贷款,也会得到与下文基本相同的结论。并且,美国的一些实证研究表明,银行一般不愿意对一个发展初期、经营风险较大的公司投放贷款,而愿意将资本贷给发展较成熟、经营风险较小的公司。因此,有人形象地将银行借贷资本比喻为"天晴时送雨伞,下雨就收回去"。

　　② 　如果金算子公司选择向银行贷款,那么,银行与外部股东处于类似的地位:不直接介入公司的日常经营,但贷款的安全性取决于公司经营活动的成败。尽管银行作为债权人,其贷款具有法律强制力,银行也会通过事前要求金算子公司提供担保等多种方式降低风险,但只要最终金算子公司经营失败,银行或多或少都要承担一定的风险。他们与外部股东一样,也要求金算子公司提供相应的会计信息。

既然信任需要一个明明白白的基础,会计就有其存在的价值。由此我们可以推测,正是经济人属性的存在,决定了会计职业具有永久存在的价值。或者说,会计职业是永葆绿色的"常青树",不是过眼云烟的"流星雨",值得我们为之付出大学四年的努力,甚至可以"终身托付"。

第二节　会计在现代社会中的作用

上面我们以虚构的经济现象为依据,推断会计产生于财产的所有权和经营权相分离。在现代社会资本市场制度环境下,财产两权分离十分普遍,这导致会计在现代社会中的作用越来越重要。让我们继续以上面所假设的金算子公司为例,并进一步假定金算子公司改组为金算子股份公司,在经过有关部门批准后,成功地将股票在上海证券交易所挂牌上市。下文以金算子股份公司为例,说明会计在现代社会中的作用。

一、会计的作用:从一家公司的股票谈起

张文是大学三年级的学生,已学完了主要的会计课程,并具备经济、金融等相关课程的知识。他希望进行一些实践,增加对经济生活的感性认识。暑假开始后,他应聘担任顾冬益(假设是一位颇富有但没有受过正规教育的个体工商业者)的经济顾问。顾先生拥有金算子股份公司 500 000 股的股票,但他不知道这些股票对他的真正意义,以及究竟应如何处理这些股票。为此,他向张文提出以下问题:如何确定股票的价值? 这些股票是应该保留还是应该卖掉? 下面是张文所做的解释。

(一) 股东与股票

简单地说,股东就是企业的老板。独资企业的老板通常只有一个人,一般不使用股东这一术语;合伙企业的老板可以有多人,都是合伙人;严格意义上的股东是指股份公司[①]的"老板"。作为股份公司的股东,他必须要按规定向公司投入一定量的资本,公司则向其提供能证明其拥有该公司股份资本所有权的证书,这种证书就是股票。[②]

股份公司的股东可多可少,这主要取决于股份公司的规模和性质。一个小规模的股份公司,其股东可以只有三五人不等;一个大规模的股份公司,股东人数相应增加;如果公司规模达到一定程度并符合有关规定,其股票可以上市交易,则股东可以有数千人甚至更多。

股东虽然是公司的所有者,但他们通常无权直接处理公司的任何业务。这一权力由从股东中产生的董事所组成的董事会行使。通常,董事会自己不直接处理公司的有关经营活动,而是将其委托给具有经营管理才能的专业经理人员负责,从而形成了公司的管理层。股东对股份公司经营方针的干预,主要是通过定期召开的股东大会影响董事会进而影响公司管理层而完成的。对那些股票公开上市发行并可自由买卖的公司来说,由于其股东人数众多,因此,只有少数持有足够数量股票的股东才能参加股东大会或董事会,直接或间接地影响公司的经营

---

①　依照《公司法》,股份公司分为有限责任公司和股份有限公司两种,并对每种形式做出了具体的限定,包括公司规模、股东人数等。我们这里所举的例子是高度简化的,只是为了说明问题,并不完全符合《公司法》的要求。

②　早期的股票上载有股东姓名、具体股份数并附有股份公司法人代表的签名。随着电子结算系统的普及,现在我国上海和深圳两个证券交易所上市交易的股票都已经采用电子化,不再有具体的实体股票。

管理方针;绝大多数小股东都无法对公司的经营管理施加影响,如果他们认为公司的经营管理欠佳,经济上有效的做法就是将所持有的股票卖掉,"惹不起,躲得起",也就是通常所说的"用脚投票"。与之相对应,通过股东大会来干涉公司的经营,称为"用手投票"[①]。

股东除了拥有直接或间接影响公司经营管理事务的权利外,还有凭股份领取报酬的权利,即通常所说的股利或股息。由于股利发放的前提是公司必须要有利润,所以,只有盈利的年份才能期望发放股利;如果经营亏损,通常是不会分发股利的。当然,即便公司具备了发放股利的条件,最终能否分发股利以及每股发放多少股利,仍取决于股东大会和董事会的决议。实际上,股份公司的所有重大决策,包括经营活动方面的重大决策,主要是由董事会决定的。假定本年度金算子股份公司决定每股分发 0.2 元股利。顾先生持有 500 000 股,可领到股利 100 000 元。

(二) 如何确定股票的价值

这又涉及两个问题:一是股票的面值或设定值;二是股票的市场价值。

作为有价证券的一种,股票可以有面值,即票面价值,如 1 元、3 元、5 元、10 元等。股票在上市流通后,受市场交易等因素影响,其价格一般会偏离原有的票面价值,有时,其偏离程度是相当大的。这时,原有的票面价值已没有什么意义。因此,很多公司所发行的股票没有票面价值,成为通常所说的无面值股票。当然,股份公司为了便于核算与管理,并与有关法律相符,应该为无面值股票确定一个价格,即通常所说的"设定价值"。从作用上看,设定价值实际上等同于票面价值。顾先生当时是按每股 1 元购买了金算子股份公司的股票。

股票在证券交易所上市交易后,由于公司经营状况的好坏、供求关系以及其他各种因素的影响,股票的市场价值波动较大,可以在较大程度上高出面值,也有可能低于面值。[②] 对市场上买卖较为频繁、交易活跃的股份公司的股票而言,它的市场价值就是指最新时点股票市场上的交易价格。

金算子股份公司的股票在市场上交易比较活跃,最新的成交价为每股 12 元,这表明,顾先生所持有的 500 000 股,市场价值为 6 000 000 元。[③]

(三) 这些股票是否应该卖掉

在决定如何处理这些股票之前,首先应该要知道:金算子股份公司的股票是否"物有所值"?

判断一家公司的股票是否有价值、是否具有发展前景,不同知识背景、不同性格的人可能会借助不同的信息。比如,学技术出身的李先生,习惯于通过公司产品的生命力来判断其股票的价值。金算子股份公司主要从事会计信息化软件的开发与维护,目前市场上具有一定的技术优势,市场前景广阔,加上政策鼓励高技术含量的产业,据此,他认为金算子股份公司的股票有相当好的发展前景。

---

① 在股票市场上,股东通过买卖股票行为,表明他们对公司管理层的态度。这也会在相当大的程度上影响到公司管理层的经营管理行为。管理层为了在股票市场上树立良好的形象,往往会有意识地采取一些能迎合股票市场的行为。股东、股票市场、管理层三者之间的相互影响和相互关联,构成会计理论研究的一个重要内容。

② 对股票市价背离股票成本的解释,存在多种理论。比如,有效市场假说认为,股票价格是资本市场上各种公开信息相互作用的结果。资本资产定价模型的解释是,股票价格是公司未来现金流量的贴现值。此外,期权定价理论、套利定价理论等也对股票市价的波动做出解释。当然,这些理论都只是在一定程度上解释了股票价格的波动,实际股票价格波动的影响因素错综复杂,目前还没有一种理论能给出完全满意的解释。

③ 这里只是一种假设。现实经济生活中,股票上市需要经历较长的过程和严苛的流程。

赵女士则不同。她是一位退休老人，平时就喜欢打听各种小道消息，退休后时间更为充裕。她对股票前景的判断不是通过各种正规渠道，而是基于"街谈巷议"的信息。比如，金算子股份公司内部管理人员之间关系是否融洽、公司每月给雇员发放多少奖金、最近是否有高管人员辞职等。通过这些消息，她断言金算子股份公司可能在走下坡路。

由于股票市场复杂多变，到目前为止，还没有任何一种方法能准确地预测股票的前景，因此，才出现了各种不同的观点和方法。比如，上述两种方法在一定范围内、一定程度上，都有其准确性。但是，从目前各国发展的经验来看，可靠性程度较高并可进行量化比较的，还是借助于会计信息的判断。比如，2018 年市场爆出的康美药业事件，早在 2012 年，市场上就有一份题为《康美谎言》的调查报告，认为康美药业涉嫌虚增资产，它采用的就是多方分析、实地调研等方法 ①。张文对会计较为熟悉，因此，他还是借助会计信息来向顾先生说明金算子股份公司股票的好坏。

判断一家公司的股票是否有价值、是否具有发展前景，首先要看这家公司的财务状况是否良好。所谓财务状况，是指在某一时点上公司各项资产的分布、债的构成等；而财务状况的好坏，不仅包括各项资产的分布是否合理、是否存在一些不良资产，如无法使用的商品、难以收回的应收款项等，还包括债务结构是否合理、公司举债规模是否过大、各项债务到期的时间间隔是否均匀分布等。这些信息可以通过财务状况表取得。下面是金算子股份公司 2022 年 12 月 31 日的财务状况表，如表 1-1 所示。

表 1-1 金算子股份公司资产负债表

2022 年 12 月 31 日　　　　　　　　　　　　　　　　　　　　　　　　　单位：百元

资产		负债和业主权益	
流动资产		负债	
现金	24 000	应付账款	25 000
应收账款	15 500	其他应付款	2 300
办公用品	17 800	负债合计	27 300
流动资产合计	57 300	业主权益	
长期资产		股本	80 000
建筑物	66 000	留存收益	16 000
长期资产合计	66 000	业主权益合计	96 000
资产总额	123 300	负债及业主权益合计	123 300

说明：

对于本表，应当注意的是：

(1) 这张报表也称为"财务状况表"，它反映的是某一时点企业所有财产的分布状况（会计上称为"资产"）以及它们的形成来源（可统称为"权益"，表示向企业提供资产的人所享有的要求权）。它们之间在数量上必须相等，即资产 = 权益。任何一个企业的资产，只可能有两种来源：一是借入，二是"老板"投入。这样，权益又分为"负债"和"业主权益"（也可称为"所有者权益""股东权益"等）。上述的等式可展开为：资产 = 负债 + 业主权益。如果等式两边不等，一定存在差错。

(2) 资产、负债、所有者权益构成资产负债表的主体框架，它们被称为会计要素。

(3) 为了简化，对各项目做了缩减，同时，金额也比较整齐。这与实际经济生活有一定的不同。

---

① 有兴趣的同学，可以自行在互联网上检索并下载这份文献资料，学习它是如何对一家企业进行分析的。

从这张报表可以看出,金算子股份公司的资产结构比较合理。其资产中,现金比例较高,建筑物的价格总体比较稳定,并呈不断上涨的趋势;负债比例不大。与同行业公司相比,金算子股份公司的财务状况较好。[①]

资产负债表只能反映某一时点的财务状况,它不能反映在过去一段时间里公司的经营成绩。对经营成绩的反映是通过利润表来完成的,如表1-2所示。

表1-2　金算子股份公司利润表

2022年度

单位:百元

项目	金额
销售收入	136 000
减:销售成本	40 000
工资费用	50 000
办公用品费	9 800
其他费用	17 800
费用合计	117 600
净收益	18 400

说明:

对本表,应该注意:

(1) 这张表也称为损益表,它反映的是某一时期企业经营活动的成果。其结构采用"收入 - 费用 = 利润(收益)"的等式。

(2) 利润表的结构主要由收入、费用和利润构成,这些也是会计要素的一部分。

(3) 与表1-1资产负债表相同,利润表的格式和数字都是充分简化的。

(4) 为充分简化,这里不考虑各环节税金的影响。

金算子股份公司的利润表表明,该公司的每股收益为0.23元[②],在当期股票市场上属于业绩较好的股票。

张文在向顾先生解释完这些情况后,还不能做出是否抛售这部分股票的决定,因为,具体在决定是出售还是持有这500 000股股票时,还须进一步考虑以下情况:

一种情况是,如果顾先生所持有的股票份额,在金算子股份公司的股东中属于持股数比较低的(其余的股票集中为一至两个股东所拥有),他没有干涉公司经营管理的权力。这时,如果他认为股票市场上有更好的投资机会(比如,存在其他的公司,其财务状况、每股盈余、市盈率等都要优于金算子股份公司),他可能会将金算子股份公司的股票售出,转而买入他认为更有盈利空间的公司的股票。

另一种情况是,如果顾先生所持有的股票份额,是金算子股份公司的股东中持股比例最

---

①　这里只是一个简化说明,实际上,财务报表分析要远比上述内容复杂。这要留待以后专门的课程学习。

②　每股收益(earnings per share,EPS),指当年净收益除以全部股份数,是评价股份公司经营业绩好坏的一个重要指标。在西方国家,由于发行多种类型的债券和股票,因此,EPS 的计算非常复杂。我国目前只发行普通股,同时,几乎没有可转换债券,其计算比较简单。此处假设 2022 年度金算子股份公司总股数为 8 000 000 股。

高的(假定其余的股份分布较分散),在股东大会按股份投票时,他能较容易地将自己信任的人选进董事会,对公司可以施加重大影响,甚至控制该公司。这时,他就应该要考虑公司的未来发展前景。显然,如果未来公司能迅速发展,他所持有的股票的价值将成比例升值。由于他能控制董事会,倘若认为公司经营管理不当,他就可以"另请高明",要求董事会更换公司的管理人员。

当然,在实际经济生活中,做出持有或抛售股票的决策,除上述资料外,还会借助其他各种信息,诸如产品的生命力、产品的市场占有率、股票市场的总体发展趋势及公司其他各方面的情况,乃至宏观政治、经济等因素。但是,一个理性的投资者一定会借助会计信息。

案例 1-1

比亚迪(002594):三季度业绩表现亮眼,盈利能力持续提升

事件:2022 年 10 月 28 日晚比亚迪发布 2022 年三季报业绩,报告期内实现营业收入 1 170.81 亿元,同比增长 115.59%;实现归属于上市公司股东的净利润 57.16 亿元,同比增长 350.26%;实现扣除非经常性损益后的净利润 53.35 亿元,同比增长 930.48%。

三季报业绩亮眼表现:2022 年第三季度公司实现营业收入 1 170.81 亿元,同比增长 115.59%,环比增长 39.74%;扣除比亚迪电子的收入后,汽车及电池、光伏业务实现营业收入 896.18 亿元,同比增长 172.37%,主要为比亚迪新能源乘用车销量增长拉动。平均售价约为 16.7 万元,同比增加超过 5 500 元。我们认为主要原因为高端车型销量占比的提升(车型"汉"销量占比同比提升 1.89%,达到 15.54%)和 2022 年第一季度提价效果的显现。

资料来源:节选自安信证券的分析师报告,作者徐慧雄。为方便理解,内容略有改动。

总之,对股份公司的股东来说,会计系统的作用表现在:通过一套完整的财务报表(包括上述所列举的资产负债表、利润表,以及其他报表和报告),反映公司的财务状况和经营成果,以为股东和其他投资人(包括债权投资人)制定投资决策提供有用信息;报告公司管理层的经营管理业绩,以帮助公司的所有者合理评价管理层的成绩。此外,会计系统还可以提供详细反映企业现金流入、流出及未来流量分布的信息,帮助股东评估企业未来经营过程中是否存在现金周转不畅所引发的财务风险。①

进而言之,股份公司的大量资本来自股东和债权人,公司管理层经营管理的主要是他人的资本,树立资本所有者对管理者的信心,从而维系这种资本所有权和经营权两权分离现状持续稳定发展,是股份公司这一企业组织形式得以顺利运行的关键所在。其中,会计系统发挥着极为重要的作用:通过及时地向投资者提供可靠、相关的信息,让他们随时了解其资本的运行情况,并准确地做出是否继续投资等决策,保证资本市场稳定、有序地运行,这是会计系统在现代市场经济社会中发挥作用的更深层次的体现。美国所出现的安然等系列公司丑闻事件,对美

---

① 有人将现金比喻为企业的"血液",通过现金报告(会计上称为"现金流量表"),"透视"企业"血液"的循环状况,为相关部门"诊断"企业"血液"循环是否正常提供依据。

国经济的负面影响并不仅限于少数几个"巨无霸"公司陷入困境、数以千计的员工失去工作，而是在相当程度上动摇了美国投资者对资本市场的信心。因而，美国国会的系列举措，包括出台 2002 年《萨班斯－奥克斯利法案》(Sarbanes-Oxley Act of 2002)，其目的就是要重塑投资者对资本市场的信心。

二、会计的作用：公司的外部利益集团

金算子股份公司希望进一步拓展业务范围，除原有的会计信息化软件项目外，拟增加开发基于互联网的会计云系统。为此，公司需要一笔研发资金。经过董事会批准，公司拟向商业银行借款 500 万元，期限一年或更长。商业银行在接到金算子股份公司的贷款申请书时，必须要考虑：金算子股份公司的财务状况是否良好？公司的长期经营能力如何？运用贷款所开发的项目是否具有盈利前景？贷款到期时，公司是否具有较好的偿债能力？等等。对这些问题的回答，当然需要多方面的信息来源，但其中最主要也最具客观性的来源之一，就是由会计系统所提供的信息。

对任何一个经济主体来说，它在经营活动过程中，必然要与方方面面打交道，逐步建立一个以企业为中心的"网络"，企业经营活动的成败与否，对这一网络上的各个点，或直接或间接，都有着不同程度的影响。其中，我们将那些存在于企业外部、与企业在利益上有着一定关联性的各种单位与个人，统称为外部利益集团。

具体地说，一个正常从事经营活动的企业，在其营业过程中，会形成如下外部利益集团。

(一) 股东

股份公司的股东一旦将资本投入公司，他与公司的经营成败就有着最直接的利益关系：如果公司经营成功，股东不仅能收到股利，在证券市场上，他的股票价格也会不断上升；如果公司经营不成功，比如经营亏损，他就无法取得股利，其股票可能会相应贬值；如果公司经营失败，导致破产、倒闭，其股票将变得一文不值，他的投入资本将很难收回。比如，乐视网(300104) 2010 年 8 月登陆创业板，发行价格每股 29.2 元；到 2015 年 5 月 12 日，复权的价格高达每股 1 450 元[①]；但是，2017 年 4 月，乐视网停牌；2020 年 5 月，乐视网正式退市。作为乐视网的股东，特别是那些资本市场的中小股东，他们所持有乐视网的股票价值存在高度风险。同样，当恒大股份于 2021 年下半年爆出流动性风险，其股票价格从年初每股 15 港元跌至年末的每股 1.42 港元，股东损失巨大。

按照目前西方一些国家如美国的惯例，股东既指现有的持股者，也包括那些愿意购买股票的潜在投资者。对公司的现有股东而言，只有极少数股东持有较高比例的公司股票，他们会成为公司董事会成员，也有可能成为公司管理层的一员，从而成为内部"知情者"。大部分股东持股比例很低，无法进入董事会或管理层。这部分股东尽管持有公司股票，但他们与市场上其他普通投资者一样，对公司的具体运作和决策等一无所知。然而，他们的利益又受到公司经营状况的影响，我们称这部分股东为公司外部利益集团的组成部分，他们对公司的了解只能借助公司定期对外发布的、包括财务报表在内的各种信息。从人数上看，作为外部利益关系

---

① 乐视网自上市后，先后多次转增股份，2010 年 10 月的 100 股，到 2015 年 5 月已经变成 794.2 股。

人的小股东,数量上要远远高于那些已成为内部知情者的股东。比如,乐视网停牌前的股东数为 185 875 户;而 2021 年 9 月 30 日茅台股份的股东数为 175 267 户,南方航空的股东数为 191 535 户;博睿数据(688229)2021 年 6 月 30 日在册股东 2 605 户。即便如此,绝大部分股东也都是外部股东,他们无法、也不应该参与公司内部运行,只能依赖公开信息披露来了解公司的具体情况。

(二) 债权人

公司在正常的经营过程中,出于扩大经营规模或其他各种需要,都有可能向外界借入一定量的资本,从而形成债权人集团。一般而言,公司的债权人可以是银行等金融机构,也可以是持有公司所发行债券的一般公众,还可以是原材料供应商等。

债权人集团与公司之间也存在直接的经济利益关系。公司是否具有持续经营的能力、是否能顺利地还本付息,是债权人特别是长期债权人所关心的。比如,美国安然、世界通信等公司陷入困境,受损最重的是股东和公司员工,其次就是公司的各大债权人。一旦这些公司破产,债权几乎"颗粒无收"。我国资本市场也是如此。恒大股份 2020 年年报显示,它的各类债务以万亿计。如果恒大股份不能顺利恢复正常经营,上述银行债务将难以足额偿还。被浑水调研公司做空的香港上市公司辉山乳业,同样欠付了巨额的银行债务。这些银行债务实际上已经处于风险状态。

此外,我国市场上,各大银行还饱受企业逃废债务的困扰。因此,从理性经济人的角度出发,银行等债权人在将资本借给企业经营之前,必须要详细了解借款申请人的财务状况、经营能力;在将款项借给申请人之后,出于对自己财产安全的考虑,还必须随时了解借款人的经营情况及偿债能力,以便在借款人出现重大财产变化时,能及时采取行动、收回贷款。比如,因为担心恒大股份不能偿还到期债务,多家银行先后提起诉讼,申请财产保全。

当然,如果公司所需要的资本量相当大,债权人特别是那些专业的银行和金融机构会要求公司在正常对外发布信息的基础上,补充提供一些相关的信息,甚至可以列席公司的董事会。这时,债权人也从外部利益集团转变为内部"知情者"。在德国和日本,产业资本和金融资本结合得比较紧,通常,各大公司的董事会中都有银行代表的一席之地。

(三) 供应商与采购商

除极少数企业外,绝大多数企业所从事的生产或经营活动都只是"社会再生产总链条"上的"一环",它的前一环是原材料供应商,后一环是成品销售商。

对原材料供应商来说,如果它所供应材料的常年"客户"因经营不善突然停产或其他原因而短期内不再采购它所生产的材料,且这个客户所采购材料的比重相对较大,那么,这种突然中止采购的行为极有可能导致其生产活动的瘫痪,进而有可能将其推向破产的境地。同样,产品销售商也担心它的供应商突然中止供货,打乱其生产或经营活动。因此,这些公司从自身利益出发,必然会关注其上一环节或下一环节公司的经营活动,并及时做出更换供销商的决策,以免遭受损失。

我们都知道,富士康公司与苹果公司之间就存在非常紧密的依存关系。任何一方陷入困境,都会直接影响对方的正常经营。因此,它们都高度关注对方的运营情况。而恒大股份相关的利益方众多。如果恒大股份不能顺利恢复经营,相关利益方损失较大。

在以某一企业为中心所形成的外部利益集团网络中,还存在其他许许多多的利益关系人。比如,工人不仅要考虑他的劳动能否得到相应的报酬(即工资与利润同步增长[①]),还要关注他所在企业的发展前景,或者寻找更有发展前景的企业去工作(显然,没有人愿意死守在一个即将破产的企业);统计部门汇总局部或宏观的经济活动信息,确定一定范围内社会经济的发展情况,提出所存在的问题,以供相关决策部门参考;等等。

对这些外部利益集团来说,尽管他们的利益与企业经营活动存在直接或间接的关系,但他们都无法直接从企业内部获取信息,只能依赖企业向外界公开提供的财务报表的信息,及时做出持有或抛售股票、是否提供或提前中止贷款、是否继续维持供货关系、是继续受雇还是另谋出路等的决策。如果我们将这些利益关系集团视为以企业为中心所形成的"网络",那么,会计系统所提供的财务报表是维系这一网络稳定、有序运转的重要保证。

让我们再回到本节开始所说的例子上。商业银行在收到金算子股份公司的贷款申请后,要求金算子股份公司提供当年的财务报表以及其他的相关资料(如拟投资项目的可行性研究报告、贷款使用计划书、还款计划等)。通过对财务报表的分析,并结合产业发展等相关分析,商业银行认为,金算子股份公司的经营情况良好,年盈利水平较高,拟开发的软件项目技术准备充足,产品市场前景较好;同时,该公司财务状况良好,近期内偿债能力不会出现大的变化。基于此,决定向金算子股份公司提供贷款。[②]

三、会计的作用:政府管理部门

任何一个社会中,政府作为社会经济活动的组织者和协调者,都程度不同地发挥着调节市场的作用。在一个纯粹以市场为中心的自由经济社会中,社会经济的运行主要由市场本身来调节,政府只在有限的范围内发挥着程度有限的宏观调控作用;而对一个政府作用相对较大的社会,如中国、法国等,政府不仅要通过利率、税收等各种经济杠杆发挥对经济活动的调节作用,而且还会通过计划、政策等各种宏观手段,直接干预市场的运行。

无论政府管理部门在社会经济生活中的作用有多大,它们任何有关社会经济决策的制定都应该建立在科学、合理的基础之上。而科学、合理的决策,不仅要求有较为科学的理论,还要求决策制定者充分了解、掌握社会经济活动的运行情况。其中,有相当一部分情况是来自会计系统。

上面所举的金算子股份公司,从事的是商业数据库软件开发与销售。政府在制定有关宏观政策时,就要考虑全国软件产业的发展情况、软件企业的地区分布与行业分布、最近几年软件产业的经营情况和发展趋势等。这些信息可以通过汇总软件产业各企业的财务报表,并经过一定的分析而获得。假定在经过分析后,管理部门发现,近两年软件产业的发展存在一定的"滑坡",原因在于各软件开发企业只注重产业管理与应用的专业软件开发,忽视了通用软件的开发,同时,软件业盗版现象严重,考虑到中国加入世界贸易组织,中国软件产业面临的冲击可

---

① 比如,美国 NBA 的全体球员在 1998—1999 赛季到来之前,要求加薪,并通过罢赛的方式来胁迫 NBA 联合会同意,这其中一个重要原因就是 NBA 盈利太多,而球员报酬相对偏低。西方国家工人罢工的主要原因就是工人的工资与企业效益增长不成比例。

② 实际经济活动中,债权人决定是否提供贷款取决于多种因素。这一问题在"财务管理"课程中将详细讨论。

能更大。为了扶持中国自己的软件产业,政府决定采取相应的政策,如加大对盗版软件的打击、向软件产业提供一定的资金支持、鼓励软件开发企业开发目前市场上被忽视的软件等。显然,制定这种决策必须要依赖会计系统所提供的信息。又如,最近几年,我国政府特别关注国有大中型企业的发展问题,并为此采取了一系列措施,包括政策、资金等方面的支持。政府对国有大中型企业财务状况和经营成果的了解,主要是基于这些企业的财务报表,特别是其中的资产负债表和利润表,前者可以反映国有大中型企业财务状况的好坏,后者能提供国有大中型企业经营成果的信息(如盈利还是亏损等)。再如,最近几年我国市场上开始出现倾销与反倾销问题,既包括我国企业在欧美市场上屡屡遭受反倾销起诉和调查,也包括我国政府对外国企业在中国市场上倾销某种产品的行为进行调查和处理,这些都需要依赖会计系统。

政府管理部门在制定或修改公用事业的收费率时,也主要依靠财务报表信息。比如,对邮电、铁路、水、电、煤气等公用事业服务项目收费标准的确定,要求这些企业在保本的前提下略有盈余。这样,确定收费率或收费标准,首先要了解其服务的各种成本,包括直接成本(如火力发电过程中所消耗的煤及人工成本、传输成本等)和间接成本(各种发电设备等的折旧)等,并以此为基础,加上一定的盈利率,作为税金和利润。这些信息同样也来自会计系统。

案例 1-2

据路透社 2017 年 4 月 13 日文章报道,时任美国总统特朗普计划 2018 年将美国的国防开支增加 540 亿美元。但是,国防部监察长(Defense Department Inspector General)和隶属于国会的政府问责局(GAO)①的一系列报告指出,五角大楼的会计核算存在重大缺陷,将难以追踪资金的花费。也就是说,国防资金使用明细的核算不到位。

报道发现,尽管经过 20 年的改革努力,但五角大楼仍然无法准确地追踪其 5 910 亿美元的年度预算,每年都会遇到数十亿美元的会计差距和错误(accounting gaps and errors)。综合来看,2013 年路透调查系列暴露的许多地方性会计问题仍然存在。

GAO 2017 年 2 月 9 日的报告发现,这些缺陷不仅影响国防部提供可审计的财务报表的能力,还影响了其对任务和业务做出正确决策的能力。

对五角大楼浪费行为持批评意见的人士则认为,当国防部无法说明现有军费的使用情况时,增加国防部的预算是不明智的。

GAO 2017 年 2 月 9 日的报告指出,五角大楼持续的会计错误影响了整个联邦政府。GAO 表示,国防开支占联邦预算的很大一部分,该部门的数据不可靠问题影响了整个美国政府的会计信息质量。

报告指出,国防部一直都列在 GAO 的"高风险"问责部门名单上,这些部门自 1995 年以来对联邦政府财政状况构成了威胁。报告还指出,五角大楼由于"长期存在的缺陷财务管理系统",所以被一直列在该名单中。

根据以上资料,并请查找补充相应资料,讨论:会计为什么会对美国的军事行动产生影响? 它还会影响哪些政府部门的行为? 试举一到两个例子说明。

---

① The Government Accountability Office,简称 GAO,类似我国的审计署。

这一问题在生产军工产品的企业也较普遍。在西方国家,军队的武器装备主要来自一些私营公司。与普通商品不同,武器装备很少有较一致的市场价格。为了给生产厂家一定的利润,以确保它们能为军事部门提供各类装备,就需要确定一个相对合理的价格。通行的做法是先确定成本,在此之上,加上一定比例的利润。当然,成本的确定也依赖于会计信息。这也可以解释为什么美国隐形轰炸机 B-2 的造价可以高达 22 亿美元。我们可以观察到的一个现象是:市场竞争性产品,如消费电子产品、汽车等,价格都是在不断降低,或者总体趋势是走低的;而受管制的产品,如房价、水、电、气的价格等,都在不断上升。这与成本加成的管制模式直接相关。

会计信息在政府管理中的作用还远不止以上部分。政府的宏观决策有不少信息来源于会计。如果会计信息全面失真,那么据以做出的决策很难说是科学、合理的,甚至会有非常严重的经济后果。

四、会计的作用:公司经营管理部门

上面所讨论的都是会计系统对公司外部信息使用者的作用,那么,它对公司内部的经营管理部门有什么作用? 还是让我们先看一个具体的例子。

金算子股份公司为了提高其在市场上的竞争能力,拟进一步拓展业务范围,准备开发新的互联网财务报表实时传送系统软件(云会计)。在决定开发这一项目之前,管理层必须要确定:这一软件项目前期开发成本是多少? 市场潜力有多大? 在多长时期里能为公司带来盈利? 可能的盈利水平有多高? 等等。

早期的商品生产过程简单,所需要使用的生产设备价格相对较低,市场上商品结构单一,企业生产的产品存在明确的市场价格且销量不受限制。在这种外部经济环境下,企业管理层做出是否生产某一种产品以及生产多少的决策,相对较为容易:凭借商人的直觉,加上简单的心、脑计算即可,甚至可以不需要会计部门的帮助。但是,高度发达的现代市场经济环境下,市场上各种商品结构复杂、替代商品多,价格波动性大;同时,随着现代科学技术的进步,产品生产过程日益复杂,生产设备更加精密、复杂,也更加昂贵,很多行业的进入门槛不断提高。仅仅凭管理者的经验或直觉,很难制定出有效的管理决策,管理层必须要借助各种科学、有效的方法和手段,通过合理的预测,制定科学的决策。同时,由于市场从卖方市场逐渐发展成为买方市场,竞争激烈,企业要想在市场竞争中取得优势,避免被市场淘汰,不仅要能随时提供满足市场需求的新产品,而且要尽可能地降低生产成本。随着生产过程日趋复杂,产品生产过程的环节越来越多,降低生产成本更趋复杂,牵涉的部门与环节也越来越多。这时,仅凭管理人员的大脑记忆和简单判断,很难有效地降低成本、提高企业产品的竞争能力。企业必须依靠会计系统,将生产各环节所发生的成本进行科学、合理的分解,同时,确定每一环节或每一步骤的最佳成本水平,以此为标准来达到控制、降低企业产品成本的目的,提高企业产品在市场上的竞争能力。

比如,大家都熟悉的手机领域,除了苹果、华为等领先厂商外,经常会有一些新的企业跻身这一领域,但是,到目前为止,能够实现盈利的企业数量有限;又如,大约从 2016 年上半年开始,共享单车先后出现在上海、深圳等城市,然后,几乎是一夜之间,多个品牌的共享单车纷纷

进入各大城市，且投放量呈几何级数增长。而自 2017 年下半年开始，陆续传出共享单车品牌危机甚至公司倒闭的消息，如悟空单车、小鸣单车等。可以说，在进入共享单车领域之前，这些企业的投资者以及企业家们对市场的判断过于乐观，这除了与他们对市场的理解和大势的判断有关外[①]，缺少充分有效的会计数据也是其中的因素之一。

金算子股份公司的会计部门根据管理层的需要，对市场上相对成熟的"云会计"系统供应商、相应的产品架构进行考察，确定采取核心模块外购，并根据企业自身特征以进行二次开发的方式，构建金算子股份公司的云会计系统。他们通过一系列复杂的分析，大致估计出公司开发这一项目所需要的费用支出（提高管理能力所增加的业务支出），以及这一项目可能产生的收入（节省的成本），并将其提交给管理部门。管理部门在经过讨论后，决定开发这一项目。

管理部门在决定是否开发新的产品项目时，除了经济上的考虑外，还存在其他各种因素的考虑，如改善企业的产品结构，以增强企业的竞争能力和抵御风险的能力；通过增加软件产品，带动原有软件的销售；等等。

第三节　会计：一个不断发展的学科

上一节我们通过金算子股份公司这一简化的事例，静态地说明了会计的产生以及其在现代社会中的作用。实际上，会计学科是动态发展的，不同的外部经济环境对会计提出了不同的要求与限定，从而推动了会计学科的发展。

基于以上对会计作用的简单描述，我们可以推出：经济环境的变化直接影响会计学科的产生和发展。若经济活动简单，人们就不需要复杂的会计方法，当然，也就不会有人愿意花费较大的成本去创造、应用复杂的会计方法；但当人类经济活动不断创新、日益复杂之后，应用复杂的会计方法会为管理者带来高于成本的效益，此时，会计方法会被创新，会计学科也因此而更加丰富。会计学科的发展经历了一个从简单到复杂的过程。目前的会计学科发展现状大致可用图 1-1 表示。

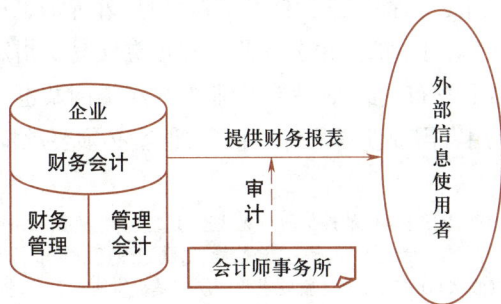

图 1-1　会计学科主要分支示意图

---

① 过去一段时间，是我国经济发展，特别是"互联网 +"企业迅猛发展的特殊时期，在各种风险资本的推动下，创业热潮高涨，相应地，也出现了诸如"风口上的猪都会飞"一类的创业思想。请你尝试思考两个问题：第一，风险资本企业如何进行项目投资及估价的决策？它们是否要依赖会计信息？第二，创业企业的企业家们如何借助会计系统来提高企业存活概率？

在图 1-1 中,财务会计、管理会计与财务管理都存在于企业内部,其中,管理会计和财务管理都是面向公司管理层,为他们更有效地管理企业提供各种信息;而财务会计则是以外部信息使用者为导向,向外部信息使用者提供反映企业管理者经营管理成绩的信息。由于财务会计信息是由企业内部人员提供给外部信息使用者的,为确保财务报表信息的可靠,应该由独立于企业的职业会计人员进行鉴证,这就构成了审计的内容。上述四个方面相互配合,构成了目前会计学科的大致框架。

一、为外部信息使用者服务的财务会计

会计是因为资本的所有权与经营权分离而产生的,它主要用来向那些不参与企业经营管理的外部所有者报告企业的经营情况。

资本的两权分离现象由来已久,但较为彻底的分离应当是在股票市场出现之后。在股票市场产生之前,一个公司的股东数量有限,且每个股东都有权利要求管理者提供信息。但在股票市场上,一个公司的股东少则上千,多则达数十万甚至更多。如上所述,一些大公司股东人数众多,如美国通用汽车、美国电话电报公司等的股东都多达上百万人;我国上市公司万科 A 2021 年 9 月 30 日的股东数是 538 847 户。很显然,上市公司的绝大部分股东无法通过与公司管理层直接联系的方式索取信息[①],但他们又有权知道公司管理层对自己资本的经营、管理情况,以便及时地改变投资决策,抛出经营状况不好的公司的股票(不再委托他认为水平不高的人来经营他的资本),持有或购入业绩好的公司的股票,以实现资本价值最大化。为解决这一矛盾,面向外部信息使用者、向其提供企业经营状况信息的财务会计应运而生。由于财务会计主要是面向外部信息使用者,它也被称为"对外会计"(external accounting)。

从资本市场的现状来看,财务会计的信息使用者包括外部股东、债权人[②]以及其他对企业利益关心的人,如雇员、公司材料供应商、产品经销商、财务分析师(股票评论家)等。正由于外部信息使用者人数众多、分布面广,确定每一类使用者究竟需要什么信息,其中哪些不涉及商业秘密,将十分困难,且成本较高(想想"众口难调"这句古话)。实践中经过多年的发展,逐步形成了一套标准[③]。所有上市公司都按这套标准提供信息,外部信息使用者可以在市场上近乎免费地获取这套标准化的信息(比如,上市公司除了在证券交易所指定的网站上发布年度报表外,通常还会在自己的网站上发布。此外,一些专业的财经类网站也会集中发布上市公司的相关信息)。如果某个信息使用者需要获得额外的信息,他就必须要承担额外的成本。[④] 比如,一

---

①　至少有两点原因决定了那些持股比例低的外部股东无法通过直接与管理层联系而取得信息:第一,外部股东数量众多,使得管理层无暇应对每个外部股东"个性化"的信息需求;第二,在激烈竞争的市场环境下,公司的很多信息属于"商业秘密",如果仅持有某公司一点点股票(比如 100 股),就要求管理层向其提供所有信息,将有可能被竞争对手利用,最终会导致企业处于竞争劣势(比如,2000 年起中国企业在美国、欧盟陆续遭遇节能灯、家具、打火机、彩电、玩具等反倾销调查。按照国际惯例,销价是否低于成本是倾销与否的主要标志。这时,生产成本就是一种"商业秘密")。

②　主要是提供小额贷款的金融机构和企业债券持有人。那些提供巨额贷款的金融机构肯定会将提供信息作为贷款条件的一部分,他们就可以要求企业提供其所需要的信息。

③　最早明确建立这套标准的是美国会计职业界。他们所建立的标准称为"一般公认会计原则"(GAAP),后来各国纷纷效仿。

④　从技术上看,企业财务报表的编报与对外公布能做到"实时传送"且"按需定制"。但是,真正做到这一点,还必须要改变财务会计相应的概念、准则。

些大型证券研究机构的研究人员在发布某个上市公司专题研究报告(如盈利预测信息等)之前,会通过打电话或专门前往该上市公司咨询的方式来获取他认为有用的信息,当然,他也要承担相应的成本。

上述这套标准对财务会计信息的提供具有很强的约束作用,包括哪些信息应当报告、哪些信息不应当报告。目前,资本市场上普遍认为需要报告的信息有:公司的各项资产、资产的来源(指向债权人借入还是所有者投入)、经营业绩及财务状况。而那些产品成本,特别是某项产品的具体成本构成,一般不对外公布。当然,究竟应当报告什么信息,也随经济的发展而不断改变。20 世纪初,美国股票市场上只报告与资产有关的信息;到 20 世纪 30 年代之后,盈利逐步成为标准信息之一;20 世纪 90 年代之后,公司的现金应用情况也增加到标准化信息中来;进入 21 世纪,人们越来越关注公司治理和内部控制等问题,要求上市公司在对外报告中提供相关信息;目前,公司社会责任的信息披露也越来越普及。随着互联网、区块链等的应用,整个社会的透明度越来越高,公司需要披露的信息——包括主动披露与被动披露——自然也越来越多。

二、保证财务会计信息质量的审计

财务会计信息提供中的一个重要特征是信息的提供与使用相分离,即作为信息提供者,公司管理层向外界提供反映自身管理成绩的财务会计信息,而依赖、使用这些信息的是那些外部人士,如股东、债权人、供应商、零售商等。很显然,这些外部人士无法了解公司的内部信息,因而也就难以确定公司管理层所提供的信息是否可靠。从经济人角度出发,他们没有理由相信管理层是利他主义者,必定向外部提供准确、可靠的信息。在实践中,管理层向外界提供虚假信息的事例也不断发生。[1] 例如,银广夏通过 2000 年年报展示了一个高速成长的形象,一度被媒体称为"中国第一蓝筹股";2010 年爆出创业板上市公司绿大地 2004—2009 年间的年报造假;境外做空机构浑水调研公司发布研究报告,指责中国香港上市公司辉山乳业财务造假、公司实际控制人占用公司财产等行为,导致公司股价暴跌并停牌。类似事件不仅限于中国,它也是世界范围内不可杜绝的现象。比如,美国在安然事件之后通过了《萨班斯 – 奥克斯利法案》,其核心思想之一就是加大公司高管层的法律责任,特别是关于公司财务报告信息质量的法律责任,但是,这类现象还是屡禁不止。2008 年的次贷危机中,很多公司的会计信息质量都为社会所诟病,一项针对美国第二大房贷公司——新世纪金融公司——的独立调查表明,新世纪金融公司采取了不正确的行为来"粉饰"甚至操纵公司财务数据。2016 年,媒体爆出 Theranos 公司创始人 Elizabeth Holmes 刻意造假的新闻,导致公司估值近乎为零。类似事件,不胜枚举。

为了限制管理层在提供信息过程中可能的欺骗行为,保证财务会计信息质量,上市公司在财务会计信息加工完成之后,还必须经过专门机构——会计师事务所,对财务会计信息的可靠性程度进行检查,确保上市公司对外所提供的财务报表信息真实、可靠,值得信任。这也就是审计的由来。

---

① 本书中会大量列举中外资本市场上所发生的各种公司事件,限于篇幅,就不再一一注释说明。希望读者通过互联网检索到这些公司事件,加深对文本的理解。

审计的主要作用就在于检查和确定管理层所报告的信息是否可靠。当然，审计人员也是经济人，也有可能为了自己的利益而不如实履行职责（如上述银广夏、绿大地、辉山乳业、新世纪金融公司乃至 Theranos 等，它们的财务报表都经过了审计）。同时，现代企业经济活动复杂，对审计人员的技术能力也提出越来越高的要求。为保证审计的效率，一般要求审计人员必须具有相应的专业素质、与被审计单位保持独立、审计过程具有标准的方法可以遵守、审计人员承担一定的法律责任等。美国国会通过的《萨班斯－奥克斯利法案》，相当长的篇幅都放在提高注册会计师的独立性上。我国财政部和中国证券监督管理委员会（以下简称中国证监会）推行有关政策，期望通过提高会计师事务所的独立性来提升审计质量，增强我国会计师事务所的国际竞争力。

三、为有效管理提供信息的管理会计

总体而言，企业管理层的一切努力都是为了利润最大化。当社会经济环境相对较稳定（如我国原来的计划经济体制下，企业的外部经济环境在相当长时期里保持不变，又如相对变化不大的中世纪社会经济环境）、企业规模不大（如早期一些作坊式的工厂）、生产过程较简单（如传统的羊毛织造业，只有简单的整理、纺、织、印染等几个步骤），企业管理层可以凭借经验和直觉对经营过程进行有效管理。但是，产业革命导致高投入、高产出的现代化大生产出现，生产环节增多（如汽车制造业的工艺流程远多于传统的羊毛织造业），生产过程复杂，此时，单凭经验来管理不能实现生产过程效益最大化。第二次世界大战结束后，全球进入一个稳定发展经济的时代，外部经济环境变化节奏明显加快。在我国，实行市场经济改革之后，外部经济环境变得难以捉摸：今天还是市场上畅销的产品、主导的企业，明天产品就可能滞销、企业就可能走下坡路。比如，我国传统的纺织行业，由于不能适应市场发展的需要，目前几乎全行业陷入困境；又如，最近几年彩电业产品更新速度越来越快，价格下降幅度也越来越大；同样，以电子计算机为代表的电子和信息产业，其产品更新换代的速度越来越快，产品价格下降的幅度也非常惊人。在这种经济环境下，如果仍然采用传统的经验加直觉式的管理，必然会将企业带入困境甚至破产的局面。管理当局的有效管理，应当是以充足、有效的信息为基础。正是这一需求，导致管理会计的出现。

总体来看，管理会计包括两个部分，一是为决策管理提供信息，二是为内部经营过程的管理提供信息。从具体的企业经营过程来看，决策是第一步，确定投资什么项目、生产什么产品。这一决策过程十分复杂，若单纯凭管理者的心口估算或经验直觉，必定会出现各种差错。特别是在互联网日益普及、金融创新频率加快、创新商业模式层出不穷的今天，企业经营决策所需要考虑的因素更多，对数据的收集、整理、加工的技术要求也更高；同时，风险资本等运营机构也在根据商业环境的变化，更新他们的决策模型。比如，YouTube 公司成立不足两年，公司还没有明确的盈利模式，就被谷歌以 16.5 亿美元收购。这一过程中，谷歌的决策模型是什么？管理会计能够提供什么样的信息？管理会计的决策模型是否需要调整？这些都对管理会计的决策功能提出更高的要求和更全面的挑战。

投资决策制定后，实施成为一个重要环节。当生产过程简单、生产环节较少时，不需要什么复杂的方法就能够有效地控制产品的成本并保证产品具有较高的质量。但是，现代化大生

产条件下,生产环节多、工艺过程复杂,对产品成本的控制不再是简单、直接的管理所能胜任的。因此,20世纪初期,美国的工程师泰勒(Frederick Taylor)提出了以标准成本为核心的"科学管理理论"(也称为"泰勒制"),以此为基础形成了一套注重生产过程管理与成本控制的管理会计方法。这套方法经过不断发展,在日本的很多企业,特别是汽车业和家用电器业得到很好的应用,使得日本的汽车在美国市场上极具价格优势。20世纪90年代中期,我国邯郸钢铁公司闻名的"邯钢经验",也是管理会计在生产成本控制过程中成功应用的范例。与其他学科一样,管理会计也随着社会经济环境的变化以及技术进步而不断创新和发展。随着我国经济转型升级、转变经济发展方式,管理会计发挥作用的空间将大大提升。

四、资本市场风险与财务管理

任何一个企业为维持一定的生产规模,都必须要有相当数量的货币资金。如果企业从事涉外经济业务(如进口原料、设备或出口产品),它还应当保有一定数量的外币①。企业筹集相应数量的货币资金,需要耗费一定的代价;企业在保有与使用货币资金时,同样需要考虑成本问题。如果将货币视为一种特殊商品,提供货币的市场就是资本市场,企业在取得、保有、使用资本这一特殊商品上,也应考虑成本与效益问题,这就是财务管理学科所关注的主要问题。

当资本市场比较稳定,利率与汇率波动不大,不存在各种利率、汇率变动的风险,企业筹资渠道单一(如我国20世纪80年代以前计划经济体制下的资本供应机制)时,财务管理的内容比较简单,主要是资金取得和使用计划的编制、执行。但是,在市场经济环境下,资本市场波动性大,筹资渠道复杂,各种筹资渠道的成本、风险等存在相应的差异,利率、汇率的风险随时存在。这些风险的存在,都增加了企业在货币资金筹集、保有、使用和耗费等方面的风险。如果企业管理层在经营过程中不能有效地安排资金的筹集、使用等方式,将会增加企业的运行成本。例如,某企业出口一批货物,预计3个月后收到一笔外币货款。如果未来3个月中该种外币对本国货币的比价贬值,3个月后实际收到外币的价值就相应降低,企业会因此而蒙受损失。在我国,进入20世纪90年代,资本市场风险不断增加。银行利率波动幅度加大、频率加快,同时,国际货币市场上汇率变化多向且复杂,美元、日元、欧元、英镑等我国企业经营活动中可能用到的货币过去数年里存在多向波动。以人民币兑美元为例,2018年3月31日1美元兑近6.27元人民币,2022年10月11日1美元兑7.11元人民币,升幅近13.40%。这时,运用有效的方式减少以至避免企业因汇率或利率变动造成的损失,也等于为企业创造了效益。

进而言之,保有一定数量的资本,不仅是企业日常经营的需要,还是企业生存的需要。因为,市场经济是法制经济,企业的各种行为必须遵守市场的既定规则。企业在经营活动中所发生的各种负债都有相应的到期时限,如向银行和金融机构的借款,不仅有本金到期日,还有利息支付要求;在购买原材料等活动过程中所形成的欠款,也有相应的付款期限;对雇员还要按期支付工资,所有这些都要求企业必须随时具有充足的支付能力和流动性,否则,各债权人会要求法院强制执行,从而导致企业破产。这种现象在20世纪70年代后的国际市场上屡次发生,如1997年11月,八佰伴国际集团公司——一家国际性商业集团——宣告破产;1999年下

---

① 我国目前仍然对外汇进行适度管制,企业允许持有的外汇额度有限,但外资企业可以拥有的外汇比例要高。

半年,韩国大宇公司因为债务危机陷入困境,最后被迫解体[①]。2020年初爆发、持续超过两年的新冠疫情,加大了企业的运行风险,企业能够存活下来、渡过难关,低负债、充足的现金储备至为关键。此外,2021年多家房地产企业陷入困境,同样是因为现金不足。这些都表明,合理地安排企业的资本保有量,让企业具备充足的偿债能力,不仅能提高企业的效益,还能有效地降低企业的失败风险。从这点看,财务管理对企业的意义就更为重要。

财务管理在企业经营活动的地位,主要取决于外部资本市场。外部资本市场越复杂,财务管理的重要性也就越显著。在国际上,20世纪90年代之前,美国公司财务管理的地位远高于德国,因为后者的资本市场相对比较平静,企业的资本主要来自银行。但到了90年代中期,这一现象得到改变,特别是德国奔驰汽车公司在美国纽约证券交易所上市后,德国公司面临着和美国公司相似的情况,公司财务管理是否有效,对企业的影响越来越大,财务管理的地位也相应提高。在亚洲,东南亚金融危机改变了原有相对稳定的金融环境,企业面临的来自资本市场的风险不断增大,财务管理在企业中的地位随之增加[②]。我国也是如此,在计划经济时代,企业的生产安排和资金周转都事先通过计划来确定,企业不用考虑任何有关资金周转与使用的问题,财务管理当然也没有地位。但是,随着我国市场经济体制逐步确立,资本市场逐步形成,企业需要自己解决经营中所面临的资金问题,财务管理的地位越发重要。

总体而言,财务会计、审计、管理会计和财务管理组成了现代会计的基本框架,其中,财务会计旨在全面、完整、概括地反映企业的经营活动,主要满足外部信息使用者的需要。按照技术方法的复杂程度,它分为会计学原理、中级财务会计和高级财务会计三个部分。审计则是站在中立的角度,对企业所提供的财务会计信息进行鉴证,以确保外部信息使用者的利益不受损害。管理会计完全服务于管理层有效地进行决策和生产过程控制的需要,它也可分为成本会计和狭义的管理会计两部分,其中,成本会计侧重于产品成本的事后核算、事前成本标准制定和事中考核成本标准的执行,狭义的管理会计则主要集中于决策的制定与执行。财务管理更多地从企业货币资金的筹集、使用等角度出发,力求在最佳的时点、以最经济的方式取得适量的资本,同时,以最经济的方式保有和使用资本。

本章小结

• 达尔文的"物竞天择,适者生存"同样也适用于社会现象,包括人类社会的竞争与选择。竞争与淘汰机制迫使每个人都学会计算或算计,长期竞争与淘汰导致我们每个人都程度不同地具有会计的基因:我们每个人都精于算计。

• 企业是由聪明且自利的经济人所组成的利益联合体;理性经济人在寻找有效的信任机制的过程中,逐步选择、创造了会计。

• 会计的价值在于提供信息使理性经济人相互信任,且具有成本优势,可不受地域规模等限制而广泛应用。

---

① 也正因为如此,人们经常将货币资金比作市场和企业运转的"血液"。没有充足的"血液",无论是企业,还是市场,都将难以生存。

② K.Hanes.*The New Asian CFO*.Global Finance,1998(5).

- 会计的产生可以与人类早期文明活动联系起来，同样，人类社会的进步，特别是经济的发展，极大地促进并带动了会计的相应发展。
- 会计学科的主要分支有财务会计、管理会计、财务管理和审计，它们相互补充，形成一个相对完整的体系。

关键词

经济学达尔文主义	有效市场	理性经济人
信任	财务会计	管理会计
审计	财务管理	

即测即评

请扫描右侧二维码，进行即测即评。

案例分析

2016—2017 年，乐视网一直是媒体关注的焦点公司之一。它经历了快速扩张、市场神话跌落，到无人愿意接手，并最终于 2020 年 5 月退市。公司跌落的原因应该是多方面的，会计在其中的作用值得关注。

请自行查找资料，了解乐视网从 2004 年创立到 2020 年退市的发展历程，以及相关财经类专业媒体的分析情况。并讨论如下问题：

(1) 会计在乐视网从盛到衰过程中发挥了什么样的作用？

(2) 假如你是乐视网的外部股票持有者，你如何利用会计信息来判断乐视网的价值？

(3) 现实环境下会计信息的作用为什么会经常被忽视？

(4) 2021 年 1 月，乐视网的创始人贾跃亭在美国以 SPAC 方式将其电动车法拉第未来（FF）上市，代码为 FFIE；2021 年 10 月，被指证预售数据造假，FFIE 一直未能向美国证券交易委员会（SEC）提交业绩报告 10-Q。SPAC 上市是一种什么样的制度安排？会计信息在其中有什么作用？

思考题

1. 请分别说明有效市场假设、理性经济人假设和代理理论，并解释它们之间的内在关系。
2. 为什么说会计是两权分离的产物？请用理性经济人和代理成本等加以解释说明。
3. 我国国有企业是否存在代理问题？会计在其中如何发挥作用？
4. 我国经济发展经历了从国有国营到放权让利，再到国企部分转让所有权，乃至将那些中小型国企所有权全部转让的历程。在这一过程中，一种主导思想认为国有导致产权不清晰、代理成本高,将国企改造为股份制,就能够解决这一问题。然而,我国资本市场上的大量上市公司仍然出现了各种不应该有的现象,如公司舞弊、高管职务犯罪等,特别是一些产权非常明晰的私营企业,也出现了董事长潜逃、公司大量资产被侵吞的现象。请你结合本章所介绍的理性经济人、有效市场假设等,讨论代理问题的一般性,查找并厘清几个典型案例(如文中提到的辉山乳业等),然后结合会计的作用,给出一些有助于解决问题的建议。

5. 每年上半年,上市公司都要公开其经审计的财务报表。为什么上市公司要公开其财务报表?所公开的财务报表为什么要经过独立审计?请你自行查找一家上市公司的年度报告,熟悉上市公司年报的基本内容与格式。

6. 为什么非上市公司不公开其财务报表?非上市公司是否要编报财务报表?如果编报,这些报表要报送给谁?

7. 本章正文在讨论会计作用时,提到过倾销与反倾销的问题。请你自行查找一个行业或一个企业被国外进行反倾销调查的事例,了解反倾销调查中需要哪些会计信息,这些信息如何查找。

8. 请尝试在网上查找一份美国上市公司的年度报告(可以通过直接登录上市公司的主页,在投资者关系或类似栏目下查找公司年报),了解美国上市公司年度报告的内容与结构,并与一份同类中国上市公司的年报对比,看其中是否存在差异;如果存在差异,请自行归纳差异的种类,并对产生差异的原因给出合理的解释。

第二章

会计循环I:会计恒等式与复式记账

- 会计循环的基本步骤
- 如何进行交易、事项的分析
- 会计恒等式为什么恒等
- 会计要素的定义
- 借贷复式记账法与复式记账原理
- 会计循环的步骤与会计分录的编制

日升昌票号创建于 1823 年,之后逐渐发展成国内第一大票号。其总号设在山西省平遥县,分号多达 35 处,遍布全国大中城市、商埠重镇。1914 年,平遥合盛元票号被挤兑关闭,东家、掌柜逃匿。日升昌北京分号曾为合盛元北京分号提供担保,因此日升昌票号遭到连累。京师审判厅要求山西官方扣押日升昌财东的所有财产,并责令其派人到京,配合处理此事。已经辞职的原日升昌二掌柜(副经理)梁怀文临危受命,出面收拾残局。梁怀文带着账本前往北京,与债权人达成谅解,日升昌票号逐步恢复业务。

以上是日升昌票号曾遭遇的一个重大危机。从中可以看到,日升昌票号保留完整的账簿记录,对于其正常运营、取得债权人的谅解,是多么重要。

为什么企业必须要设置一套会计系统? 法律强制要求背后的依据是什么? 这显然与我们在第一章所讨论的信任问题相关联,即企业只有通过一套完整的会计系统,才能赢得与该利益体相关联的方方面面的信任,包括税务部门的认同,企业才有可能生存,并寻求发展和壮大。

人们在寻找有效信任机制的过程中,先后采用了很多种方法,但会计无疑是其中最有效的方法。本章到第五章所讨论的复式簿记,正是会计作为信任机制的核心内容。下面,我们从实际运行的角度,来介绍会计方法以及方法背后所包含的相应理论基础。

第一节 交易、事项分析与会计恒等式

一、会计工作的简要描述

会计作为一个信息系统,是由会计人员通过运用复式簿记系统(包括分录簿或会计凭证、

会计账簿和财务报表系统)对经济业务进行记录(记账)、分类、汇总、计算、整理(算账),并在此基础上编制和解释财务报表来完成的。在这个系统中,记账、算账是会计人员"生产"信息(加工数据)的过程,财务报表是会计人员"生产"的产品(会计所生成的信息是以财务报表的方式提供给信息使用者的)。这个过程与一个电子电路(如收音机的负反馈电路)非常相似:收集反映经济业务数据的分录簿或会计凭证相当于收集声波的磁性电棒;作为信息载体的分类账,类似于这个电路中的二极管、三极管、电容、电阻等电子元件;会计报表相当于扬声器(喇叭);电路设计相当于企业会计制度设计;电子电路则相当于我国的会计记账程序(也称为会计核算形式)。[①] 会计信息系统加工乃至生成最终产品的过程,包括许多具体的会计程序,并要依次完成一定的基本步骤。在会计上,这些依次继起、周而复始的以记录为主的会计处理步骤称为会计循环(accounting cycle)。典型的会计循环如图 2-1 所示。

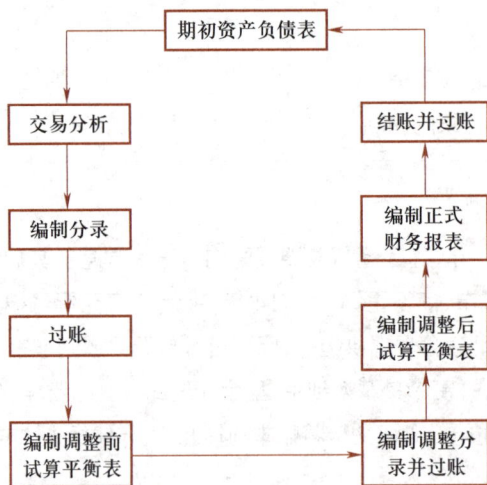

图 2-1　会计循环

图 2-1 说明,会计信息处理是一个周而复始、循环往复的过程,其基本步骤包括:

(1) 交易分析——确定各项交易对资产和权益的影响。

(2) 编制分录——在会计凭证(分录簿)中序时记录交易。

(3) 过账——将交易对各账户的影响结果分类归集到其所影响的账户中(把会计凭证或分录簿记录的内容过入相应的分类账中)。

(4) 编制调整前试算平衡表——检验分类账中的各项借方余额和贷方余额是否相等,并将分类账中的这些数据资料用编制财务报表所需的适当方式进行汇总。

(5) 编制调整分录并过账——使各账户能反映出最新情况。

(6) 编制调整后试算平衡表——再次检验分类账中的各项借方余额和贷方余额是否相等,并将分类账中的这些数据资料用财务报表所需要的适当方式进行汇总。

---

① 正因为如此,会计工作非常适合于计算机化。实际上,会计部门也是最早实行信息化的部门之一。目前,企业手工簿记系统越来越多地为计算机会计信息系统所取代。

（7）编制正式财务报表——以说明本期会计主体的财务状况、经营成果和现金流动情况。

（8）结账并过账——将本期资产负债表的期末余额结转为下一期的期初余额。

由上可知，会计要向外部信息使用者提供信息，第一步必须对经济业务进行分析，并采用一定的方法予以记录。这里所谓的经济业务，是指那些能用货币计量，并足以引起会计要素增减变动的经济活动或经济事项（包括交易、事项与情况）。

二、交易、事项分析与会计恒等式

（一）交易、事项与情况

分析交易、事项与情况，然后将其登记在分录簿（或会计凭证）是会计信息处理的第一个基本步骤。首先，会计人员必须从大量纷繁复杂的经济事项中筛选出需要进入会计信息系统处理的交易、事项与情况。

交易、事项和情况是进入会计信息系统的基本经济数据或输入数据。交易（transactions）是指发生在两个不同会计主体之间的价值转移。这种转移可以是双向交换，即甲方买进某项资产，同时支付现金或承担未来支付现金的义务；同样，乙方卖出资产，取得现金或获得收取现金的权利。它也可以是单向的，如向另一会计主体进行投资或公益性捐赠等。事项（events）主要指发生在主体内部各部门之间的资源的转移，如生产车间领用原材料、地震导致财产受损等。也有人倾向于将发生在主体间的交换行为称为外部事项，而将发生在主体内部的资源的变化等称为内部事项。至于情况（circumstances），往往是多件事项共同作用后的一种结果。通常，它还可以解释为由于企业外部环境的变化，但既未发生交易、又未产生事项而对企业会计要素可能造成的影响，如物价、汇率等的变化对资产或负债产生的影响。通常确定情况何时会发生往往比较困难。比如，由于债务人破产，导致企业一项应收账款无法收回，这就是一种情况，但具体这种情况何时发生，事先往往难以洞察。

在我国会计工作中，目前的习惯是将交易、事项与情况统称为"经济业务"，即指那些发生在主体与主体之间或主体内部、导致各会计要素产生实际数量变化的经济活动，如购买设备、偿还到期债务、产品生产完工入库等。而签订一项经济合同，即便它关系到企业未来的生产任务等，由于合同在实际履行之前尚未引起会计要素数量上的变化，因此，也不作为经济业务，会计系统对其可不予记录。交易、事项与情况的分析就是看其对财务报表要素有什么影响。

（二）会计恒等式

任何形式的企业，无论其规模大小，如果需要开展正常的经营活动，就必须拥有一定量的财产。会计上将这种由企业拥有或控制的、能用于经营活动的财产和资源，称为资产。从具体的企业来看，资产的形式可以形形色色，从厂房、建筑物、机器、设备，到各种材料、现金、银行存款等。比如，王达是一个计算机专业博士，平时喜欢开发一些数据挖掘软件，最近热衷于创业。他近日开办了一家数据公司，定名为"王禅数据"。用于经营的财产包括：一台高配置的台式计算机、一台笔记本电脑、一台立式空调、一个多功能打印机、一套办公家具等，共计 80 000 元；必需的一些办公用品，如专用书籍、资料、硬盘、优盘、电话机、纸张等，计 10 000 元；周转用现金 10 000 元。这些都是王禅数据的资产，共计 100 000 元。

　　这里我们需要引入会计主体的概念。它是会计的第一个基本概念。会计主体（accounting entity）是指需要进行会计核算与报告的经济主体，也可称为报告主体。它可以是一个大型企业（如通用汽车、中国移动），也可以是一个非常小的个体企业（如校园里的小卖铺）。会计主体概念的引入，就是要区分不同主体之间（如通用汽车与福特汽车）、主体与主体所有者之间（如小卖铺与小卖铺的所有者）的界限，以避免混淆不同主体间的经济活动。王禅数据是一个会计主体，通用汽车公司也是一个会计主体。后者是一个巨大的主体，由许多不同的部门和公司（小主体）组成。我们现在以王禅数据为会计主体来记账。

　　辩证法告诉我们，看问题应从相互联系的多个不同的角度进行。对企业的资产，如果我们一分为二地看，就不难发现：一方面，任何资产只不过是经济资源的一种实际存在或表现形式，或为机器设备，或为现金、银行存款等；另一方面，这些资产是通过一定的渠道进入企业的。在一个经济社会里，除非少数例外，一般人不会无偿地将经济资源（资产）让渡出去。也就是说，企业中的各项资产都应该有其相应的权益的要求。比如，王禅数据的所有资产都是由王达投入的。他投入这些资产的目的，在于通过有效经营赚取收入。显然，王达拥有对这 100 000 元资产的所有权（权益）。这样，就形成了最初的会计恒等式（accounting equation）：

$$资产（100\ 000）= 权益（100\ 000）$$

　　会计恒等式之所以成立，就是因为资产和权益实质上是同一事物的两个方面：一方面表现为企业（如王禅数据）所拥有的一系列财产的占用形态（各类资产）；另一方面表现为企业对这些财产的一系列所有权（各类权益），亦即这些财产资金的来源渠道。而且，由于权益表明资产的来源，而全部来源又必须与全部资产相等，所以，全部资产必须等于全部权益，即 ∑ 资产 = ∑ 权益。全部权益由负债（即债权人的权益）和所有者权益（所有者的剩余权益）组成。

　　在王禅数据开业后不久，王达发现，以前挖掘的个性化数据放在淘宝网上很受欢迎，于是他请同学开发了一个数据平台，共花费 30 000 元。这样，他的资产总额增加到 130 000 元；当然，对资产的要求权（权益）也相应增加了。不同的是，这次所增加的资产欠了同学钱（开发费），按协议有确定的偿还期限。由于这两种不同的资产来源所形成的权益有本质上的不同，为了以示区别，上述等式被扩展为：

$$资产（130\ 000）= 负债（30\ 000）+ 所有者权益（100\ 000）$$

　　这里，负债和所有者权益代表了两种不同的资产来源，前者是指借入资产，一般都有确定的偿还期限，有的还附有利率。这部分权益受到法律的保护，其偿还具有强制性（也就是说，到期必须要偿还）。所有者权益代表企业的所有者对企业拥有的权益。从数量上看，它对应于由于业主投资所形成的资产，在本例中，为 100 000 元。一方面，企业一旦开始进入正常的经营活动循环，其资产就会不断地变换形态。这时，再试图区分哪部分资产是业主投入形成的，哪部分资产是通过借款等渠道形成的，相当困难。对规模较大的企业来说，这几乎是不可能的。另一方面，从性质上看，债权人和业主对企业的要求权（权益）也是不同的：债权人希望借款人到期能顺利偿还本金，并能支付预定的利息；业主则希望通过有效经营等活动，尽可能多地赚取利润。市场经济总是与风险不可分离，高收益必然与高风险相伴。债权人和业主对收益的期望不同，也导致其对风险具有不同的态度。债权人因为收益有限，当然风险也应该有限，因此，各国法律以及债权人和借款人之间的各种契约，都普遍倾向于保护债权人的利益，以降低其可能的风险水平。而业主由于希望取得尽可能多的利润,就必然要承担市场经济环境可能对企业产生的一切风险。这样,资产负债表等式也可以表述为:

$$资产(130\ 000)-负债(30\ 000)=所有者权益(100\ 000)$$

这一等式本身表明:负债的求偿能力要高于所有者权益。或者说,所有者权益是在企业全部资产抵减全部负债以后的剩余。因此,也称其为"剩余权益",这一术语形象、贴切地说明了所有者对企业所享有的权益和风险:当企业经营成功、不断实现利润时,剩余权益就会越来越大;反之,如果企业经营失败、不断出现亏损,剩余权益就会越来越小;当企业资不抵债时,剩余权益就为零或负数。由于剩余权益是全部资产扣减负债以后的净值,会计上也称其为"净资产"。王禅数据的净资产为 100 000 元。

对会计恒等式,我们必须要理解并要牢记的是:任一时点,企业的所有资产,无论其处于何种占用形态(如现金、银行存款、固定资产等),它都必须有相应的来源,或者是借入的,或者是所有者投入的,或者是经营过程所赚取的。换言之,企业所有资产都必定有相应的来源,这样,"资产 = 负债 + 所有者权益"这一等式,在任何情况下,其左右双方的恒等关系都不会被破坏。

如果从企业经营活动最终对所有者权益的净影响来看,所有经营活动都可分为两类:一是不直接增、减所有者权益的活动,如上述的举债、债务偿还、购买设备等;二是影响所有者权益的活动,如取得某项收入、发生某项费用或损失等(至于所有者投资或向所有者分配利润等活动,虽然也增加或减少所有者权益,但它不是严格的经营活动或经济业务,而是与所有者之间的往来)。期末的会计恒等式也可用来说明这两类经营活动。因此,基本等式可展开如下:

$$资产 = 负债 + \boxed{所有者权益}$$
$$\uparrow$$
$$\boxed{资本 + 直接计入所有者权益的利得和损失 + 留存收益}$$
$$\uparrow 收入-费用$$
$$(利润)$$

上面的等式说明,企业的所有者权益包括资本(来自所有者的投资)、直接计入所有者权益的利得和损失(如可供出售的有价证券的期末市价与账面价的差额)、留存收益(来自企业的营业利润)等。

企业在其经营过程中,通过生产、交付商品(指以商品生产为主要活动的企业)或提供劳务(指以提供劳务为主要活动的企业)等方式赚取收入。市场经济是一个等价交换的经济,企业为了取得收入,就必须要发生一定的支出,这些资源流出企业,构成了费用。设王禅数据经营的第一个月营业收入为 15 000 元,费用共计 9 000 元,则:

$$利润(6\ 000)=收入(15\ 000)-费用(9\ 000)$$

会计恒等式反映的是某一时点企业的全部财产及其相应的来源。如上所述,仅仅通过这一等式,就可以正确地反映企业的全部经济活动及其影响。因为,那些取得收入、发生费用的经济业务,在收入或费用增加的同时,也会导致资产或负债产生相应的变动。一般地说,收入的取得总是会导致资产的增加(也可以是负债的减少),费用的发生会相应地消耗企业的资产

(或增加企业的负债);收入和费用抵减的净结果,都应该归企业的所有者来承担,而无论它是盈利(收入大于费用)还是亏损(费用大于收入)。用等式表示就是:

$$资产+(收入导致资产的增加-费用导致资产的减少)=负债$$
$$+(费用导致负债的增加-收入导致负债的减少)$$
$$+(所有者权益+利润或亏损)$$

假设王禅数据当月所发生的全部收入都已收到现金,而费用也都是资产的耗费,如现金支出、办公用品的消耗等。这样,通过会计恒等式,可直接反映收入和费用业务的影响:

$$资产(130\,000+15\,000-9\,000)=负债(30\,000)+所有者权益(100\,000+6\,000)$$

从时间角度来看,会计恒等式反映的是某一时点企业所有资产的分布状况及其相应的来源。

(三) 交易、事项对会计恒等式的影响

由上可知,交易、事项等对基本会计等式有影响,因为它会导致资产和权益的增加或减少。每一项交易或事项都具有双重经济影响,即至少影响两个方面(会计专业术语为:账户。后文会介绍)。这种双重影响虽然会导致资产总额和权益总额发生变化,但其恒等关系并不会被破坏。

由于每一项经济交易或事项都可以通过会计恒等式来反映,因此利用会计恒等式可进行交易或事项的分析。所谓交易、事项分析就是对每一交易或事项进行分析,以便确定它是怎样影响会计恒等式的,或者说是怎样影响资产和权益的。不论是采用手写簿记系统,还是运用电子数据处理系统来处理会计数据,会计人员都要运用会计恒等式对交易或事项进行分析,以便在期末编制财务报表。

现以笃信财务咨询公司为例来分析交易、事项对会计恒等式的影响。假设笃信财务咨询公司 202× 年开业,当年 12 月发生以下交易、事项:

(1) 3 日,李斌注册成立笃信财务咨询公司,注册资金为 100 000 元,其中计算机设备价值80 000 元,办公用品等低值易耗品[①]10 000 元,周转用现金 10 000 元。

这项事项的发生使笃信财务咨询公司拥有资产 100 000 元,同时,也使李斌对笃信财务咨询公司享有 100 000 元的产权。

	资产			=	负债	+	所有者权益
	固定资产 +	低值易耗品 +	现金	=			资本
(1)	80 000 +	10 000 +	10 000	=	0	+	100 000
		100 000 元				100 000 元	

(2) 6 日,向敏捷计算机公司赊购复印设备一台,价值共计 30 000 元。

这项交易一方面使笃信财务咨询公司的固定资产增加 30 000 元,另一方面使其承担了30 000 元的负债(应付账款),于是笃信财务咨询公司的资产和负债同时增加 30 000 元。

---

① 根据《企业会计准则——应用指南》附录"会计科目和主要账务处理",企业的低值易耗品可以在"周转材料"科目中核算,也可以单独设置"低值易耗品"科目核算。关于会计科目,详见本章第二节的解释。

	资产			=	负债	+	所有者权益
	固定资产 +	低值易耗品 +	现金	=	应付账款	+	资本
初余	80 000	10 000	10 000	=		+	100 000
(2)	+ 30 000			=	+ 30 000		
末余	110 000 +	10 000 +	10 000	=	30 000	+	100 000
		130 000 元				130 000 元	

(3) 9 日,用现金 300 元购买一个移动硬盘。

这项交易导致了笃信财务咨询公司的现金减少 300 元,同时低值易耗品增加 300 元。这就是资产不同项目之间的"此增彼减"。

	资产			=	负债	+	所有者权益
	固定资产 +	低值易耗品 +	现金	=	应付账款	+	资本
初余	110 000 +	10 000 +	10 000	=	30 000	+	100 000
(3)		+ 300	− 300				
末余	110 000 +	10 300 +	9 700	=	30 000	+	100 000
		130 000 元				130 000 元	

(4) 12 日,向银行借款 28 000 元偿还部分复印设备款。

这项交易使笃信财务咨询公司的应付账款减少 28 000 元,同时增加银行借款 28 000 元。这样,笃信财务咨询公司的负债项目之间出现"此增彼减"。

	资产			=	负债		+	所有者权益
	固定资产 +	低值易耗品 +	现金	=	应付账款 +	银行借款	+	资本
初余	110 000 +	10 300 +	9 700	=	30 000		+	100 000
(4)					− 28 000	+ 28 000		
末余	110 000 +	10 300 +	9 700	=	2 000	+ 28 000	+	100 000
		130 000 元				130 000 元		

(5) 12 日,用现金偿付尚未付清的复印设备赊购款 2 000 元。

这项交易一方面使笃信财务咨询公司减少了现金 2 000 元,另一方面使其应付账款也减少了 2 000 元,从而使笃信财务咨询公司的资产项目和负债项目发生同额减少。

	资产			=	负债		+	所有者权益
	固定资产 +	低值易耗品 +	现金	=	应付账款 +	银行借款	+	资本
初余	110 000 +	10 300 +	9 700	=	2 000	+ 28 000	+	100 000
(5)			− 2 000	=	− 2 000			
末余	110 000 +	10 300 +	7 700	=	0	+ 28 000	+	100 000
		128 000 元				128 000 元		

(6) 16日，收到凌云山高科技公司财务咨询费 12 000 元。

这项交易一方面使笃信财务咨询公司的现金增加了 12 000 元，另一方面使其收入增加 12 000 元。由于收入的取得最终会导致所有者权益的增加，所以，这笔交易会使笃信财务咨询公司资产项目和所有者权益项目发生同额增加。

	资产					=	负债	+	所有者权益	
	固定资产	+	低值易耗品	+	现金	=	银行借款	+	资本	+ （收入）
初余	110 000	+	10 300	+	7 700	=	28 000	+	100 000	
（6）					+ 12 000					+ 12 000
末余	110 000	+	10 300	+	19 700	=	28 000	+	100 000	+ 12 000
			140 000 元						140 000 元	

(7) 28日，李斌用现金支付所聘临时工工资 2 000 元。

这项交易的发生导致笃信财务咨询公司的现金减少 2 000 元，同时，工资费用增加 2 000 元。由于费用最终会使笃信财务咨询公司的所有者权益减少，因此，这笔交易表明笃信财务咨询公司的资产和所有者权益发生同额减少。

	资产					=	负债	+	所有者权益	
	固定资产	+	低值易耗品	+	现金	=	银行借款	+	资本	+ （收入-费用）
初余	110 000	+	10 300	+	19 700	=	28 000	+	100 000	+ 12 000
（7）					− 2 000					− 2 000
末余	110 000	+	10 300	+	17 700	=	28 000	+	100 000	+ 10 000
			138 000 元						138 000 元	

通过以上分析，我们可以得出以下基本结论：一个企业的交易、事项等虽然复杂多样，但对会计恒等式的影响概括起来无非是四种类型：同时影响恒等式左右两边，方向上有同时增加、同时减少；只影响恒等式左边（各资产项目间一增一减）、只影响恒等式右边（权益项目间一增一减）。如表 2-1 所示。

表 2-1   交易类型与会计恒等式一览表

交易类型	恒等式左方	恒等式右方
I	增加	增加
II	减少	减少
III	一增一减	
IV		一增一减

由于恒等式右方又包括了负债和所有者权益两个项目，上述四种类型可以进一步细化为八种具体的交易，即：

（1）资产与所有者权益同时增加，典型业务就是新企业创办时投入资本，如业务（1）；

（2）资产与负债同时增加，典型业务就是向银行举债或赊购商品，如业务（2）；

（3）资产与所有者权益同时减少，包括企业向股东分发股利、业主收回投资等，业务（7）向员工支付工资，也符合这种特征；

（4）资产与负债同时减少，典型业务就是用现金或银行存款偿还商业欠款和银行负债，如业务（5）；

（5）资产项目之间的此增彼减，会计恒等式保持不变，如上述业务（3）；

（6）负债项目之间的此增彼减，如业务（4）向银行借款偿还购货欠款；

（7）所有者权益项目之间的此增彼减；

（8）负债与所有者权益项目之间的此增彼减。

其中，第七种类型的交易在以后的学习中会涉及，如利润分配中的提取各种公积金；第八种类型的交易很少出现，只有可转换债券等少量业务会涉及负债与所有者权益之间的转换。

任何交易、事项情况的发生，都不会改变或破坏会计恒等式的平衡关系。正确地理解和运用这种平衡关系，对下面复式记账法的学习非常重要。

三、会计要素

由上可知，会计恒等式是反映企业交易、事项变化的平衡关系式，是会计记账的基础，也是构成会计报表的骨架。上述会计恒等式中的资产、负债、所有者权益在会计上称为会计要素。会计要素是企业交易、事项的具体化，是会计报表的基本元素，也是账户的归集和概括。它能从静态和动态两方面较好地反映企业的交易、事项变化状况，便于会计的确认、计量、记录和报告。会计的基本要素一般有六项：资产、负债、所有者权益、收入、费用和利润。

知识拓展 2-1

我国《企业会计准则——基本准则》（2006 年 2 月 15 日财政部令第 33 号公布，2014 年 7 月 23 日修改）给会计要素所下的定义分别是：①资产是指企业过去的交易或者事项形成的、由企业拥有或者控制的、预期会给企业带来经济利益的资源。②负债是指企业过去的交易或者事项形成的、预期会导致经济利益流出企业的现时义务。③所有者权益是指企业资产扣除负债后由所有者享有的剩余权益。④收入是指企业在日常活动中形成的、会导致所有者权益增加的、与所有者投入资本无关的经济利益的总流入。⑤费用是指企业在日常活动中发生的、会导致所有者权益减少的、与向所有者分配利润无关的经济利益的总流出。⑥利润是指企业在一定会计期间的经营成果。利润包括收入减去费用后的净额、直接计入当期利润的利得和损失等。

2018 年 3 月 29 日，国际会计准则委员会发布了最新的财务报告概念框架，其中第四章"财务报表要素"的会计要素定义是：①资产：由过去的事项形成的、主体控制的现时的经济资源。经济资源是一种潜在的产生经济利益的权利。②负债：由过去的事项形成的、主体承担的转移经济资源的现时义务。该义务是主体实际上无法避免的职责或责任。③权益：主体的资产扣除全部负债后的剩余权益。④收入：导致权益增加的资产增加或负债减少，但与权益所有者出资有关的事项除外。

⑤费用:导致权益减少的资产减少或负债增加,但与权益所有者出资有关的事项除外。

试比较两者对会计要素的界定的异同,并尝试讨论上述定义的不同对具体会计项目会有什么影响。

(一) 资产

资产是指企业过去的交易或者事项形成的、由企业拥有或者控制的、预期会给企业带来经济利益的资源。根据该定义,资产具有以下特征:

1. 资产预期会给企业带来经济利益

资产预期会给企业带来经济利益,是指资产直接或间接形成现金和现金等价物流入企业的潜力。这种潜力可以来自企业日常的生产经营活动,也可以是非日常活动;带来的经济利益可以是现金或者现金等价物,或者是可以转化为现金或现金等价物的形式,或者是可以减少现金或现金等价物流出的形式。比如,应收账款在未来收回,会增加现金;原材料用于产品的生产,在销售后会增加企业的现金;固定资产可以用于产品的生产过程,进而产生收入、增加资产。

资产预期能否会为企业带来经济利益是资产的重要特征。如果不能满足这一特征,就不应该再以资产的"名义"记录在报表中。比如,如果有证据表明,某项企业的应收账款无法收回,就应及时注销。又如,企业采购的原材料如果因为保管不当而变质、不能用于产品的制造,就需要及时做报废处理;同样,一项固定资产因为技术过时不再具备使用价值,或因使用不当毁损,就不应该再作为资产。

2. 资产应为企业拥有或者控制

资产作为一项资源,应当由企业拥有或控制,具体是指企业享有某项资源的所有权,或者虽然不享有某项资源的所有权,但该资源能被企业所控制。

企业享有资产的所有权,通常表明企业能够排他性地从资产中获取经济利益。通常在判断资产是否存在时,所有权是考虑的首要因素。在有些情况下,资产虽然不为企业所拥有,即企业并不享有其所有权,但企业控制了这些资产(如租入的设备),同样表明企业能够从资产中获取经济利益,符合会计上对资产的定义。如果企业既不拥有也不能控制资产所带来的经济利益,就不能将其确认为企业的资产。

3. 资产是由企业过去的交易或者事项形成的

资产应当由企业过去的交易或者事项所形成,过去的交易或事项包括购买、生产、建造行为或者其他交易或事项。换言之,只有过去的交易或事项才能产生资产,企业预期在未来发生的交易或事项不形成资产。例如,企业有购买某存货的意愿或计划,但是购买行为尚未发生,就不符合资产的定义,因此不能确认该存货为资产。

在企业,常见的资产包括:

(1) 货币资金。货币资金包括现金、银行存款和其他货币资金。

现金是指流动性最强,可以自由流通,可以随时用于购买企业所需的财产物资、偿还债务的资金。银行存款是企业存放在银行或者其他金融机构的、可以自由支配的资金。其他货币资金包括企业的银行汇票存款、银行本票存款、信用卡存款、信用证保证金存款、存出投资款、外埠存款等。

(2) 应收账款。应收账款是指企业在日常生产经营过程中向客户销售商品或提供劳务应收而未收的款项,这类交易通常被称为赊销。应收账款是企业的一种债权,赊销会增加企业的应收账款,而客户付款会减少企业的应收账款。

(3) 存货。存货是指企业在日常经营活动中持有以备出售的产品、处在生产过程中的在产品、在生产过程或提供劳务过程中耗用的材料和物料用品等,具体包括原材料、在产品、产成品、低值易耗品等。

(4) 固定资产。固定资产是指为生产商品、提供劳务、出租或经营管理而持有的,使用时间超过一年的资产,通常包括房屋、建筑物、机器设备、运输工具等。

(5) 无形资产。无形资产是指企业拥有或者控制的、没有实物形态的、可辨认的非货币资产。常见的无形资产包括专利权、专有技术、商标权、著作权、土地使用权等。

(二) 负债

负债是指企业过去的交易或者事项形成的、预期会导致经济利益流出企业的现时义务。负债是一项负资产。根据该定义,负债具有以下特征:

1. 负债是企业承担的现时义务

其中,现时义务是指企业在现行条件下已承担的义务。未来发生的交易或事项形成的义务,不属于现时义务,不应当确认为负债。

这里所指的义务可以是法定义务,也可以是推定义务。其中,法定义务是指具有法定约束力的合同或者法律法规规定的义务,通常在法律意义上需要强制执行。例如,企业购买原材料形成的应付账款、企业向银行贷款形成的借款、企业按照税法规定应当缴纳的税款等,均属于企业承担的法定义务,需要依法予以偿还。推定义务是指企业根据多年来的习惯做法、公开的承诺或者公开宣布的政策而将承担的责任,这些责任也使有关各方形成了企业将履行义务解脱责任的合理预期。例如,某空调企业多年来制定的一项销售政策,对于售出的空调提供三年的保修服务。预期将为售出商品提供的保修服务就属于推定义务,应当将其确认为一项负债。

2. 负债预期会导致经济利益流出企业

只有企业在履行义务时会导致经济利益流出企业,才符合负债的定义;如果不会导致企业经济利益流出,就不符合负债的定义。在履行现时义务时,导致经济利益流出企业的形式多样,如用现金偿还或以实物资产形式偿还;以提供劳务形式偿还;以部分转移资产、部分提供劳务形式偿还等。

3. 负债是由企业过去的交易或者事项形成的

只有过去的交易或者事项才形成负债,企业将在未来发生的承诺、签订的合同等交易或者事项,不形成负债。

在企业,常见的负债包括:

(1) 银行借款。向银行借入的款项当然要偿还。会计上,按照银行借款使用期限长短的不同,分为短期借款和长期借款。其中,短期借款是指企业从银行或其他金融机构借入的期限在一年或超过一年的一个营业周期以下(含一年)的各种借款,如企业从银行借入的、用来补充流动资金不足的临时性借款。长期借款是指企业从银行或其他金融机构借入的期限在一年或超过一年的一个营业周期以上的各项借款。

(2) 应付账款。应付账款是指企业在日常生产经营过程中发生的,购买材料、商品和接受劳务等应支付的款项。

(3) 应付职工薪酬。应付职工薪酬是指企业根据有关规定应付给职工的各种薪酬,包括工资、职工福利、社会保险费、住房公积金、工会经费、职工教育经费、非货币性福利等。

(4) 应交税费。应交税费是指企业按照税法规定计算应缴纳而未缴纳的各种税金,包括增值税、消费税、企业所得税、资源税、土地增值税、城市维护建设税、房产税、城镇土地使用税、车船税等。

(三) 所有者权益

所有者权益是指企业资产扣除负债后,由所有者享有的剩余权益(净资产)。公司的所有者权益又称为股东权益。所有者权益是所有者对企业资产的剩余索取权,它是企业资产中扣除债权人权益后应由所有者享有的部分。如果一个企业经营状况良好,每一轮的经营过程都会赚取较高的利润,那么积累下来,企业的全部资产在扣除负债后的剩余金额较高,所有者能够获得的利益较大;反之,如果企业运营不当,不断亏损,资产扣除负债后的余额会越来越少,直至资不抵债,这时,所有者的投入就全部耗尽。

所有者权益既反映了所有者投入资本的保值增值情况,又体现了保护债权人权益的理念。

所有者权益通常包括:

(1) 实收资本。实收资本是投资者投入资本形成法定资本的价值,所有者向企业投入的资本在一般情况下无须偿还,可以长期周转使用。实收资本的构成比例,即投资者的出资比例或股东的股份比例,通常是确定所有者在企业所有者权益中所占的份额和参与企业决策的基础,也是企业利润分配的依据,同时还是企业在破产清算时确定所有者对净资产要求权的依据。

(2) 资本公积。资本公积是指企业收到的投资者超出其在企业注册资本(或股本)中所占份额的投资,以及直接计入所有者权益的利得和损失等。资本公积包括资本溢价或者股本溢价和直接计入所有者权益的利得和损失。

(3) 留存收益。留存收益是指企业历年实现的净利润的留存,主要包括累计计提的盈余公积和未分配利润。盈余公积是企业逐年累积的,依据法规、企业章程提取的,用于企业发展等目的的净利润;未分配利润是除盈余公积之外的留存利润。

(四) 收入

收入是指企业在日常活动中形成的、会导致所有者权益增加的、与所有者投入资本无关的经济利益的总流入。根据该定义,收入具有以下特征:

1. 收入来自企业的正常经营活动

正常经营活动是指企业为完成其经营目标所从事的经常性活动以及与之相关的活动。例如,制造业企业生产并销售产品、保险公司签发保单、咨询公司提供咨询服务等,均属于企业的正常经营活动。非正常经营活动所形成的经济利益的流入,不能确认为收入,而应当计入利得。

2. 收入是与所有者投入资本无关的经济利益的流入

并不是所有导致企业经济利益流入的交易或事项都是收入。所有者投入现金或其他资产,也会增加经济利益的流入,但这只能归为所有者权益的增加。收入带来经济利益的流入,导致资产增加或负债减少。例如,企业销售商品应当收到现金或者在未来有权收到现金,还可以是预收账款减少,这才表明该交易符合收入的定义。

3. 收入会导致所有者权益的增加

与收入相关的经济利益的流入应当会导致所有者权益的增加,不会导致所有者权益增加的经济利益的流入不符合收入的定义,不应确认为收入。例如,企业向银行借款,尽管也导致了企业经济利益的流入,但该流入并不导致所有者权益的增加,反而使企业承担了一项现时的义务。企业对于因借入款项而导致的经济利益的增加,不应确认为收入,而应确认为一项负债。

在企业,收入通常分为:

(1) 营业收入。营业收入是指企业因经营活动所获得的收入。这种经营活动可以是企业最正常或主要的经营活动,如富士康为苹果代工手机、宁德时代为宝马电动车提供成套电池,就是主要的经营活动;企业还有一些非主要的经营活动,如富士康处理一批超量采购的材料或多余设备、宁德时代将制造车间使用的空置包装物打包出售,就是其他经营活动。如果企业其他经营活动多了,就需要分设主营业务收入和其他业务收入,分别记录来自不同经营活动所产生的收入。

(2) 投资收益。投资收益是指企业对外投资所取得的收益减去发生的投资损失后的净额。在资本市场快速发展的今天,越来越多的企业都在不同程度地进行对外投资。比如,我们所熟悉的腾讯公司,它的收入不仅来自游戏等,投资也是其非常重要的活动。相应地,因为投资所产生的收益,就需要归为投资收益。

理论上,能够导致企业所有者权益增加而又不是所有者投入的事项很多。比如,企业取得一项政府补助或企业资产盘点出现盈余,它符合收入的后两项特征,但又不完全符合第一项特征。会计上,将这些与企业日常生产经营活动无直接关系的各项收入,统一归为"营业外收入",或美国会计要素所定义的"利得",它包括非流动资产处置利得、非货币性资产交换利得、债务重组利得、政府补助利得、罚没利得、盘盈利得、捐赠利得等。

(五) 费用

费用是指企业在日常活动中发生的、会导致所有者权益减少的、与向所有者分配利润无关的经济利益的总流出。根据该定义,费用具有以下特征:

1. 费用是企业在日常活动中形成的

这些日常活动的界定与收入定义中涉及的日常活动的界定是一致的。因日常活动所产生的费用包括销售成本(营业成本)、职工薪酬、固定资产折旧费、广告费等。对富士康公司来说,生产苹果手机等相关产品并交付给苹果公司的所有行为,都是正常经营活动。这一过程中所发生的支出,凡是符合费用界定的,就可以归为正常的经营费用。需要注意的是,并不是所有正常经营活动过程中发生的支出,都可以记作费用。对此,后续的学习将陆续展开介绍。

将费用限定为日常活动所形成的,这样,那些非日常活动所形成的经济利益的流出,就不能确认为费用。会计上对这一类支出单独设立一个项目,即营业外支出或损失。

2. 费用是与向所有者分配利润无关的经济利益的总流出

费用的发生应当会导致经济利益的流出,从而导致资产的减少或者负债的增加(最终也会导致资产的减少)。其表现形式包括现金或者现金等价物的流出,存货、固定资产和无形资产等的流出或者消耗等。鉴于企业向所有者分配利润也会导致经济利益的流出,而该经济利益的流出显然属于所有者权益的抵减项目,不应确认为费用,因此,应当将其排除在费用的定义之外。

3. 费用会导致所有者权益的减少

与费用相关的经济利益的流出会导致所有者权益的减少,不会导致所有者权益减少的经济利益的流出不符合费用的定义,不应确认为费用。比如,以现金偿付企业到期的应付账款,现金流出企业,符合经济利益流出的界定,但是,它同时会减少企业的负债,所有者权益保持不变。这样的经济利益流出就不是费用。

在制造业企业,常见的费用包括:

(1) 生产成本。生产成本是指企业进行工业性生产发生的各项成本,主要包括直接材料、直接人工和制造费用等。

(2) 管理费用。管理费用是指企业为组织和管理企业生产经营活动所发生的费用,主要包括在企业筹建期间发生的开办费、董事会和管理部门在企业的经营管理中发生的或者应由企业统一负担的公司经费(包括管理部门职工工资及福利费、物料消耗、低值易耗品摊销、办公费和差旅费等)、董事会费、聘请中介机构费、咨询费、诉讼费、业务招待费、技术转让费、矿产资源补偿费、研究费用、排污费等。

(3) 销售费用。销售费用是指企业在销售商品和材料、提供劳务的过程中发生的各种费用,包括保险费、包装费、展览费和广告费、商品维修费、预计产品质量保证费、运输费、装卸费等,以及为销售本企业商品而专设的销售机构的职工薪酬、业务费、折旧费等费用。

(4) 财务费用。财务费用是指企业为筹集生产经营活动所需的资金等而发生的筹资费用,包括利息支出、汇兑损失以及相关的手续费、企业发生的现金折扣或收到的现金折扣等。

(六) 利润

利润是指企业在一定会计期间的经营成果。通常情况下,如果企业实现了利润,表明企业的所有者权益将增加,业绩得到了提升;反之,如果企业发生了亏损(利润为负数),表明企业的所有者权益将减少,业绩下滑了。因此,利润往往是评价企业管理层业绩的一项重要指标,也是投资者等财务报表使用者进行决策时的重要参考。

尽管利润是会计系统非常重要的指标,财务报表使用者也非常关注利润指标,但是对它的界定比较间接,是以收入减去费用后的净额方式表述的。其中,收入减去费用后的净额反映的是企业日常活动的业绩,营业外收入和营业外支出(或利得和损失)相抵后的净额反映的是企业非日常活动的业绩。企业应当严格区分并分别报告收入和利得、费用和损失,以便信息使用者能够更全面地评价企业的运营效率。

利润通常包括:

(1) 营业利润。营业利润是指企业在其正常生产经营过程中产生的经营成果。营业利润是由营业收入扣除营业成本、税金及附加、期间费用和投资净损益等计算出来的。

(2) 利润总额。利润总额是指企业在一定会计期间内产生的各种经营成果的总额,包括正常经营过程中的利润和非正常经营过程中的利润。正常经营过程中的利润即营业利润;非正常经营过程中的利润是营业外收入减去营业外支出后的金额。

(3) 净利润。净利润是指企业的利润总额减去所得税费用后的金额,即税后利润。

注意:我国《企业会计准则》规定,"利得和损失"的确认分两种情况:一种情况是直接计入当期损益;另一种情况是直接计入所有者权益。如前所述,直接计入所有者权益的利得和损失构成所有者权益的一部分。

以上六大会计要素(或一级要素)构成了资产负债表和利润表的基本框架,即"资产 = 负债 + 所有者权益"和"收入 – 费用 = 利润"。会计要素按其反映和归纳对象的范围不同可分为不同的级别。如资产可分为流动资产和非流动资产,流动资产又可分为现金、应收账款、短期投资、存货等,而应收账款又可分为应收账款——甲公司、应收账款——乙公司等。这样,资产就被称为一级要素,流动资产和非流动资产被称为二级要素,现金、应收账款等被称为三级要素,应收账款——甲公司等则被称为四级要素。各级会计要素体现在不同的规范中。

以资产为例,会计要素的层次关系如图 2-2 所示。

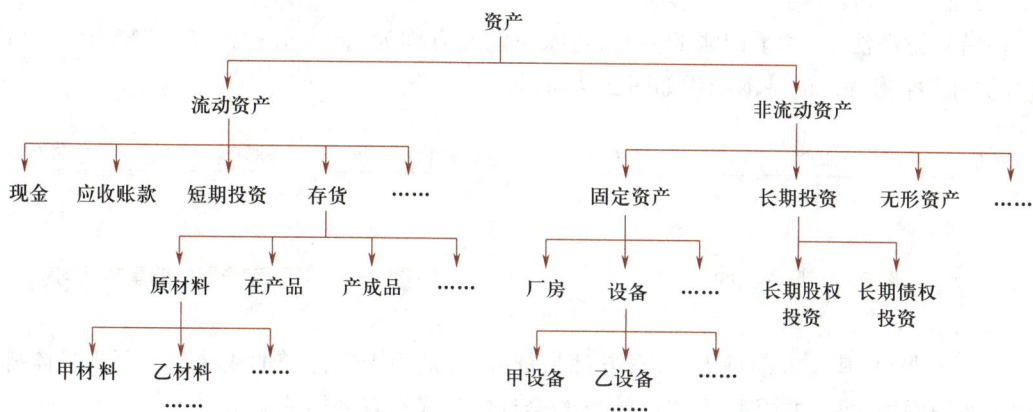

图 2-2　会计要素的层次关系

第二节　复式记账原理

一、账户

借助上述会计恒等式(资产负债表等式),就可以反映企业经济活动的影响。但是,一方面,会计恒等式所涉及的会计要素较少,不能全面反映各种不同类型经济活动的影响;另一方面,对一个中等规模的企业来说,每个月所发生的经济活动数量多、种类杂,仅仅借助会计恒等式来反映,很不方便,更不要说大规模的企业了。因此,要通过设置账户,将会计要素加以分类并进一步具体化,以便更完整、更合理地反映企业经济活动。

所谓账户,是指根据管理需要和信息使用者的具体要求,对会计要素的内容进行科学再分类,并给每一类别以标准的名称和相应的结构。利用账户,就可以对经济活动进行连续、系统、全面的记录和反映,从而最终提供对信息使用者更为有用的信息。比如,前文所涉及的王禅数据的资产,包括台式计算机、笔记本电脑、立式空调、多功能打印机、办公家具、办公用品、现金等,就可以相应设置"固定资产""原材料""低值易耗品""银行存款"等账户。(因为企业任何大额现金一般都通过银行保存,这样既安全又可得到一定的利息收入)

二、账户的结构

为了反映交易或事项的发生对各会计要素产生的数量上的影响,账户必须要有一定的结构。就某一个具体的会计主体来看,交易或事项的数量多、种类杂,对各会计要素的影响也各不相同。但是,从数量变动看,交易或事项对会计要素的影响不外乎"增加"和"减少"两个方面。因此,每个账户都应该包括两个最基本的部分,分别用来登记增加和减少。其简化格式如图2-3所示。

这是最为简化的账户格式,分为左右两方,分别用于登记增加或减少。由于其格式有点像英文中的字母T,所以在英语系国家被称为"T"字账户。在我国的文字中,它与"丁"字相似,所以,我国习惯将其称为"丁"字形账户。

在借贷记账法下,为了记账的方便,将账户的左方称为"借方",右方称为"贷方"。这样,上述的"丁"字形账户的基本结构如图2-4所示。

左方	账户	右方

图 2-3 账户结构

借方	账户	贷方

图 2-4 "丁"字形账户的基本结构

每一个账户,其左方都是借方,右方都是贷方,分别用于登记增加或减少。至于具体哪一方用于登记增加、哪一方来登记减少,又与会计恒等式有着密切的关系。

通过上面的学习,我们知道,最基本的会计恒等式是"资产=负债+所有者权益",它分别表示企业所有资产的分布状况以及这些资产的来源,并且,在任何一个时点,这一等式的恒等关系都会存在。账户又是分别根据资产、负债、所有者权益等会计要素所设置的,这样,资产类账户与负债、所有者权益类账户由于分别处于等式的左右两方,它们在结构上就应该保持对称的关系,只有这样,通过账户所进行的会计记录,才不会破坏会计恒等式所具有的恒等关系。具体地说,对资产类账户,借方登记增加额,贷方登记减少额;负债、所有者权益类账户正好相反,贷方登记增加额,借方登记减少额,如图2-5所示。

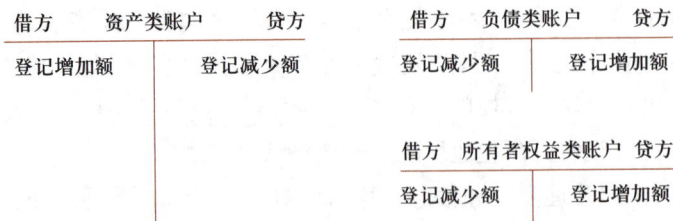

借方	资产类账户	贷方
登记增加额		登记减少额

借方	负债类账户	贷方
登记减少额		登记增加额

借方	所有者权益类账户	贷方
登记减少额		登记增加额

图 2-5 不同账户登记方法

如果引入会计期间的概念,就会出现两个术语。一是会计期间内的增加、减少额,称为"本期发生额"。对资产类账户来说,本期借方发生额就是本期资产的增加额,本期贷方发生额形成本期资产的减少额;负债和所有者权益类账户正好相反,本期借方发生额分别表示本期负债或所有者权益的减少额,本期贷方发生额分别表示本期负债或所有者权益的增加额。

知识拓展 2-2

会计分期(accounting period)是会计的一个重要基本概念。在编制供企业外部信息使用者使用的财务报表时,通常把一年作为一个会计期间。现代会计之父帕乔利(Pacioli)在 1494 年的著作《算术、几何、比及比例概要》一书中写道:"账簿应该每年结清一次,特别是在合伙企业内,因为经常的会计核算有利于保持长期的合作关系。"[①] 我国《企业会计准则——基本准则》第七条规定:"会计应当划分会计期间,分期结算账目和编制财务会计报告。会计期间分为年度和中期。中期是指短于一个完整的会计年度的报告期间。"在我国,会计期间的划分采用公历日期。在西方国家,会计年度的结算日往往选择一年中商业活动的最低点,所以,西方国家的会计年度也可能不是公历年度,如几乎所有的美国百货商店都以 1 月 31 日作为一个财务年度的终结日,因为这时刚好是在圣诞节旺季和它的退货和清仓大抛售造成的影响之后。会计分期也可以半年或季为单位。例如,财务报表使用者希望知道商家每半年或每季的经营情况。因此,企业还应编制中期(interim period)财务报表。

二是一个会计期间结束时,如果某个账户中借贷双方的发生额不能完全抵销,所出现的差额,会计上称为"余额"。账户的正常余额应该是处于登记增加额的方向。这样,资产类账户的正常余额应该在借方,负债、所有者权益类账户的正常余额在贷方。账户的发生额、余额的关系如图 2-6 所示。

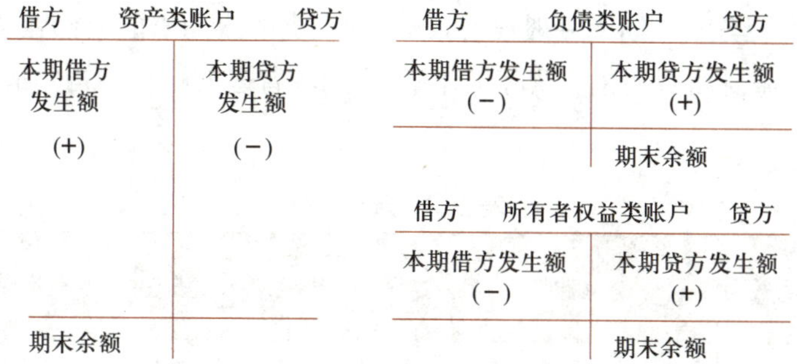

图 2-6 账户的发生额、余额的关系

---

① 罗伯特·N.安索尼,等. 会计学:教程与案例.9 版.骆珣,等,译. 北京:北京大学出版社,2000:43.

由于会计期间前后相连,本期的期末余额成为下一期的期初余额。这样,期初余额、本期发生额、期末余额之间就形成了如下的等式:

资产类账户:

期初余额(借方)+ 本期借方发生额 − 本期贷方发生额 = 期末余额(借方)

负债、所有者权益类账户:

期初余额(贷方)+ 本期贷方发生额 − 本期借方发生额 = 期末余额(贷方)

图 2-7 以"原材料""应付账款"为例,说明两类账户各项余额、发生额之间存在的上述关系。

除资产负债表等式外,利润表等式所代表的会计要素也可相应设立账户。其中,费用类账户结构与资产类账户相同,而收入、利润类账户结构与负债、所有者权益类账户结构相同。如图 2-8 所示。

借方	原材料		贷方
(1)购入	10 000	(2)耗用	16 500
(3)购入	12 000		
借方发生额合计	22 000	贷方发生额合计	16 500
期末余额	5 500		

借方	应付账款		贷方
(2)偿还	10 000	(1)欠款	10 000
		(3)欠款	6 000
借方发生额合计	10 000	贷方发生额合计	16 000
		期末余额	6 000

图 2-7　两类账户各项余额、发生额之间的关系

借方	费用类账户	贷方
本期费用增加额		本期费用减少额

借方	收入类账户	贷方
本期收入减少额		本期收入增加额

借方	利润类账户	贷方
本期利润减少额		本期利润增加额
		期末余额

图 2-8　各类账户结构

其中,费用、收入类账户期末一般没有余额,利润类账户期末的余额在贷方。上述账户结构也可以根据实际需要而做变化。实际工作中,应用较普遍的账户结构是借贷余三栏式,其结构如表 2-2 所示。

表2-2　账　　户

年		凭证号数	摘要	借方	贷方	借或贷	余额
月	日						

实际上,无论账户格式外形上存在多大差别,都必须包括借方、贷方和余额三个部分,只不过它们在格式排列上存在差别。

三、账户体系

任何一个会计主体在其会计数据的收集和处理过程中,都需要使用多个账户。这些账户包括资产、负债、所有者权益、收入、费用和利润六类,它们形成一个相互联系的有机体系。表2-3是一个非常简单的账户体系表,其中的会计科目大部分会在本书中运用到。

表2-3　账户体系

编号	账户	编号	账户
1000	资产类	2401	递延收益
1001	库存现金	2501	长期借款
1002	银行存款	2502	应付债券
1101	交易性金融资产	4000	所有者权益类
1121	应收票据	4001	实收资本
1122	应收账款	4002	资本公积
1123	预付账款	4101	盈余公积
1131	应收股利	4103	本年利润
1132	应收利息	4104	利润分配
1221	其他应收款	5000	成本类
1403	原材料	5001	生产成本
1405	库存商品	5101	制造费用
1601	固定资产	5301	研发支出
1602	累计折旧	6000	损益类
1701	无形资产	6001	主营业务收入
1901	待处理财产损溢	6051	其他业务收入
2000	负债类	6111	投资收益
2001	短期借款	6301	营业外收入
2201	应付票据	6401	主营业务成本
2202	应付账款	6402	其他业务成本
2203	预收账款	6601	销售费用
2211	应付职工薪酬	6602	管理费用
2221	应交税费	6603	财务费用
2231	应付利息	6711	营业外支出
2232	应付股利	6801	所得税费用
2241	其他应付款		

目前我国实行的《企业会计准则——应用指南》以附录的形式统一规定了会计科目的名称、编号和核算内容(会计科目是对会计要素对象的具体内容进行分类核算的类目。会计科目与账户的关系为:会计科目是账户的名称,账户是会计科目的内容)和会计报表格式。各企业、单位应根据国家统一规定的会计科目来设置账户,对其各项交易或事项进行日常核算,以正确、全面、系统地反映各企业、单位的生产经营活动。要全面了解会计科目和主要账务处理的读者可查阅《企业会计准则——应用指南》的附录全文(会计科目和主要账务处理),也可以查阅《小企业会计准则》,不过其中大部分内容,要在学完中、高级财务会计后才能理解。

设置多少账户,取决于会计主体经济活动的特点、外部信息使用者和管理当局的要求等。至于账户的编号,则是出于信息化的需要,同时,也方便日常的查询与核对。

在实际的会计处理过程中,对某些账户如原材料、应收账款、应付账款等,还需要进一步了解其详细的信息。如对原材料,必须知道具体各种材料的种类、数量、单价、金额等的信息,管理当局才能进行材料的优化管理;对应付账款和应收账款,如果不掌握具体各债权、债务人及所欠付的金额、期限,同样也无法进行应付账款和应收账款的管理。为此,对某些账户,就需要在原有的账户下,再根据用途和需要,具体设置细目。比如,某个需要消耗多种原材料的会计主体,它的原材料账户体系如下:

其中,原材料为一级账户,木材、钢材等为二级账户,钢材下又分为线材、管材和板材,它们是三级账户;在三级账户之下,还可以根据需要,进一步划分。习惯上,将一级账户称为"总分类账户"或"总括账户",它们位于账户体系的最高层次;二级以下的账户,统称为"明细分类账户"或"补充账户"。一般而言,处于中间层次的账户,没有固定的结构。只有处于最低层次的账户,才需要有一定的结构,来反映具体交易或事项的数量增减变化。比如,上述原材料账户中,假定到线材、管材、板材,账户设置就完成了。显然,线材、管材、板材等具有一定的结构,可以反映相应数量的增减变化,钢材只是原材料分类的一种重要标志,不需要有反映数量增减变化的结构。从数量关系看,一级账户的借方、贷方发生额合计和期末余额,应当与它所属的全部明细分类账户的借方发生额合计、贷方发生额合计和余额合计相等。

在编号上,也可以多层编号。设在该主体中,原材料编码为1403,木材、钢材和其他分别为1、2、3,线材、管材和板材也分别为1、2、3,这样,管材就是1403.2.2或1403.0202。

总体来看,账户的设置应当考虑这样几个问题:

第一,是对会计要素科学的再分类。本质上,账户就是对会计要素的再分类。再分类过程中,首要的考虑就是保证分类的科学、合理。比如,对资产要素的再分类,就应当考虑资产的性质和主要特征,以及不同企业持有资产的不同目的等,在此基础上进行科学的再分类。具体地说,可将资产按照其在经营活动过程中的作用及耗用周期的不同,分为固定资产和流动资产(如原材料)等。但如果认为固定资产都是金额较大的资产、流动资产都是金额较小的资产,这种再分类就是错误的。总之,会计要素的再分类应既能够明确地反映不同账户的本质区别,以便于对其进行归类，又能科学、系统、全面地反映企业的会计要素。

第二，应能全面反映企业各项交易、事项。为了能够全面、准确地反映企业的财务状况、经营成果和财务状况变动，会计系统应该能接受企业全部交易或事项所发出的数据，全面反映企业各项交易或事项的影响。要全面反映企业的交易或事项，就要求针对不同类型、不同规模的企业，在账户设置上有所区别。比如，对一些规模小、业务简单的企业，所设置的账户就要少一些；而对一些规模大、业务繁杂的企业，当然要多设置一些账户，否则将难以全面反映各项交易或事项。

第三，能满足信息使用者的需要。会计系统存在的主要目标就是向信息使用者提供他们所需要的信息。会计系统的一切方法都以此为中心而展开，账户设置也是如此。比如，对一个固定资产种类多、金额大的企业，其股东一般会关注固定资产的构成及其变动情况。为了提供这方面的信息，对固定资产就可以按种类分别设置账户，如"建筑物""生产设备""运输设备"等。

广义地说，管理层也是信息使用者之一。管理层需要的管理会计信息，其数据的主要来源也是通过账户所收集、登记的（当然，那些用于专门的预测、决策项目的信息，要借助专门的渠道收集）。这样，账户的设置还应该考虑科学管理对信息的需要。比如，一个原材料种类繁多的企业在账户设置时，就可以考虑材料管理的需要，而将材料分为若干类别，对每一类别分别设置账户。

四、复式记账原理

在账户设置完后，就可以应用账户，对会计主体所发生的交易或事项进行具体的处理。具体账务处理时，必须应用国际上通行的复式记账方法。这一方法以"借""贷"为记账符号，以"有借必有贷，借贷必相等"为记账规则，因此，又称为"借贷记账法"。

借贷记账法可以追溯到十四、十五世纪的意大利，由帕乔利所介绍的威尼斯复式记账方法，在经过不断演变后，成为今天国际上通行的记账方法。在西方国家，历史上只有这么一种复式记账方法，因此，人们一般不特别强调"借贷记账法"。当然，有些会计史学家习惯称其为"意大利式簿记方法"。我国二十世纪六七十年代曾先后出现过以"增"和"减"、"收"和"付"等为记账符号的复式记账方法。为了加以区别，上述以"借"和"贷"为记账符号的记账方法，一般被称为"借贷记账法"。由于这一方法较为科学、合理，因此它是目前我国企业会计准则所要求并在会计实务中得到应用的、唯一的复式记账方法。

（一）记账符号

借贷记账法的记账符号就是"借"和"贷"。对账户来说，它们是账户的两个部位，分别代表左方和右方，即左方为借方，右方为贷方（左借右贷），这一规定适用于所有类型的账户。

"借"和"贷"是历史的产物。从字面看，其最初的含义同债权、债务有关。在中世纪意大利的银行业、商业中，账簿上曾用两个部位分别记录债权和债务。当时主要用叙述式，如表 2-4 所示。

表2-4   叙述式账簿记录

内容	在账簿中记录业务时的叙述方式	
	发生	清偿
有关债权业务	(1)他应当给我们 He shall give us	(2)他已经给了我们 He has given us
有关债务业务	(3)我们应当给他 He shall have from us	(4)我们已经给了他 We have given him

在表2-4中,(1)(4)两个部分相当于借方的内容,(2)(3)两个部分相当于贷方的内容。所以,"借"和"贷"本来的含义,对于记录债权和债务是合适的。当记录对象扩大后,叙述式的记录为账户式记录所替代,账户要求用固定的符号来标明不同的部位。借和贷就从本来的含义向纯粹的记账符号转化。"借"和"贷"原是日本从西方引进复式簿记方法时的译名,我们从日本引进复式簿记方法时,也采用了这两个汉字作为记账符号。[①]

在借贷记账法中,当"借"和"贷"转化为记账符号后,它们失去了原有的字面含义,成为一个纯粹的记账符号。单纯就符号来说,可以用任何两个字或符号来代替"借"和"贷",其作用不会受到任何影响。

当然,借贷记账法中的"借"和"贷"与具体的账户相结合,可以表示不同的意义:

第一,代表账户中两个固定的部位。如上所述,一切账户均需设两个部位记录数量上的增减变化,其中,左方一律称作借方,右方一律称为贷方。

第二,与不同类型的账户相结合,分别表示增加或减少。"借"和"贷"本身不等于增或减,只有当其与具体类型的账户相结合以后,才可以表示增加或减少。例如,对资产类账户来说,借表示增加,贷表示减少;对负债类账户而言,正好相反,贷表示增加,借表示减少。

第三,表示余额的方向。通常资产、负债和所有者权益类账户期末都会有余额。其中,资产类账户的余额在借方,负债、所有者权益类账户的余额在贷方。

(二)记账规则

讨论借贷记账法的记账规则时,离不开会计恒等式。

资产负债表等式表明,任何时点上,会计主体的全部资产和其相应的来源存在恒等关系,并且,这一恒等关系不会因为交易或事项的发生而被打破。也就是说,任何一笔交易或事项都不会破坏会计恒等式的平衡关系。而资产负债表等式的基本构成是:资产=负债+所有者权益。从简单的数量关系对比来看,任何交易或事项如果不会打破会计恒等式的平衡关系,必定符合下列四种情况中的一种:①等式双方同时增加一个等量;②等式双方同时减少一个等量;③等式左方一增一减一个等量;④等式右方一增一减一个等量。下面分而述之。

第一,等式双方同时增加一个等量。从具体交易或事项来看,能导致等式左右两边同时增加一个等量的业务包括:业主向企业投入资本;企业借入资本,包括向银行借款或赊购材料、设备等;取得营业收入,导致资产增加等。例如,王达向王禅数据投入计算机、空调、办公家具等80 000元,使得资产和所有者权益同时增加80 000元,就是等式双方同增一个等量。其中,资

---

① 葛家澍,刘峰.会计学导论.2版.上海:立信会计出版社,1999:141.

产的增加,应该登记在资产账户的借方,所有者权益的增加登记在所有者权益账户的贷方。

第二,等式双方同时减少一个等量。主要是指经济资源流出某一会计主体。现实经济生活中,可能存在的交易或事项类型包括:向股东或所有者派发股利或利润;向国家缴纳税收;偿还各种借款;等等。王禅数据开发数据平台欠同学的钱 30 000 元到期后,又向银行借款抵付,最后银行借款到期,以银行存款偿还。这笔业务导致等式左方的资产(银行存款)和等式右方的负债(短期借款)同时减少 30 000 元。其中,资产的减少应当登记在该账户的贷方,负债的减少则应记录在该账户的借方。

第三,等式左方一增一减一个等量。由于资产位于等式左方,因此,这实际上就是两个资产账户的一增一减。企业的资产在使用过程中会不断地变换形态,从而导致各种资产相互之间不断地转换形态。比如,在一个典型的制造业生产循环过程中,以银行存款购买各种设备和原材料,将各种原材料投入生产,产品生产完工入库等,都会引起资产的一增一减。王禅数据将所收到的现金收入 15 000 元送存银行,就会导致现金和银行存款两种不同形式的资产彼增此减。其中,库存现金资产账户减少 15 000 元,登记在贷方;银行存款资产账户增加 15 000 元,应登记在借方。

第四,等式右方一增一减一个等量。会计恒等式右方包括了负债和所有者权益两个要素,从可能性空间来看,就存在四种可能:负债一增一减;所有者权益一增一减;负债减少,所有者权益增加;所有者权益减少,负债增加。从现实经济活动来看,前三种交易或事项经常会发生。比如,某一会计主体向乙方借款,偿还甲方(所谓"拆东墙、补西墙"),就是负债之间的此增彼减;股份公司发放股票股利,就是将利润转增股本,导致利润减少,实收资本账户(或股本账户)增加,属于所有者权益账户之间的一增一减。在西方国家,一些公司经常发行可转换公司债,规定公司债券在到期后可按一定比例转换成公司的股票,这种业务会引起某一会计主体负债的减少和所有者权益的增加。第四种类型的变换,即从股东或所有者变为债权人,由于股东和债权人在法律上地位存在差别,目前法律并不允许。王禅数据原欠付同学的平台开发费 30 000 元到期后,若向银行借款直接偿还债务,这样,应付账款负债账户减少,应记在借方;短期借款负债账户增加,需要登记在贷方。

综合上述四种类型的交易或事项,可以将其对各账户的影响,应借应贷方向、金额列成表 2-5。

表2-5 四种类型交易或事项所涉及账户及其登记方向

经济业务	所涉及账户及其登记方向			
	借方	金额	贷方	金额
类型一	资产类账户	80 000	所有者权益类账户	80 000
类型二	负债类账户	30 000	资产类账户	30 000
类型三	资产类账户	15 000	资产类账户	15 000
类型四	负债类账户	30 000	负债类账户	30 000
合计		155 000		155 000

通过表 2-5,可以得出这样几条规则:

第一,任何一笔交易或事项的发生,都必然会同时导致至少两个账户发生变化。或者说,交易或事项发生后,应同时至少在两个账户中相互联系地进行记录。这是复式簿记方法的内在要求。

第二,所记入的账户可以在等式同一方向,也可以在不同方向。但每一笔交易或事项发生后,必须要至少记入一个账户的借方和另一个账户的贷方。如果某项交易或事项同时涉及三个以上的账户,至少要在一个账户的借方和一个账户的贷方进行登记(可以一个借方、多个贷方,或多个借方、一个贷方,尽可能少用或不用多个借方、多个贷方,以避免破坏账户之间的对应关系)。亦即有借必有贷。

第三,所记入两个账户的金额,借方和贷方必须相等。本期发生的全部交易或事项在进行正常的处理后,记入所有账户借方的发生额合计,应当等于记入所有账户贷方的发生额合计。即借贷必相等。

如果把上列三条记账规则用最简洁的语言表述,就是"有借必有贷,借贷必相等"。

(三) 会计分录

在明确了记账规则后,下一步,就可以根据记账规则,对交易或事项编制会计分录。

会计分录,也有人称为"记账公式",是指按照借贷记账法记账规则的要求,对交易或事项列示应借、应贷的账户和金额的一种记录。比如,上述业务类型中将现金 15 000 元送存银行,导致现金减少 15 000 元,银行存款同时增加 15 000 元。编制成会计分录就是:

借:银行存款　　　　　　　　　　　　　　　　　　　　　　15 000
　　贷:库存现金　　　　　　　　　　　　　　　　　　　　　　　15 000

在编制会计分录时,应当注意以下几个问题:

第一,按惯例,会计分录应该是借方在上,贷方在下;第二,为了便于识别,每一个会计分录都是借方在左,贷方在右。或者说,贷方记账符号、账户、金额,都要比借方退后两格。

一个初学者在编制会计分录时,应当按照以下步骤逐步进行:

第一,对所要处理的交易或事项,判断其究竟引起了哪些账户的变化;第二,判断这些账户的性质,即它们各属于什么会计要素,位于等式的左方还是右方;第三,确定这些账户受影响的方向,即是增加还是减少;第四,根据这些账户的性质和增减方向,确定究竟是借记还是贷记;第五,根据会计分录的格式要求,编制完整的会计分录。

比如,王禅数据向中晟调查公司购买一手调查数据,共花费 12 000 元,当即以银行存款支付货款的一半,其余部分暂欠。对这笔交易或事项,我们要先判断它所影响的账户,包括主营业务成本[①]、银行存款、应付账款;然后,确定主营业务成本是成本费用类账户、银行存款是资产类账户,而应付账款属于负债类账户;第三步,确定这笔交易或事项对各账户的影响,即主营业务成本增加 12 000 元,应记在借方,而银行存款减少 6 000 元,应付账款增加 6 000 元,都应该记在贷方。这样,可以编制会计分录如下:

借:主营业务成本(原材料费用)　　　　　　　　　　　　　12 000

---

① 若王禅数据要单独核算每个数据产品的成本,也可通过设置"原材料"账户来记录该笔一手调查数据的费用。

```
    贷:银行存款                                              6 000
       应付账款                                              6 000
```

当然,在熟练掌握了借贷记账法会计分录编制的原理后,就不必再按上述步骤逐步进行了。

(四) 借贷记账法的具体应用——举例

为了更全面地掌握借贷记账法下会计处理的方法,下面,我们通过王禅数据的一些交易或事项加以详细说明。

【业务 2-1】　王达是计算机专业的博士,毕业后留校做老师,在学校时为一些证券公司提供过一些数据挖掘服务。现决定辞去工作,专门从事个性化的数据挖掘服务。经过批准,于 202× 年 12 月 1 日开设王禅数据。他将自己两台计算机(一台台式机和一台笔记本)计35 000 元,一台立式空调、一套办公家具和一个多功能打印机等计 45 000 元,投入王禅数据。同时还投入专用书籍、资料、硬盘等办公用品计 10 000 元以及现金 10 000 元。

这是属于典型的资产投入企业,导致等式双方同时增加的交易或事项。增加的资产包括计算机、空调、办公家具等,会计上,将这种使用周期比较长、使用过程中不改变自身形态的生产资料称为固定资产或生产设备等。王达同时投入的硬盘、墨盒、打印纸等,属于经营过程中不断耗用的。如果这类物品比较多,就应当分别各种不同的形态,专门设置账户。本例中王禅数据所使用的这类办公用品较少,因此,只设一个低值易耗品账户反映。至于王达投入王禅数据的 10 000 元现金,实际工作中,一般将金额较大的现金都送存银行,平时支付也直接通过银行进行,这样,不仅安全系数高,还可以取得一定的利息收入,可谓"一箭双雕"。

王达在将上述资产投入王禅数据后,他对王禅数据的要求权也相应增加。在股份公司中,这种所有者投资称为"股本";本例涉及的是一个独资公司,设置"实收资本"账户加以反映。完整的会计处理应当是:

```
    借:固定资产                                            80 000
       低值易耗品(办公用品)                               10 000
       银行存款                                            10 000
       贷:实收资本                                               100 000
```

【业务 2-2】　12 月 3 日,为了便于开展业务活动,王达在政府建设的高新技术孵化园租用了一间办公室,租期一年。按照协议,需预付全年租金共 3 000 元(为鼓励创新,孵化园减免了90% 的租金)。王禅数据用银行存款将款项付清。

在实际经济生活中,经济活动的发生与现金支付在时间上往往存在差异。有时,企业在销售货物后很长的时间间隔之后,才会收到货款;也有企业在销售货物或提供服务之前,就预先收取货款。本例中,王禅数据预付房租就属于后一种情形,即尚未享受服务,就预付了款项。尽管房租费用是王禅数据正常的经营费用之一,但是,王禅数据尚未开始使用对方所提供的房屋。因此,应记作预付费用增加。银行存款的减少,应通过贷方来反映。其会计处理为:

```
    借:预付账款                                             3 000
       贷:银行存款                                                 3 000
```

【业务 2-3】　12 月 8 日,王达经过调查发现,以前挖掘的个性化数据放在淘宝网上很受欢迎。他请同学开的日升科技公司帮忙开发了一个数据平台,共花费 30 000 元,数据平台已通过验收,费用暂欠。

本项业务导致王禅数据的无形资产增加 30 000 元,同时,企业的负债相应增加。会计上,对企业之间因为商品或货物买卖所形成的债权、债务往来,通过应收账款和应付账款来反映。其中,前者登记企业货物已经销售出去、尚未收到货款的权利;后者登记企业已经买进货物、尚未支付货款的义务。会计分录如下:

借:无形资产   30 000

   贷:应付账款   30 000

【业务 2-4】 12 月 10 日,王禅数据收到某客户购买数据的收入计 15 000 元,清点后,送存银行。

这实际上由两笔业务所组成:一是取得收入,二是将现金存入银行。其中,王禅数据出售数据的收入是现金收入。取得收入会导致现金账户和营业收入账户同时增加;而将现金存入银行,是两种资产账户的此增彼减。会计处理为:

借:库存现金   15 000

   贷:主营业务收入   15 000

借:银行存款   15 000

   贷:库存现金   15 000

【业务 2-5】 12 月 12 日,应双鸭山大学金融系何斌教授要求挖掘数据,服务收费 20 000 元已通过银行收取。

与业务 2-4 相似,这也是一项取得收入的业务,它表现为资产账户和收入账户的同时增加,会计分录如下:

借:银行存款   20 000

   贷:主营业务收入   20 000

【业务 2-6】 12 月 15 日,王禅数据向中晟调查公司购买一手调查数据共计 12 000 元,开出转账支票,支付货款的一半,其余部分暂欠。

这笔业务上面已做了分析,它同时增加"主营业务成本"账户、减少银行存款账户、增加应付账款账户。完整的会计分录是:

借:主营业务成本(原材料费用)   12 000

   贷:银行存款   6 000

     应付账款   6 000

【业务 2-7】 12 月 17 日,向银行提取现金 2 000 元,以备用。

企业在日常经营活动过程中,会不时地发生各种零星支出。这些支出用现金直接支付较为方便。向银行提取现金,使得现金账户增加,银行存款账户减少。其会计处理为:

借:库存现金   2 000

   贷:银行存款   2 000

【业务 2-8】 12 月 18 日,与中大金融公司签订合同,为该公司提供非结构化的数字信息挖掘服务,并一次性预收 22 000 元款项,存入银行。

这笔业务一方面导致企业银行存款的增加,另一方面预收的收入要求企业在未来的会计期间里提供相应的服务,实际上是负债的增加。其会计处理如下:

借:银行存款   22 000

  贷:预收账款   22 000

【业务2-9】 12月19日,支付王禅数据零星杂项管理费用计350元。

这种小额、零星管理费用,一般是直接支付现金。其中,杂项费用如果发生频繁且累计金额大,也可单独设置账户反映。王禅数据这方面费用较少,记入管理费用。其会计处理为:

借:管理费用   350

  贷:库存现金   350

【业务2-10】 12月20日,王禅数据的银行账上收到淘宝网店专项数据销售收入计8 650元,存入银行。

这笔业务与业务2-4相似,其会计处理为:

借:银行存款   8 650

  贷:主营业务收入   8 650

【业务2-11】 12月21日,上述欠同学开发数据平台的钱已到期。经过申请,王达向银行借款偿还这一款项。

这项业务实际上是两种负债之间的转换,即借新债、还旧债。其中,向银行借款有长期、短期之分。本例中假定王禅数据借入的款项是短期的,可通过"短期借款"账户来反映。其会计处理为:

借:应付账款   30 000

  贷:短期借款   30 000

【业务2-12】 12月22日,王禅数据与万联金融公司签订合约,在下一年为该公司提供区块链应用的可行性研究服务。费用分3次支付,即开题、中期报告和结题各支付1/3的费用。

从对企业经营活动的影响来看,经济合同是一种极为重要的经济活动。但是,从会计角度来看,经济合同属尚未发生的交易或事项,无法借助量化方法对其加以处理。因此,对其不做会计分录。

【业务2-13】 12月23日,王禅数据收到通过微信支付的零星数据下载收入计13 600元,转存银行。

这笔业务与上述的业务2-4、业务2-10相同,其会计处理为:

借:库存现金   13 600

  贷:主营业务收入   13 600

借:银行存款   13 600

  贷:库存现金   13 600

【业务2-14】 12月25日,支付本期王禅数据职员的工资,计10 000元,当即开出现金支票。

企业在经营过程中会发生各种费用,其中,管理人员工资是必不可少的一部分。一般来说,企业应专门设置账户,反映这部分费用的发生情况。对工资的费用的支付,还会导致企业银行存款相应降低。因此,会计处理为:

借:主营业务成本(工资费用)   10 000
　　贷:银行存款   10 000

【业务2-15】 12月26日,本期王禅数据的水电、电话费共计8 800元,款项已通过银行直接支付。

对水电、电话费的支付,当然会导致企业资产的减少。在设置账户时,可以分别设置,也可以合并设置。王禅数据将二者合并,设置"管理费用(水电、电话费)"账户。这样,会计处理为:

借:管理费用(水电、电话费)   8 800
　　贷:银行存款   8 800

【业务2-16】 12月28日,接银行通知,原向银行借入的30 000元短期借款已到期,银行直接从王禅数据的存款账户中扣除[①]。

银行借款的偿还,实际上是经济资源退出企业的经营过程,它引起等式双方同时减少。具体影响的账户是资产类的银行存款账户和负债类的短期借款账户。会计分录如下:

借:短期借款   30 000
　　贷:银行存款   30 000

【业务2-17】 12月31日,对办公用品进行盘存,发现剩余部分价值5 500元。

王禅数据的办公用品主要是指优盘、移动硬盘、路由器、专业性图书资料、数据资料、墨盒、打印纸等。这些物料在经营过程中,随着耗费的发生,其价值逐步降低。王禅数据本期共有低值易耗品10 000元,期末剩余5 500元,表明本期实际发生耗费计4 500元。这部分耗费也构成经营过程中的一种费用。王禅数据专门设置了"主营业务成本"账户来核算这些费用。这样,会计分录为:

借:主营业务成本(低值易耗品消耗费用)   4 500
　　贷:低值易耗品   4 500

本章小结

本章主要介绍了交易与事项分析、会计要素与会计恒等式、借贷复式记账原理等内容。会计要素是会计核算对象(内容)的具体化,在我国分为资产、负债、所有者权益、收入、费用和利润六大类。会计恒等式可表达为:资产 = 负债 + 所有者权益。账户是按照会计要素对经济活动进行分类记录的工具。借贷记账法是以"借""贷"为记账符号,以"有借必有贷,借贷必相等"为记账规则的一种复式记账方法。

关键词

经济业务	会计要素	资产	负债	所有者权益
收入	费用	利润	利得	损失
会计恒等式	会计循环	会计科目和账户	借贷记账法	会计分录

---

① 为了简化业务,这里假设没有利息费用的发生。

即测即评

请扫描右侧二维码,进行即测即评。

案例分析①

借贷记账法是现代社会普遍使用的记账方法,在记账规则中有"有借必有贷,借贷必相等"这一明显优点,因此被广泛认为是一种科学、合理的记账方法。熟练掌握者已经习以为常,不再怀疑其科学性、合理性,但初学者又总觉得它有点神秘,弄不清其科学性、合理性体现在哪里。连当代美国著名的会计学者利特尔顿教授(A.C. Littleton)也遗憾地感叹,借贷记账法给我们"留下一个令人困惑的特征:某些账户的左方代表增方,而在其他账户,增加额却记入右方。这种安排太复杂了,以至于试图将它合理化成为徒劳无益的事。……我们别无他法,只好接受它并记住它的……增减法则"。又说:"这种记账规则对于初学者来说确实是件令人困惑的事。"

因此,有的学者经过多年研究,提出应推广使用"+""−"记账法。他们认为"+""−"记账法具有以下两个明显的好处:

(1) 每一会计账户凡增加记"+"方,减少记"−"方,意义明确,符合账户所记经济业务的实际增减情况,与会计实体无关。如银行存款,无论对银行、单位、个人,增加都记"+"方,减少都记"−"方,不像借贷记账法那样,银行和单位、个人记账方向是相反的,容易产生混乱。

(2) 通过交易分析做会计分录,记账方便多了,哪个会计账户增加就直接记"+"方,减少直接记"−"方,不会记错。会计初学者也更容易入门了,可降低学习成本。

而且,在实现了会计信息化的情况下,计算机可自动比较两类账户的增减金额并进行试算平衡,从而弥补了失去"有借必有贷,借贷必相等"这一借贷记账法特有规则的缺失。

要求:请自行查阅有关资料(如中国学术期刊网上的论文和互联网上的相关文献资料等),并结合学习中的体会讨论:

(1) 所谓"+""−"记账法与我国历史上的增减记账法、收付记账法是一回事吗?

(2) "+""−"记账法是否优于借贷记账法?

(3) "三式记账法"又是什么样的记账方法? 比借贷记账法更先进吗? 若回答是肯定的,为什么在实务中没有被接受? 若回答是否定的,请具体说明。

思考题

1. 什么叫会计循环? 它包括哪些具体步骤? 请分别解释交易、事项和情况,它与我国实务界习惯上所说的经济业务是一回事吗?

2. 以下是企业的交易吗? 为什么?

---

① 引自中山大学会计学系编著的《基本会计学习指导书》(内部资料),有改动。

(1) 订购下月将到货的商品；

(2) 赊购卡车一辆；

(3) 客户退回前已购商品；

(4) 企业的所有者从企业提取现金供私用；

(5) 人事部门面试求职人员。

3. 指出下列交易中，各应借记和贷记的账户：

(1) 开支票给已为企业提供了劳务的供应商；

(2) 收到赊账客户交来的支票；

(3) 赊购办公用品；

(4) 运货卡车司机交来加汽油 70 升的发票。

4. 什么叫账户？账户与会计科目有何异同？

5. 资产必须同时具备哪些特征？

6. 负债与所有者权益有什么区别与联系？

7. 会计要素的划分对会计核算有什么重要作用？

8. 说明会计恒等式的重要意义。

9. 会计循环包括哪些步骤？

10. 利得、损失与营业外收入、营业外支出是一回事吗？

附录

美国会计要素的定义

美国财务会计准则委员会（FASB）将会计要素分为十项，即资产、负债、权益或净资产、业主投资、派给业主款、全面收益、收入、费用、利得和损失。FASB 的定义是：

资产：某一主体由于过去的交易或事项而获得或控制的可预期的未来经济利益。

负债：某一主体由于过去的交易或事项而产生的、在现在承担的将来向其他主体交付资产或提供劳务的责任，这种责任将导致预期的经济利益的未来牺牲。

权益或净资产：某一主体的资产减除其负债后的剩余权益。

业主投资：由于其他主体为取得或增加在某一特定企业中的权益即业主权益，而把某些有价值的东西交付给企业，从而形成某一特定企业的资产增加（企业收到资产是业主投资的最常见的方式），但企业所得到的也可能包括劳务，或是企业债务的偿还或转让。

派给业主款：由于企业对业主拨付资产、提供劳务或承担债务而形成的某一特定企业净资产的减少。派给业主款减少了企业中的权益即业主权益。

全面收益：某一主体在某一会计期间，除所有者权益本身变化以外的归所有者支配的未来经济利益要求权的变化。它包括这一期间内除业主投资和派给业主款以外的权益的所有变动。

收入：某一主体因销售或生产商品、提供劳务或从事构成其持续的主要或中心经营活动的其他业务而形成的现金流入，或其他资产增加，或负债清偿（或兼而有之）。

费用:某一主体在某一期间由于销售或生产货物,或从事构成该主体不断进行的主要经营活动的其他业务而发生的现金流出或其他资产的耗用或债务的承担(或兼而有之)。

利得:某一主体由于主要经营活动以外或偶发性交易以及在某一期间除了由于收入或业主投资所引起的,影响该主体的所有其他交易或事项导致的权益(净资产)的增加。

损失:某一主体由于主要经营活动以外的或偶发性交易以及在某一期间除了由于费用或派给业主款所引起的,影响该主体的所有其他交易或事项导致的权益(净资产)的减少。

上述会计要素之间的关系可描述为:

$$资产 = 负债 + 权益$$

$$全面收益 = (收入 - 费用) + 利得 - 损失$$

$$某一期间的全面收益 + 该期间内的业主投资 - 该期间内的派给业主款$$

$$= 期末净资产 - 期初净资产 = 某一期间内权益的全部变动$$

第三章
会计循环Ⅱ:会计凭证与会计账簿

在本章中,你将学到——

- 会计凭证与会计账簿的含义和种类
- 会计凭证的填制方法
- 设置和登记账簿
- 试算平衡表的原理
- 对账、过账和结账
- 账簿登记规则与错账的更正方法

企业无权自行决定是否设置账簿系统。《中华人民共和国会计法》(以下简称《会计法》)第三条、第四条和第九条分别规定:"各单位必须依法设置会计账簿,并保证其真实、完整";"单位负责人对本单位的会计工作和会计资料的真实性、完整性负责";"各单位必须根据实际发生的经济业务事项进行会计核算,填制会计凭证,登记会计账簿,编制财务会计报告。任何单位不得以虚假的经济业务事项或者资料进行会计核算"。《会计法》第四十二条规定,有下列行为之一的,要承担法律责任:

(1) 不依法设置会计账簿的;

(2) 私设会计账簿的;

(3) 未按照规定填制、取得原始凭证或者填制、取得的原始凭证不符合规定的;

(4) 以未经审核的会计凭证为依据登记会计账簿或者登记会计账簿不符合规定的;

(5) 随意变更会计处理方法的;

(6) 向不同的会计资料使用者提供的财务会计报告编制依据不一致的;

(7) 未按照规定使用会计记录文字或者记账本位币的;

(8) 未按照规定保管会计资料,致使会计资料毁损、灭失的;

(9) 未按照规定建立并实施单位内部会计监督制度或者拒绝依法实施的监督或者不如实提供有关会计资料及有关情况的;

(10) 任用会计人员不符合本法规定的。

美国国税局(IRS)规定,企业必须编制并设置一套可供查核的记录与凭证。1977 年的美国《反海外腐败法》,要求上市公司"设置和保持账簿、记录及账户,并正确及公正地反映交易与资产的处置……"。从内部管理来看,没有正确设置并记录商业交易的公司,很可能会因此丧失收入,造成经营效率低下。

我们在第二章主要介绍了经济交易、事项对会计恒等式的影响，以及如何采用复式借贷记账法和账户来记录经济活动。实际上，在会计实务工作中，经济业务的发生并不是直接在账簿（分类账）记录的。通常的做法是先通过会计凭证来归集经济活动数据，再通过规范的程序登记账簿，继而编制会计报表。随着信息技术的发展，目前这种记账、算账和报账的工作日益被计算机信息系统和人工智能取代。尽管目前会计实务中，会计信息系统已普遍取代人工簿记系统，但作为学习会计的入门者，了解纸质人工簿记系统的原理也非常重要。本章主要介绍会计凭证的编制以及之后的登记账簿的原理、程序和方法等内容。

第一节　原 始 凭 证

一、原始凭证的填制与审核

在上一章中，我们已学习了会计人员如何运用复式记账原理将交易、事项记入账户（分类账）。但实际工作中，记账的过程并不是从分类账开始的。完整记录交易、事项的步骤如下：

交易 → 原始凭证 → 记账凭证(分录簿) → 分类账 → 试算平衡表 → 财务报表

企业会计人员在获得交易、事项的原始凭证（source documents）后，记录工作才真正开始。其中，原始凭证是在交易或事项发生或完成时取得或填制、用来证明交易或事项的发生、明确经济责任，并作为记账依据的最初书面证明文件，它是会计核算的重要依据。常见的原始凭证有增值税发票、银行支票、汇票、购货订单、收款单、收款收据、材料验收入库单、材料领用单、产品发运单、销售成本计算表、工资表等。原始凭证应作为重要的文件妥善保存，以便在必要时用它们来证实交易记录的正确性。

原始凭证按其来源的不同，又分为自制凭证和外来凭证。其中，自制凭证是由本企业经办业务的人员，在执行或完成某项交易或事项时所填制的原始凭证。例如，企业仓库保管人员在验收材料入库时所填制的"收料单"，定期盘点库存材料时所编制的"盘存表"，领用材料时所编制的"领料单"，以及本企业对外销售商品或劳务，开给其他单位或个人的发票的副联（本企业记账的依据）等，都属于自制原始凭证。外来凭证则是在交易或事项完成时从其他单位或个人取得的原始凭证，如向外单位购货时由供货单位开出的购货发票等。

由于复式簿记系统的数据处理对象是过去的交易或事项，而无论是自制凭证还是外来凭证，都证明交易或事项已经执行或已经完成，因而在审核后就可以作为会计记账的依据，将其数据输入复式簿记系统。材料请购单、车间派工单等只反映预期的交易或事项，这些业务既然尚未实际执行，则其有关数据自然不能进入复式簿记系统加工处理。所以，这些文件不属于会计的原始凭证，不能单独作为会计记账的根据。

原始凭证还可按其填制的手续和内容不同，分为一次凭证、累计凭证和汇总凭证。一次凭证是一次性填制完成的原始凭证。日常的原始凭证多属此类，如"发票"（如表 3-1 所示）、"收据"（如表 3-2 所示）、"入库单"等。累计凭证是指经多次填制完成的原始凭证，它通常用于反映在规定的时间内重复发生的同类交易或事项。对于重复发生的某种交易或事项，使用累计凭证可以简化核算

手续,包括制证、记账和汇总手续,最具代表性的是"限额领料单"(如表 3-3 所示)。汇总凭证是根据许多同类业务的一次凭证或累计凭证定期编制的,如工资汇总表、发出材料汇总表(如表 3-4 所示)等。其作用是简化编制记账凭证及登账的手续。

表 3-1　增值税普通发票

××增值税电子普通发票

发票代码:
发票号码:
开票日期:
校 验 码:

发 票 联

机器编号:

购买方	名　　　称: 纳税人识别号: 地 址 、电 话: 开户行及账号:					密码区		
货物或应税劳务、服务名称	规格型号	单位	数量	单价	金额	税率	税额
合计							
价税合计(大写)					(小写)		
销售方	名　　　称: 纳税人识别号: 地 址 、电 话: 开户行及账号:					备注		

收款人:　　　　　复核:　　　　　开票人:　　　　　销售方:(章)

表 3-2　收　　据

年　　月　　日　　　　　　　　　　　　NO.

付款单位_____结算方式_____	
收款原因_____	
金额(大写)_____(小写_____)	
备注:	

收款单位(盖章)　　　　　审核　　　　　　经手　　　　　　出纳

表3-3　限额领料单

领料部门：　　　　　　　　　　　　　　　　　　　　　　　　　　　　　　　　发料仓库：

用　　途：　　　　　　　　　　　年　　月　　日　　　　　　　　　　　　　　编　　号：

材料类别	材料编号	材料名称及规格	计量单位	领用限额	实际领用	单价	金额	备注

供应部门负责人：　　　　　　　　　　　　　　　　　　　　　生产计划部门负责人：

日期	请领		实发			限额结余	退库	
	数量	领料单位盖章	数量	发料人	领料人		数量	退库单编号
合计								

仓库负责人签章：

表3-4　发出材料汇总表

年　　月　　日

会计科目	领料部门	原材料	燃料	合计
基本生产成本	甲　产　品			
	乙　产　品			
	小　　计			
辅助生产成本	供电车间			
	供水车间			
	小　　计			
制造费用				
企业管理费				
合计				

会计主管　　　　　　　复核　　　　　　　制表

　　原始凭证接收并记录多种多样交易或事项发生的数据,各种原始凭证的具体内容不可能完全一致。例如,收料单记录的是某品种材料入库的数量和成本,而领料单所记录的则是某项用途领用材料的数量和成本,两者的内容显然不同。但一切原始凭证,作为经济数据的载体,都应当起着证明交易或事项已发生或实际完成的作用。撇开不同凭证的特殊形式和具体内容,它们都应当具备说明交易或事项完成情况和明确有关人员经济责任等若干要素。正是这些要素载有会计记录所需要的经济数据与信息。

二、原始凭证的主要要素

原始凭证的主要要素包括：

(1) 原始凭证的名称，如销货发票、购货发票、限额领料单等。通过原始凭证的名称，能基本体现该凭证所代表的交易或事项的类型。

(2) 填制的日期，它应该是交易或事项发生的日期。对少数不能及时填制凭证的交易或事项，也应当在交易或事项发生后尽快填制完成。

(3) 交易双方单位的名称。任何交易或事项的发生，都有买卖双方。一份完整的原始凭证应该能载明交易双方单位的名称，以便准确地反映双方的经济责任。会计信息的客观性或可验证性的检验中，一个重要内容是审查原始凭证的真实性。如果一份原始凭证没有明确的交易双方，就很难追查其真实性。

(4) 交易或事项的内容。原始凭证对交易或事项内容的反映，可以通过凭证内专门的摘要栏等进行，也可以通过凭证本身来体现。比如，一张购货发票本身就代表了购货活动，而不论该发票是否设置专门的摘要栏；同样，一张飞机票，它所反映的交易或事项也很清楚，当然不需要在飞机票上再专门说明这是乘坐飞机的经济活动了。如果有些原始凭证(如通用发票)本身不足以反映交易或事项的内容，就需要在专门的摘要栏注明。

(5) 交易或事项的实物数量和金额。这是对经济活动完整反映所要求的，也是会计记录的要求。特别是没有金额的原始单证(如劳务合同等)，就不能作为会计上记账依据的原始凭证。

(6) 有关经办人员的签名、盖章。这也是为明确具体的经济责任所必需的。如果是外来凭证(如购货发票)，还需要外单位加盖公章。

前面说过，原始凭证载有的信息只是含有会计信息的原始数据，要经过会计确认，才能进入会计系统进行加工处理。因此，必须认真核查这些信息数据是否具有会计信息的特征，并核查这些数据所代表的交易或事项是否真实；对真实的凭证还需要核查其是否符合国家有关法规和本单位相应制度的要求。总的来说，一切原始凭证在正式进入会计系统之前，都应当经过以下两方面的审核：

第一，形式上的审核。即审核原始凭证的填制是否符合规定的要求，凭证中所应具备的内容是否填列齐全，尤其要审核是否真实可靠，数字计算是否准确，有关人员是否都已签章表示承担了自己的责任。对不符合形式上的审核要求的凭证，不予进入下一步骤。

第二，实质上的审核。原始凭证在通过形式上的审核后，就可以进入实质上的审核。实质上的审核不仅要审查该原始凭证所反映的交易或事项是否真实(凭证来源是否可靠)，还要审查凭证所反映的交易或事项是否合法、合理，即是否符合有关政策、法令、制度、合同、预算和计划等的要求，是否符合规定的审核权限和手续，是否符合提高经济效益的要求等。会计系统所具有的监督或控制作用，主要就体现在原始凭证的审核上。通过原始凭证审核，确保输入会计系统的数据真实、合理、合法，从而为会计系统最终所提供的财务报表信息的质量提供有效保证。

第二节　记 账 凭 证

会计凭证包括原始凭证和记账凭证两大类。原始凭证的填制在上一节已做了介绍。记账凭证是由会计部门根据已审核原始凭证编制、载有会计分录,直接据以登记账簿的书面文件。它实际上相当于分录簿(详见本章附录二)。

一、记账凭证的种类与格式

在实际工作中,一般把记账凭证按经济业务与货币资金的收付关系分为收款凭证、付款凭证和转账凭证三种。收款凭证用于记载与现金或银行存款收入有关的经济业务;付款凭证用于记载与现金或银行存款付出有关的经济业务;转账凭证用于记载与现金或银行存款的收付无关的经济业务;格式分别如表3-5、表3-6、表3-7所示。如果企业经济活动数量多、种类繁,还可以按现金和银行存款的不同,将收款、付款凭证进一步分为现金收款凭证、现金付款凭证、银行存款收款凭证、银行存款付款凭证,这就相当于分录簿(详见本章附录二)。

表3-5　收 款 凭 证
202×年12月12日

凭证编号:收字04号

借方科目:银行存款　　　　　　　　　　　　　　　　　　附件1张

摘要	贷方科目		账页	金额
	一级科目	二级科目		
收到何斌支付的数据挖掘费	主营业务收入			20 000
合计				20 000

会计主管×××　　　　会计×××　　　　出纳×××　　　　填制×××

表3-6　付 款 凭 证
202×年12月25日

凭证编号:付字10号

贷方科目:银行存款　　　　　　　　　　　　　　　　　　附件1张

摘要	借方科目		账页	金额
	一级科目	二级科目		
支付工人工资	主营业务成本	工资费用		10 000
合计				10 000

会计主管×××　　　　会计×××　　　　出纳×××　　　　填制×××

表 3-7　转 账 凭 证

202x 年 12 月 8 日

凭证编号：转字 02 号

附件 1 张

摘要	会计科目		账页	金额
	借方科目	贷方科目		
开发的数据平台已验收，款项暂欠	无形资产	应付账款 （日升科技公司）		30 000
合计				30 000

会计主管 ×××　　　　　会计 ×××　　　　　出纳 ×××　　　　　填制 ×××

　　需注意的是，在实际经济生活中，会发生从银行提取现金或将现金存入银行等导致现金和银行存款此增彼减的经济业务。对这类业务，目前的惯例是统一按减少方填制付款凭证，以避免重复记账带来的麻烦，即从银行提取现金业务编制银行存款付款凭证，将现金存入银行业务编制现金付款凭证。

　　如果企业日常发生的经济业务数量不多，为了简化，记账凭证也可以采用一种通用的格式，即不分收款凭证、付款凭证和转账凭证，一律使用一种记账凭证，其格式与上述转账凭证相同，但名称统一为记账凭证。

二、记账凭证的填制与审核

　　记账凭证的重要作用正如这种凭证名称所表明的，是把已审核的原始凭证数据，运用账户和复式记账法，编制成会计分录，使之转换为初始信息。

（一）记账凭证的基本要素

　　记账凭证也必须具备一些最基本的要素：

　　（1）记账凭证的名称、填制单位、编制日期和凭证编号。其中，填制单位也就是会计主体，它是固定的。记账凭证的名称随企业所采用的记账凭证类型的不同而不同，如采用一种格式的通用记账凭证，所有都称为记账凭证；如采用三种格式，则分别称为收款凭证、付款凭证和转账凭证。记账凭证的编制日期就是填写记账凭证的当日。凭证编号同样因企业所采用的记账凭证类型的不同而不同。如果企业采用一种格式的通用记账凭证，按凭证编制的先后顺序连续编号即可；如果企业采用收款、付款、转账三种格式的记账凭证，需要分别按"收字 ××号""付字 ×× 号""转字 ×× 号"各自独立连续编号；如果企业对收款、付款又区分现金和银行存款的不同，分为现金收款凭证、银行存款收款凭证、现金付款凭证、银行存款付款凭证，则记账凭证的编号也需要分别按"现收字 ×× 号""银收字 ×× 号""现付字 ×× 号""银付字 ××号""转字 ×× 号"等各自独立连续编号。如果一笔经济业务同时涉及两种不同类型的凭证，如"购入材料一批，以银行存款支付部分货款，其余暂欠"，就需要同时填制付款凭证和转账凭证，这两张凭证按各自所在序列连续编号，但需要在摘要栏注明相互之间的联系。

　　（2）经济业务的简要说明和所附原始凭证张数。记账凭证是对原始凭证直接处理的产物，因此，在记账凭证摘要栏应简明、扼要地说明它所处理的经济业务的类型，以便日后查证。为了表明记账凭证所登载的会计分录有确实凭据,应将原始凭证附在记账凭证的后边,同时,在记账凭证上注明所附原始凭证张数。通过核对记账凭证与所附的原始凭证,可以确定会计处理是否正确。

(3) 会计分录,即会计科目(包括子目和细目)的借贷方向和金额,这是记账凭证的主体部分。

(4) 有关人员的签名、盖章,收款凭证、付款凭证还需有出纳人员的签章。这同样也是为了明确各人应负的责任,同时,通过多人检查,有利于防止记账过程出现差错,保证会计系统最终所输出信息的真实、可靠。

(二) 记账凭证的审核

为了保证账簿记录的正确性,会计机构除了应当正确填制记账凭证外,还要对记账凭证的下列内容进行审核:

(1) 记账凭证是否附有原始凭证,记账凭证的内容和原始凭证的内容是否相符。

(2) 应借、应贷会计科目和金额的计算是否正确。

(3) 凭证格式中有关项目的填列是否完备,有关人员是否都已签章。审核时如发现凭证记录有错误,应查明原因并及时更正。记账凭证经审核后认为正确方能据以记入账簿。

表 3-8 是根据前一章王禅数据的经济业务编制的汇总会计分录(代记账凭证)。

表 3-8　记 账 凭 证

| 202×年 | | 凭证号数 | 摘要 | 借方 | | 账页 | 贷方 | | 账页 |
月	日			会计科目	金额		会计科目	金额	
12	1	(1)	王达投资入股	固定资产	80 000	1			
				低值易耗品	10 000	1			
				银行存款	10 000	1	实收资本	100 000	1
	3	(2)	预付房屋租金	预付账款	3 000	1	银行存款	3 000	1
	8	(3)	开发数据平台	无形资产	30 000	1	应付账款	30 000	1
	10	(4)	数据销售收入	库存现金	15 000	1	主营业务收入	15 000	1
				银行存款	15 000	1	库存现金	15 000	1
	12	(5)	数据挖掘收入	银行存款	20 000	1	主营业务收入	20 000	1
	15	(6)	购调查数据	主营业务成本	12 000	1	银行存款	6 000	1
							应付账款	6 000	1
	17	(7)	从银行提现金	库存现金	2 000	1	银行存款	2 000	1
	18	(8)	预收定金	银行存款	22 000	1	预收账款	22 000	1
	19	(9)	零星费用支出	管理费用	350	1	库存现金	350	1
	20	(10)	数据出售收入	银行存款	8 650	1	主营业务收入	8 650	1
	21	(11)	还日升科技款	应付账款	30 000	1	短期借款	30 000	1
	23	(13)	销售数据收入	库存现金	13 600	1	主营业务收入	13 600	1

续表

| 202×年 | | 凭证号数 | 摘要 | 借方 | | 账页 | 贷方 | | 账页 |
月	日			会计科目	金额		会计科目	金额	
				银行存款	13 600	1	库存现金	13 600	1
	25	(14)	支付职员工资	主营业务成本	10 000	1	银行存款	10 000	1
	26	(15)	支付水电、电话费	管理费用	8 800	1	银行存款	8 800	1
	28	(16)	偿还银行借款	短期借款	30 000	1	银行存款	30 000	1
	31	(17)	低值易耗品消耗	主营业务成本	4 500	1	低值易耗品	4 500	1

注：按照相关制度要求，凭证需要连续编号。此处凭证编号为简便处理，按照业务进行编号。其中，业务2–12未做会计处理，所以凭证号数没有(12)。特此说明。

三、会计凭证的保管

　　会计凭证是企业中具有法律效力的重要的证明文件，企业应妥善保管。不按规定保管或自行销毁会计凭证，要承担法律责任。我国目前执行的《会计档案管理办法》(2015)规定，企业的会计凭证保管期限为30年(如表3-9所示)。

表3-9　企业和其他组织会计档案保管期限表

序号	档案名称	保管期限
一	会计凭证	
1	原始凭证	30年
2	记账凭证	30年
二	会计账簿(略)	
三	财务会计报告	
3	月度、季度、半年度财务会计报告	10年
4	年度财务会计报告	永久
四	其他会计资料	
5	银行存款余额调节表	10年
6	银行对账单	10年
7	纳税申报表	10年
8	会计档案移交清册	30年
9	会计档案保管清册	永久
10	会计档案销毁清册	永久
11	会计档案鉴定意见书	永久

注："会计账簿"会计档案保管期限见表3-17。

第三节　会 计 账 簿

一、账簿的意义

账簿是由一定格式、相互联结的账页组成,以记账凭证(或分录簿)为依据,全面、连续、系统地记录各项交易或事项的簿籍。从外表形式上看,账簿是由具有专门格式而又相互联结的若干账页组成的簿籍;而从记录内容上看,账簿是对各项交易或事项进行分类和序时记录的簿籍。

记账凭证经填制和审核,接收并确认了各种含有会计信息的数据,就可用来输入复式簿记系统。但是,一个正在经营的企业,其交易或事项的内容千变万化,而同类业务又不断重复,记账凭证上所载的缺乏联系的单个信息,无法满足经营管理的需要。因此,就有必要利用账簿这一方法把记账凭证提供的原始数据,按交易或事项发生时间的顺序和科目的不同性质加以归类、加工、整理。设置和登记账簿的作用,可以概括如下:

(1) 提供序时记录,反映企业经济活动的全貌,为经营管理提供系统、完整的会计核算资料。

(2) 是发挥会计监督职能的重要手段。通过设置和登记账簿,不仅可以随时掌握各项资产、负债、所有者权益的增减变动情况,而且通过账实核对,可以检查账实是否相符,从而发挥会计的监督职能,有利于保证各项财产物资的安全完整和合理使用。

(3) 为编制会计报表提供依据。经过核对无误的账簿记录及其加工的数据,提供了总括、全面、连续、系统的会计信息资料,是编制会计报表的主要依据。

二、账簿的种类

企业日常会计工作中所使用的账簿数量较多,按不同的分类标准,账簿可分为不同的类别。

1. 账簿按用途可分为序时账簿、分类账簿和备查账簿

序时账簿是以每项交易或事项为记录单位,按照交易或事项发生时间的先后顺序,逐日逐笔进行登记的账簿。目前,我国企业会计核算工作中最常用的序时账簿是现金日记账和银行存款日记账。

分类账簿是按照分类账户开设并对各项交易或事项进行分类登记的账簿。按其分类概括程度的不同,可分为总分类账簿(简称总分类账或总账)和明细分类账簿(简称明细分类账或明细账)。前者根据总分类账户开设,可全面反映经济主体的经济活动情况,一般只登记总数,进行总括核算,对所属明细分类账起统御作用,可以直接根据记账凭证逐笔登记,也可以将记账凭证用一定的方法定期汇总后进行登记;后者根据明细分类账户开设,用来分类登记某一类交易或事项的增减变化,提供明细核算资料,其应根据记账凭证和原始凭证逐笔详细登记,是对总分类账的补充和说明。

分类账簿与序时账簿的作用不同。序时账簿能提供连续系统的信息,反映企业经济业务

的全貌;分类账簿则按照经营和决策需要而设置,归集并汇总各类信息,反映经济业务不同的状态、形式和构成。因此,通过分类账簿,才能把各类数据按账户分类整理成总括、连续、系统的会计信息,满足会计报表编制的需要。

备查账簿也称辅助账簿,是为便于查考而对序时账簿和分类账簿等主要账簿不能记载或记载不全的事项进行补充登记的账簿。例如,所有权不属于企业的租入固定资产可用"租入固定资产登记簿"来记录。备查账簿只是对其他账簿记录的一种补充,与其他账簿之间不存在严密的依存和勾稽关系。

2. 账簿按其外表形式可分为订本式账簿、活页式账簿和卡片式账簿

订本式账簿,简称订本账,是在启用前就已把按顺序编号的账页装订成册的账簿。其优点是可防止账页的散失和非法抽换;缺点是不便于分工记账,也不能根据需要增减账页,将影响账簿记录的连续性或造成不必要的浪费。

活页式账簿,简称活页账,是在启用时账页不固定装订成册而置放于活页账夹内,随时可以取放的账簿。其优点是可以随时增减空白账页,有利于记账人员的分工;缺点是账页易散失或被人为抽换。

卡片式账簿,简称卡片账,是由许多具有一定格式的硬卡片组成,存放在卡片箱内,随时可以取放的账簿。它主要用于固定资产明细分类账等不经常变动的账项的登记。其优缺点类似于活页账。

企业在设计账簿体系时,对那些比较重要、容易流失的项目,宜采用订本账。比如,现金和银行存款日记账,都是采用订本账;有些企业也会对总分类账采用订本账。一些次要的或不容易流失的项目,可采用活页式或卡片式账簿。又如,应收款、应付款的明细分类账,以及材料明细分类账、固定资产明细分类账等,一般采用订本账或卡片账。

为了防止散失和抽换,活页账的账页和卡片账的账卡在使用时可进行编号并由有关人员在账页和账卡上盖章,使用完毕不再继续登记时应装订成册或封扎保管。

三、账簿的设置和登记

(一) 日记账的设置和登记

现金和银行存款是企业流动性最强的资产,也最容易被贪污和盗窃。所以,现金和银行存款是企业需重点控制的流动资产。设置现金和银行存款日记账主要是为了更好地反映和控制企业的货币资金。为了防止账页丢失和抽换,以及便于检查,现金日记账和银行存款日记账均需采用订本式账簿,并为每一账页按顺序编号。

现金日记账和银行存款日记账是由出纳员分别根据审核后的现金收、付款凭证和银行存款收、付款凭证逐日逐笔顺序登记的,但对从银行提取现金的收入,由于已填制了银行存款付款凭证,所以应直接根据银行存款付款凭证登记现金日记账,以避免重复记录。同样,对于将现金存入银行的收入或从其他银行存款户转存的收入,也只需根据现金付款凭证或银行付款凭证登记。

日记账的登记,除了应逐日逐笔进行外,还应做到日清月结,即每日登记完毕后,应结出当日收入、支出合计数及余额,每月末应结出当月收入、支出的合计数及余额,以便及时与库存现

金实有数和银行送来的对账单进行核对。

日记账一般采用"借贷余"三栏式或"收付余"三栏式。现金和银行存款收付业务较多的企业,也可以采用多栏式的现金日记账和银行存款日记账。由于多栏式日记账是按照现金和银行存款收付的每一对应科目设专栏进行的序时、分类登记,能较为全面、清晰地反映现金和银行存款收付的来龙去脉,因此月末可根据各对应科目的汇总发生额及收入和支出两部分的合计数直接登记入总账。三栏式现金日记账和多栏式现金日记账的格式如表 3-10、表 3-11 所示。

表 3-10 现金日记账(三栏式)

第 1 页

202×年		凭证号数		对方科目	摘要	收入	支出	余额
月	日	现收	现付					
1	1				期初余额			28 000
	2		0001	应付账款	偿还购货款		8 000	
	2		0002	预付账款	二季度杂志费		800	
	2		0003	制造费用	车间办公费		3 000	
	2	0001		主营业务收入	销售货物	9 000		
					本日合计	9 000	11 800	25 200
					本月合计	99 688	99 999	27 689

表 3-11 现金日记账(多栏式)

第 1 页

202×年		凭证号数		摘要	收入			支出				余额
					应贷科目			应借科目				
月	日	现收	现付		银行存款	主营业务收入	合计	应付账款	预付账款	制造费用	合计	
1	1			期初余额								28 000
	2		0001	偿还购货款				8 000			8 000	
	2		0002	二季度杂志费					800		800	
	2		0003	车间办公费						3 000	3 000	
	2	0001		销货收入		9 000	9 000					
				本日合计		9 000	9 000	8 000	800	3 000	11 800	25 200
				本月合计	9 688	90 000	99 688	89 199	1 800	9 000	99 999	27 689

(二)总分类账簿的设置和登记

总分类账簿概括地反映交易或事项,一般只提供较总括的金额(货币量)指标。因此,其格式采用"借贷余"三栏式的订本账或活页账(如表 3-12 所示),按科目分类连续登记。企业由于采用不同的会计记账程序,总分类账就有不同的登记程序。例如,可以根据记账凭证逐笔登记;也可以将记账凭证按一定方式进行汇总(如汇总记账凭证或科目汇总表),然后一次性登记到总分类账中去。

表3-12　总 分 类 账

会计科目:应付账款

202×年		凭证号数	摘要	对方科目	借方	贷方	借或贷	余额
月	日							
1	1		月初余额				贷	4 000
	3	银付2	还南江公司货款	银行存款	3 000			
	5	转5	向南江公司购料	材料采购		5 000		
	8	银付5	还华美公司货款	银行存款	1 000			
1	31		本月合计		4 000	5 000	贷	5 000

(三) 明细分类账簿的设置和登记

明细分类账簿是总分类账簿的必要补充,它所提供的会计信息对企业日常经营管理是很重要的。明细分类账簿一般采用活页式账簿,也有的采用卡片式账簿,通常有以下三种主要格式。

1. 三栏式

三栏式明细分类账的结构同总分类账相同(如表3-13所示),这种格式适用于只要求提供货币信息而不需要提供非货币信息(实物量指标等)的账户,如债权、债务等,常用于应付账款、应收账款、其他应收款、其他应付款等的登记工作。

表3-13　应付账款明细分类账

二级科目或明细科目:南江公司

202×年		凭证号数	摘要	对方科目	借方	贷方	借或贷	余额
月	日							
1	1		月初余额				贷	3 000
	3	银付2	还货款	银行存款	3 000			
	5	转5	购料	材料采购		5 000		
1	31		本月合计		3 000	5 000	贷	5 000

2. 数量金额式

数量金额式明细分类账要求在账页上对借方、贷方、余额分别设置数量、单价和金额栏,以同时提供货币信息和实物量信息(如表3-14所示)。适用于既要进行金额核算,又要进行实物量核算的财产物资科目,如原材料、产成品、库存商品等科目的明细分类账。

3. 多栏式

多栏式明细分类账簿是对属于同一个一级账户或二级账户的明细分类账户,合并在一张账页上进行登记,以集中提供同类一组的若干详细资料。即在"借方发生额"和"贷方发生额"之下,再分别设置若干金额栏,分栏登记各明细分类账的发生额。它适用于费用、成本和收入、利润等类账户的明细分类核算。实际工作中,生产成本、制造费用、管理费用、销售费用等账户的多栏式明细分类账可以只按借方发生额设置专栏,而贷方发生额由于每月只发生一笔或少数几笔,可运用红字冲账原理,在有关栏内用红字登记(如表3-15、表3-16所示)。

表 3-14　原材料明细分类账

材料名称:乙材料
计量单位:千克
仓　　库:2 号库

202×年		凭证号数	摘要	借方(收入)			贷方(发出)			借或贷	余额(结存)		
月	日			数量	单价	金额	数量	单价	金额		数量	单价	金额
1	1		月初余额							借	5 000	1.5	7 500
	3	转 3	购入	1 000	1.5	1 500							
	31	转 50	本月发出				4 000	1.5	6 000				
1	31		本月合计	1 000	—	1 500	4 000	—	6 000	借	2 000	1.5	3 000

表 3-15　应交增值税明细分类账

年		凭证号数	摘要	借方			贷方				借或贷	余额
月	日			进项税额	已缴税额	合计	销项税额	进项税额转出	出口退税	合计		

表 3-16　制造费用明细分类账

年		凭证号数	摘要	借方发生额					
月	日			合计	办公费	差旅费	折旧费	修理费	工资

(四) 平行登记

1. 总分类账和明细分类账的关系

总分类账一般按账户(一级会计科目)设置,通常以货币为计量单位,分类、连续、总括地反映企业的交易与事项。明细分类账则根据总分类账科目的二级科目或明细科目设置,以货币、实物量为计量单位,分类、连续、明细地反映企业的交易与事项。

总分类账是所属明细分类账的总括,能全面、概括地了解企业的交易与事项,对所属明细分类账起统御作用;明细分类账则是总分类账的明细记录,对总分类账起补充说明作用。因此,企业在会计核算中,除了设置总分类账,还要设置相应的明细分类账。例如,为了总括和明细地反映企业的固定资产情况,就应设置"固定资产"总分类账,以反映企业全部固定资产的增减等总括核算资料。通过这些资料,信息使用者可了解企业的生产能力、固定资产的新旧程度等情况。但由于企业固定资产种类多,要详细了解各类固定资产的增减变化等信息,则必须设置"固定资产"的明细分类账。

2. 总分类账和明细分类账的平行登记

通过总分类账和明细分类账之间的相互关系可知,总分类账和明细分类账所反映的对象和登记的依据是相同的,它们所提供的核算资料是相互补充、相互制约的。为了保证总分类账和明细分类账记账的正确、完整,总分类账和明细分类账的登记必须按照"平行登记"的原则来进行,即:

(1) 同时登记。对每一项账凭证分录,一方面登入有关的总分类账中,另一方面对设置了明细分类账的,还应将其登入所属的明细分类账内。

(2) 方向一致。对每一项记账凭证分录过入总分类账和明细分类账时,其记账方向必须保持一致。如果在总分类账中记在借方,在明细分类账中也应记在借方;若在总分类账中记入贷方,则在明细分类账中也必须记入贷方。

(3) 金额相等。对每一项登入总分类账和明细分类账的记账凭证分录,其记入总分类账中的金额与记入所属明细分类账中的金额之和必须相等。例如,固定资产总分类账金额 = Σ 固定资产明细分类账金额。

这样,根据总分类账和明细分类账有关数字之间的相等关系,就可核对总分类账或明细分类账的数据是否正确、完整。

(五) 备查账簿的设置和登记

备查账簿对主要账簿起补充说明作用,因此,它没有固定的格式,一般是根据各单位会计核算和经营管理的需要而设置。

四、账簿的启用和登记规则

登记账簿是会计核算的重要环节,为充分保证会计核算的质量,必须遵守账簿的启用和登记规则。

(一) 账簿启用规则

(1) 为了保证账簿记录的合法性和完整性,明确记账责任,在账簿启用时,应当在账簿扉页上详细载明:账簿名称、单位名称、账簿编号、账簿册数、账簿共计页数、启用日期、记账人员、主管人员等,并加盖公章。

(2) 中途更换记账人员,需要在交接记录中登记并签章,同时,须有会计主管人员监交并签章。

(二) 账簿的登记规则

(1) 登记账簿的依据只能是经过审核无误的记账凭证。为了在会计系统内部形成一个保护性的控制系统,加强数据之间的稽核,减少信息传递过程中的失误,总分类账和明细分类账的登记必须遵循平行登记的原则。即总分类账和明细分类账均以记账凭证为依据进行登记,而不能互为依据。

(2) 为了使账簿记录清晰整洁,便于长期保存,防止篡改,记账时必须以蓝、黑墨水书写,不能使用铅笔或圆珠笔,红色墨水只能在画线、改错和冲账时使用。账簿的文字书写要端正清楚,数字要登记在金额线内,没有角分的整数,小数点后应写"00"字样,不可省略。

（3）登账时应按照编页连续登记，不得隔页或跳行；应将记账凭证的号数记入账簿内，同时，应在记账凭证上注明账页，或注明记号，表示已经过账；每一张账页登记完毕应在最后一行摘要栏注明"转次页"，加计"本页发生额合计数"，结出余额，然后将发生额和余额记入下一账页的第一行，并在摘要栏写"承上页"。

（4）账簿记录发生错误时，不能刮擦、挖补、涂抹或用褪色墨水更改字迹，可按具体情况，用下列方法予以更正：

第一，划线更正法。在结账之前，如果发现账簿记录有误，但记账凭证正确，即纯属过账时笔误，一般即可采用划线更正法更正。更正时，先将错误的数字全部画一条红线予以注销，应使划销的文字或数字保持原有字迹仍可辨认，以备查考。然后，将正确的文字或数字用蓝字写在画线的上端，并由记账人员在更正处盖章，以明确责任。如记账员陈英登账时，将 4 500 元误记为 5 400 元，更正方法如下：

4 500

~~5 400~~

陈英

（方框表示印章）

第二，红字更正法。在记账以后，如果发现记账凭证中的应借应贷科目有误，或科目和金额同时出现差错，可用红字更正法予以更正。具体方法是，先用红字金额填制一张与原来错误的记账凭证完全相同的记账凭证，用红字登记入账，据以冲销原有的错误记录，再用蓝字填制一张正确的记账凭证，重新登入账簿。举例如下：

生产车间领用材料 7 600 元生产 A 产品，记账凭证的会计分录误为：

借：制造费用   7 600

    贷：原材料   7 600

并且错误的记账凭证已登入分类账。发现这一错误时，可先用红字金额填制一张与上述相同的记账凭证：

借：制造费用   7 600

    贷：原材料   7 600

同时，再用蓝字填制一张正确的记账凭证，会计分录为：

借：生产成本——A 产品   7 600

    贷：原材料   7 600

把后两张记账凭证登入相应的账簿中，就得到了正确的记录，从而保证了信息的可靠性。

如果原记账凭证中应借、应贷账户并无错误，只是所填列的金额大于应填列的金额，并已过账；或者，记账凭证完全正确，只是登账时发生笔误，使得错误金额大于正确金额，且已结账，这时也要用红字更正法进行更正。具体更正时，只需用红字填制一张金额为错误金额超过正确金额部分的记账凭证，并登入有关账簿即可。

第三，补充登记法。如果在记账过程中出现了与上述恰好相反的错误，即记账科目正确，金额错误，且错误金额小于正确的金额，已过账；或者，记账凭证完全正确，只是过账中发生笔误，导致金额小于正确金额，已结账，就可用补充登记法更正。更正时，以正确金额与原来所填金额之差作为分录的金额,用蓝字填制一张与原记账凭证上应借、应贷账户完全相同的记账凭证,过入有关账簿。沿用前例,生产车间领用材料7 600元生产A产品,记账凭证的会计分录为:

借:生产成本——A产品　　　　　　　　　　　　　　　　　6 700

　　贷:原材料　　　　　　　　　　　　　　　　　　　　　　6 700

并且错误金额已过账。发现这一错误时,可填制如下记账凭证,并过入有关账簿,即可更正记账错误:

借:生产成本——A产品　　　　　　　　　　　　　　　　　900

　　贷:原材料　　　　　　　　　　　　　　　　　　　　　　900

五、结账和对账

(一) 结账

结账是会计期末对账簿记录的总结工作。它是一个过程,包括以下基本程序。

(1) 查明本期所发生的交易或事项是否已全部登记入账。

(2) 在全面入账的基础上,按照权责发生制的原则将收入和费用归属于各个相应的会计期间,即编制调整分录,包括:摊配已登账的待摊费用和预收收益;计提应承担但尚未支付的应付或预提费用;确认已实现但尚未收到的应收收益等,再据以登记入账。

(3) 编制结账分录。对于各种收入、费用类账户的余额,应在有关账户之间进行结转。如将产品销售收入、产品销售成本、管理费用、财务费用、销售费用等损益类账户的余额转入“本年利润”账户,以便在账簿上重新记录下一个会计期间的业务。结账分录也需要登记到相应的账簿中去。

(4) 计算各账户的本期发生额合计和期末余额,划双线以结束本期记录。然后,将期末余额结转下期,作为下一个会计期间的期初余额。

通过结账,进一步提高已记录和储存的会计信息的清晰性、可靠性和相关性,便于通过会计报表输出并充分加以利用。

(二) 对账

在会计这一信息系统内部,基于复式记账原理,已形成了一套以账簿为中心,账簿与实物、凭证、报表之间,账簿与账簿之间相互控制、稽核和自动平衡的保护性机制。通过核对各种账簿记录中的自动平衡和互相勾稽关系,促使账证相符、账账相符、账实相符和账表相符。对账的内容包括以下几个方面:

(1) 账证核对:各种账簿记录应该和记账凭证核对相符。

(2) 账账核对:包括总分类账各账户期末借方余额合计数与贷方余额合计数核对相符;总分类账各账户期末余额与各明细分类账期末余额合计数核对相符;会计账与有关的统计账、保管账、业务账核对相符;会计账与有关单位或个人的债权、债务核对相符。

(3) 账实核对:现金、银行存款、财产、物资等的账面余额应当和库存的实际余额核对相符。其中,银行存款余额的核对相符是通过企业银行存款日记账和银行每月送来的企业银行存款对账单核对相符。如不符,还应编制银行存款余额调节表,说明不符的账项与原因。

(4) 账表核对:会计账簿与会计报表、分析表核对相符。

六、会计账簿的保管

企业的账簿同记账凭证和财务报表一样,都属于重要的经济档案和历史资料,应当妥善保管以供检查、分析和审计。活页式和卡片式账簿在使用完毕后还必须装订成册或封扎保管。装订成册的账簿都应加贴封签,并由会计主管签章。账簿的保管期限,应按国家规定的年限执行。我国《会计档案管理办法》(2015)规定的企业会计账簿保管期限如表 3-17 所示。

表 3-17　企业会计账簿的保管期限

序号	档案名称	保管期限	备注
	会计账簿		
1	总账	30 年	
2	明细账	30 年	
3	日记账	30 年	
4	固定资产卡片		固定资产报废清理后保管 5 年
5	其他辅助性账簿	30 年	

第四节　过账与调整前试算平衡

在交易与事项以会计分录的形式登入记账凭证(分录簿)后,会计循环的下一步骤就是过账(posting),过账后接下来便是调整前试算平衡(trial balance)。

对交易或事项按借贷记账法的要求编制会计分录,仅仅是会计系统接收数据的第一步。会计系统通过会计分录接收数据后,还需要经过多个环节进行再加工。过账与调整前试算平衡就是其中的两个基本步骤。

一、过账

从会计系统对企业经营活动过程中所发生的交易或事项数据的接受来看,通过编制会计分录,将交易或事项的影响进行分类,并分别记录其变动金额,是不可或缺的环节。但是,仅仅编制会计分录是不够的。因为会计分录将一个完整的交易或事项一分为二或一分为多,分别记入两个或更多的账户。如果某一会计期间企业发生的交易或事项数量较多,仅借助会计分录则无法连续、完整地反映企业经济活动的影响。因此,在交易和事项以会计分录的形式登入记账凭证后,会计循环的一个步骤就是将每一笔分录的借项和贷项记录分别转记到分类账中的各有关账户,这一转记程序就称作"过账",也称"登账"。过账是一个很适合计算机操作的机械过程。会计在记账凭证中编制分录,然后编制程序让计算机把相关的数据转列到分类账上。

图 3-1 是根据本章第二节王禅数据的记账凭证过入的总分类账(用"丁"字形账户替代)。

库存现金		
(4) 15 000	(4)	15 000
(7) 2 000	(9)	350
(13) 13 600	(13)	13 600

预收账款		
	(8)	22 000

管理费用		
(9) 350		
(15) 8 800		

银行存款		
(1) 10 000	(2)	3 000
(4) 15 000	(6)	6 000
(5) 20 000	(7)	2 000
(8) 22 000	(14)	10 000
(10) 8 650	(15)	8 800
(13) 13 600	(16)	30 000

短期借款		
(16) 30 000	(11)	30 000

主营业务成本		
(6) 12 000		
(14) 10 000		
(17) 4 500		

应付账款		
(11) 30 000	(3)	30 000
	(6)	6 000

低值易耗品		
(1) 10 000	(17)	4 500

实收资本		
	(1)	100 000

主营业务收入		
	(4)	15 000
	(5)	20 000
	(10)	8 650
	(13)	13 600

固定资产		
(1) 80 000		

无形资产		
(3) 30 000		

预付账款		
(2) 3 000		

图 3-1　总分类账

知识拓展 3-1

计算机改变了会计？ ①

当你第一次把一本本厚厚的记账凭证(或分录簿)过到分类账的时候,你也许会问:"难道不能让计算机来做这项工作吗？"当然可以,计算机能够而且已经做了这项工作。数据录入与分类是计算机在会计中运用最广泛的领域之一。从简单的收款机、杂货店里用的条形码扫描器,到每月可自动记录、处理几十亿次电话交易的大型计算机系统,现在越来越多的企业注重运用先进的技术来进行数据处理。

在会计信息系统中,记账凭证(或分录簿)和分类账通常的储存方式是磁带、磁盘、光盘、微缩胶片等磁性介质或其他计算机记录形式,而不是纸张。通过录入正确的账户号和数额,可在计算机上直接编制每笔交易的记账凭证(或分录簿)分录。然后,再过账到分类账。若需要,计算机能每天编出一份新的资产负债表。

计算机使企业能够比以前任何时候都更有效地处理数据。当你在一家商店交款时,收款机不但可记录这笔销售交易,也能记录存货减少。如果商店的存货量降低到平均水平以下,它还会向供应

---

① 该部分的编写参考了查尔斯·T.亨格伦,格里·L.桑顿,约翰·A.艾洛特.财务会计教程.6版.孙丽军,译.北京:华夏出版社,1998:68-69.

商发出一份订单。如果是赊销,这台机器还会检查用户的信贷限额,结清应收账款,并每月编制出一张报表给顾客。

计算机也大大地降低了企业数据处理的成本。在一些大型公司,每天可能收到几十万张销货发票(销售存根)或购货发票(入料票)。在手写簿记系统时代,这些业务的核算极其繁杂。但今天,大部分的赊销或赊购都可以通过计算机阅读信用卡上的磁条来进行。每次赊销或赊购的电子信息传到中央计算机,计算机能够自动地编制凭证,也能编制报表。无须任何纸张的工作或键盘的输入,上百万元的交易便被自动地记录到记账凭证(或分录簿)账上。这样,计算机便大大节省了时间和人力成本,也在很大程度上提高了数据处理工作的精确性。

既然计算机可做日常的簿记工作,你也许会问,那为什么还要学习借方、贷方、日记账、分类账、报表呢? 这是因为计算机不能代替人脑,计算机的力量取决于操作者的知识和能力。

二、调整前试算平衡

在会计期末终了,当记账凭证过入分类账后,为了检查过账是否正确,往往要编制试算平衡表。试算平衡表是指列示分类账中各有关账户的名称及其余额是否平衡的表式。根据其在编制调整分录前后时间的不同,可分为调整前试算平衡表和调整后试算平衡表。试算平衡表的用途主要有两个:①通过检查借、贷方总计是否相等来检验过账是否正确;②为正式编制财务报表提供一个账户余额,方便检索。试算平衡表是一份内部报表,会计信息使用者看到的是公开发布的财务报表,而不是试算平衡表。

(一) 试算平衡表原理

借贷记账法的记账规则是"有借必有贷,借贷必相等"。其中,借贷必相等,指每一笔交易或事项发生引起账户借方变动金额和贷方变动金额相等。如果将本期发生的全部交易或事项的会计处理相加总,所有账户本期借方发生额合计与所有账户本期贷方发生额合计也必定相等。这就形成借贷记账法的第一个试算平衡公式:

所有账户本期借方发生额合计 = 所有账户本期贷方发生额合计

前章在讨论会计恒等式时,曾指出"资产 = 负债 + 所有者权益"是最基本的会计恒等式,它可以用来反映任何一个时点某一会计主体的全部资产和这些资产的来源情况。同时,收入类和费用类账户一般没有余额,利润类账户的余额本身是所有者权益的组成内容之一,应当归入所有者权益要素之内。这样,"资产 = 负债 + 所有者权益"等式可以用来概括某一时点会计主体的全部账户余额。而按照余额的正常方向,资产类账户余额在借方,负债和所有者权益类账户余额在贷方,会计恒等式就成为:

所有账户借方余额合计 = 所有账户贷方余额合计

如果进一步区分期初余额和期末余额,上式可改写为期初余额合计平衡和期末余额合计平衡两个公式。借贷记账法所具有的这种账户金额合计相等的特点,就是会计上所说的"自动平衡"机制,它也是试算平衡的依据。

所谓试算平衡,就是在期末对所有账户的发生额和(或)余额进行加总,以确定借贷方金额是否相等,检查记账、过账过程中是否存在差错的方法。在实际会计工作中,试算平衡是通过编制试算平衡表来完成的。

(二) 试算平衡表的编制

在编制试算平衡表之前,需要检查、确定本期所有会计分录是否都已正确过账,在此基础上,先要计算出所有账户的期末余额,然后将分类账户的期末余额分别记入试算平衡表的借方和贷方栏。下面以库存现金账户为例,说明如何计算本期发生额和期末余额(如图 3-2 所示)。其余账户余额的结算过程从略。

库存现金

(4)	15 000	(4)	15 000
(7)	2 000	(9)	350
(13)	13 600	(13)	13 600
本期借方发生额合计	**30 600**	**本期贷方发生额合计**	**28 950**
期末余额	**1 650**		

图 3-2   库存现金账户

在结算出所有账户的期末余额后,就可以据以编制试算平衡表。试算平衡表可以是发生额试算,也可以同时试算发生额和余额。这里只给出余额试算,如表 3-18 所示。

表 3-18   王禅数据试算平衡表

202× 年 12 月 31 日

账户名称	借方	贷方
库存现金	1 650	
银行存款	29 450	
低值易耗品	5 500	
预付账款	3 000	
固定资产	80 000	
无形资产	30 000	
短期借款		0
应付账款		6 000
预收账款		22 000
实收资本		100 000
主营业务收入		57 250
管理费用	9 150	
主营业务成本	26 500	
合计	185 250	185 250

　　在编制试算平衡表时,一般总是按资产、负债、所有者权益的顺序,把资产负债表的账户列在前面,之后是利润表账户(收入、费用),最后是所有者权益账户(未分配利润)。在本例中的王禅数据没有期初余额,因为刚开始营业,表上当前的收入和费用构成了当前未分配利润的变化。当期末企业正式编制资产负债表时,收入、费用账户因为是"虚账户"将被结平(无期末余额)。这样,这两类账户在试算平衡表中将被删除,其净影响体现在期末"利润分配(未分配利润)"账户中。

　　根据表 3-18 的试算结果,所有账户借方余额合计等于贷方余额合计,表明不存在明显的记账、过账差错。需要注意的是,如果试算结果不平衡,则表明会计循环的某个步骤存在错误。发生错误的可能原因包括:

　　(1) 记账凭证上的会计分录出现错误,如分录中的借贷方余额不平衡。

　　(2) 过账过程中出现错误,如借贷方金额中的某一方遗漏或重复过账,或者借贷方向错误。

　　(3) 分类账户余额结计时出现错误。

　　(4) 试算平衡表本身出现错误,如借贷方金额抄错、某些账户被遗漏未被抄录等。

　　当出现借贷方不平衡时,会计人员应根据上述介绍的几种出错原因,认真检查,找出错误并及时予以更正。

　　必须指出,即使试算平衡表借贷余额相等,也并不一定说明不存在错误。这是因为有些记账错误并不影响借贷方账户的平衡关系,因而无法为试算平衡表所觉察(如一笔完整的交易或事项被漏记账或漏登账,借贷双方差错金额正好可以抵销,最终也可以试算平衡)。这些不影响借贷平衡的错误包括:

　　(1) 漏记整笔交易或事项的会计分录。

　　(2) 重复记录整笔交易与事项。

　　(3) 将分类账户的余额过入错误账户。

　　(4) 金额差错恰好相互抵销。

　　所以,这就要求会计人员在平时记账、登账过程中,养成良好的习惯,不要马虎潦草,导致最终试算无法进行。

本章小结

　　本章主要介绍了会计凭证的类型、填制、审核和保管;分类账的种类、设置、登记与保管;对账与结账;过账与试算平衡。会计凭证是记录经济业务、明确经济责任的书面证明,是登记账簿的依据。会计凭证可分为原始凭证和记账凭证,后者通常又可分为收款凭证、付款凭证和转账凭证。会计账簿是根据会计凭证序时、分类地记录和反映各项经济业务的、具有一定格式的簿籍。账簿按用途可分为序时账簿、分类账簿和备查账簿;按其外表形式可分为订本式账簿、活页式账簿和卡片式账簿;按账页格式可分为三栏式账簿、数量金额式账簿和多栏式账簿。试算平衡是检查过账是否正确的重要方法。填制会计凭证(会计分录)、登记账簿(过账)、编制试算平衡表是会计循环(会计工作)的重要环节。

关键词

会计凭证	原始凭证	记账凭证	收款凭证	付款凭证
转账凭证	过账	总分类账	明细分类账	结账
试算平衡	平行登记	对账		

即测即评

请扫描右侧二维码,进行即测即评。

案例分析①

很久很久以前,在山清水秀的江南某地住着一个名叫江公正的庄主,治理着方圆十平方千米的领地,管辖南山、溪东两个村,约200人。每年春天,当积雪开始融化时,他就开始盘算来年的事情。

又一年春天来临了,庄主正在考虑雇人来种植50亩②水稻田。"50亩土地,按往年的经验,每亩能收500斤③谷子。"他对管家说,"可是叫谁来种地呢?"管家说:"南山的迟发财和溪东的梅有钱,人本分老实,又勤快能干。应该叫他们来种这些地。"于是迟发财和梅有钱应召来到了江公正的庄园。

"迟发财,你负责种30亩地,梅有钱负责种20亩地,"庄主接着说,"我给迟发财900斤谷种和18 000斤肥料(10斤肥料值1斤谷子,1斤谷种值3斤谷子),给梅有钱600斤谷种和12 000斤肥料。再给你们每人一头水牛,但你们需要自己去犁匠那里买犁。顺便说一下,这两头牛均为三岁,还从未耕过地,耕十年地大概还不成问题。要用心照管它们,因为一头牛值10 000斤谷子,今年秋天把牛、犁和收成一块交给我。"

迟发财和梅有钱告别了庄主之后,带着庄主给的东西离开了庄园。

夏天一晃就过去了,接着就是秋收。收割完庄稼后,迟发财和梅有钱回到了庄主那里归还庄主春天借给他们的东西,迟发财说:"江老爷,我把这头牛,还有这个破得不能再修的犁和16 000斤谷子交给您。但为了这个犁,春天我欠犁匠的200斤谷子现在还没有还。并且我用完了春天时你给我的所有谷种和肥料。还有,您已经从我的收成里拿走了300斤谷子自己用了。"

梅有钱接着说:"老爷,我把这头不常使唤的牛、这个犁和12 000斤谷子交给您,我已经从收成里拿出300斤谷子给犁匠。我也用光了春天您给我的所有谷种和肥料。还有前几天,您

---

　　① 本案例的编写参考了 Robert N. Anthony,David F. Hawkins,Kenneth A. Merchant. *Accounting:Text and Cases*. 11 th. McGraw Hill,2004.

　　② 亩,非法定地积单位。1 亩合 666.7 平方米。

　　③ 斤,非法定重量单位。1 斤即 0.5 公斤。

刚刚从我的收成里拿走了 100 斤谷子,我认为这犁至少还可以供您使用两年。"

"你们做得都很好,我不会亏待你们的,"江公正说。道谢之后,两个农民离开了庄园。

在他们离开后,江公正反复掂量发生的事情。他说:"他们干得都不错,但我怎么能知道谁干得更好呢?"

要求:

(1) 以每个农民为单位编制生长季节开始日和结束日的资产负债表,以及整个季节的利润表(不要担心你还没有充分理解资产负债表和利润表,尽可能根据你的直觉去做)。

(2) 评价哪一个农民干得更好,并说明为什么。

思考题

1. 什么叫会计凭证? 它可分为哪几种类型?
2. 什么叫电子凭证? 它单独入账的条件有哪些?
3. 如何填制转账凭证? 如何过账?
4. 对账有什么作用? 结账的目的是什么?
5. 分录簿与记账凭证有何异同? 各有什么优缺点?
6. 日记账(现金日记账和银行存款日记账)、分录簿、明细分类账有什么不同?
7. 总分类账户与明细分类账户的关系如何?
8. 试算平衡的意义何在?
9. 什么是平行登记? 平行登记的要点有哪些?

附录一

会计记账程序

会计记账程序又称为会计核算形式,是指会计系统中账簿组织和记账程序有机结合的方式与步骤,是一个系统的会计工作组织程序。账簿组织是指账簿的种类、选用账簿的格式和登记方法,以及各账簿之间的相互关系。记账程序是指从凭证的填制、审核、整理、传递到账簿登记以及根据账簿编制财务报表的程序和方法。

分录簿与分类账的应用,目前主要流行于以美国为代表的西方会计体系中。其基本过程是:经济业务发生时,取得证明经济业务发生的原始单据(原始凭证);根据原始单据编制普通分录簿或(和)特种分录簿;按照分录簿登记相应的分类账簿;期末编制调整分录并对分类账进行试算,编制财务报表。

我国自 20 世纪 50 年代初引进苏联的会计记账程序后,实践中一直采用原始凭证、记账凭证与账簿的组织形式。目前,这种形式仍为很多企业广泛采用。其基本步骤是:经济业务发生时,取得证明经济业务发生的原始凭证;根据原始凭证编制记账凭证;按照记账凭证登记相应的分类账簿;期末对分类账簿进行试算,编制基本财务报表。这种形式有其独特、方便之处,因此，下文将对其做简要介绍。

在我国会计实践活动中，将按照记账凭证登记账簿的步骤称为记账程序。常用的记账程序包括：记账凭证记账程序、汇总记账凭证记账程序、科目汇总表记账程序等。下面，将介绍其中的两种。

(一) 记账凭证记账程序

在记账凭证记账程序下，序时账簿一般设置三栏式现金日记账和银行存款日记账，并将凭证装订成册代替普通分录簿。总分类账也采取三栏式并按一级账户设置，明细分类账则根据企业经营管理的需要来设置。记账凭证可以采取单一的格式，也可以分别采用收款凭证、付款凭证和转账凭证三种格式。

记账凭证记账程序的要点概括如下：

(1) 根据原始凭证填制记账凭证。

(2) 根据记账凭证(或收、付款凭证)登记现金日记账和银行存款日记账。

(3) 根据记账凭证及所附的原始凭证登记各种明细分类账。

(4) 根据记账凭证登记总分类账。

(5) 会计期间终了，现金日记账、银行存款日记账的余额，以及各明细分类账余额之和应当与总分类账有关账户的余额核对相符。

(6) 根据总分类账和明细分类账提供的数据编制财务报表。

记账凭证记账程序的要点如图 3-3 所示。

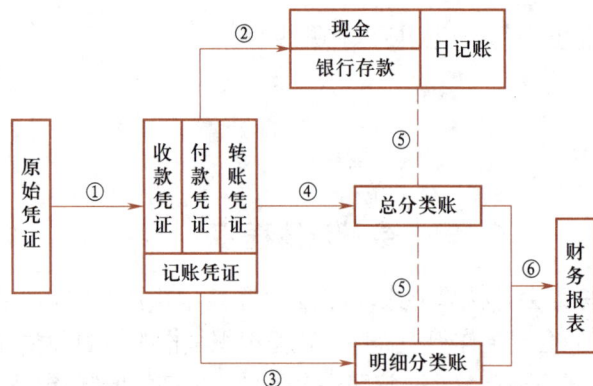

图 3-3　记账凭证记账程序的要点

记账凭证记账程序是最基本的核算程序，它包括了各种核算程序的基本要素。它区别于其他记账程序的根本特点是根据记账凭证直接逐笔地登记总分类账。其优点是组织程序简单明了、总分类账反映详细。但总分类账要逐笔登记，记账工作繁重，也不符合总分类账总括反映的特点。因而，它只适用于规模不大、经济业务数量不多的会计主体。

(二) 科目汇总表记账程序

科目汇总表记账程序和汇总记账凭证记账程序的账簿组织基本相同，只是在登记总分类账的方法上有所差别。其主要特点是定期把会计期间内所有的记账凭证按相同科目(账户)加以汇总,编制一张包括全部账户在内的科目汇总表(如表 3-19 所示),然后,据以记入总分类账。

表 3-19　王禅数据科目汇总表

202× 年 12 月　　　　　　　　　　　　　　　　　　汇字　001 号

会计科目	借方发生额(元)	贷方发生额(元)
库存现金	30 600	28 950
银行存款	89 250	59 800
低值易耗品	10 000	4 500
预付账款	3 000	
固定资产	80 000	
无形资产	30 000	
短期借款	30 000	30 000
应付账款	30 000	36 000
预收账款		22 000
实收资本		100 000
主营业务收入		57 250
主营业务成本	26 500	
管理费用	9 150	
合计	338 500	338 500

从表 3-19 中不难看出,科目汇总表具有试算平衡的作用,即借方发生额合计数与贷方发生额合计数一定相等。如不等,表明记账过程或汇总过程中存在差错。由此可见,通过编制科目汇总表,可以及时发现记账过程中的错误。如果企业经济业务较多,每个月需要编制的记账凭证数量多,科目汇总表还可按句或周编制,也可分别按收款、付款与转账来编制。对收款、付款凭证编制科目汇总表,并据以登记总分类账,在登记分类账的步骤上,就相当于附录二中特种分录簿的登记。不过,科目汇总表不能代替记账凭证。

以银行存款总分类账为例,如果按照记账凭证记账程序,本月所发生的每笔与银行存款有关的经济业务,都需要过到银行存款总分类账中去。如果按科目汇总表记账程序,则只需要汇总过入本月银行存款借、贷方发生额即可。两者的区别可用表 3-20、表 3-21 直观地表示出来。

表 3-20　记账凭证记账程序下的分类账

账户名称:银行存款　　　　　　　　　　　　　　　　　　　　　单位:元

日期	摘要	凭证字号	借方	贷方	余额
12 月 1 日	期初余额				0
1 日	业主投入	×××	10 000.00		
3 日	预付租金	×××		3 000.00	
10 日	现金存入	×××	15 000.00		

续表

日期	摘要	凭证字号	借方	贷方	余额
12 日	数据挖掘收入	×××	20 000.00		
15 日	购买调查数据	×××		6 000.00	
17 日	提取现金	×××		2 000.00	
18 日	预收服务费	×××	22 000.00		
20 日	数据销售收入	×××	8 650.00		
23 日	现金存入	×××	13 600.00		
25 日	支付员工工资	×××		10 000.00	
26 日	支付水电、电话费	×××		8 800.00	
28 日	偿还到期银行借款	×××		30 000.00	
31 日	合计		89 250.00	59 800.00	29 450.00

表 3-21　科目汇总表记账程序下的分类账

账户名称：银行存款　　　　　　　　　　　　　　　　　　　　　　　　　　　单位：元

日期	摘要	凭证字号	借方	贷方	余额
12 月 1 日	期初余额				0
12 月 31 日	汇总登记	科目汇总表	89 250.00	59 800.00	
	合计		89 250.00	59 800.00	29 450.00

从上面的例子可以看出，企业规模越大，每月发生的经济业务数量越多，采用科目汇总表记账程序登记分类账所节省的工作量也就越大。

科目汇总表记账程序的要点概括如下：

（1）根据原始凭证填制记账凭证。

（2）根据记账凭证（或收、付款凭证）登记现金日记账和银行存款日记账。

（3）根据记账凭证及所附的原始凭证登记各种明细分类账。

（4）根据记账凭证定期按每一科目的借方和贷方发生额汇总，编制一张科目汇总表。

（5）根据科目汇总表登记总分类账。

（6）会计期间终了，现金日记账、银行存款日记账的余额，以及各明细分类账余额之和应与总分类账有关账户的余额核对相符。

（7）根据总分类账和明细分类账提供的数据编制财务报表。

科目汇总表记账程序的要点如图 3-4 所示。

上述两种会计记账程序为我国实践所广泛应用。实践中还先后出现了汇总记账凭证记账程序、多栏式日记账记账程序等，限于篇幅，这里就不具体介绍。

前面所介绍的原始凭证、记账凭证（或分录簿）、分类账簿和财务报表，与相关的账务处理程序一起，构成了会计系统。每个企业由于业务性质、管理要求等不同，其具体的会计系统设

计也不完全一样。一般来说,最优的会计系统(不论是以计算机为基础的会计系统还是手工会计系统)应该能实现以下目标:

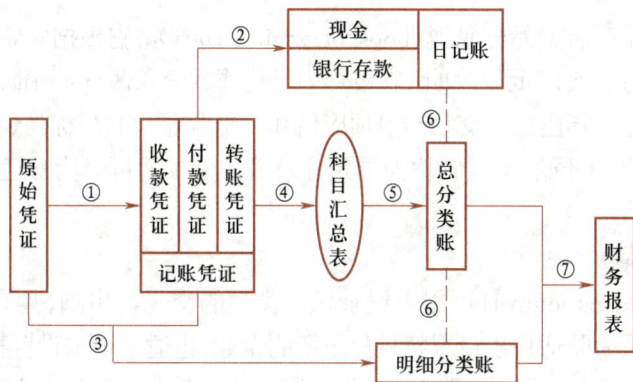

图 3-4　科目汇总表记账程序的要点

(1) 高效率、低成本地处理数据。

(2) 快速编制财务报表。

(3) 保证数据处理的高度准确性。

(4) 有效地防止贪污、盗窃、舞弊等非法行为的发生。

(5) 符合法律、法规和公司章程等要求。

(6) 尽量满足内部管理的需要。

设计一个完善的会计系统是一项非常专业化的工作。这里,我们所指出的只是一些基本原则,要对这些内容做更详细、具体的了解,应继续学习"会计信息系统""企业内部控制与风险管理""会计制度设计"或类似的课程。

附录二

分　录　簿[①]

除了少数小规模的企业(如三五人的微型企业)由于业务量少可将交易与事项直接记入分类账外,绝大多数企业业务多而复杂,必须将它们先记入分录簿(journals)[②],然后将分录簿中所

[①]　我们在这里介绍分录簿的主要原因是:第一,它是西方企业普遍采用的会计记录方式,而我国目前准则要求采用的是会计凭证记录方式;第二,这种记录方式的最大特点(与我国的会计凭证记录方式相比)是将原始凭证分类集中保存(而我国的会计凭证记录是在做完一张会计凭证后,将证明交易发生的原始凭证附在其后)。这一做法的优点:一是方便进行计算机处理,在计算机会计系统中登记分录簿后,无须输出纸质凭证,再将原始凭证附在其后;二是方便以原始凭证为基础的抽样审计;三是符合分录簿的序时记录要求,有助于减少漏记的发生。尽管这样做也存在缺陷,比如,初学者容易将分录簿与会计凭证两种概念混淆起来,虽然目前我国的会计制度要求采用的是会计凭证记录形式,但我们认为分录簿记录形式更可取。

[②]　也有人译为日记账,它是西方企业普遍采用的一种记账手段,在作用上类似于我国的会计凭证。为了避免与我国的银行存款日记账与现金日记账相混淆,我们将其译为分录簿,类似地我们将特种日记账(special journals)和普通日记账(general journals)分别译为特种分录簿和普通分录簿。

记的各个借项和贷项金额分别转记入分类账的有关账户中。这样做不仅便利、有序、方便查证，而且记账效率高、不容易出错。所以，在会计上记录交易与事项时，通常至少要采用两种会计记录，即分录簿和分类账。

这里的分录簿是一种原始分录簿（book of original entry）。它根据原始凭证，按时间顺序，依次记录每一交易与事项，正因为如此，它被称为日记簿或分录簿（journal），我们统一译为分录簿。在登记分录簿时要指出每一交易与事项应借和应贷各账户的名称与金额。分录簿是每一会计交易与事项记录的开始，所以它称为原始分录簿。分录簿可分为普通分录簿和特种分录簿两种类别。

（一）普通分录簿

普通分录簿（general journal）可用于记录任何类型的交易与事项，具有格式统一、使用方便等特点。普通分录簿既适用于设置特种分录簿的企业，也适用于未设置特种分录簿的企业。下面以普通分录簿为例，说明在分录簿上编制会计分录的方法。普通分录簿的登记方法如下：

（1）在日期栏内写明编制分录的年月日，年月通常只在分录簿每页的顶端以及年月发生变动的地方填写。

（2）按顺序将所做分录序号填入分录号栏。

（3）将交易与事项所涉及的有关账户名称填写在会计账户及摘要栏内。按惯例，每笔分录总是先记"借记部分"，然后记"贷记部分"。借方账户紧靠左边先行登记，贷方账户在借方账户下方向右移两格登记。

（4）把会计分录涉及的相应金额分别记入借方和贷方金额栏。根据复式记账原理，每笔分录的借方和贷方金额必须保持一致。

（5）在借贷账户名称下扼要说明每一笔交易与事项的性质。摘要的长短取决于交易或事项的复杂程度和管理是否要求分录簿本身具有完全的相关信息。最常见的摘要都很简单，细节都包括在原始凭证文件中。

（6）在过账索引栏内填写所过入分类账的编号、页码，用于和分类账进行对照检索。

（7）各笔分录之间应留空格，以便区分。

仍用前面的例子，王禅数据202×年12月应在普通分录簿上编制的会计分录如表3-22所示。

表3-22　普通分录簿

第1页

202×年		分录号	账户及摘要	过账索引	借方金额	贷方金额
月	日					
12	1	1	固定资产		80 000	
			低值易耗品		10 000	
			银行存款		10 000	
			实收资本			10 000
			（王达投入固定资产、低值易耗品和银行存款）			

续表

202×年		分录号	账户及摘要	过账索引	借方金额	贷方金额
月	日					
12	3	2	预付账款		3 000	
			银行存款			3 000
			（预付房屋租金）			
	8	3	无形资产		30 000	
			应付账款			30 000
			（开发数据平台）			
	10	4	库存现金		15 000	
			主营业务收入			15 000
			银行存款		15 000	
			库存现金			15 000
			（数据销售收入）			
	12	5	银行存款		20 000	
			主营业务收入			20 000
			（数据挖掘收入）			
	15	6	主营业务成本		12 000	
			银行存款			6 000
			应付账款			6 000
			（购买调查数据）			
	17	7	库存现金		2 000	
			银行存款			2 000
			（从银行提取现金）			
	18	8	银行存款		22 000	
			预收账款			22 000
			（预收数据挖掘定金）			

续表

202×年		分录号	账户及摘要	过账索引	借方金额	贷方金额
月	日					
12	19	9	管理费用		350	
			库存现金			350
			（零星费用支出）			
	20	10	银行存款		8 650	
			主营业务收入			8 650
			（数据出售收入）			
	21	11	应付账款		30 000	
			短期借款			30 000
			（借款还日升科技数据平台开发款）			
	22	12	无须做会计分录			
	23	13	库存现金		13 600	
			主营业务收入			13 600
			银行存款		13 600	
			库存现金			13 600
			（销售数据收入）			
	25	14	主营业务成本		10 000	
			银行存款			10 000
			（支付职员工资）			
	26	15	管理费用		8 800	
			银行存款			8 800
			（支付水电、电话费）			
	28	16	短期借款		30 000	
			银行存款			30 000
			（偿还银行借款）			

续表

202×年		分录号	账户及摘要	过账索引	借方金额	贷方金额
月	日					
12	31	17	主营业务成本		4 500	
			低值易耗品			4 500
			(低值易耗品消耗)			

普通分录簿的优点主要有三个：第一，与交易、事项直接记入分类账相比，它大大减少了发生错误的可能性。因为若在分类账中直接记录各笔交易与事项，就有可能发生漏记或多记借方或贷方的情况，但采用分录簿以后，这种情况发生的可能性会大大减少。第二，每笔分录簿分录都列示了相应交易与事项的完整借贷记录，此外，分录簿还备有充分的空栏用来说明每一个交易与事项，这有利于完整、全面地了解交易与事项的性质与来龙去脉。第三，分录簿序时记录每笔交易与事项，是一部按时间排列的企业经济活动的完整档案。

(二) 特种分录簿

特种分录簿(special journals)用来记录重复发生的大量的特定类型交易，如现金的收付、原材料的采购、产品销售等。某个企业应采用哪些特种分录簿，取决于该企业经济活动的性质，以及某类业务的发生次数是否频繁到值得设立一个特种分录簿来予以记录(即特种分录簿的设置要充分考虑效益与成本的关系)。最常见的特种分录簿是现金收入分录簿、现金支出分录簿、销货分录簿和购货分录簿，因为对大多数企业而言，这四类业务发生的次数较多。除此之外，在企业实际工作中，还有许多其他特种分录簿，如销售退回与折让分录簿、购货退回与折让分录簿等。

无论是采用手工簿记系统还是电子数据处理系统，每个企业都要设置普通分录簿来记录初始交易。但是，对于一个规模相对较大的企业来说，会存在大量重复发生的交易，这时，普通分录簿就不再是一个有效的记录工具。例如，在一个繁忙的销售日，企业若对每一笔赊销交易都借记"应收账款"、贷记"主营业务收入"，那肯定十分烦琐，而且更麻烦的是还要将分录逐笔过到总分类账中去。因此，通过设置普通分录簿来记录这些交易费时费力。

上述问题可通过设置特种分录簿来解决。因为所有的特种分录簿都有一个共同的特点，即将同类型的交易汇集记录在一起，这样就不需为每笔分录都填写例行的摘要说明，也无须重复填写设有专栏的账户名称，从而节省登记分录的时间。而且，过账时只需要将各交易的总和过至总分类账即可。这样，数据的处理将更加快捷、有效和经济。

特种分录簿有两个明显的优点：第一，节约人力。若特种分录簿上的专栏标题就是该交易或事项所影响的账户，在记录时就不用再写应借或应贷账户的名称。这样记录交易或事项所需的时间就相对少，而且过账的时间也随之大为节省，因为过入各分类账户的是各专栏中金额的合计数，而不是各专栏中的每笔金额数。第二，便于分工。特种分录簿能使交易与事项的记录与过账都分工进行。当某一会计人员在销货分录簿上记录销售交易时，另一会计人员可以在现金收入分录簿上记录各项现金收入，过账时也一样。

一般大中型企业都将序时记录划分为几本特种分录簿和一本普通分录簿，各设专人分工负责,以全面、及时、快速地记录企业所发生的交易。

1. 销货分录簿

企业全部的赊销都应记入销货分录簿(sales journal)。销货分录簿又称销货簿,也有人译为销货日记账。当赊销发生时,企业应填制销货发票一式数份。发票内容通常包括序号、销货日期、顾客姓名、销货金额、付款条件等。发票副本中应有一份用作登记销货分录簿的凭证。发票上的重要内容一般都应记入销货分录簿,唯一的例外是付款条件,这是因为实务上对于付款条件通常有统一的规定,不需要逐一照抄。不过有些企业对于不同的顾客可能有不同的付款条件,假若如此,一般应在销货分录簿内增设"付款条件"栏,以备查考。表 3-23 为常见的销货分录簿。

表 3-23 销货分录簿

第　页

202×年		客户	发票号码	明细分类账页次	金额
月	日				

每笔赊销,在销货分录簿内各占一行,每行都代表一笔分录:借记"应收账款",贷记"主营业务收入"。由于借贷金额必然相等,为简化起见,只设一个金额栏。这种办法使每笔交易只需书写一行,较"一借一贷"的做法简化很多,而且还可免除写摘要之苦(因为要了解详细情况,可根据销货分录簿内的发票号码去查找发票副本),这样就大大减轻了记账工作。试想一个企业每月的赊销少则数百笔,多则成千上万,通过上述方法可大大简化记账工作。

销货分录簿内每一顾客赊欠的金额,应逐日过入应收账款明细分类账。每逢月底,还应将销货分录簿的"金额"栏结算总数(当月发生的赊销总额),一方面过入"应收账款"账户的借方,另一方面过入"主营业务收入"账户的贷方。过账完毕还应将账号分别标注在总数之下,以表明该总数已过入某号分类账户。

由上可知,设立销货分录簿后可大大节省过账工作。因为若不设特种分录簿,每笔分录必须逐一过账,即使某月只有一百笔赊销,也需过、登"应收账款"和"主营业务收入"账户各一百次,而设立销货分录簿后,每月只需分别过账一次。所以,每月发生的交易愈多,节省的成本愈多,销货分录簿的功效也就愈大。

有些企业也可能会直接地利用销货发票作为账册,而不是如上所述在特种分录簿中据实记载发票内容。这种直接利用发票的办法,就是直接根据发票登记明细分类账中各个顾客的账户。至于统御账户(controlling account)(参见本章分类账中的平行登记)内记录的金额,则可根据当期全部发票金额进行加总而确定。对顾客不多的小型企业来说,甚至还可直接将发票当作明细分类账来使用,并将发票按照顾客分类归档保存。

2. 购货分录簿

购货分录簿(purchases journal)又称购货簿,其样式和登记方法与销货分录簿非常相似。购货分录簿只有一个贷方专栏,即"供应商"栏(应付账款贷方栏)。因此,只有赊购业务才能记入这种分录簿。购货分录簿所设的"发票日期"栏,供计算现金折扣期限参考。

购货分录簿所列赊欠供应商的金额(应付账款贷方金额),应逐日过入应付账款的明细账内各有关账户的贷方,过账完毕应将各账户的账号或页次填入购货分录簿的"明细账页次"栏。每月月末,应先计算、汇总购货分录簿总数,然后将其分别过入"应收账款"总账的贷方和"购货"(如"原材料")账户的借方。过账完毕后,应将过入总账账户的账号填列在购货分录簿总数下,以表明购货业务已全部过入相应的总账账户。

有三点应特别注意:第一,如上所述,在设置了特种分录簿的情况下,只有赊购商品才记入购货分录簿,现购交易应记入现金支出分录簿。第二,只有企业经常、大量发生的购货交易才记入购货分录簿,如工业企业购入原材料、商业企业购入商品,而其他不经常发生的资产购入交易(如购置固定资产等)不应记入该分录簿。它们如何记录,应视具体情况而定,若是现购则应记入现金支出分录簿;若是赊购,由于没有适当的特种分录簿可供记载,所以应记入普通分录簿。前文已指出,月终将购货分录簿结出总数后,应过入"购货"(如原材料)账户,以供期末计算销售成本之用,而购入的其他资产与销售成本无关,所以不应记入购货分录簿。第三,购货分录簿过入"应收账款"明细账与总账时应遵守"平行登记"的原则。

设凌云山公司202×年9月发生如下赊购交易:

3日向石井公司购入石雕品一批,价款50 000元;

9日向芙蓉公司购入工艺品一批,价款为60 000元;

18日向敬贤公司购入老人用品一批,价款90 000元;

26日向白城公司购入白酒180箱,价款为18 000元;

28日向海滨公司购入海鲜一批,价款为30 000元。

凌云山公司购货分录簿的登记及过账程序如图3-5所示。

3. 现金收入分录簿(现金收入簿)

凡是与现金收入有关的一切交易都应记入现金收入分录簿(cash receipts journal),也称为现金收入簿。最常见的例子是现销商品。通常对于现销并不逐笔登账,而是于每日营业终了时,根据收银机上加出的总数,或当日现销部分的发票副本加出总数,记入现金收入簿中的"主营业务收入"(销货)栏,所以全日的销货在账上仅占一行。其他有关现金收入的交易,如向客户收取应收账款等,应逐一记入现金收入簿,即每发生一笔交易登记一笔分录。

注意:在国际上,特别是美国、英国的企业,通常不设置"银行存款"账户,即"库存现金"账户包括"银行存款"账户。而我国现行的会计制度既设置"库存现金"账户,也设置"银行存款"账户。所以,西方企业会计中的"库存现金"账户实际上等于我国的"库存现金"账户和"银行存款"账户。本部分所述的现金收入分录簿和现金支出分录簿中的"库存现金"包括银行存款。

表3-24是常见的现金收入分录簿格式。

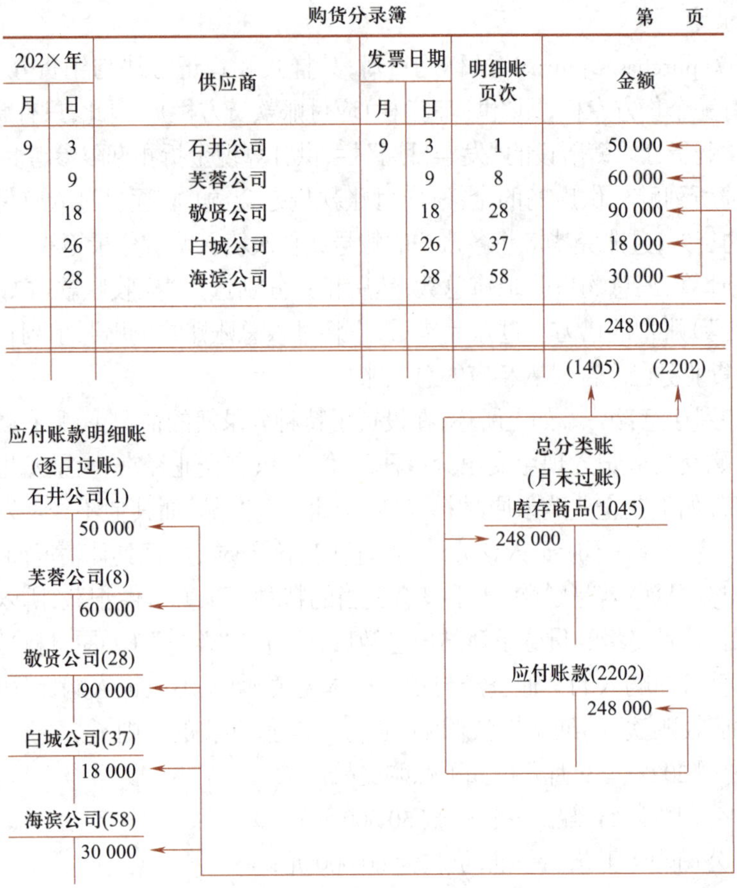

购货分录簿						第　页
202×年		供应商	发票日期		明细账页次	金额
月	日		月	日		
9	3	石井公司	9	3	1	50 000
	9	芙蓉公司		9	8	60 000
	18	敬贤公司		18	28	90 000
	26	白城公司		26	37	18 000
	28	海滨公司		28	58	30 000
						248 000
						(1405)　(2202)

应付账款明细账
（逐日过账）

石井公司(1)
　50 000

芙蓉公司(8)
　60 000

敬贤公司(28)
　90 000

白城公司(37)
　18 000

海滨公司(58)
　30 000

总分类账
（月末过账）

库存商品(1045)
248 000

应付账款(2202)
　　　248 000

图 3-5   凌云山公司购货分录簿的登记及过账程序

表 3-24   现金收入分录簿

第 × 页
单位:元

202×年		摘要	借方项目				贷方项目				
			库存现金	销货折扣	其他账户		应收账款		主营业务收入	其他账户	
月	日				账户名称	金额	账户名称	金额		账户名称	金额

上述现金收入分录簿各栏所登记内容如下：

借方项目：

(1) 库存现金栏。收到现金的数额都应记入本栏。由于只有涉及现金收入的交易才会记入本分录簿，所以本分录簿所载的每笔分录都有数字记入本栏。

(2) 销货折扣栏。收取应收账款时，给予顾客现金折扣的数额记入本栏。设立本栏后，每次收取客户账款时，仅需一行就能容纳全部记录。现金折扣目前在我国并不流行，这样在实际工作中，企业可视自己的实际情况进行删改。

(3) 其他账户栏。登记未设专栏的账户时，记入本栏。除记载金额外，还需将账户名称一并填写。

贷方项目：

(1) 应收账款栏。收到应收账款的数额记入本栏。客户的姓名应记入"账户名称"栏，以便备查和将金额过入应收账款明细分类账。

(2) 主营业务收入栏。每日现销的总额记入本栏。注意赊销不能记入本栏，而应记入销货簿（销货分录簿）。

(3) 其他账户栏。贷记未设专栏的账户时，记入本栏。金额记入本栏中的金额栏，账户名称记入"账户名称"栏。有时，一笔分录有两个以上的贷方项目，且都未设有专栏，这时每一项目可各占一行。

4. 现金支出分录簿

现金支出分录簿（cash payments journal）是用来记录企业全部现金支出的。其中，借方专栏专供记录"购进商品存货"和"偿还债主欠款"。其登记及过账程序与前述现金收入分录簿基本相同。

假设前述王禅数据 12 月 15 日、19 日、25 日、26 日和 28 日的交易均为以现金支付的交易，则其现金支出分录簿的登记及过账如图 3-6 所示。

本例由于沿用了王禅数据的交易，所以有几点需要特别加以说明：第一，在正常情况下，现金支出分录簿借贷双方的"其他账户"栏总额不必过账，为加以区别可在其总计数下填写"(×)"记号，表示不需过账。本例纯粹是为了说明平行过账程序，才以"管理费用"为例并将其单个数字一一填入明细账，同时将总计数过入其总分类账中，正确的做法是不进行过账。第二，在期末，企业的"其他账户"（"主营业务成本""管理费用""短期借款"）无须也无法（合计数可能包括若干而不是一个账户的金额）根据本栏的合计数过账。所以，此处的箭头并不表示"主营业务成本""管理费用""短期借款"账户来自合计数 61 150 元，它只表示期末总账应根据合计数填写，如"管理费用"总账应根据"管理费用"的合计数填列。

在现金支出分录簿中，贷方各栏设在左边，借方各栏设在右边，这样设置特种分录簿在实际工作中并不少见，但应注意要标明"借方"或"贷方"。在现金支出分录簿中"库存现金"栏是使用频率最高的一栏，所以习惯上都设在前面。栏首"贷方"中的"购货折扣"栏和栏首"借方"中的"应付账款"栏等是一般企业经常使用的栏目，所以它们也被设置在现金支出分录簿内。

在现金支出分录簿中的日期栏后设置"支票号码"栏，主要是为了加强企业的现金内部控制。该栏的作用主要有：第一，便于查证每笔用支票付款的支票号码；第二，若缺号，可引起人

第 × 页
单位：元

现金支出分录簿

202×年 月	日	支票号码	摘要	贷方 库存现金	贷方 购货折扣	贷方 其他账户 账户名称	过账记号	金额	借方 应付账款 过账记号	金额	借方 其他账户 账户名称	过账记号	金额
12	15	C1	购调查数据	6 000		应付账款	a	6 000			主营业务成本	b1	12 000
	19	C2	支付杂费	350							管理费用	1	350
	25	C3	支付工资	10 000							主营业务成本	b2	10 000
	26	C4	支付水电费、电话费	8 800							管理费用	2	8 800
	28	C5	偿还借款	30 000							短期借款	c	30 000
			合计	55 150				6 000					61 150
				(1001)				(×)					(×)

注：a为2202，b为6401，c为2001。

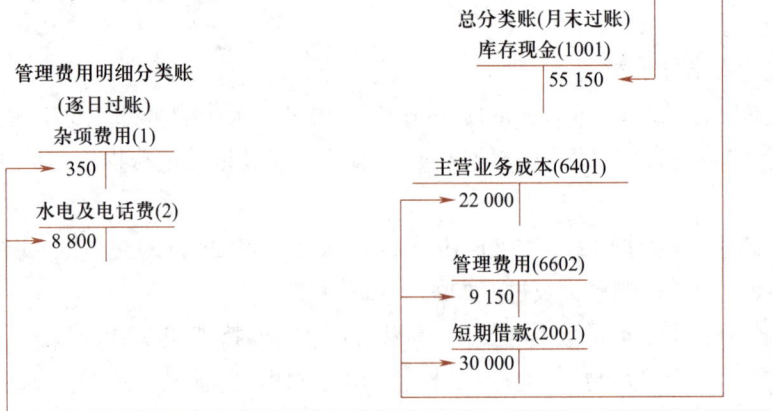

管理费用明细分类账
（逐日过账）
杂项费用(1)
→ 350
水电及电话费(2)
→ 8 800

总分类账(月末过账)
库存现金(1001)
55 150

主营业务成本(6401)
→ 22 000

管理费用(6602)
9 150

短期借款(2001)
→ 30 000

图3-6　现金支出分录簿的登记及过账

们注意以便查核有无漏记分录簿。

现金支出分录簿的过账程序与现金收入分录簿基本相同。月中应将"应付账款"栏内的金额随时或逐日过入其所属的"应付账款"明细账中，并将明细账的账号填入"明细账页次"栏。及时的过账可随时结出应付账款的余额，提供企业的债务清偿信息。

"其他账户"栏中的金额也应逐日或在月中适当的时间逐笔过入相应的总分类账中，并将该总分类账账户的账号填入"过账记号"栏内。月终时，应将所有的金额栏画线结账，并验证借贷双方金额是否相等。在借贷双方各栏总额核对无误后，应将"库存现金""购货折扣""应付账款"等栏的总额分别过入相应的总分类账中，并将总分类账的账号填写在合计数下，以备查考。

附录三

分录簿的过账

实际过账工作中,账户一般采用三栏式。过账时,根据普通分录簿中的各会计分录记录,分别过入分类账的借方和贷方,特种分录簿通常是期末汇总后一笔过入分类账中(具体可参见附录二的介绍)。以王禅数据所发生的固定资产交易来说明过账程序,如表 3-25、表 3-26 所示。

表 3-25　普通分录簿

第 1 页

单位:元

日期 202× 年		分录号	账户及摘要	过账 索引	借方 金额	贷方 金额
12	1	1	固定资产 低值易耗品 银行存款 　实收资本 （王达投入固定资产、低值易耗品和银行存款）	1601	80 000 10 000 10 000	100 000
…	…	…	……	…	…	…

表 3-26　固定资产总分类账

账户编号:1601

单位:元

日期 202× 年		摘要	过账 索引	借方	日期	摘要	过账 索引	贷方
12	1	王达投入	1	80 000				

过账步骤为:

(1) 找出与分录簿分录中借方账户与贷方账户相对应的账户。

(2) 在分类账户的日期栏内填写分录簿分录的编写日期。填入的日期一般以分录簿编制分录的日期为准,而不一定是实际过账日期。

(3) 将分录簿分录所载明的摘要登录于分类账户的摘要栏内。

(4) 将分录簿分录所载明的金额转记至分类账户的金额栏内。

（5）将分录簿中记载的分录号填写入分类账户的过账索引栏内。

（6）将该分类账户的账户编号填入分录簿的过账索引栏内，以表示该分录簿的分录已过账。

以王禅数据为例，将所列举的分录簿分录过入各有关账户，其结果与本章第四节中根据记账凭证过入总分类账的结果相同，具体如图3-1所示。

第四章
会计循环Ⅲ：账项调整与财务报表

在本章中，你将学到——

- 权责发生制与收付实现制的含义
- 编制调整分录的重要性
- 什么是应计、递延、摊销和分配
- 过账与结账
- 调整后试算平衡
- 调整后财务报表的主要内容
- 转回分录的功能

2021年4月16日，中国证监会通报了2020年以来上市公司财务造假案件办理情况，总结了这些案件的主要特点：[①]

一是造假模式复杂，系统性、全链条造假案件仍有发生。主要表现为虚构业务实施系统性财务造假、滥用会计处理粉饰业绩等。如航天通信子公司智慧海派连续三年在采购、生产、销售、物流等各环节虚构业务；同洲电子通过提前确认福利费用、推迟计提长期股权投资减值等方式调节利润。

二是造假手段隐蔽，传统方式与新型手法杂糅共生。除伪造合同、虚开发票、银行和物流单据造假等传统方式外，还利用新型或复杂金融工具、跨境业务等实施造假。如广东榕泰利用保理业务虚构债权等方式虚增收入；宜华生活通过虚增出口销售额、虚构境外销售回款等方式进行海外业务造假。

三是造假动机多样，并购重组领域造假相对突出。造假动机涵盖规避退市、掩盖资金占用、维持股价、应对业绩承诺等因素。如延安必康以虚假账务处理、伪造银行对账单等方式掩盖大股东资金占用；科融环境通过篡改原始单据等方式延期确认收入。造假行为涉及并购重组领域的案件占比达到40%。

四是造假情节及危害后果严重，部分案件涉嫌刑事犯罪。个别案件造假金额大、跨度时间长，且伴生资金占用、违规担保等多种违法违规问题。如豫金刚石除通过自有资金循环、虚假出售亏损子公司等方式虚增利润外，还未依法披露对外担保、关联交易合计数十亿元。办理案件中，情节严重涉嫌犯罪的占比超过三分之一。

2022年2月18日，中国证监会在通报2021年证券市场虚假陈述案件情况时指出：虚假陈述案件数量保持高位，重大欺诈、造假行为时有发生。2021年办理虚假陈述案件163起，其中财务造假75起，

---

① 资料来源：证监会网站。

同比增长 8%;向公安机关移送相关涉嫌犯罪案件 32 起,同比增长 50%。[①] 这些案件的主要特点:

一是违法手段演变升级,刻意利用新业态、新模式掩盖造假。通过伪造合同、虚开发票等惯用手法有组织、系统性造假案件约占 60%,部分上市公司通过提前确认收入、少计资产减值等方式粉饰业绩,有的虚构工程项目完工进度,提前确认虚增利润。供应链金融、商业保理等新业态逐渐成为造假新"马甲",有的借供应链金融之名,虚增收入 562 亿元、虚构利润 47 亿元;有的利用商业保理业务实施造假。

二是部分案件涉及金额大、周期长,市场影响恶劣。约 60% 财务造假案件情节严重涉嫌犯罪,超过 30% 的案件连续 3 年以上造假。有的上市公司虚构大宗商品贸易虚增收入 129 亿元。有的公司打着涉密产品旗号与多家上市公司虚构业务。有的在上市前即开始业绩造假,上市后实际控制人还操纵公司股价非法获利。

三是违法占用担保案件仍有发生,大股东通过多种方式套取公司资金。全年办理案件 73 起,同比增长 69%。有的实际控制人直接划转上市公司资金,伪造银行对账单隐瞒占用;有的虚构工程款、投资款占用上市公司资金 58 亿元;有的实际控制人未经公司董事会或股东大会审议,擅自以上市公司名义为关联企业提供担保,合计约 18 亿元。

《中华人民共和国证券法》(2019 年修订)规定,发行人、上市公司依法披露的信息,必须真实、准确、完整,不得有虚假记载、误导性陈述或者重大遗漏;上市公司董事、监事、高级管理人员应当保证上市公司所披露的信息真实、准确、完整。

我国 2020 年 12 月 26 日通过的《中华人民共和国刑法修正案(十一)》,将刑法第一百六十一条修改为,依法负有信息披露义务的公司、企业向股东和社会公众提供虚假的或者隐瞒重要事实的财务会计报告,或者对依法应当披露的其他重要信息不按照规定披露,严重损害股东或者其他人利益,或者有其他严重情节的,对其直接负责的主管人员和其他直接责任人员,处五年以下有期徒刑或者拘役,并处或者单处罚金;情节特别严重的,处五年以上十年以下有期徒刑,并处罚金。

在上一章中,我们分别介绍了原始凭证、记账凭证和分类账的登记凭证以及过入账簿的程序和方法。接下来,我们将继续介绍会计循环其他几个重要的步骤——编制调整分录、结账和编制报表等的概念、方法和程序。

第一节   编制期末账项调整分录

试算平衡只是用于检查和确定本期记账过程中是否存在差错,它不能说明本期收入和费用得到了全面、充分的反映。而检查、确定收入和费用的处理是否有遗漏,与会计确认的基础权责发生制和收付实现制紧密相关。

一、权责发生制与收付实现制

由于会计分期假设的存在,为了使收入与费用相配比,计算企业的盈利,客观上就要求明确:具体某项经济业务所产生的后果究竟应归入哪一期间? 是在与该项经济业务有关的现金

---

① 资料来源:证监会网站。

收支的期间记录,还是要归入该项经济业务所产生的实际影响的期间?在日常的会计处理中,往往从方便的角度出发,对经济业务的记录按其现金收支行为发生的期间进行,这不符合会计记账基础中权责发生制的要求,因此,在每一会计期间结束时,要对有关不符合权责发生制要求的账项进行调整。

会计记账有两个时间基础:收付实现制和权责发生制。收付实现制,也称现金制(cash basis),它是以现金收到或付出为标准来记录收入的实现或费用的发生。按照收付实现制,收入和费用的归属期间将与现金收支行为的发生与否紧密地联系在一起。换言之,现金收支行为在其发生的期间全部记作收入和费用,而不考虑与现金收支行为相连的经济业务实质上是否发生。例如,企业于2022年7月出租一台设备,租期半年,但到2023年1月才收到租金,按收付实现制的要求,这笔租金收入应记入2023年1月那一期间的收入,而不管赚取收入的活动是在什么时候完成的;相应地,对租入设备那一方来说,即使它是在2022年7—12月使用了租入的设备,但支付租金的行为发生在2023年1月,因此,这笔租金只能记作2023年1月的费用。收付实现制对未收取的收入和未支付的费用均不列入当期损益,也不入账,不能公允地反映主体各期的经营成果。因此,实际的会计工作中,除一些规模极小的零售企业和非营利组织外,一般已不用它作为记账的基础。

权责发生制的规定与收付实现制不同,它以权利或责任的发生与否为标准来确认收入和费用,即凡是收取一项收入的权利已经具备,不论企业是否取得这项收入的现金,都应该要确认收入;同样,只要主体已承担某项费用的义务,即使与该项义务相关联的现金支出行为尚未发生,也应入账并确认为费用。按照这一描述,权责发生制和收付实现制是一对截然相反的记账基础,前者以权利或责任的发生与否为标准来记录经济业务并确认收入和费用,后者则是以现金的收付行为是否发生为依据确认收入与费用。同样承上例,假定这笔租金收入共6 000元,即每月1 000元。按照权责发生制,出租设备的那一方应在每月(一个最基本的会计期间)末确认未收取现金的收入1 000元,而不必像收付实现制那样等到现金收到时才确认,因为企业的收入已实现。同样,对设备租入方而言,它应将这笔租入设备的费用确认为实际使用该设备的期间——2022年7—12月的费用,因为此时这笔费用的义务——支付设备租金——已经形成。

在日常企业的经济活动中,有关收入与费用等经济业务的发生与现金收支行为的发生总是不一致的,有的现金收支行为先于经济业务而发生,有的经济业务则先于现金收支行为而发生,而权责发生制又是根据经济业务的发生与否来确认,因此会形成相当的预收、预付、应收、应付等会计项目。这也是权责发生制会计基础的一大特色。由于权责发生制以经济业务是否真正发生为基础来确认收入和费用,能够恰当地反映具体某一期间会计主体的经营成果,因而,绝大部分企业都按这一基础记账。

尽管权责发生制是较为合理的记账基础,但如果企业在日常的会计工作中,对每项业务都按权责发生制来记录,将会带来很多的麻烦。比如,企业购入一台固定资产,该项设备可以使用5年,按照权责发生制,就应当将这台设备的成本平均地分摊到每年中去。试想,在购入设备之初,就将后5年的会计分录全部编制完毕,这是不现实的。即便计算机会计系统允许这样做,也存在一个问题:站在本会计期间,如何报告未来若干个会计期间之后的费用情况?因而,平时对一些交易活动,按现金收支活动发生的时日记录。例如,利息收入和利息费用在理论上是随时间的推移而发生的,但企业如果每天都记录增加的利息收入或费用,不仅烦琐、工作量大,而且也没有这个必要。通常,企业都在收到利息收入或支付利息费用时,才予以记录。又如,企业购入一台设备,长期使用。在购入时,按该项资产的实际成本记入"固定资产"账户,当该项设备全部耗用后,就全部转为费用。但企业不可能在平时的会计工作中每天都计算设备的耗用数,同样,这既烦琐,也无必要。所以到每期期末计算利润时,才根据该资产的实际耗用情况,计算并记录应转作费用的部分。

正是由于平时对部分业务按现金收支的行为予以入账,因此,每个会计期末应该按权责发生制予以调整,以便合理地反映企业的经营成果。这种期末按权责发生制的要求对部分会计事项予以调整的行为,就是账项调整;账项调整时所编制的会计分录,就是调整分录。企业需要调整账项的多少,主要取决于企业的规模和相关经济业务的发生,但通常的账项调整共包括四类:①应计收入的记录;②应计费用的记录;③预收收入的分配;④预付费用的摊销。下面以王禅数据为例,说明账项分录的具体编制。需要注意的是,那些没有标注"调(×)"编号的调整分录不是王禅数据所发生的经济业务。

二、应计收入的记录

如上所述,尽管权责发生制是一种较为合理的账务处理基础,但企业不可能一直保持按权责发生制来确认收入和费用,平时的一些交易仍然以现金收支行为的发生来记录。对收入而言,一般要等到现金收到时才在会计系统中予以记录。因此,到会计期间终了时,往往有一些按权责发生制标准已经赚取但因现金尚未收到而没有入账的收入。这种企业已赚取但现金尚未收取的收入,称为应计收入(accrued revenues)。在会计期间结束、编制报表之前,需要将这种未入账的应计收入计算入账,并按复式记账的要求予以记录,以使收入恰当地归属到应归入的会计期间。下面结合有关会计事项,说明记录的方法:

(一) 应计业务收入

王禅数据曾与湖滨大学签订合约,为该大学提供数据更新服务。该会计年度结束时,王达根据已经提供的服务情况和合同规定的收费标准,确定应当向湖滨大学收取 8 000 元。这就构成了王禅数据的应计业务收入,即企业已经完成了收入赚取过程并具备收取货款的权利,但账面上尚未体现的收入。为了准确反映王禅数据的各项资产、负债和所有者权益,就需要对这种应计业务收入予以调整入账:

调(1)借:应收账款　　　　　　　　　　　　　　　　　8 000
　　　贷:主营业务收入　　　　　　　　　　　　　　　　　　8 000

也有些教科书,特别是西方的会计教材,在介绍这类调整分录时,借方往往使用"应计业务收入"科目。从名称上来看,应计业务收入容易给人一种错觉,以为是收入类账户,其实它就是应收款账户,与应收账款本质上是等同的。类似的情况是:后面出现应计费用时,西方教材中习惯用"应计利息费用"作为账户名称,我们采用应付账款作为账户名称。

(二) 应计利息收入

应计利息是最为典型的账项调整项目。通常企业账务处理中涉及的利息调整有两种类型:

一是利息收入的调整,二是利息费用的调整。这里先介绍利息收入的调整。

　　企业日常可能出现的利息收入一般有两种情况:一是存放在银行中的款项,银行按利率计算;二是企业持有其他单位的带息债券或票据。比如,凯旋公司 12 月 18 日向通达公司出售商品一批,计 6 000 元,收到对方开出的年利率 8%、期限 60 天的票据一张。到 12 月 31 日,本公司持有该票据 13 天,相应的利息收入[1] 是已经"赚取"的,按照权责发生制,就应该予以确认。

　　借:其他应收款　　　　　　　　　　　　　　　　　　　　17.33
　　　贷:财务费用(利息收入)　　　　　　　　　　　　　　　　17.33

　　此外,在经营活动过程中,企业还会出现其他各种应计收入的调整账项,如应收租金的调整等。其处理方法与上述方法一致。

三、应计费用的记录

　　企业在期末除发生应计收入外,还会产生已经发生但尚未入账也未支付现金的应计费用。这是因为平时按现金收支来登记入账,无法将一些付款义务业已形成但尚未到支付日期的项目记作费用。因此,到了每期期末,应将未入账的费用调整入账。

　　对企业来说,费用发生后,企业就有支付现金的责任,从而形成了企业的负债。所以,对未入账费用的账项调整,同时还要增加企业的负债。下面举例说明。

(一) 应付服务费

　　企业有很多服务费用,是在对方提供服务满一个计价单位或到全部服务提供完毕后,才一次性支付,由此形成企业已享受了服务但尚未支付服务报酬的应付服务费项目。设王禅数据与海天广告服务公司签订了一项服务合同,由该公司为其进行广告宣传,为期两年。王禅数据到期一次性支付全部的广告费 10 000 元。按照权责发生制的要求,只要企业已经享受了该公司所提供的广告服务,就应该确认与这笔服务相关的费用,因此,王禅数据年末的账项调整中,应确认这笔应计费用。为简化计算,假设应计提 1 年的广告费用。所做调整分录如下:

　　调(2)借:销售费用　　　　　　　　　　　　　　　　　　5 000
　　　　　贷:其他应付款　　　　　　　　　　　　　　　　　　5 000

(二) 应计利息费用

　　应计利息费用与应计利息收入是一组对应的项目,它的发生情形也与应计利息收入完全相同。对上文例中所述及的凯旋公司销售商品给通达公司的情形,从通达公司的角度看,12 月 31 日应当做利息费用的调整分录:

　　借:财务费用(利息费用)　　　　　　　　　　　　　　　　17.33
　　　贷:其他应付款　　　　　　　　　　　　　　　　　　　17.33

---

[1]　例中的利息计算是:6 000×8%×13÷360＝17.33(元)。

四、预收收入的分配

应计收入或应计费用项目的一个共同特点是:现金收支行为的发生在时间上晚于经济业务的发生。现实的经济生活中,还存在另一类现象,那就是现金收支行为的发生在时间上要早于实际经济活动的发生。这种现象就形成了下面所要述及的预收和预付交易事项。

所谓预收收入,是指已经收到现金但尚未交付产品或提供劳务的收入。按照权责发生制,虽然企业已收到现金,但只要相应的义务未履行,这笔收入就不能算作企业已经实现的收入,在以后期间里,企业需要履行相关的义务。对商业企业来说,预收收入上的义务要在后续期间里以交付商品或提供劳务的方式来履行。如果企业没有履行相应的义务,就不能将预收收入作为本期的收入入账;只要企业履行了部分义务,就有权利将这部分的预收收入转为本期已实现的收入。因此,到每期的期末,都要对预收收入账项进行调整,将已实现的部分作为本期的收入,未实现的部分递延到下期。

王禅数据曾预收中大金融公司 22 000 元货款。年末,王达根据他曾为该公司完成的服务,确定其中有 12 000 元在本年度已经赚取。这样,他就应该做以下的调整分录,将已实现的收入部分转为本年度的营业收入。

调(3)借:预收账款(预收收入)	12 000	
贷:主营业务收入		12 000

在这笔调整分录过账以后,预收的 22 000 元收入中,有 12 000 元已转作本期的收入,剩余的 10 000 元预收款将递延到下期。

需要说明的是,对预收收入的账项调整取决于预收收入的入账方法。如果企业在收到预收款项时,能可靠地预计在当期能实现的部分,那么就可以在入账时将当期可实现的部分直接记作已实现的收入。因而,首期期末就无须进行账项调整,后续期间的账项调整再按上述方式进行。如天安商场将一组柜台出租给大宝公司作为产品陈列台,租期 1 年,从2022 年 7 月到 2023 年 6 月,每月租金 2 000 元,全部租金一次缴付。天安商场在收到这笔预付租金时,可将第一个月的租金记作当期已实现的收入,其余部分作为预收收入入账。分录处理时:

借:银行存款	24 000	
贷:其他业务收入		2 000
预收账款(预收收入)		22 000

在以后的期间里,企业再逐月调整已实现的租金收入,收到预收款的当期则不必进行调整。如果天安商场业务较少,则无须按月编制报表,它可以一次性将当年应得收入直接记入收入账户:

借:银行存款	24 000	
贷:其他业务收入		12 000
预收账款(预收收入)		12 000

五、预付费用的摊销

企业在经营过程中,因为各种原因,会出现大量的先支付、后受益的事项。这些支付在先、受益在后的费用,就是预付费用(prepaid expenses)。进而言之,支付与受益的时间差不超过一个会计年度的,称为收益性支出,它在一个会计年度内按实际发生或受益情况全部摊销完毕;支付与受益的时间差长于一个会计年度的,属于资本性支出,就应该按它的可能受益年限分摊。在现行的会计制度中,将受益时间不超过一年的预付费用,通过"预付账款"账户处理;受益期间超过一年的资本性支出,通常都记入固定资产,并通过累计折旧账户进行分摊。

一般而言,预付保险费、预付报刊征订费、预付房屋租金(指租期短于一年的部分)等,都有一个共同的特征,即:与费用有关的现金支出在先,效益的实际产生在后。因此,其现金支出发生时,不应记入当期的费用,而应通过"预付账款"账户暂记,递延到以后的会计期间,并视实际使用或受益情况分期摊销,记入当期费用。

王禅数据曾在 12 月初预付了全年的房租费 3 000 元,到年末时,应当将其中一个月的效用转为本年度费用,剩余部分转到下一个会计期间。做调整分录如下:

调(4)借:主营业务成本(房租费用)　　　　　　　　　　　　　　250
　　　贷:预付账款(预付房租费)　　　　　　　　　　　　　　　　　250

六、折旧的账项调整

从经济意义上看,企业购买固定资产的支出也是一种支付在先、受益在后的巨额预付费用。由于固定资产金额较大,且使用寿命一般长于一年,有的甚至达到数十年之久,因此,按照划分资本性支出与收益性支出的原则,在固定资产上的支出应作为一项资本性支出。从获利能力来看,一项资本性的资产可以被视为能提供一系列的服务。当企业购买一辆可跑 30 万公里的汽车时,它实际上就购买了运输服务,公司能使用它在未来若干年内获利。这里的服务成本,即汽车的成本,应该与未来期间内使用它而获得的收入相配比,这个配比过程一般称为摊销。

固定资产包括机器设备、建筑物、办公设备、运输车辆等资本性资产。将固定资产的原始成本转化为费用的会计过程,称为折旧。为什么折旧是一项费用呢? 因为在一个会计期间内,会计主体所消耗的货物、服务的成本都是费用。一年内享受了保险服务所支付的成本是当年的一项费用,即使该项保险费是两年前支付的。从原理上看,折旧费和保险费很相似。保险和固定资产在一定的会计期间内给会计主体带来了利益,因此就需要将它们的部分原始成本计入各个会计期间作为费用,与它们创造的收入配比,以正确计算利润。

如同预付费用摊销可以直接冲减预付账款,固定资产折旧也可以直接贷记"固定资产"账户,减少固定资产。但是,现实经济生活中,固定资产代表了一个企业的生产规模或生产能力,如果账面上固定资产随折旧的计提而降低,将给人以企业规模在不断萎缩的印象;另外,在其有效使用寿命期内,固定资产只要维护适度,都能基本保持其生产能力或水平。为了保持固定资产账户能反映各固定资产购入或取得时的原始价格,对折旧的计提另设一个对销账户"累计折旧"予以反映。

王禅数据的全部固定资产,经计算,应当计提 15 000 元折旧。调整分录如下:

调(5)借:主营业务成本(折旧费)　　　　　　　　　　　　　　15 000

　　　贷：累计折旧　　　　　　　　　　　　　　　　　　　　　　　　15 000

　　累计折旧账户相当于固定资产账户的一种抵减账户，用来登记所有折旧费用的计提。这样，固定资产账户能够反映企业固定资产购入或取得时的原始价值，相当于企业的生产能力或生产规模；固定资产账户与累计折旧账户相抵减，就得出固定资产净值，它与原值相比较，就可以确定企业固定资产的新旧程度。

　　同理，无形资产随着时间的流逝，其成本也应摊销进入成本。这里考虑到王禅数据公司的数据平台期末刚刚交付运营，为简便起见，本年末暂不进行摊销。

第二节　编制财务报表

　　与上述根据经济业务编制会计分录一样，调整分录实际上也是将经济业务"一分为二"，不能综合反映企业经营活动的全貌，因此，也需要将其过入相应的账户中去。

一、过账与调整后试算

　　对调整分录的过账，与会计分录过账相同。下面，就在原有过账记录的基础上，将涉及王禅数据调整分录的账户过账，如图 4-1 所示。

	预收账款				销售费用	
调(3)	12 000	(8)	22 000	调(2)	5 000	
			10 000			

	主营业务收入				主营业务成本	
		(4)	15 000	(6)	12 000	
		(5)	20 000	(14)	10 000	
		(10)	8 650	(17)	4 500	
		(13)	13 600	调(4)	250	
		调(1)	8 000	调(5)	15 000	
		调(3)	12 000		41 750	
			77 250			

	预付账款				累计折旧	
(2)	3 000	调(4)	250		调(5)	15 000
	2 750					

	应收账款				其他应付款	
调(1)	8 000				调(2)	5 000

图 4-1　王禅数据调整分录的账户过账

　　在将全部调整分录过入相应账户后，需要再进行一次试算，以确定在这一过程中是否存在差错。调整后试算平衡表如表 4-1 所示。

表 4-1　王禅数据试算平衡表（调整后）

202× 年 12 月 31 日

账户名称	借方	贷方
库存现金	1 650	
银行存款	29 450	
应收账款	8 000	
低值易耗品	5 500	
预付账款	2 750	
固定资产	80 000	
累计折旧		15 000
无形资产	30 000	
短期借款		0
应付账款		6 000
其他应付款		5 000
预收账款		10 000
实收资本		100 000
主营业务收入		77 250
主营业务成本	41 750	
管理费用	9 150	
销售费用	5 000	
合计	213 250	213 250

二、编制基本财务报表

调整后试算平衡，标志着与本期有关的全部会计事项已经登记入账，账务处理过程不存在明显差错。下一步，就可以根据调整后试算平衡表，编制基本财务报表。

按照各国财务报表编制的习惯，最基本的财务报表是资产负债表、利润表和现金流量表。但随着美国要求企业编制一张反映企业全面收益的第四报表——全面收益表，世界上其他国家开始纷纷效仿。目前，英国、国际会计准则委员会（IASB）等都要求企业提供第四报表或要求单独提供这方面的信息。我国的企业会计准则也要求企业编制这份财务报表[①]。为了简单说明财务报表的编制，这里的基本财务报表只包括资产负债表、利润表和现金流量表。

---

① 我国称为"所有者权益变动表"，详见《企业会计准则第 30 号——财务报表列报》。

利润表是反映企业在某一期间经营活动成果的报表。它的结构有单步式和多步式两种，前者是将收入全部列示在上方，费用全部列示在下方，二者的差额就是经营净利润；后者则依据经营活动的性质，逐步列示每一阶段的经营成果。表 4-2 为单步式的利润表。

表 4-2　王禅数据利润表
202× 年度

单位：元

项目	金额
主营业务收入	77 250
减：主营业务成本	
——工资费用	10 000
——原材料费用	12 000
——低值易耗品消耗费用	4 500
——房租费用	250
——折旧费	15 000
	41 750
管理费用	9 150
销售费用	5 000
利润总额	21 350

编制完利润表后，就可根据调整后试算平衡表的账户余额资料及利润表资料，编制年末的资产负债表，如表 4-3 所示。

表 4-3　王禅数据资产负债表
202× 年 12 月 31 日

单位：元

资产		负债及所有者权益	
货币资金	31 100	应付账款	6 000
应收账款	8 000	预收账项	10 000
预付账项	2 750	其他应付款	5 000
存货	5 500	负债合计	21 000
固定资产	80 000	实收资本	100 000
减：累计折旧	15 000	未分配利润	21 350
无形资产	30 000	所有者权益合计	121 350
资产总计	142 350	负债和所有者权益总计	142 350

现金流量表是企业的基本财务报表之一，它反映企业一定期间内的现金收入和现金支出情况。现金流量表从经营活动、投资活动和筹资活动三方面来说明企业现金的变化。

现金流量表的基本框架可由资产负债表的等式导出：

资产 ＝ 负债 ＋ 所有者权益

$$现金 + 非现金资产 = 负债 + 所有者权益$$
$$现金 = 负债 + 所有者权益 - 非现金资产$$

由上式可知,任何现金的变化,均可表示为等式右边一项或几项的变化量。这样:

$$\Delta \text{ 现金} = \Delta \text{ 负债} + \Delta \text{ 所有者权益} - \Delta \text{ 非现金资产}$$

所以有:

$$现金的变化量 = 所有非现金账户的变化量$$

或

$$发生在现金上的变化 = 为何有此变化$$

表 4-4 仍以王禅数据为例来简单说明现金流量表。由于王禅数据 202× 年 12 月开业,所以没有期初余额。这样,202× 年王禅数据的期初、期末现金净增加量为:31 100 元(现金 1 654 元 + 银行存款 29 450 元),即 Δ 现金 =31 100。

表 4-4 王禅数据现金流量表

202× 年 12 月 31 日 单位:元

项目	金额
一、经营活动产生的现金流量:	
预付房租费(业务 2-2)	-3 000
营业收入(业务 2-4)	+15 000
营业收入(业务 2-5)	+20 000
购买调查数据(业务 2-6)	-6 000
预收账款(业务 2-8)	+22 000
支付零星杂费(业务 2-9)	-350
营业收入(业务 2-10)	+8 650
营业收入(业务 2-13)	+13 600
支付工资(业务 2-14)	-10 000
支付水电、电话费(业务 2-15)	-8 800
经营活动产生的现金流量净额	51 100
二、投资活动产生的现金流量:	
开发数据平台(业务 2-16)	-30 000
三、筹资活动产生的现金流量:	
业主投入资本(业务 2-1)	+10 000
四、期末现金净增加额	31 100

注:"+"表示现金流入,"-"表示现金流出。

利润表和资产负债表是按照"收入 - 费用 = 利润"和"资产 = 负债 + 所有者权益"为基础编制的。利润表反映的是一个期间会计主体经营活动变动的成果,即经营成果。而资产负债表反映的是某一时点主体全部资产的分布状况及其相应来源。利润表的最终结果要反映在资产负债表中。如将期初王达投入 100 000 元作为所有者权益的期初状态,那么利润表所体现的利润 21 350 元,加上期初的 100 000 元投资,就是所有者权益的期末余额 121 350 元。这也是利润表和资产负债表之间勾稽关系的体现。如果所编制的财务报表不能体现这一基本的勾稽关系,则可以肯定其记账过程存在着差错。而现金流量表则反映了企业期初与期末现金的变化情况。

　　资产负债表反映了企业在某个时点上的财务状况。利润表、所有者权益变动表、现金流量表则反映了企业一个时间段内的经营成果及其分配、现金流量状况,它们能解释期初、期末资产负债表项目发生变化的原因。它们之间的关系如图 4-2 所示。

图 4-2　各财务报表之间的关系

第三节　结账及转回分录

　　基本财务报表编制完成以后,这一会计期间的会计工作就已基本完成。下一步,应当结束本期的会计工作,并为下一期间会计工作的开始做好准备。

一、结账与会计循环的结束

　　一个期间会计循环的结束,要求结清所有账户。在具体结账时,又要区分实账户和虚账户两类性质不同的账户。

　　上面在介绍账户设置时曾说明,账户实际上就是对会计要素的再分类。而会计要素又分为资产负债表要素和利润表要素,前者包括资产、负债和所有者权益,后者包括收入、费用和利润。这样,账户可分为资产负债表账户(资产、负债和所有者权益类账户)和利润表账户(收入和费用类账户)两大类。其中,资产负债表账户反映的是某一时点企业的资产分布状态及其相应的来源,即负债和所有者权益。可以肯定,除非企业停业清算,将所有财产分配完毕,否则,就必然会拥有一定数量的财产,对这些财产的要求权自然也会存在。也就是说,资产负债表账户期末一般都会有余额,并随着经营活动的延续而递延到下一个会计期间。这类账户通常被称为"实账户"或"永久性账户"。与资产负债表相反,利润表总是反映某一期间企业经营活动的成果。"成就代表过去",无论过去取得的成果是高或低,上一会计期间的成果不能带到下一会计期间。每一个会计期间开始时,经营成果的计算都是"从零开始"。也就是说,利润表账户期末的余额不能递延到下一个会计期间。一个会计期间结束时,与该期间相关联的利润表账户就应该被结平。到下一会计期间,再重新开设。这类账户被称为"虚账户"或"暂记性账户"。

期末结账时,对实账户要求结出期末余额,并将其转入下一个会计期间;而对所有的虚账户,将全部予以结平,为此,还需要做出结账分录。实账户的功能在于为编制资产负债表提供服务;虚账户的功能在于为编制损益表(利润表)提供方便。

具体地说,期末结账程序如下:

(1) 将所有收入类账户的本期发生额结转至"本年利润"账户,即借记收入类账户,贷记"本年利润"账户。

(2) 将所有费用类账户的本期发生额结转至"本年利润"账户,即借记"本年利润"账户,贷记费用类账户。

(3) 将"本年利润"账户这一临时性账户借贷方之间的差额结转至"利润分配——未分配利润"账户。若为盈利,则借记"本年利润"账户,贷记"利润分配——未分配利润"账户。

在我国,人们日常所使用的"结账"一词具有双重含义:一是指会计期末为结平所有虚账户而做的结账分录;二是在所有会计分录已经过账的基础上,结计出全部账户的发生额和期末余额。其中,后者是一种纯粹的技术性程序。

仍以王禅数据为例,其 202× 年 12 月 31 日需做以下结账分录:

结(1)借:本年利润   55 900
　　　贷:主营业务成本   41 750
　　　　管理费用   9 150
　　　　销售费用   5 000
结(2)借:主营业务收入   77 250
　　　贷:本年利润   77 250

通过编制结账分录,并过入各对应账户,以结平各暂记性账户的方法,称为"账结法"。在实际工作中,一般只是会计年度终了才需要将收入、费用类账户结平。平时让各账户保持余额不变,这样,各收入和费用类账户就可以累计反映全年的收入和费用水平。每个月份终了时,为了编制利润表,需要在报表中对收入和费用账户进行结转,称为"表结法"。表结法不需要编制结账分录,也不需要在账户中进行任何登记。

结账分录过入分类账后,所有临时性账户均应画线结清,以确保本期记录不会因不慎而与下期记录相混淆。对于那些仅有一个借方或贷方记录的账户,只需简单地画双线,而包含若干个借方或贷方记录的账户,则应先加计本月的发生额,然后再画双线。

二、应计调整项目的转回

根据权责发生制做调整分录,可以全面、完整地反映一个会计期间的所有事项,这样,最终所提供的财务状况和经营成果将较为可靠。但是,期末对某些项目进行调整,实际上是将一个完整的经济业务拆成两次或多次进行反映,这样,等到该项业务真正发生时,如果再查阅原有的调整情况,就容易出现差错。特别是一个中等规模或以上的企业,每个会计期间发生的经济业务多,更是如此。因此,期末在结账完成以后,对那些应计项目的调整分录做转回分录,不失为一种恰当的做法。这样,在以后该项经济业务发生时,就可以按正常的方式进行账务处理,从而能有效地减少会计信息处理过程中出现差错的可能。比如,上面曾以凯旋公司一张应收通达公司的商业票据为例,从凯旋公司的角度做调整分录。如果不转回该项调整分录,到下年度票据期满、通达公司如数偿付票据本息时,就应该做下列分录:

借:银行存款		6 080
贷:应收票据		6 000
财务费用(利息收入)		62.67
其他应收款		17.33

(利息计算:6 000×8%×60÷360=80 元)

但如果在本期期末所有会计工作结束后,先做转回分录:

借:财务费用(利息收入)		17.33
贷:其他应收款		17.33

将这一分录过入对应账户,其他应收款中来自应收通达公司利息收入的余额被结平,而"利息收入"账户则出现一个不正常的借方余额。但是,到如数收回本息时,就可以按正常的业务进行处理:

借:银行存款		6 080
贷:应收票据		6 000
财务费用(利息收入)		80

再将这一分录过入对应账户,其中,原来"利息收入"账户的不正常借方余额被抵销,剩余金额为 62.67 元,与不转回的实际结果相一致。这样做可以减少记账人员因疏忽而产生差错的可能。

需注意的是,并不是所有期末调整账项都需要转回。那些属于本期的经济业务、与下一期没有关联性的,就不需要转回。比如,折旧费用的计提、预收收入的分配、预付费用的摊销等,下一期还会发生类似的业务,但它们相互之间是平行的,往往只有商业票据上的应计利息收入或应计利息费用需要在期末时进行转回。

本章小结

本章主要介绍了会计循环的最后几个步骤:编制调整分录并过账,接着编制调整后试算平衡表,然后据此编制正式的财务报表,最后是结账、过账和编制转回分录。在本章中我们重点讲述了财务会计的两个重要原则,即权责发生制(又称应计制)和收付实现制,以及会计核算中的应计、递延、摊销和分配的程序。

关键词

权责发生制	收付实现制	收益性支出与资本性支出
结账	过账	平行登记
试算平衡表	调整	转回分录

即测即评

请扫描右侧二维码,进行即测即评。

案例分析

　　金鑫是著名高校计算机专业的本科生,从小就立志做中国的比尔·盖茨,大三时开发了一套游戏软件,他预计该产品有非常好的市场前景,于是在其父某乡镇企业家金银才的同意和资助下决定休学创业。金鑫创办的"四金软件公司"除销售游戏软件外,还充分利用名校资源,承接网页设计、维护、小型应用软件设计等订单。公司于2023年3月开业,形势发展喜人。

　　金鑫在读中学时曾为他父亲的企业登记过流水账,大二时还陪其学会计的女友听过几次会计课,他知道会计记录的重要性,因此他最初的决策之一就是在公司获得初步成功时说服刚毕业的女友苏红与他一起创业,帮助他建立账簿系统。苏红经过慎重考虑后答应了男友的请求,出任四金软件公司财务主管。苏红以分录簿的形式整理了公司开业前的经济业务作为示例,金鑫详细补写了公司3月的业务,以便苏红复核。

　　3月初,金鑫记录了以下事项[其中(1)至(8)的单位为元]:

(1) 现金　　　　　　　　　　　　　　　　　200 000

　　　银行借款(1%)　　　　　　　　　　　　　　100 000

　　　股本　　　　　　　　　　　　　　　　　　100 000

(2) 租金费用(3 月)　　　　　　　　　　　　20 000

　　　现金　　　　　　　　　　　　　　　　　　20 000

(3) 商品存货　　　　　　　　　　　　　　　136 500

　　　应付账款　　　　　　　　　　　　　　　　136 500

(4) 家具(10 年)　　　　　　　　　　　　　30 000

　　　现金　　　　　　　　　　　　　　　　　　30 000

(5) 广告费　　　　　　　　　　　　　　　　3 000

　　　现金　　　　　　　　　　　　　　　　　　3 000

(6) 工资费用　　　　　　　　　　　　　　　6 000

　　　现金　　　　　　　　　　　　　　　　　　6 000

(7) 办公费用　　　　　　　　　　　　　　　6 000

　　　现金　　　　　　　　　　　　　　　　　　6 000

(8) 水电费　　　　　　　　　　　　　　　　2 000

　　　现金　　　　　　　　　　　　　　　　　　2 000

(9) 3 月现销 38 000 元;

(10) 3 月赊销 20 000 元;

(11) 收到赊销顾客现金 6 000 元;

(12) 支付计算机的货款 30 000 元;

(13) 支付雇员薪金 3 000 元;

(14) 3 月末应付工资 5 000 元;

(15) 支付下个月租金 3 000 元;

(16) 支付一年的保险费(3 月 1 日至次年 2 月 28 日)10 000 元;

(17) 本月欠水电费 2 000 元;

(18) 购买铜质广告牌,支付现金 800 元,并承诺 12 月 31 日支付余款 3 000 元。

要求:

(1) 解释(1)至(8)笔会计分录。

(2) 开设分类账户(用"丁"字形账户格式),将(1)至(8)笔分录登入这些账户,用分录号做交叉索引号。

(3) 分析(9)至(18)笔经济业务,将其分解为借方与贷方,编制日记账分录并过入总分类账(不编制结转分录)。

(4) 月末,考虑其他应该记录的业务编制日记账调整分录,过入总分类账,并解释为什么需要编制这些调整分录。

(5) 月末,编制结转分录并过入总分类账,解释需要什么新的分类账户并说明原因。

(6) 编制 3 月的简易利润表、现金流量表和 3 月 31 日的资产负债表。

思考题

1. 什么叫收付实现制?什么叫权责发生制?二者有何异同?

2. 什么叫调整分录?为什么要编制调整分录?

3. 什么叫结账分录?为什么要编制结账分录?

4. 什么叫转回分录?为什么要编制转回分录?

5. 什么叫统御账户?它与明细账的关系怎样?

6. 试述平行登记的内容。

7. 什么叫实账户?什么叫虚账户?指出下列各项目分属什么性质的账户并说明原因:①预付房租;②应付工资;③存货;④累计折旧;⑤办公用品;⑥劳务收入;⑦工资费用;⑧利息费用;⑨机器设备。

8. 结合附录一,思考:什么叫工作底稿?在工作底稿上,将调整后试算平衡表所属两栏金额移列于利润表与资产负债表所属各栏时,若发生下列错误,在结平工作底稿时能否立即发现?试逐一说明:

(1) 将"应付工资"移列于利润表的贷方;

(2) 将"主营业务收入"移列于资产负债表的借方;

(3) 将"广告费用"移列于利润表的借方。

9. 自己从网上找资料,应用本章中所学到的知识,对重庆渝钛白案例中利息支出资本化还是费用化的问题进行讨论,并思考不同的会计政策选择将会产生不同的经济后果,而公司管理层的经济利益与资本市场投资者的经济利益并不完全一致的问题。

附录一

工 作 底 稿

我们在介绍会计循环时,曾先后两次编制试算平衡表,然后编制基本的财务报表。实际工作中,这种试算平衡表要多次编制。为简化会计账务处理与登记的工作量并规范试算与编表的全过程,对上述的多次试算是通过编制工作底稿来完成的。

工作底稿(working paper)是指用来从试算平衡表到最后的财务报表过渡的一种多栏式表。工作底稿格式包括什么样的内容,视企业情况的不同而定。一般而言,它包括:①编制调整分录;②计算利润(净收益);③编制正式财务报表;④结账等。

尽管一张工作底稿不足以用来编制出正式的财务报表,但它几乎概括了会计循环的所有细节,是一个非常有用的会计工具,特别是在有很多账户和年终调整项目的情况下,它能帮助会计人员发现潜在的错误和忽略的调整事项。在实际工作中,为修改方便,工作底稿通常用铅笔编制。但现在,会计人员越来越多地使用电子表格来编制工作底稿。

因为工作底稿是一个非正式的会计工具,所以并没有一个统一的编制方法。但一般来说,它包括以下步骤:

(1) 编制"调整前试算平衡表"栏。将调整前试算平衡表作为工作底稿的第一栏,它给检查调整前试算平衡以及调整提供了一个系统的、方便的方法,这样便能确保没有遗漏。

(2) 编制"调整分录"栏。这一栏用来编制调整分录,它们汇总后也可以作为一项准确性检查。

(3) 编制"调整后试算平衡表"栏。这一栏用来汇总上两栏的净影响。也就是说,调整前试算平衡表加上调整数据便得出调整后试算平衡表。

(4) 编制"利润表"栏。这一栏可用来计算利润,并为编制正式的利润表及利润分配表服务。

(5) 编制"资产负债表"栏。这一栏是为编制正式的资产负债表服务的。注意将资产负债表中借项和贷项分别相加,看总额是否相等。若相等,则可准备编制正式的财务报表,否则,必须按照逆顺序重新检查前述步骤。

表 4-5 列示的是五栏式工作底稿,包括调整前试算平衡表、调整分录、调整后试算平衡表、利润表和资产负债表,数据来自王禅数据的会计资料。

通过简单的工作底稿,可以将调整前试算平衡表、调整分录、调整后试算平衡表、利润表、资产负债表全部包括在其中,这样,不仅可以节省工作量,而且还能提高工作效率,减少记账过程中不必要的错误。

表 4-5　王禅数据工作底稿

202x 年 12 月 31 日

账户名称	调整前试算平衡表		调整分录		调整后试算平衡表		利润表		资产负债表	
	借方	贷方	借方	贷方	借方	贷方	借方	贷方	借方	贷方
库存现金	1 650				1 650				1 650	
银行存款	29 450				29 450				29 450	
应收账款			① 8 000		8 000				8 000	
低值易耗品	5 500				5 500				5 500	
预付账款	3 000			④　250	2 750				2 750	
固定资产	80 000				80 000				80 000	
累计折旧				⑤15 000		15 000			−15 000	
无形资产	30 000				30 000				30 000	
应付账款		6 000				6 000				6 000
其他应付款				② 5 000		5 000				5 000
预收账款		22 000	③12 000			10 000				10 000
实收资本		100 000				100 000				100 000
主营业务收入		57 250		③12 000		77 250		77 250		
				① 8 000						
主营业务成本										
——工资费用	10 000				10 000		10 000			
——材料费	16 500				16 500		16 500			
——房租费			④　250		250		250			
——折旧费			⑤15 000		15 000		15 000			
管理费用					9 150		9 150			
——杂费	350									
——水电费	8 800									
销售费用			② 5 000		5 000		5 000			
合计	185 250	185 250	40 250	40 250	213 250	213 250	55 900	77 250	121 000	
							21 350[A]			21 350[B]
							77 250	77 250	142 350	142 350

注：A 王禅数据 202x 年的本年利润数。

　　B 王禅数据 202x 年年末的未分配利润（留存收益）数。

　　"主营业务成本——材料费"含原材料费用和低值易耗品消耗费用。

该部分内容参考了查尔斯·T. 亨格伦, 等 . 财务会计教程 . 6 版 . 孙丽军, 译 . 北京: 华夏出版社, 1998: 125−128.

附录二

电子表格与 XBRL

若将工作底稿用电子表格编制, 则可用 Excel 表格来实现, 其格式基本上和 Lotus 1-2-3、Quattro Pro 或其他的电子表格相类似。注意, 表格的横行用字母来标记, 竖行用数字来标记, 如表 4−6 所示。在电子表格建立后, 会计人员必须在单元格里简单地输入前四栏的数字, 然后, 计算机将完成剩下的工作。使用电子表格的一般步骤如下:

（1）列出账户。

（2）将每个账户的余额输入试算平衡表, 如表 4−6 中的 B 列和 C 列所示。

（3）在 E 列和 G 列输入调整余额, 如果需要, 可以输入与分录簿分录相对应的数字, 如表 4−6 中 D 列与 F 列所示。

（4）编制程序, 计算调整后试算平衡表的余额, 并将之放在 H 列与 I 列。例如, 预付账款的调整后试算平衡表余额在单元 H7, 计算过程如下:

$$H7=B7+E7-G7$$

预收账款的调整后试算平衡表余额在单元 I13:

$$I13=C13-E13+G13$$

（5）编制程序, 将调整后试算平衡表余额记入财务报表内, 第 3 行至第 14 行放置在资产负债表里, 第 15 行至第 25 行放置在利润表里。

（6）编制程序, 计算各栏的总和, 保证贷方总和等于借方总和（注意小计在 J、K、L 和 M 列里计算, 这些小计只是为了方便, 并不必要）。

表 4−6　王禅数据工作底稿
202× 年 12 月 31 日

1	A	B	C	D	E	F	G	H	I	J	K	L	M
2	账户名称	调整前试算平衡表		调整分录				调整后试算平衡表		利润表		资产负债表	
		借方	贷方	借方			贷方	借方	贷方	借方	贷方	借方	贷方
3	库存现金	1 650						1 650				1 650	
4	银行存款	29 450						29 450				29 450	
5	应收账款				① 8 000			8 000				8 000	
6	低值易耗品	5 500						5 500				5 500	
7	预付账款	3 000				④	250	2 750				2 750	
8	固定资产	80 000						80 000				80 000	

续表

1	A	B	C	D	E	F	G	H	I	J	K	L	M
2	账户名称	调整前试算平衡表		调整分录				调整后试算平衡表		利润表		资产负债表	
		借方	贷方	借方		贷方		借方	贷方	借方	贷方	借方	贷方
9	累计折旧					⑤15 000			15 000			−15 000	
10	无形资产	30 000						30 000				30 000	
11	应付账款		6 000						6 000				6 000
12	其他应付款					② 5 000			5 000				5 000
13	预收账款		22 000	③12 000					10 000				10 000
14	实收资本		100 000						100 000				100 000
15	主营业务收入		57 250			③12 000			77 250		77 250		
16				① 8 000									
17	主营业务成本												
18	——工资费用	10 000						10 000		10 000			
19	——材料费	16 500						16 500		16 500			
20	——房租费			④　250				250		250			
21	——折旧费			⑤15 000				15 000		15 000			
22	管理费用							9 150		9 150			
23	——杂费	350											
24	——水电费	8 800											
25	销售费用			② 5 000				5 000		5 000			
	合计	185 250	185 250	40 250		40 250		213 250	213 250	55 900	77 250		121 000
										21 350^A			21 350^B
										77 250	77 250	142 350	142 350

注:A 王禅数据 202× 年的本年利润数。

　　B 王禅数据 202× 年年末的未分配利润(留存收益)数。

　　"主营业务成本——材料费"含原材料费用和低值易耗品消耗费用。

使用电子表格的主要优点如下:

(1) 程序格式可以储存和重复使用,这就避免了手工抄写栏头和账户名称。

(2) 基本格式的修正很容易。

(3) 通过计算机计算金额和输入账户,速度和精确性得到很大限度的提高,大大降低了工作量。

(4) "如果……则……"之类的分析很容易进行。例如,某位经理想知道假设的费用或收入交易对利润表和资产负债表的影响,则电子表格能迅速回答这个问题。

XBRL 是“Extensible Business Reporting Language”的缩写，意为“可扩展的商业报告语言”，是 XML（可扩展的标记语言，Extensible Markup Language）与财务报告信息交换的一种应用，是目前应用于非结构化信息处理尤其是财务信息处理的最新标准和技术。

根据 XBRL 国际组织的定义，XBRL 是企业财务报告编制、发布（可以采用各种格式）、数据交换和财务报表及所含信息分析的一种标准方法。

XBRL 在财务报告中的应用，主要就是从数据库中提取相关的数据到最后生成 XBRL 财务报告，这一过程实际上可分为三个步骤：第一步，从数据库中读取数据，并将数据映射成为 XML 文件格式；第二步，通过解析 XML 文件分解为一系列的事件流，同时根据 XBRL 分类标准和技术规范生成 XBRL 实例文档；第三步，将 XBRL 实例文档转换成网页形式。

2003 年上交所成功地将 XBRL 应用到本所的上市公司定期报告摘要报送系统中，2005 年深交所正式发布了 XBRL 应用示范。图 4-3 为厦门国贸（600755）2021 年 12 月 31 日的 XBRL 报告示例图。①

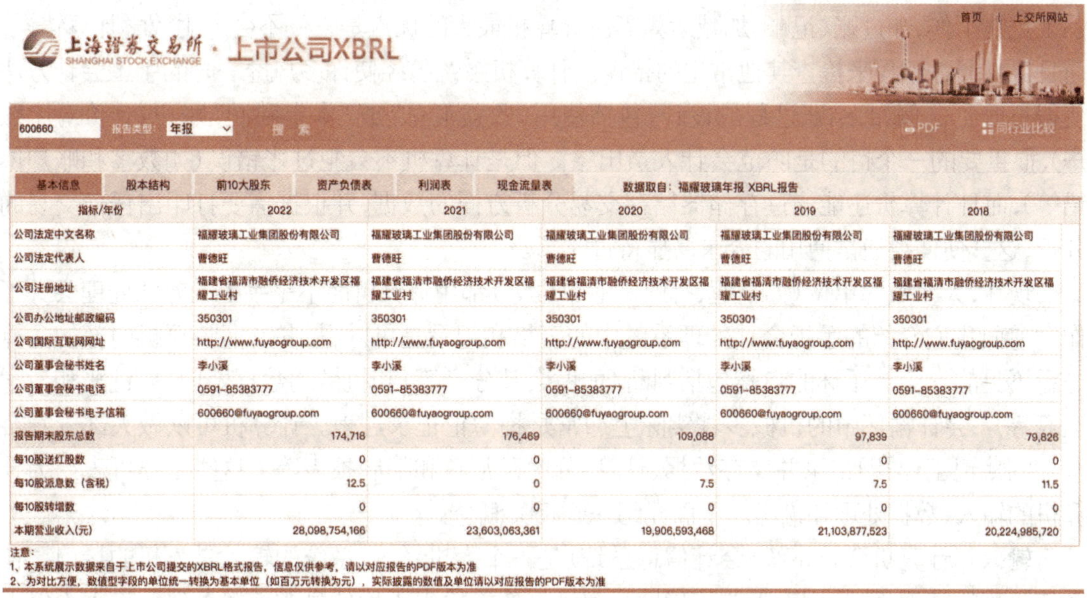

上海證券交易所 SHANGHAI STOCK EXCHANGE · 上市公司XBRL

首页 | 上交所网站

600660 报告类型：年报 搜索 PDF 同行业比较

基本信息 股本结构 前10大股东 资产负债表 利润表 现金流量表 数据取自：福耀玻璃年报 XBRL报告

指标/年份	2022	2021	2020	2019	2018
公司法定中文名称	福耀玻璃工业集团股份有限公司	福耀玻璃工业集团股份有限公司	福耀玻璃工业集团股份有限公司	福耀玻璃工业集团股份有限公司	福耀玻璃工业集团股份有限公司
公司法定代表人	曹德旺	曹德旺	曹德旺	曹德旺	曹德旺
公司注册地址	福建省福清市融侨经济技术开发区福耀工业村	福建省福清市融侨经济技术开发区福耀工业村	福建省福清市融侨经济技术开发区福耀工业村	福建省福清市融侨经济技术开发区福耀工业村	福建省福清市融侨经济技术开发区福耀工业村
公司办公地址邮政编码	350301	350301	350301	350301	350301
公司国际互联网网址	http://www.fuyaogroup.com	http://www.fuyaogroup.com	http://www.fuyaogroup.com	http://www.fuyaogroup.com	http://www.fuyaogroup.com
公司董事会秘书姓名	李小溪	李小溪	李小溪	李小溪	李小溪
公司董事会秘书电话	0591-85383777	0591-85383777	0591-85383777	0591-85383777	0591-85383777
公司董事会秘书电子信箱	600660@fuyaogroup.com	600660@fuyaogroup.com	600660@fuyaogroup.com	600660@fuyaogroup.com	600660@fuyaogroup.com
报告期末股东总数	174,718	176,469	109,088	97,839	79,826
每10股送红股数	0	0	0	0	0
每10股派息数（含税）	12.5	0	7.5	7.5	11.5
每10股转增数	0	0	0	0	0
本期营业收入(元)	28,098,754,166	23,603,063,361	19,906,593,468	21,103,877,523	20,224,985,720

注意：
1、本系统展示数据来自于上市公司提交的XBRL格式报告，信息仅供参考，请以对应报告的PDF版本为准
2、为对比方便，数值型字段的单位统一转换为基本单位（如百万元转换为元），实际披露的数值及单位请以对应报告的PDF版本为准

图 4-3 XBRL 报告示例图

XBRL 在证券行业的应用，能够实现证券业内、业间的上市公司信息共享和互操作，进一步推动上市公司信息披露和证券信息服务业的规范、有序发展，实现上市公司信息网上披露。随着中国证券市场规模扩大和金融领域对外开放深入，国内外投资者对上市公司财务状况和经营情况的关注程度与日俱增，XBRL 的广泛应用将满足各类机构和个人对上市公司越来越高的信息披露要求，并将显示出愈来愈大的经济价值和社会效用。

目前，国际上各交易所、会计师事务所和金融服务与信息供应商等机构已采用或准备采用

① 上海证券交易所网站。

该项标准和技术。如东京证券交易所的 TD net 系统采用了 XBRL 技术报送财务数据,德国德意志银行将 XBRL 用于处理贷款信息并使其信用分析过程更加流畅。XBRL 自其 1998 年诞生起,在国际上已经获得了迅速发展,而且研究表明 XBRL 技术增加了公司财务报告披露的透明度。倡导 XBRL 国际化的 XBRL 国际指导委员会也早在 1999 年 8 月成立,由美国注册会计师协会与 EDGAR 在线、微软、普华永道等 12 家公司共同组建,目前世界各国已经有 250 多个机构参加了该组织 [1]。

附录三

信息技术与会计系统 [2]

除了编制最初的会计分录和调整分录外,计算机程序可以完成会计循环的所有工作,许多计算机系统都可以输出和本书例子中的分录簿和分类账相同的计算结果。计算机省掉了很多手工记账工作,如过账、记账、加减运算等。计算机最大的优点是它们不会产生数学计算错误,而且可以通过编程来检查其他常犯的错误。计算机系统已经使许多风靡一时的手工会计方法变得过时了。例如,结账过程的设计,包括使用"收益汇总"或"本年利润"账户(计价对比账户),很重要的一个目的是防范会计人员出错。但是计算机不会犯过账错误(如数字和账户填错等),而且计算机还能通过存储器储存交易分析方面的数据,并根据需要打印出任何交易的分析,这样便使得通常使用的分录簿显得过时了。

现在,大多数的单位(如企业、行政事业单位等)都用计算机而不是手工的方法处理会计工作。前面我们介绍的手工会计处理系统中的表格和记录是可以看到的,而计算机内部的运算是看不见的。会计循环的步骤包括判断(如做会计分录等)和机械的数据处理(如过账和数学运算等)。会计循环中的机械步骤实际上通常是指簿记记录过程。计算机可以做大部分甚至全部的簿记工作,即记录并储存数据、计算、分类及汇总和编制报表等。这些工作可表述为计算机的输入、数据处理和输出。下面介绍一些相关概念:

输入　计算机会计系统(会计信息系统)是一个人机系统,系统的输入是人机的接口。在系统正确的情况下,数据输入的正确性是保证系统能输出正确信息的前提条件。输入不仅工作量大,而且容易出错,是会计信息系统的重要环节。数据输入的方式有人工键盘输入(如数据处理员根据销货发票或购货发票等纸制原始凭证录入数据)、机械或光电阅读器直接自动读入(如条形码、磁性墨水书写凭证的机器自动读入等)或通过媒体化(如先录入磁盘、光盘、硬盘等)后成批输入。

计算机直接输入数据的典型例子是超市或百货商场收银台的扫描器。扫描器读出印在商品上的条形码(或贴在商品上的标签),然后连接扫描器的计算机运用存储的各种商品的售价

---

[1]　上海证券交易所对 XBRL 的介绍。

[2]　本部分的内容部分参考了约翰·J.怀尔德,肯·W.肖,芭芭拉·基亚佩塔.会计学原理.21 版.崔学刚,译.北京:中国人民大学出版社,2015;查尔斯·亨格伦,等.财务会计教程.6 版.孙丽军,译.北京:华夏出版社,1998:121—122;互联网上的相关资料。

信息,计算出顾客应付的金额。每天营业结束时,还可以获得销售收入的汇总、销货成本(计算机里也存有每种商品的成本信息)、商品的毛利或者所售商品的类别等信息。

一个企业计算机系统的输出可能是另外一个企业计算机系统的输入,如一个工厂的计算机编制出对卖方所提供货物的采购订单,这些输出通过电子输送到卖方,在那里成为销货订单,整个过程没有使用一张纸制凭证。同样,一个批发商的售货人员可以在手控装置上记录零售商的订单,然后将这些信息传输到中心计算机。

数据处理　一旦数据成为机读形式,这些数据就形成了一种快速、准确的信息源。例如,一个航空公司的电子订票系统拥有以后若干月所运营航线的各个航班、各舱位价格的记录,通过与该系统相联系的旅游公司或各订票网点的终端可以查询航班和价格信息,计算机每分钟能够处理成千上万条查询。若旅游公司想预订一个舱位,计算机就会减少航班上可用的舱位,并将信息传输到旅游公司的打印机上,用于填制机票。

输出　计算机会计系统的输出是为用户提供数据处理的结果。系统输出的内容和格式是否满足用户需求,是系统是否成功的重要标准。会计信息系统的输出方式主要是打印输出、屏幕查询输出及送往其他外部介质(如磁盘、光盘等)的输出。随着多媒体技术的发展,可视画面、绘图、声音等输出方式将日益增多。计算机会计系统可以编制包含有数据表格或图表的报表,这些报表可以采用固定的格式,也可以按照个别用户规定的格式编制。

会计信息系统　以计算机为基础的会计系统通常用几个相互联系的软件程序驱动,一个软件程序称为一个模块。会计信息系统可能有以下几个模块:销货单,运输及相关的应收账款(通常称为订单记录模块),采购订单,制造成本,存货及相关的应付账款(一个购货模块),工薪及其他个人记录,固定资产购置、安装及折旧,所得税,现金和总分类账等。这些模块实际上就是日记账和分类账系统。市场上有许多可供选择的软件程序,这些软件程序能够处理货币数据,也能处理定性的非货币数据,而手工会计系统只能处理货币数据。

以计算机为基础的会计系统不像手工系统,它不会留下易于审计的书面痕迹,所以计算机会计系统必须依赖于健全的内部控制。会计信息系统要重视输入控制、处理控制和输出控制。缺乏或不重视内部控制,容易导致商业欺诈和经营失败。

云计算　云计算是一种服务而不是一种产品。云计算通过网络技术来提供应用程序服务而不用将程序装进个人计算机中。这意味着企业只是租用而不是购买应用程序,而且企业不需自己更新云计算程序,因为这是云计算服务提供商的工作。企业采用云计算时,企业和利益相关者通过连接相同的应用程序可共享数据资源。云计算在提高信息系统效率和效果方面有巨大的潜力,但由于数据的集中化管理,企业在选择云计算供应商时,要注意数据安全性问题。

会计及财务机器人　随着机器人和人工智能的发展,会计及财务机器人逐渐走进了人们的视野。比利时的 Xpenditure 公司声称能完成"从收据到会计"的整个过程。消费者可用他们的移动端 App 扫描收据和账单,将数据提交到他们的在线系统。这样,开支报告每天都会自动更新,就不需要每天都记账了。2017 年以来,以德勤、普华永道、安永、毕马威为代表的国际"四大"会计师事务所已经相继推出会计机器人或财务机器人解决方案,旨在利用智能软件来替代原本由人工执行的重复性任务和工作流程,使原先那些耗时、操作规范化、重复性强的手工作业,以更低的成本和更快的速度实现自动化,全天候不间断地确保大量耗时业务流程的自动化管理及执行。

例如,2017 年 5 月下旬,普华永道推出属于自己的财务机器人解决方案。普华永道机器人方案使用智能软件完成原本由人工执行的重复性任务和工作流程,不需改变现有应用系统或技术。相比德勤的财务机器人更多地针对财务领域,普华永道将自己的机器人解决方案扩展到其他领域,包含人力资源、供应链以及信息技术,能够实现的功能如图 4-4 所示。

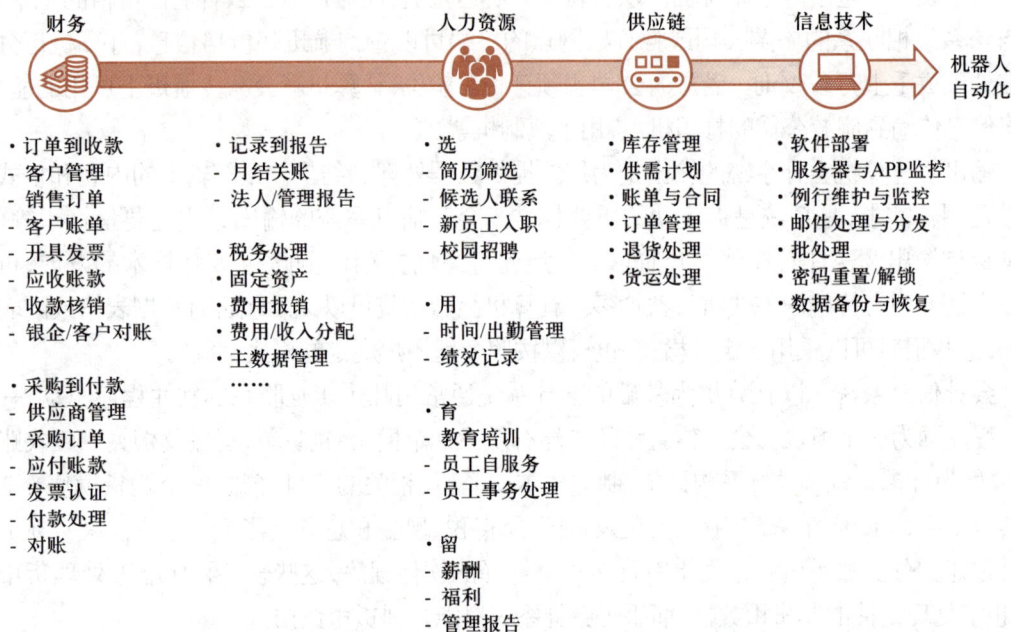

图 4-4　普华永道机器人的功能

财务机器人自动化解决方案出台后,已经有企业引入并且应用于实际工作中。据报道,中化国际(控股)股份有限公司财务共享中心日前选择普华永道机器人(包括财务机器人和税务机器人),双方项目组经过一个月努力,快速完成业务流程梳理、测试验证及部署工作,并正式投入运营。完成部署后,税务及财务工作效率提升明显,四个业务过程在效率和准确性上有重大提升:

(1) 银行对账:财务机器人每日自动完成 15 家银行 80 个银行账号的对账和调节表打印工作,全部过程无须人工干预。

(2) 月末入款提醒:财务机器人自动记录银行借贷款记录,并自动发送邮件给指定的人员确认款项事由。

(3) 进销项差额提醒:税务机器人定期从 SAP 系统、开票系统、进项税票管理系统及 PDF 文件四个数据源生成提醒表格,并发送给业务人员。

(4) 增值税验证:税务机器人将需要验证真伪的增值税发票提交到国税总局查验平台验证

真伪,并反馈与记录结果[①]。

　　普华永道机器人通过重新定义、分配工作,使共享中心的人员能够从繁重枯燥且低价值的事务中解放出来,转而专注于高价值的创造。

　　某企业在应用 RPA(流程自动化机器人)后,在流程效率、运营成本、响应速度、用户领域取得了明显的成效。详见图 4-5。

图 4-5 · RPA 应用成效

①　凤凰网,2017-8-28.

第五章
会计循环Ⅳ：制造业的经济活动和会计循环

在本章中，你将学到——

- 制造业的基本经济活动
- 应用复式簿记原理处理制造业的基本经济业务
- 企业供产销中的费用归集和分配
- 公司各阶段成本的计算和结转、营业收入的确认、利润确定和分配的会计处理

中国石油化工集团公司（简称"中石化"）是目前中国最大的成品油和石化产品供应商，第二大油气生产商，世界第一大炼油公司。2019年7月，财富中文网发布了最新的《财富》中国500强排行榜，中石化位居榜首。

中石化生产销售的高质量汽柴油需要经过一系列加工程序。首先，开采出的原油需要通过加氢、连续重整、吸附脱硫等多套生产装置处理；其次，通过相互独立的管线将不同品种的油品分别输送到对应品种的油罐；最后，油罐车将成品油运输到各个加油站，面向大众销售取得收入。[①] 中石化加油站总数目前位居世界第二。像中石化这样的企业就是典型的制造业企业，它以石油、天然气的勘探、开采、储运为主业，并通过销售成品油和石化产品取得主营业务收入，其基本经营活动是生产和销售产品。中石化秉承可持续发展的理念，通过完备的上中下游产业链和先进的技术，肩负起为美好生活加油的神圣使命。

本章我们将继续介绍会计循环，所不同的是，我们将以制造业为对象，学习一个完整的生产、经营过程所需要用到的主要会计方法。

第一节　制造业企业及其经营循环

一个制造业企业为了组织生产经营活动：第一，必须通过一定的渠道筹集资本以满足生产经营的需要。第二，将筹集的资本投放于一定的用途。例如，购买机器设备、建造厂房，为生产经营活动创造必要的条件。第三，购入材料进行生产。在生产过程中，一方面，工人借助机器设备等劳动资料，对劳动对象进行加工，制造出满足社会需要的产品；另一方面，发生各项费

---

① 根据财富中文网和凤凰网相关资料整理。

用,包括材料耗费、固定资产折旧、支付工资等。生产费用应按不同的方法,经过归集后分配、再归集、再分配的过程,分摊到各种产品成本中去。在生产费用发生的同时,还引起企业与职工及其他单位之间的结算关系。第四,销售产品,回笼资金,产生债权。在这一阶段将发生销售费用,同时缴纳销售税金。第五,实现利润并进行分配或弥补以前年度的亏损。第六,剩下的未分配利润可再次投入生产经营中。可见,筹资、采购、生产、销售、利润形成与分配这五个环节在制造业企业的经营过程中不断地反复,我们将这一过程称为经营循环,具体如图 5-1 所示。

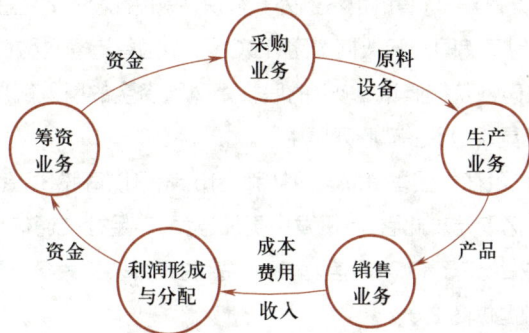

图 5-1　制造业企业的经营循环

从图 5-1 中我们不难发现,制造业的经营循环比我们在前几章中学习过的服务业的经营循环更为复杂,其所增加的采购环节、生产环节、销售环节及利润分配环节经济业务的会计核算是本章需要学习的新内容。以下我们按图 5-1 所表示的制造业经营循环简图,进一步介绍制造业企业经营循环各阶段的主要经济业务及其会计处理。

第二节　筹资业务核算

资本是企业生存和发展的前提,它按照来源渠道分为两大类:一是企业所有者投入的资本,它形成企业的永久性资本,并承担企业经营风险,同时享受经营收益。这部分资本就是所有者权益。二是企业向债权人借入的资本,这部分资本具有明确的还本付息期限,并受法律保护,通常称为负债。企业在日常经营过程中,由于商业信用、结算付款方式等因素,也会形成一些债务,如欠付其他企业的购货款,这部分债务也构成企业短暂的债务资本来源。负债和所有者权益这两个来源渠道由于在性质、还款方式及支付收益方式上均存在较大区别,因此,账户的设置必须能提供有关企业负债和所有者权益增减变化的信息。下面简要说明企业主要筹资业务的核算。

一、投入资本的核算

《公司法》规定,设立企业必须有法定资本。它是保证企业正常经营的必要条件,也是企业承担经营风险的保障。资本是由投资者认缴的,并经工商行政管理部门核准的投资总额。投资者可以货币、实物、无形资产等方式投入资本。同时,资本投入分为初始投资和后续投资。

案例 5-1

1998 年 11 月 11 日,深圳市腾讯计算机系统有限公司(简称"腾讯")注册成立,注册资本 50 万元人民币。当初没人能想到,这家由几位年轻人创办的公司会成长为知名公司,影响了一代中国人。有趣的是,在创立之初受政策限制,马化腾、张志东等五人的创业团队并未出现在股东名册上,两位名义出资人黄惠卿和赵永林则分别持有公司 60% 和 40% 的股权。

次年 2 月,腾讯即时通信服务 OICQ 开通(后因诉讼改名为 QQ),正是该产品奠定了"腾讯帝国"的基础。创业之路充满艰辛,腾讯也不例外。很快,腾讯陷入了资金短缺的窘境。经过马化腾的多方游说,腾讯最终拿到了美国国际数据集团(IDG)和中国香港盈科数码共 220 万美元的投资。作为交换,IDG 和盈科数码各获得腾讯 20% 的股权。风险资金的引入解决了腾讯的燃眉之急,使得现在广为人知的通信工具 QQ 没有"胎死腹中"。

2004 年 6 月 16 日,腾讯在中国香港联交所挂牌上市。腾讯以每股 3.7 港元的价格发售了 4.202 亿股,募集资金达 15.55 亿港元。此后,腾讯发展更加迅猛,涉足社交通信、游戏电竞、新闻资讯、影视音乐、投资、支付等领域,缔造了 QQ、微信、王者荣耀、腾讯会议等大众耳熟能详的产品,成长为中国最大的互联网综合服务提供商之一。

资料来源:根据腾讯网相关资料整理。

在案例 5-1 中,马化腾团队投入的 50 万元就属于初始投资,因为该笔投资是腾讯筹建期间投入的;而 IDG 和盈科数码向腾讯提供的风险投资,以及腾讯上市后从公开市场上募集的资金,则属于后续投资,因为这些资本都是在腾讯成立以后投入的。

企业实际收到投资者投入的资本时,会计人员通过"实收资本"账户来反映。该账户属于所有者权益类账户,贷方登记所有者投入的资本额。若投资者按法律程序抽回投资,则通过借方反映。期末余额在贷方,表示期末所有者投资的实有数。该账户应按投资者设置明细账,进行明细分类核算。下面举例说明实收资本的核算。

【例 5-1】 202× 年 1 月,南江公司成立,收到投资者投入的货币资金 200 000 元,存入银行;设备两台,每台价值 50 000 元;专利权一项,价值 80 000 元。

在上述投资中,设备属于固定资产,专利权则属于无形资产。所以这项经济业务一方面使企业的银行存款、固定资产、无形资产增加,另一方面使投资者投入的资本也增加。应编制如下会计分录:

借:银行存款	200 000
固定资产	100 000
无形资产	80 000
贷:实收资本	380 000

实际经济活动中,资本投入业务复杂多样,作价方式也存在一定差别。例如,腾讯股票发行上市,新加入的股东为取得与原股东等值的所有权份额,必须支付更高的金额,即股票溢价。

二、借入资本的核算

借入资本按偿还期限的长短可分为短期借款和长期借款。短期借款指企业在生产经营过程中,由于生产周转的需要,向银行或其他金融机构借入的、偿还期限在一年或超过一年的一个营业周期以内(含一年)的各种借款。在资产负债表上,它属于流动负债。长期借款是企业向银行或其他金融机构借入的、偿还期限在一年或超过一年的一个营业周期以上的各种借款。这类借款一般用于固定资产的购建、改建和扩建等。在经营过程中,企业还可以通过赊购货物、推迟付款等方式间接借入资本。对这部分间接进入的资本,将在后面的章节中介绍。

为了反映各项借款的取得、偿还及结欠的情况,企业应设置"短期借款"和"长期借款"账户。作为负债类账户,"短期借款"账户的贷方登记取得的短期借款,借方登记偿还的短期借款,余额在贷方,反映尚未偿还的短期借款。"长期借款"账户的结构与"短期借款"账户结构基本相似,即贷方登记取得的各种长期借款,借方登记偿还的长期借款。"短期借款"和"长期借款"账户都应按借款的种类设置明细账,进行明细核算。

【例5-2】 南江公司向银行借入期限为3个月的生产周转借款100 000元,款项存入银行。

向银行借款业务导致资产和负债同时增加,其中,所增加的资产是银行存款,所增加的负债记入"短期借款"账户。应编制如下会计分录:

借:银行存款　　　　　　　　　　　　　　　　　　　　　　　　100 000
　　贷:短期借款　　　　　　　　　　　　　　　　　　　　　　　　　100 000

短期借款到期偿还时,应做相反分录。

【例5-3】 南江公司向银行提取4 000元现金,作为日常备用现金。

向银行提取现金,导致银行存款减少,并相应增加库存现金,应编制分录如下:

借:库存现金　　　　　　　　　　　　　　　　　　　　　　　　4 000
　　贷:银行存款　　　　　　　　　　　　　　　　　　　　　　　　　4 000

【例5-4】 南江公司向银行借入期限为5年的长期借款200万元,用于购买新设备。款项已存入银行。

一般来说,举借长期借款在申请手续、借款费用、使用渠道、还款要求等方面都比短期借款严格得多。因此,长期借款所需要核算的内容要远多于短期借款。这里,我们只说明其基本账务处理方法。

这项贷款期限超过一年,应属长期借款,所以应编制分录如下:

借:银行存款　　　　　　　　　　　　　　　　　　　　　　　　2 000 000
　　贷:长期借款　　　　　　　　　　　　　　　　　　　　　　　　　2 000 000

企业无论使用投入资本还是借入资本,都需要支付一定的"使用费",其中,投入资本的"使用费"是以利润分配形式支付的,而借入资本的"使用费"则是以利息费用方式支付的。前者的会计处理将在本章第七节中介绍,下面简要说明利息费用的处理。

借款利息是企业使用借入资本所应承担的代价或成本,是一项理财费用。在市场经济环境下,举债经营是企业的一项重要经营策略,这必然会引起大量的借款成本支出。为准确反映企业的这部分开支,应设置"财务费用"账户。其借方登记企业本期所发生的各项财务费用,包括借款利息、借款手续费、债券发行成本等；所有本期的财务费用期末都要通过贷方转入"本年利润"账户，结转后无余额。"财务费用"账户的明细核算可以按借款项目设置，也可以按费用项目设置。

假定南江公司以银行存款支付本月借款利息 5 000 元，其中 800 元为短期借款利息，4 200元为长期借款利息。应编制分录如下：

借：财务费用		5 000
贷：银行存款		5 000

短期借款利息的处理比较简单，通常在发生时直接计入当期财务费用。长期借款利息的计提与处理相对较复杂。因为，企业借入长期借款，通常都是为了一些大型项目，如建造厂房、投产新的项目等。上市公司渝钛白 1997 年度的财务报表因为一项近 8 064 万元的应计利息的会计处理，与会计师事务所发生分歧，而被后者出具了中国审计史上第一份否定意见的审计报告。渝钛白也因此而进入了"特别处理"的股票行列。由此可见，长期借款利息存在的分歧及不同处理方法的复杂性，可能产生的影响有多大。

第三节　材料采购业务核算

俗话说："兵马未动，粮草先行。"对于制造业企业来说，产品的生产必须要有适当的材料储备。从具体经济活动来看，材料采购部门要能按照事先制定的生产计划，及时、足额地提供生产过程各阶段所需的各种材料，包括原材料和相应的辅助性材料。从会计角度而言，会计部门应能及时、准确地反映材料采购部门的活动及业绩，如所采购材料的种类、成本、领用情况、库存情况等。

现代企业的竞争是多元的，既要在产品创新、质量的提高等方面有所建树，也要尽可能降低成本。总体看，不论是提高产品质量，还是降低产品成本，都需要从材料采购源头上把好关。以青岛啤酒为例，其生产的主要原材料是麦芽、大米和酒花，在原材料的采购过程中，青岛啤酒实行了"从种子开始"和"安全否决制"等全方位控制机制，从而为其生产高品质产品把好了第一关。

有效控制并降低原材料成本不可忽视。近年来，小米手机等"价格屠夫"强势崛起，低成本就是制胜的关键因素。因此，在本阶段核算中，会计部门不仅要及时、准确地计算所采购原材料的成本，还要及时地向经营管理部门反映企业材料成本的变动情况，以便管理层及时采取有效措施，解决材料供应过程中出现的异常现象（如成本升高）。

一、材料采购业务核算的账户设置

根据对材料采购业务核算的要求，需要设置以下主要账户来处理数据，加工信息。

（一）"材料采购"账户

"材料采购"账户是资产类账户，用来核算企业购入各种材料的买价和采购费用，据以计算材料采购成本。其借方登记购入材料的买价和采购费用；贷方登记已验收入库材料的实际成本（转入"原材料"账户）。为了确定每一种材料的采购成本，应按所采购材料的种类设置二级账户，再按材料品种设置明细账户。当然，企业如果有固定的采购人员，每个采购人员所采的材料种类基本固定,为便于控制所采购材料的成本,考核采购人员(常设采购机构)的业绩,也可按采购人员设置二级账户,再按所采购材料的种类设置明细账户。

(二)"原材料"账户

"原材料"账户是资产类账户,用于核算企业库存各种材料的收入、发出、结存情况。其借方反映已验收入库材料的成本(如果是外购,则为采购成本;如果是自制,则为自制成本),贷方反映库存材料发出的成本,余额在借方,表示期末库存材料的成本。该账户应按材料的品种及其规格分别设置二级和明细账户,以便核算每一种材料的收入、发出、结存情况。

(三)"应付账款"账户

"应付账款"账户是负债类账户,用于核算企业因采购材料物资和接受劳务而应付给供应单位的款项。其贷方登记应付而未付款项的数额,借方登记实际归还款项的数额,余额一般在贷方,表示尚未归还供应单位款项的数额。若出现借方余额,则表示企业多付或预付的货款,在资产负债表上应转作"预付账款"项目列示。

(四)"应付票据"账户

"应付票据"账户是负债类账户,用于核算企业对外发生债务时所开出承兑的商业汇票金额,包括银行承兑汇票和商业承兑汇票。其贷方登记企业开出或以承兑汇票抵付货款的金额,借方登记已偿还的汇票金额。企业应设置"应付票据备查簿",详细登记每一应付票据的种类、号数、到期日、金额等详细资料,以便加强对票据的管理,及时清付到期票据,保证企业在市场中的良好信用。

(五)"应交税费"账户

"应交税费"账户是负债类账户。用于核算应缴纳的各种税费,如增值税、消费税、所得税、教育费附加等。其贷方登记企业按税法规定预计应缴的各种税费;借方登记企业实际缴纳的税费款。期末如为贷方余额,反映企业尚未缴纳的税费;期末如为借方余额,反映企业多缴或尚未抵扣的税金。该账户按企业应缴纳的税费项目设置明细账户,进行明细分类核算。

各账户之间的关系如图 5-2 所示。

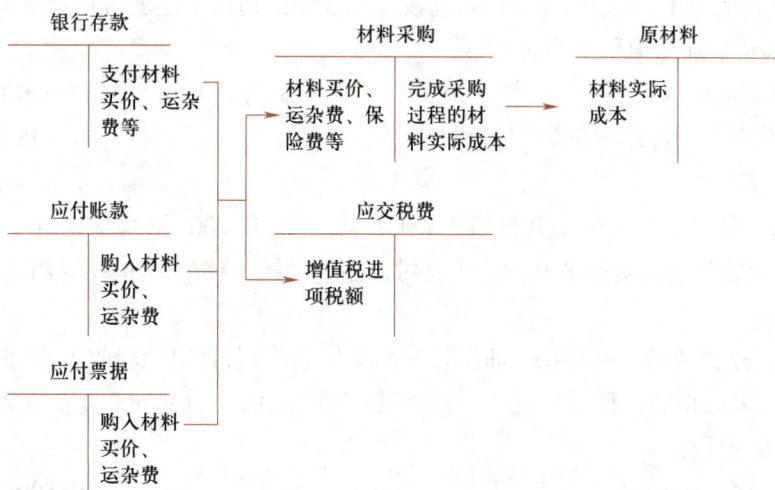

图 5-2　采购阶段各账户间的关系

二、材料采购业务核算举例

假定南江公司为一般纳税人，202×年1月发生如下经济业务：

【例5-5】 公司采购人员徐飞向财务处提取2 000元现金，以备出差之用。分录如下：

借：其他应收款——徐飞   2 000
  贷：库存现金   2 000

【例5-6】 向华美公司购入A材料2 000千克，每千克单价5元，价款共计10 000元，增值税进项税额为1 300元，价款和税款已由银行存款支付，材料尚未运到企业。

增值税进项税额，指企业购入商品或劳务时向销货方或劳务提供方应付的增值税。增值税是价外税，即不计入材料的采购成本。因此，这项经济业务包含两项会计信息：一是企业已付出的货款和税款；二是所有权属于企业但尚未运到的材料。其会计处理如下：

借：材料采购——A材料   10 000
  应交税费——应交增值税（进项税额）   1 300
  贷：银行存款   11 300

如果该项业务的价税款不是以银行存款支付，而是暂欠或通过开出商业汇票抵付的，则应贷记"应付账款"或"应付票据"账户。

【例5-7】 例5-6 A材料运达企业，验收入库。同时，采购部门交来该批材料的运输费单据，获得的增值税专用发票上载明不含增值税运输费500元，增值税45元，当即以现金支付。

材料采购过程中所发生的各项采购费用，有能够直接区分费用归属对象的直接采购费用，如本例中A材料的运输费，有为两种以上材料共同发生、不能直接区分归属对象的间接采购费用，如同时采购两批材料的采购人员的差旅费等。对直接采购费用，可按对象直接记入"材料采购"账户；对间接采购费用，应确定适当的费用分配标准，经分配后记入"材料采购"账户。通常的分配标准有重量、体积、发票价格等。本例中的运输费是直接采购费用，不需要分配，可直接计入A材料的成本。另外，在获得增值税专用发票的情况下还要考虑运输费用的增值税进项税额，交通运输业增值税税率为9%：

借：材料采购——A材料   500
  应交税费——应交增值税（进项税额）   45
  贷：库存现金   545

【例5-8】 向津京公司购入B材料1 000千克，价款10 000元，增值税进项税额为1 300元。价税款及对方代垫运输费800元均未支付，但未取得运输费的增值税专用发票，材料已验收入库。

这是材料采购中的另一种情况，即材料与账单均已收到，材料已验收入库，但货款尚未支付。同时，因为未取得增值税专用发票，进项税额不能抵扣，应付的800元全部计入B材料的成本。其会计处理是：

借：材料采购——B材料   10 800
  应交税费——应交增值税（进项税额）   1 300

　　　　贷:应付账款——津京公司　　　　　　　　　　　　　　　　　　　　　12 100

　　【例5-9】　以银行存款支付 A、B 材料市内运输费、装卸费等计 1 200 元及相关增值税 100 元;采购员徐飞报销本月采购 A、B 两批材料的采购费用计 1 600 元,冲销前借款项 2 000 元,交回余额现金 400 元。

　　企业日常发生的市内小额的运杂费和装卸费,如果不是专门为某一批材料采购发生,或者不是请专门的运输、装卸部门,而是由企业自己处理,则从重要性原则考虑,可以直接计入当期的管理费用。如果有明确的材料采购批次,或者为某几批材料采购而由专门的运输、装卸单位承接并单独付费,就应该计入相应材料的采购成本。本例中的材料运输费、装卸费应按照所装卸材料的重量进行分配:

$$[1\ 200 \div (2\ 000+1\ 000)] \times 2\ 000 = 800(元)$$
$$[1\ 200 \div (2\ 000+1\ 000)] \times 1\ 000 = 400(元)$$

　　从分配结果看,A 材料应分摊市内运输费、装卸费 800 元,B 材料应分摊市内运输费、装卸费 400 元。

　　专设采购人员或采购站所发生的费用,应当按所采购材料的批次进行分摊。如果一次采购两种以上材料的,应按所采购材料的发票价格分摊采购费用。本例中的采购费用分摊如下:

$$[1\ 600 \div (10\ 000+10\ 000)] \times 10\ 000 = 800(元)$$
$$[1\ 600 \div (10\ 000+10\ 000)] \times 10\ 000 = 800(元)$$

　　即 A 材料分担采购费用 800 元,B 材料分担采购费用 800 元。所有采购费用的会计处理是:

　　借:材料采购——A 材料　　　　　　　　　　　　　　　　　　　　　　　　1 600
　　　　　　　　——B 材料　　　　　　　　　　　　　　　　　　　　　　　　1 200
　　　　应交税费——应交增值税(进项税额)　　　　　　　　　　　　　　　　　 100
　　　　库存现金　　　　　　　　　　　　　　　　　　　　　　　　　　　　　 400
　　　　贷:银行存款　　　　　　　　　　　　　　　　　　　　　　　　　　　1 300
　　　　　　其他应收款——徐飞　　　　　　　　　　　　　　　　　　　　　　2 000

　　【例5-10】　结转所采购材料的成本。

　　狭义地看,材料验收入库,采购过程已经完成。但是,与材料采购有关的各项费用开支,在材料验收入库后才会陆续入账。因此,广义的材料采购过程必须在各项费用开支等全部入账后才完成。企业为简化操作过程,一般在月底对当月所采购并验收入库的材料成本进行结转。

　　借:原材料——A 材料　　　　　　　　　　　　　　　　　　　　　　　　 12 100
　　　　　　　　——B 材料　　　　　　　　　　　　　　　　　　　　　　　 12 000
　　　　贷:材料采购——A 材料　　　　　　　　　　　　　　　　　　　　　 12 100
　　　　　　　　　　——B 材料　　　　　　　　　　　　　　　　　　　　　 12 000

　　材料采购过程结束后,还应编制材料采购成本表。南江公司本月材料采购成本表如表 5-1 所示。

表 5-1　南江公司材料采购成本表　　　　　　　　　　　　　　单位:元

成本项目	A 材料(2 000 千克)		B 材料(1 000 千克)	
	总成本	单位成本	总成本	单位成本
买价	10 000	5.00	10 000	10.00
运输费	500	0.25	800	0.80
杂项费	800	0.40	400	0.40
采购费	800	0.40	800	0.80
合计	12 100	6.05	12 000	12.00

实际经济活动中,存在两种基本的存货核算制度,即定期盘存制与永续盘存制。其中,永续盘存制要求平时对每笔存货的收入、发出进行登记并核算相应的成本,期末时,通过账面上各项存货收支记录,结算出存货的期末余额。同时,通过实地盘点,确定存货账面数与实存数是否相符。相比之下,定期盘存制平时只记录存货的收入,而不登记存货的发出,期末时,通过实地盘点确定存货结存数量,再倒推并计算出本期存货发出数量与相应成本。实践工作中,定期盘存制存货核算制度尽管能节省一部分平时记录存货发出的工作量,但将实际盘点数与账面登记的存货可使用数量的差额全部作为本期领用或发出存货的成本,不利于存货的控制;同时,平时不能及时反映实际存货结存数,不利于实现降低过量存货的占用费或存货不足导致停工待料的生产损失等内部管理需要,因此,它只在百货零售业等一些特定行业或部门应用。

不同的存货制度下,存货收发的会计处理也存在一定差异。本章所介绍的与原材料或产成品有关的会计处理,是基于永续盘存制进行的。下面以商业企业的经营活动为例,简单介绍定期盘存制下的会计处理。

某商店先后三次购入一次性水笔 400 支,共计 1 200 支。月末,对该水笔盘点发现期末结存数量共 320 支,该水笔本月初的数量为 150 支。假定每支水笔成本均为 2.5 元,每次购货的货款均以银行存款及时支付。相应的会计处理如下:

(1) 每次购入时:

借:材料采购——一次性水笔　　　　　　　　　　　　　　　　1 000

　　贷:银行存款　　　　　　　　　　　　　　　　　　　　　　　　1 000

(2) 期末,本月购入的三批一次性水笔验收入库,结转采购成本:

借:库存商品——一次性水笔　　　　　　　　　　　　　　　　3 000

　　贷:材料采购——一次性水笔　　　　　　　　　　　　　　　　3 000

(3) 根据实地盘存所确定的本期已销售水笔的成本转出:

借:主营业务成本——一次性水笔　　　　　　　　　　　　　　2 575

　　贷:库存商品　　　　　　　　　　　　　　　　　　　　　　　　2 575

通过比较收益汇总账户借贷方的差额,可得出本期实际销售一次性水笔 1 030(150+1 200-320)支,计 2 575 元。

第四节　产品生产业务核算

生产过程是制造业最具特色的阶段。在这一阶段,企业劳动者借助机器、设备,将原材料加工成设计要求的产品。按照马克思的劳动价值学说,这一过程是物化劳动和活劳动的消耗过程,也是价值增值的创造过程。

综观企业供、产、销等全过程的经济业务,从会计核算角度来看,生产阶段所发生的经济业务数量最多,也最为复杂。各项生产费用的发生、归集与分配,以及完工产品的入库,是生产阶段的主要业务。通过生产业务核算,会计应该能够实现以下的反映和控制功能:①提供有关材料、工资、制造费用等成本的组成信息;②提供有关提取折旧和职工福利费的信息,并考核其计算的合法性和正确性;③确定产品的实际单位成本,并与计划单位成本对比,分析单位成本的升降变化及其原因;④提供产品完工入库的信息,借以考核产品计划的完成情况;⑤提供有关在产品变化的信息,以分析企业生产的均衡性。

同样,有效的管理要求能及时了解产品制造成本的信息,并与事先核定的标准相对比,确定产品生产过程是否出现异常,如出现异常应及时采取各种措施予以更正。众所周知的"邯钢经验",其核心内容就在于此。这部分相关内容会在成本会计及管理会计等课程中介绍。

一、产品生产阶段主要业务核算的账户设置

根据生产业务核算的要求,生产阶段一般需要设置以下账户:

(一)"生产成本"账户

"生产成本"账户是成本类账户,用于归集产品生产过程中所发生的、应计入产品成本的直接材料、直接人工和制造费用,并据以确定产品的实际生产成本。其借方登记当期发生的、应计入产品成本的生产费用;贷方登记期末结转的完工产品的实际生产成本,余额在借方,表示月末尚未完工产品的生产成本。由于企业产品成本核算最终要具体到每一种产品,因此,该账户应按所生产的产品种类进行明细核算。如果产品生产需要经过多个生产环节或多个车间,"生产成本"账户明细账的设置就需要先按生产环节或车间、再按具体产品种类进行。

(二)"制造费用"账户

"制造费用"账户用于归集和分配企业在车间范围内为生产产品和提供劳务而发生的、应计入产品成本的各项间接费用,包括制造部门管理人员的工资及福利费、机器设备等生产用固定资产折旧费及修理费、水电费等不能直接计入产品生产成本的费用。该账户借方登记月份内发生的各种制造费用,贷方登记月末按一定标准分配结转给各种产品成本的制造费用,月末一般无余额。本账户应按不同车间和费用项目设置明细账户,以考核和控制不同车间的生产费用。

(三)"预付账款"账户

"预付账款"账户用于核算企业发生预付款项的业务,包括企业按照购货合同规定预付给供应单位的款项、预付保险费、预付租金等业务,反映企业预付账款的增减变化及结余情况。该账户属于资产类账户,借方登记企业预付的款项和因购货而补付的款项;贷方登记企业所购

材料的应付金额和收回多付的款项,以及根据权责发生制原则,应由本期负担的费用的分摊金额;期末借方余额反映企业实际预付的款项;期末贷方余额反映企业尚未补付的款项。该账户应根据供应单位和款项用途设置明细账户,进行明细分类核算。

企业应当在预付相关款项时按照实际支付的金额,借记"预付账款"账户,贷记"银行存款"账户,同时对预付款项逐月摊销。每月摊销时按其摊销额,借记"管理费用""制造费用"等账户,贷记"预付账款"账户,直至摊销完毕。

(四)"应付职工薪酬"账户

"应付职工薪酬"账户是负债类账户,用于核算企业根据有关规定应付给职工的各种薪酬,包括工资、职工福利、社会保险费等。其贷方登记企业应发给职工的薪酬总额;借方登记企业实际支付的薪酬总额,余额在贷方,表示月末应付而未付的薪酬总额。如果出现借方余额,表明企业向职工实际多支付了薪酬,此时在资产负债表上应转作资产类账户。

(五)"累计折旧"账户

固定资产是企业的主要生产资料,它在使用期内始终保持其原有的实物形态(如果使用、维护得当,其生产效率也不会下降),而它的价值将逐渐损耗。根据固定资产的这一特点,不仅要设置"固定资产"账户反映固定资产的原始价值,同时要设置"累计折旧"账户,来反映固定资产价值的耗损。该账户贷方登记固定资产因使用损耗而转移到产品中去的价值(折旧增加额);借方登记报废或变卖固定资产时累计已计提的折旧额,余额在贷方,表示期末累计已计提的折旧额。在资产负债表上,该账户作为固定资产的抵减账户。

(六)"库存商品"账户

"库存商品"账户是资产类账户,用来核算企业生产完工验收入库可供销售产成品的收入、发出、结存情况。其借方登记已完工验收入库的各种产成品的实际生产成本;贷方登记发出各种产品的实际生产成本;余额在借方,表示期末库存产成品的实际生产成本。该账户应按产成品的品种、规格或类别设置明细账户,以详细反映和监督各种产成品的收、发、结存情况。

以上各账户之间的关系如图 5-3 所示。

二、产品生产阶段主要业务核算举例

【例 5-11】 南江公司本月仓库发料汇总如表 5-2 所示。

表 5-2　南江公司发料汇总表

单位:元

项目	A 材料			B 材料			合计
	数量	单价	金额	数量	单价	金额	
甲产品耗用	1 000	6.05	6 050	600	12	7 200	13 250
车间一般耗用	200	6.05	1 210	100	12	1 200	2 410
管理部门领用	300	6.05	1 815	200	12	2 400	4 215
合计	1 500	—	9 075	900	—	10 800	19 875

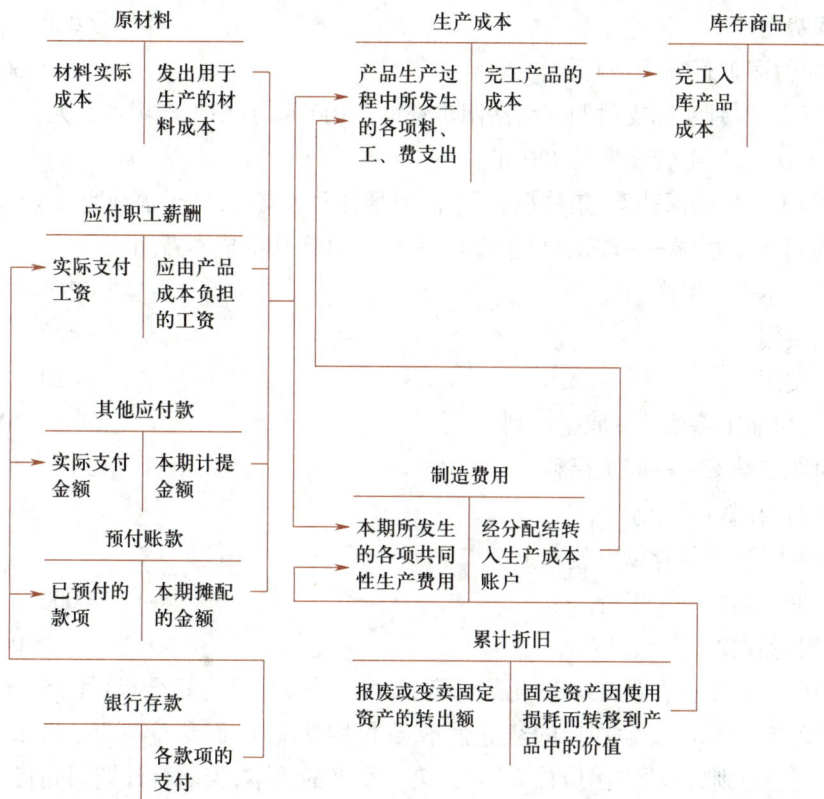

图 5-3　生产阶段各账户间的关系

　　为了加强管理,仓库发出的材料应按不同用途分别记入相应账户:直接用于生产产品的材料费用记入"生产成本"账户;车间一般耗用的消耗性材料应记入"制造费用"账户;企业管理部门一般耗用的消耗性材料,应记入"管理费用"账户。所以,本例应编制分录如下:

借:生产成本——甲产品　　　　　　　　　　　　　　　　　　　　13 250

　　制造费用　　　　　　　　　　　　　　　　　　　　　　　　　2 410

　　管理费用　　　　　　　　　　　　　　　　　　　　　　　　　4 215

　　贷:原材料——A 材料　　　　　　　　　　　　　　　　　　　　　　9 075

　　　　　　　——B 材料　　　　　　　　　　　　　　　　　　　　　　10 800

【例 5-12】　计提本月应付职工的工资 15 000 元。其中,生产甲产品人员工资 9 000 元,车间管理人员工资 3 000 元,厂部管理人员工资 3 000 元。

　　这项经济业务的发生,一方面使企业应付职工薪酬增加了 15 000 元;另一方面,企业的工资费用也增加了 15 000 元,应按不同部门,分别记入相应账户进行反映。其中,生产工人的工资是直接费用,可直接记入"生产成本"账户;车间管理人员的工资是车间为组织和管理企业产品生产所发生的共同性费用,属于间接费用,应记入"制造费用"账户;厂部管理人员的工资属于期间费用,应记入"管理费用"账户。这项经济业务应编制如下会计分录:

借:生产成本——甲产品　　　　　　　　　　　　　　　　　　　　9 000

　　制造费用　　　　　　　　　　　　　　　　　　　　　　　　　3 000

管理费用	3 000
贷:应付职工薪酬——工资	15 000

【例 5-13】　本月实际支付职工生活困难补助 2 100 元,其中生产甲产品人员 1 260 元,车间管理人员 420 元,厂部管理人员 420 元。

　　企业向职工支付的医药费、集体福利、生活困难补助等支出,属于福利费支出,应于实际发生时使用"应付职工薪酬——职工福利"账户核算,并计入相应成本费用。

借:生产成本——甲产品	1 260
制造费用	420
管理费用	420
贷:应付职工薪酬——职工福利	2 100
借:应付职工薪酬——职工福利	2 100
贷:银行存款	2 100

【例 5-14】　以银行存款发放职工工资 15 000 元。

借:应付职工薪酬——工资	15 000
贷:银行存款	15 000

【例 5-15】　以银行存款 90 000 元预付第二、第三季度的厂房租金(每月 15 000 元)。

　　这是一笔支付在先、受益在后的经济业务,支付期是现在,而受益期却是第二、第三季度。根据权责发生制原则,该项支出应计入第二、第三季度的成本,当前会计期间先将该项支出记入"预付账款"账户的借方,等受益时,再在受益期进行摊配。

借:预付账款	90 000
贷:银行存款	90 000

　　在受益期的每月,应将所承担的费用从"预付账款"账户的贷方转出,记入有关费用账户。假设本例厂房租金应记入"制造费用"账户的借方。4—9 月每月可编制会计分录如下:

借:制造费用	15 000
贷:预付账款	15 000

【例 5-16】　按照规定的固定资产折旧率,计提本月固定资产折旧 4 000 元,其中,车间生产用固定资产折旧 3 000 元,企业管理部门固定资产折旧 1 000 元。

　　如前所述,固定资产在使用过程中虽然保持其原有的实物形态,但价值是逐期损耗的。会计上对固定资产因损耗分次记入有关费用账户的折旧费,不直接冲减固定资产价值,而通过"累计折旧"账户来反映,以保持固定资产原始价值记录,体现企业的总体生产规模与生产能力。本例中,该项业务所增加的折旧费用一方面应借记"制造费用"账户和"管理费用"账户,另一方面应贷记"累计折旧"账户。会计分录如下:

借:制造费用	3 000
管理费用	1 000
贷:累计折旧	4 000

【例 5-17】　汇总本月发生的制造费用 9 830 元,并进行结转。

　　制造费用是为生产产品而发生的间接费用,最终应由有关产品负担,是产品制造成本的一个组成部分。对制造费用,可以先按生产车间或生产环节归集,再通过一定的标准将其分配到该车间或该环节所生产的产品成本中去。通常采用的分配标准有直接生产工人工资、机器制造小时数等。本例中假定南江公司只生产一种产品,因此,制造费用不需要经过专门分配,可直接从"制造费用"账户转出,记入"生产成本"账户。会计分录为:

借:生产成本——甲产品　　　　　　　　　　　　　　23 830
　　贷:制造费用　　　　　　　　　　　　　　　　　　　　　23 830

【例 5-18】　本月投产产品甲产品全部完工验收入库,共计 200 件。

由于本期只生产一种产品,且所有投产产品全部完工,这样,本期发生的所有生产费用就由这 200 件甲产品承担。经汇总,全部生产费用为 47 340 元,其会计处理是:

借:库存商品——甲产品　　　　　　　　　　　　　　47 340
　　贷:生产成本——甲产品　　　　　　　　　　　　　　　　47 340

当然,实际的产品成本计算远比本例复杂。对这一问题的进一步学习和讨论将在以后的成本会计课程中展开。

第五节　销售业务核算

销售是企业产品价值实现的过程。企业所生产的产品能否在市场上顺利地销售出去,决定了企业能否在激烈竞争的市场环境中生存、发展并不断壮大。

从会计角度看,销售阶段的主要业务是围绕产品销售而发生的,例如,产品由仓库发出,支付产品包装、运输和广告等销售费用,销售货款的结算,销售税金的计算等。通过有效地组织销售阶段经济业务的核算,可以提供下列信息:①库存产品和已发出销售产品的数量与占用额信息,借以考核产品销售计划的完成程度,了解企业能否及时提供市场需要的产品。进而言之,掌握产品销售情况,还可以为企业未来改进产品设计、更好地适应市场需求提供相关信息。②有关销售费用的信息,用以评价销售部门的业绩。③已取得销售收入和产品虽已发出但尚未取得销售收入等信息。这对于加速销售、催收货款,从而加速资金周转、促进资金回收,具有重要意义。④各种销售税金的应缴和实缴数信息。

一、销售业务核算的账户设置

为了组织销售过程经济业务的核算,应设置以下账户:

(一)"主营业务收入"账户

"主营业务收入"账户用于核算企业产品(包括产成品、自制半成品、工业性劳务等)销售所取得的收入。其贷方登记已实现的主营业务收入,借方登记期末转入"本年利润"账户的数额,结转后无余额。该账户应按销售产品类别设置明细分类账户,以反映每种产品的销售收入。

如果企业在正常经营活动中出现多种形式的收入,特别是出现产品销售以外的其他销售或其他业务收入,如材料销售、资产出租等非工业性劳务收入,根据充分披露原则,企业可单独设置"其他业务收入"账户进行核算,还应设置与"主营业务成本"账户类似的"其他业务成本"账户。

（二）"主营业务成本"账户

"主营业务成本"账户用于核算企业已售产品（包括产成品、自制半成品和工业性劳务等）的成本。其借方登记已售产品的实际成本，贷方登记期末转入"本年利润"账户的数额，结转后无余额。该账户也应按产品类别设置明细分类账户，以核算每种已售产品的销售成本。

（三）"销售费用"账户

"销售费用"账户用于核算企业在产品销售环节所发生的包装费、运输费、广告费、展览费及专设销售机构费用。其借方登记当期发生的各种销售费用，贷方登记期末转入"本年利润"账户的数额，结转后无余额。

（四）"税金及附加"账户

"税金及附加"账户用于核算企业经营活动发生的消费税、城市维护建设税、资源税、教育费附加及房产税、土地使用税、车船税、印花税等相关税费。其借方登记按规定税率计算应负担的税金及附加，贷方登记期末转入"本年利润"账户的数额，结转后无余额。

（五）"应收账款"账户

现代市场经济是一种信用经济，企业在产品销售过程中，从促销等各方面考虑，会允许购买方推迟付款。"应收账款"账户用于反映企业因出售产品而形成的应收而未收的款项。其借方登记应向购货单位收取的账款，贷方登记已收回的账款，余额一般在借方，表示期末尚未收回的账款。如果出现贷方余额，则表示预收的账款，在资产负债表上应作为流动负债列入"预收账款"项目。该账户应按购货单位设置明细账户。

二、销售业务核算举例

【例 5-19】　南江公司销售给荣达公司甲产品 30 件，每件售价 400 元，货款计 12 000 元，增值税税率 13%，销项税额计 1 560 元，货税款合计 13 560 元，已通过银行收讫。

按照收入实现原则，当收入的赚取过程已经完成，且企业已经收取货款或取得收取货款的权利，就可以认为企业的收入已经实现。本例中，南江公司已经按照合同要求将货物发往荣达公司，完成了收入的赚取过程，同时，企业也取得了相应的货款，符合收入确认的两项标准，应做会计处理如下：

```
借：银行存款                                    13 560
    贷：主营业务收入——甲产品                         12 000
        应交税费——应交增值税（销项税额）               1 560
```

【例 5-20】　南江公司销售给三林公司甲产品 140 件，每件售价 380 元，货款计 53 200 元，增值税销项税额计 6 916 元，产品已发出，款项尚未收到。

这项经济业务与例 5-19 基本相似，不同的是款项尚未收到，企业债权增加而不是银行存款增加，所以借方应登记"应收账款"账户。会计分录如下：

```
借：应收账款——三林公司                           60 116
    贷：主营业务收入——甲产品                         53 200
        应交税费——应交增值税（销项税额）               6 916
```

增值税销项税额，是指企业销售商品或提供劳务时应向购买方收取的增值税。我国增值税纳税人分为一般纳税人和小规模纳税人,并采用不同的税务处理办法。对于增值税一般纳税人来说,其当期应纳税额按下列公式计算:

当期应纳税额 = 当期增值税销项税额 − 当期增值税进项税额

【例 5–21】 以现金支付销售产品的搬运费 300 元,增值税税率 9%,税额 27 元。

产品销售过程中会发生各种形式的销售费用,对它的核算通过"销售费用"账户进行。会计处理如下:

借:销售费用   300
　　应交税费——应交增值税(进项税额)   27
　　贷:库存现金   327

【例 5–22】 计算并结转已售产品应交纳的消费税 3 500 元。

国家为从宏观上调控社会经济的发展,往往对一些资源消耗性和奢侈性的产品征收消费税,如烟、酒、化妆品等。消费税是一种价内税,要求卖方从售价中按一定比例扣除并上缴。假定南江公司所销售的产品属消费税征收对象,按照适用税率,确定本期所销售产品应缴纳 3 500 元消费税,应记入"税金及附加"账户;同时,在这一税款实际缴纳之前,它形成企业对国家的负债,通过"应交税费"反映。会计分录如下:

借:税金及附加   3 500
　　贷:应交税费——应交消费税   3 500

【例 5–23】 汇总并结转本期已售产品的生产成本。

本期共销售甲产品 170 件,从例 5–18 可知每件产品成本为 236.7(47 340 ÷ 200)元,则本期所销售产品成本总计为 40 239 元。按照配比原则,这部分成本应与本月已实现主营业务收入相配比,这使得主营业务成本增加,同时,产品已售出,库存商品减少。应编制会计分录:

借:主营业务成本——甲产品   40 239
　　贷:库存商品——甲产品   40 239

严格地说,产品一旦发出用于销售,产成品就已经减少了。因此,结转主营业务成本可以在销售收入实现的同时进行。实际工作中,如果企业采用定期盘存制,有关成本数据一般需到月末才能计算得出;或者,为了简化核算工作,已售产品成本也可于月末汇总一次结转。

第六节　财务成果核算

利润是企业一定期间生产经营活动的最终财务成果,是收入扣减费用后所剩余的部分。如收入大于费用,净剩余为正,则形成盈利;反之,则为亏损。为了准确地反映企业利润的形成过程,分析企业各项经营活动对利润的影响,可根据利润来源的不同,将其分为营业利润、投资净收益和营业外收支三部分。其中,营业利润是由企业日常经营活动所形成的,它应当是企业利润的主要来源;投资净收益是企业对外投资收益扣减损失后的余额,其也是企业管理层努力的成果;营业外收支则是由企业非日常经营项目产生的收支形成的,如固定资产报废损失、自然灾害损失等。这部分收支不像前两种可以经常性、重复性地发生,它在利润中应占比重不大。

财务成果核算主要包括利润形成和分配的核算。通过财务成果的核算,会计应能体现以下反映和控制职能:①正确计算企业实现的利润总额及其构成,为分析和考核企业经营情况提供必要的资料;②提供企业对利润进行分配的信息,包括企业资金积累和向投资者分配利润等,以确保正确处理国家、企业、职工和投资者等不同利益方之间的关系。

案例 5-2

感知利润分配

上海建工集团股份有限公司 2021 年年度利润分配方案公告(部分摘录)

公告编号:临 2022—022

2022 年 4 月 18 日

本公司董事会及全体董事保证本公告内容不存在任何虚假记载、误导性陈述或者重大遗漏,并对其内容的真实性、准确性和完整性承担个别及连带责任。

本分配预案已经公司第八届董事会第二十五次会议审议通过,尚需提交公司股东大会审议后方可实施。

一、利润分配方案内容

经立信会计师事务所审计,截至 2021 年 12 月 31 日,公司期末可供分配利润为人民币 5 961 350 275.86 元。经董事会决议,公司 2021 年度拟以实施权益分派股权登记日登记的总股本(扣除回购股份)为基数分配利润。本次利润分配方案如下:

公司拟向全体股东每 10 股派发现金红利 1.45 元(含税)。截至 2021 年 12 月 31 日,公司总股本 8 904 397 728 股,以此计算合计拟派发现金红利 1 291 137 670.56 元(含税)。本年度公司现金分红占公司归属于母公司股东的净利润的比例为 34.26%。

二、独立董事意见

公司独立董事认为,该方案拟分配的现金红利达到公司当年度合并报表中归属于上市公司股东的净利润的 30% 以上,符合中国证监会《上市公司监管指引第 3 号——上市公司现金分红(2022 年修订)》和《上海证券交易所上市公司现金分红指引》的要求,符合《公司章程》《未来三年(2019—2021)股东回报规划》确定的利润分配政策。独立董事同意将该预案提交公司董事会和股东大会审议。

一、财务成果核算的账户设置

为组织财务成果核算,企业主要应设置以下账户:

(一)"营业外收入"账户

"营业外收入"账户用于核算企业取得的、与生产经营无直接关系的各项收入,如因某种原因无法偿还的债务、接受捐赠利得、罚没利得等。其贷方登记取得的营业外收入,借方登记转入"本年利润"账户的数额,期末结转后无余额。该账户应按收入项目设置明细账户。

(二)"营业外支出"账户

"营业外支出"账户用于核算企业付出的与生产经营无直接关系的各项支出,如对外捐赠支出、固定资产报废损失、自然灾害损失、罚款支出等。其借方登记已发生的营业外支出，贷方登记转入"本年利润"账户的数额，期末结转后无余额。该账户应按支出项目设置明细账户。

知识拓展 5-1

　　按照国际会计准则委员会的要求，营业外收支应进一步区分为利得、损失和非常项目。其中，利得和损失主要来自与管理当局的经营行为有一定关系的活动，如固定资产报废损失等（美国、加拿大等国会计称其为 unusual items）；非常项目（extraordinary items）仅限于那些与管理当局无关且不经常发生的项目，如自然灾害损失等。按照非常项目的严格界定，在一个水灾多发地（如孟加拉国靠近海边的企业），水灾只能是 unusual，而不是 extraordinary。在利润表中，前者应并入经营利润，后者需要单独披露。

（三）"本年利润"账户

"本年利润"账户是一个过渡性账户。用于计算会计年度内累计实现的利润（或亏损）总额。其贷方登记期末从收入类账户转入的利润增加项目的金额，如主营业务收入、其他业务收入、投资收益等；借方登记期末从成本、费用类账户转入的利润减少项目的金额，如主营业务成本、其他业务成本、管理费用、财务费用、销售费用等。如期末借方金额大于贷方金额，表明当期发生亏损，应从贷方转入"利润分配"账户；如期末贷方金额大于借方金额，表明实现利润，通过借方结转至"利润分配"账户。结转后，本账户应无余额。

（四）"所得税费用"账户

"所得税费用"账户用于核算企业负担的所得税额。其借方登记当期发生的所得税费用，贷方登记期末转入"本年利润"账户的金额，期末结转后应无余额。

（五）"利润分配"账户

"利润分配"账户是所有者权益类账户，年度终了，企业将本年实现的税后净利润转入本账户时，应贷记本账户；如为亏损总额，则借记本账户。企业按国家规定提取盈余公积金、向股东分发股利、提取部分盈余用作扩大再生产等，都通过借方核算。该账户如最终余额在贷方，表明企业累积的未分配利润；如余额在借方，表明企业积存的未弥补亏损。为详细反映每项利润分配情况，该账户一般按所分配项目开设明细账户。

各账户之间的关系如图 5-4 所示。

二、财务成果核算举例

【例 5-24】 南江公司向希望工程捐赠 3 000 元，已通过银行付讫。

通常的交易是双向的，即付出一定量的货物、劳务或货币，收到相应数量的货币或货物、劳务。对外捐赠则不同，它是单向的，目的并非取得某项收益，是一项与正常生产经营没有直接关系的支出，会计上将其列为营业外支出的增加。因此，本例业务的发生，应借记"营业外支出"账户，贷记"银行存款"账户。会计分录为：

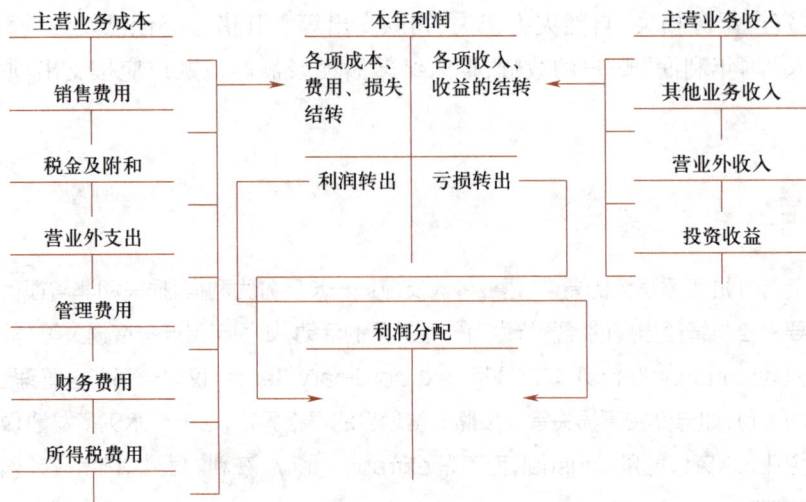

图 5-4　财务成果核算各账户之间的关系

| 借:营业外支出 | 3 000 | |
| 贷:银行存款 | | 3 000 |

【例 5-25】 南江公司收到本单位职工张明交来的违反生产规程罚款 100 元。

这是一项与正常经营活动没有直接关系的收入,应作为营业外收入的增加,贷记"营业外收入"账户;另外,现金相应增加,应借记"库存现金"账户。会计分录如下:

| 借:库存现金——张明 | 100 | |
| 贷:营业外收入 | | 100 |

【例 5-26】 结转各种损益类账户。

期末,结转各种损益类账户之前,本期实现的各项收入及与之相配比的成本费用是分散反映在不同账户上的。为了使本期的收入与成本费用相抵,计算本期的利润额或亏损额,确认本期经营成果,应编制结转分录,将各种收入、成本费用账户的金额过入"本年利润"账户,结清各损益类账户。其会计处理如下:

(1) 借:主营业务收入	65 200	
营业外收入	100	
贷:本年利润		65 300
(2) 借:本年利润	60 674	
贷:主营业务成本		40 239
销售费用		300
税金及附加		3 500
管理费用		8 635
财务费用		5 000
营业外支出		3 000

【例 5-27】 计算并结转南江公司本年所得税。假定南江公司适用的所得税税率为 20%。

企业所得税是企业使用政府所提供的各种服务而以其各种所得的总和为基数应向政府缴纳的税费。在实际制定征税标准时,为保护企业的后续发展潜力,对小企业或盈余较低的企业,尽量少征;而对规模较大的企业或盈余较多的企业,适度提高征收比例。目前在我国,企业适用的税率通常为25%。西方一些国家,特别是一些国际性避税港,往往通过降低所得税税率来吸引各大企业到当地注册、投资。

企业在实际计算应当缴纳的所得税时,应以税法所确定的应税所得为依据。应当明确的是,应税所得与会计所得是两个不同的概念。会计所得是依据会计准则的规定计算得到的,而应税所得的确定则要遵循税法的要求。税法和会计准则在收入、费用等项目的认定上存在一定差异。例如,某些支出按会计准则可以作为费用,税法中却不允许作为费用抵扣(如逾期罚息)。而且会计准则和税法所认可的支出额不同。例如,会计准则允许企业自行确定折旧率,而税法则对固定资产折旧率做出限定。同样,一些符合会计准则要求的收入,税法可能不作为计征对象(如购买国库券的利息收入等)。当然,在绝大多数项目上,会计准则与税法是一致的。

出于简化,假定南江公司的应税所得与会计所得之间不存在差异。计提所得税的会计处理是:

(1) 南江公司本年应缴所得税 =(65 300−60 674)× 20%=925.20(元)

借:所得税费用　　　　　　　　　　　　　　　　925.20

　　贷:应交税费——应交所得税　　　　　　　　　　925.20

(2) 会计期结束时,还应将"所得税费用"账户的余额转入"本年利润"账户:

借:本年利润　　　　　　　　　　　　　　　　925.20

　　贷:所得税费用　　　　　　　　　　　　　　　925.20

【例 5-28】 将"本年利润"账户余额转入"利润分配"账户。

"本年利润"账户余额表示企业本年实现的净利润,企业对利润的分配行为应通过"利润分配"账户反映。因此,年终应将"本年利润"账户余额转入"利润分配"账户,一方面可借以反映企业可供分配利润的数额;另一方面结清"本年利润"账户,为新年度的会计核算工作做好准备。

借:本年利润　　　　　　　　　　　　　　　3 700.80

　　贷:利润分配——未分配利润　　　　　　　　　3 700.80

【例 5-29】 按税后净利润的 10% 提取法定盈余公积。

企业的会计所得扣减所得税后为净利润,在向投资者分配利润之前,为了保证企业资本的保值与增值,应提取盈余公积作为企业的发展和后备基金。这部分盈余公积的提取和使用,可设置"盈余公积"账户加以反映。该账户贷方登记所计提增加的盈余公积,借方登记使用转出的盈余公积,余额在贷方,表示已提取而尚未使用的盈余公积。

应提取的盈余公积 =3 700.80×10%=370.08(元)

借:利润分配——提取法定盈余公积　　　　　　　370.08

　　贷:盈余公积——法定盈余公积　　　　　　　　370.08

【例 5-30】 经董事会批准,将剩余利润的 50% 分配给投资者。

向投资者分配利润,是投资者出资经营并承担风险的回报。从企业来看,应通过"利润分配"账户完整地反映向投资者分配利润这一业务。本例中假定尚未实际向投资者支付现金,则利润分配的宣布导致企业负债的增加。会计处理为:

应分配的股利为:$(3\,700.80-370.08)\times50\%=1\,665.36$(元)。

借:利润分配——应付利润   1 665.36
    贷:应付利润   1 665.36

【例5-31】 结转利润分配的明细账户。

借:利润分配——未分配利润   2 035.44
    贷:利润分配——提取法定盈余公积   370.08
        ——应付利润   1 665.36

第七节 资金退出企业的核算

资金投入企业后,经过一定的循环和周转,有一部分资金退出企业,如上缴税金、向投资者支付利润、偿还借款或债券本息、向其他单位投资等。其中,有些经济业务的核算在前面已提及,这里仅就未述及的内容加以补充。

【例5-32】 以银行存款向投资者支付股利。

例5-30中列示了企业已宣告但未发放的股利。向投资者支付这部分股利会导致企业负债减少;同时,银行存款会相应减少。会计分录为:

借:应付利润   1 665.36
    贷:银行存款   1 665.36

【例5-33】 以银行存款支付本期所欠付的消费税和所得税。

这项业务将导致企业负债"应交税费"减少,同时资产"银行存款"减少。会计分录为:

借:应交税费——应交消费税   3 500
        ——应交所得税   925.20
    贷:银行存款   4 425.20

【例5-34】 以现金支付公司管理人员医药费1 200元。

借:管理费用   1 200
    贷:应付职工薪酬——职工福利   1 200
借:应付职工薪酬——职工福利   1 200
    贷:库存现金   1 200

本章小结

本章主要介绍了如何应用复式簿记原理对制造业企业经营循环中的基本经济业务进行会计处理。制造业企业的经营循环包括筹资、采购、生产、销售及利润形成与分配这五个环节。相应地,对制造业企业经营循环各环节的主要经济业务的会计处理可分为:筹资业务核算、材料采购业务核算、产品生产业务核算、销售业务核算和财务成果核算。由于资金投入企业后,经过一定的循环和周转,有一部分资金会退出企业,因此对资金退出企业业务进行核算也是制造业企业经营循环经济业务会计处理的内容之一。

关键词

投入资本	实收资本	借入资本	财务费用	材料采购
定期盘存制	永续盘存制	生产成本	预付账款	制造费用
财务成果	库存商品	销售费用	折旧	利润分配
主营业务收入	主营业务成本	其他应付款		

即测即评

请扫描右侧二维码,进行即测即评。

案例分析

最近,榕城大学会计系学生陈亮到四达终端设备有限公司实习。按照实习计划要求,陈亮应学习会计循环全过程的工作,并能做到:①描述实习企业经营过程;②明确各经营阶段会计核算的任务;③了解并能运用公司供产销过程会计核算的主要账户;④利用公司资料,演练会计循环并解释有关的会计处理。

(一) 陈亮掌握的信息

陈亮经过了解和熟悉公司情况之后,得知以下信息:

1. 企业基本情况

四达终端设备有限公司创立于 1996 年 11 月,它是目前中国最大的专业开发电子信息末端互联网接入设备并提供技术咨询的高新技术企业。公司的主要产品有四达终端、四达 POS 机、四达网上之星路由器系列、IC 卡机具系列等。四达终端设备有限公司的经营活动完全面向市场,按照订单组织企业的生产经营,其基本经营流程如图 5-5 所示。

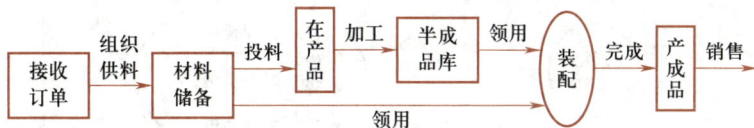

图 5-5 四达终端设备有限公司基本经营流程

2. 企业的主要经营活动

四达终端设备有限公司是一个集产供销于一体的制造业企业,其生产经营过程可划分为供应、生产、销售三个阶段。在这三个阶段中,企业的主要经营活动有:

(1) 供应阶段:①根据订单确定生产产品品种和数量,并据此决定原材料的需求量;②组织原材料采购;③原材料入库存储;④购货款、采购费用的结算,采购成本计算。

(2) 生产阶段:①对原材料进行加工、组装;②支付生产工人、管理人员工资;③发生日常管理费用和其他费用开支;④固定资产的维护和使用;⑤生产费用成本的归集、分配,产品成本计算;⑥产品完工入库。

(3) 销售阶段:①产成品发出销售;②销售货款的结算;③销售收入的分配。

3. 公司经营资金的循环与周转

伴随上述经营活动的展开,公司经营资金也在运动变化之中。在供应阶段,公司要动用货币资金购买各种材料,形成材料存货,保证生产需要。随着购料付款和原材料入库存储,公司经营资金从货币形态转化为原材料形态(储备资金形态)。在生产阶段,由于生产过程既是产品的制造过程又是物质的消耗过程,因而,这个过程要发生原材料消耗、工资和其他各项生产费用的支付、固定资产的损耗(折旧)等,这些耗费和支出将转移并对象化到所生产的产品上去,构成产品的生产成本。经营资金也就由原来的材料形态、货币形态和固定资产形态转化为在产品形态(生产资金形态)、其他费用形态(这类费用如管理费用、财务费用等)。当产品装配完工进入产成品库、形成产成品存货时,资金又从在产品形态转化为成品资金形态。在销售阶段,当产成品发出销售取得货币收入时,这部分成品资金又重新回到货币形态(当然,此时的货币与资金运动起点的货币在量上是不等的)。

公司从生产经营活动中获得的营业收入,与成本、费用相抵后的余额,就是公司的利润。这部分利润首先要以所得税形式向国家缴纳。纳税后剩余的利润,一部分作为投资者所得,在投资者之间进行分配;另一部分则留存于公司,形成留存利润(公积金),供公司拓展经营之需。

企业资金从货币形态开始依次顺序地经过供应、生产和销售阶段,不断改变它的存在形态,最后又回到货币资金形态,完成了一次循环。而随着生产经营活动的不断进行而发生的周而复始的资金循环构成资金的周转,这一过程如图5-6所示。

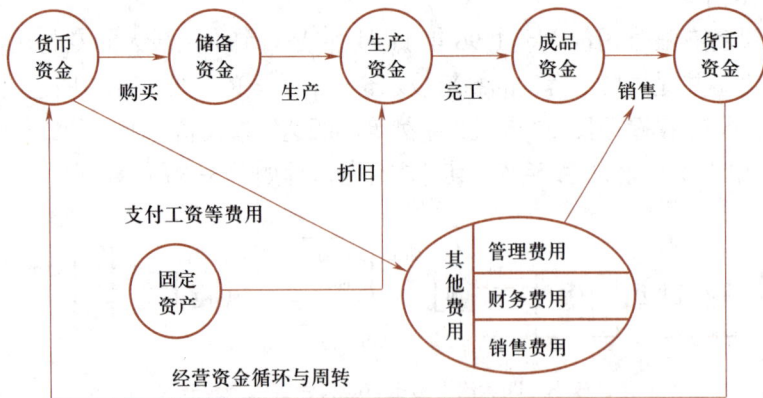

图5-6   四达终端设备有限公司资金的循环与周转

4. 会计核算的任务及主要账户

在供应阶段,会计核算的主要任务是:按合同或约定的结算方式与供货单位结算货款,支付采购费用,计算材料采购成本。为了对供应过程的经济业务进行核算和监督,应设置"材料采购""原材料""应交税费——应交增值税""库存现金""银行存款""应付账款""预付账款"
等账户。

5. 202×年12月初公司账户余额(见表5-3)

表5-3　四达终端设备有限公司账户余额

202×年12月1日　　　　　　　　　　　　　　　单位:元

账户名称	余额	账户名称	余额
库存现金	9 168	累计折旧	8 428 006
银行存款	3 082 620	短期借款	29 500 000
其他货币资金	10 350	应付账款	14 409 614
应收账款	36 205 126	预收账款	1 020 000
其他应收款	9 007 712	其他应付款	380 144
原材料	14 669 450	应付职工薪酬	970 216
生产成本	8 271 046	应付利息	560 000
库存商品	11 987 612	应交税费	4 374 394
预付账款	3 082 062	实收资本	20 000 000
固定资产	25 843 016	本年利润	32 862 118
长期待摊费用	336 330		
合计	112 504 492	合计	112 504 492

6. 202×年12月公司发生的经济业务(增值税税率13%)

(1) 1日,向汕头超声印制有限公司购入:主板印制板5 000块,单价28元;键盘板印制板5 000块,单价8.20元;Flash板印制板5 000块,单价7.00元。运费和杂费共计8 000元,运费的增值税700元,货税款与运杂费尚未支付。

(2) 1日,福州连邦公司通过银行转账付清上月所欠货款395 460元。

(3) 2日,向深圳傲世宏电子有限公司购入:机芯5 000件,单价450元;读卡头5 000件,单价80元;液晶5 000件,单价120元;运杂费计9 600元,运费的增值税800元。货税款与运杂费以银行存款支付一半,余款待货物验收入库后再行支付。

(4) 2日,以银行存款支付公司办公室装修费60 000元,增值税6 600元。

(5) 2日,厦门金卡中心通过银行转账付清上月所欠货款4 043 520元。

(6) 3日,向惠州恒高实业有限公司购入:显像管20 000只,单价160元;安规电源5 000个,单价125元;运杂费计19 000元,运费的增值税1 600元。以银行存款支付货税款及运杂费的50%,余款待货物验收入库后再支付。

(7) 4日,收到福建海联公司通过银行转账归还的前欠货款1 393 120元。

(8) 5日,向福州连邦公司售出:路由器1 000台,单价560元;终端500台,单价1 700元。货税款合计1 593 300元,尚未收到。

(9) 6日,采购员徐勇出差返回公司,报销差旅费共计6 180元,其中包含可以抵扣的增值税 180 元。

(10) 7 日,12 月 1 日向汕头超声印制有限公司购入的货物运抵公司并验收入库。

(11) 8 日,领用材料共计 20 000 元,其中用于车间维修及一般性耗用 18 000 元,公司行政部门用 2 000 元。

(12) 9 日,以银行存款支付次年全年书报费 45 700 元,增值税 5 027 元。

(13) 10 日,前(本月 2 日)向深圳傲世宏电子有限公司购入的货物运到,已验收入库,并以银行存款支付剩余货款。

(14) 11 日,以银行存款支付广告费 16 000 元,增值税 960 元。

(15) 12 日,收到北京连邦公司转账付清所欠货款 3 608 400 元。

(16) 13 日,前(本月 3 日)向惠州恒高实业有限公司购入的货物运抵,验收入库,并以银行存款付清所欠余款。

(17) 14 日,为生产终端领用:显像管 10 000 只,计 1 600 000 元;主板成品 10 000 件,计 2 500 000 元;键盘 10 000 件,计 1 100 000 元;电子元件 1 520 000 元。

(18) 15 日,为生产路由器领用:主板 30 000 块,计 4 260 000 元;集成块、电子元件一批,计 3 560 000 元。

(19) 16 日,以现金支付公司办公用品购置费 1 053 元,其中包含可抵扣增值税 153 元。

(20) 17 日,为生产 POS 机领用:主板印制板 1 000 块,计 30 000 元;集成块、表贴电阻一批,计 100 000 元。

(21) 18 日,为生产 POS 机领用:机芯 1 000 件,计 450 000 元;读卡头 1 000 件,计 80 000 元;安规电源 1 000 件,计 130 000 元;液晶 1 000 件,计 110 000 元。

(22) 19 日,以银行存款预付次年上半年生产设备保险费 180 000 元,增值税 10 800 元。

(23) 24 日,向建设银行福建省分行售出:终端 2 000 台,单价 1 700 元;POS 机 300 台,单价 5 200 元;路由器 2 000 台,单价 560 元。货税款共计 6 870 400 元,尚未收到。

(24) 28 日,向广东省证券交易中心售出:POS 机 100 台,单价 5 200 元;终端 1 000 台,单价 1 700 元;路由器 2 000 台,单价 560 元。货税款共计 3 774 200 元,尚未收到。

(25) 31 日,本月 POS 机生产工人工资 276 000 元,终端生产工人工资 392 000 元;路由器生产工人工资 456 000 元;车间管理人员工资 281 000 元,公司管理人员工资 425 200 元,分别通过银行转账发放。同时,本月以银行存款向困难职工发放了生活困难补助款,包括:车间生产 POS 机工人 38 640 元,车间生产终端工人 54 880 元,车间生产路由器工人 63 840 元,车间管理人员 39 340 元,公司管理人员 59 528 元。

(26) 31 日,银行结算本月水电费 184 000 元,其中:可抵扣增值税 24 000 元,动力用电 120 000 元(POS 机负担 20%,终端负担 30%,路由器负担 50%),车间水电费 25 000 元,公司管理部门水电费 15 000 元。

(27) 31 日,售给北京连邦公司 1 000 台 POS 机,单价 5 200 元,货税款尚未收到。

(28) 31 日,四达终端设备有限公司按合同规定向福建省鸿宇网络系统服务公司发出终端 300 台。(四达终端设备有限公司在 11 月曾与福建省鸿宇网络系统服务公司签订销售 600 台终端的合同,并已预收货款 1 020 000 元,合同规定产品在 12 月和次年 1 月分两次交付。假设本题不考虑增值税。)

(29) 31 日,摊销本月财产保险费 30 000 元。

(30) 本月应摊销办公室装修费 5 000 元。

(31) 31 日,计提本月固定资产折旧 766 182.36 元,其中,车间固定资产折旧 585 259.83 元,公司管理部门固定资产折旧 180 922.53 元。

(32) 公司 10 月 15 日曾与福州大众公司签订租赁合同,将公司在火车站东站的一个空闲仓库租给大众公司,租期 3 个月(每月按 30 天计),期满时大众公司付清租金 30 000 元,合同次日生效。月末确认本月租金收入 10 000 元。(假设本题不考虑增值税。)

(33) 31 日,预提本月短期借款利息 280 000 元。

(34) 31 日,本月发生的制造费用按生产工人工资比例分摊。

(35) 31 日,投产的 1 000 台 POS 机、10 000 台终端、30 000 台路由器全部完工并验收入库。

(36) 31 日,结转本月售出产品的实际生产成本,其中,POS 机每台 4 527.45 元,终端每台 966.06 元,路由器每台 396.37 元。

(37) 31 日,结清损益类账户,计算所得税,并结转本年利润。

(38) 31 日,按当年利润总额的 10% 提取盈余公积金。

(二) 陈亮所做的会计处理

陈亮根据所掌握的信息,按照实习计划的要求演练公司的会计循环。下面是他所做的会计处理:

1. 交易分析与编制记账凭证

前面各节已经给出经济业务分析的方法,下面将直接编制会计分录,用以代替记账凭证。

【业务 5-1】 经济业务(1)的会计处理涉及两方面的工作:一是材料采购成本的计算,二是编制记账凭证(做会计分录)。

① 材料采购成本的计算。经济业务(1)中发生的原材料买价可以按发票价格直接计入各种材料,而运杂费 8 000 元则应在同批购入材料之间按一定标准分配,四达终端设备有限公司的运杂费按买价比例分配。具体计算分配过程如下:

$$分配率 = \frac{8\ 000}{5\ 000 \times 28 + 5\ 000 \times 8.20 + 5\ 000 \times 7} = 0.037$$

各种材料应分摊的运杂费:

主板印制板 = 5 000×28×0.037=5 180(元)

键盘板印制板 = 5 000×8.2×0.037=1 517(元)

Flash 板印制板 = 8 000−5 180−1 517=1 303(元)

各种材料的实际采购成本:

主板印制板 = 5 000×28+5 180=145 180(元)

键盘板印制板 = 5 000×8.2+1 517=42 517(元)

Flash 板印制板 = 5 000×7+1 303=36 303(元)

各种材料采购总成本 = 145 180+42 517+36 303=224 000(元)

$$增值税税款 = (5\ 000×28+5\ 000×8.2+5\ 000×7)×13\%+700=28\ 780(元)$$

② 会计分录为:

借:在途物资——主板印制板	145 180
——键盘板印制板	42 517
——Flash 板印制板	36 303
应交税费——应交增值税(进项税额)	28 780
贷:应付账款——汕头超声印制有限公司	252 780

【业务5-2】

借:银行存款	395 460
贷:应收账款——福州连邦公司	395 460

【业务5-3】 经济业务(3)的会计处理分两步进行。

① 材料采购成本计算:

运杂费按材料买价比例分配:

$$运杂费分配率 = \frac{9\ 600}{5\ 000×450+5\ 000×80+5\ 000×120}=0.003$$

各种材料应分摊的运杂费分别为:

$$机芯 = 5\ 000×450×0.003=6\ 750(元)$$
$$读卡头 = 5\ 000×80×0.003=1\ 200(元)$$
$$液晶 = 9\ 600-6\ 750-1\ 200=1\ 650(元)$$

各种材料实际采购成本:

$$机芯 = 5\ 000×450+6\ 750=2\ 256\ 750(元)$$
$$读卡头 = 5\ 000×80+1\ 200=401\ 200(元)$$
$$液晶 = 5\ 000×120+1\ 650=601\ 650(元)$$
$$各种材料采购总成本 = 2\ 256\ 750+401\ 200+601\ 650=3\ 259\ 600(元)$$
$$增值税税款 = (5\ 000×450+5\ 000×80+5\ 000×120)×13\%+800=423\ 300(元)$$

② 编制会计分录:

借:在途物资——机芯	2 256 750
——读卡头	401 200
——液晶	601 650
应交税费——应交增值税(进项税额)	423 300
贷:银行存款	1 841 450
应付账款——深圳傲世宏公司	1 841 450

【业务5-4】

借:长期待摊费用——装修费	60 000
应交税费——应交增值税(进项税额)	6 600
贷:银行存款	66 600

【业务 5-5】

借:银行存款　　　　　　　　　　　　　　　　　　　　　4 043 520

　　贷:应收账款——厦门金卡中心　　　　　　　　　　　　　4 043 520

【业务 5-6】 经济业务(6)的会计处理分两步进行。

① 材料采购成本计算:

运杂费按材料买价比例分配:

$$运杂费分配率 = \frac{19\ 000}{20\ 000 \times 160 + 5\ 000 \times 125} = 0.005$$

各种材料应分摊的运杂费分别是:

显像管 $=160 \times 20\ 000 \times 0.005 = 16\ 000$(元)

安规电源 $=19\ 000 - 16\ 000 = 3\ 000$(元)

各种材料的实际采购成本:

显像管 $=160 \times 20\ 000 + 16\ 000 = 3\ 216\ 000$(元)

安规电源 $=5\ 000 \times 125 + 3\ 000 = 628\ 000$(元)

各种材料采购总成本 $=3\ 216\ 000 + 628\ 000 = 3\ 844\ 000$(元)

增值税税款 $=(160 \times 20\ 000 + 5\ 000 \times 125) \times 13\% + 1\ 600 = 498\ 850$(元)

② 编制会计分录:

借:在途物资——显像管　　　　　　　　　　　　　　　　3 216 000

　　　　　　——安规电源　　　　　　　　　　　　　　　　628 000

　　应交税费——应交增值税(进项税额)　　　　　　　　　498 850

　　贷:银行存款　　　　　　　　　　　　　　　　　　　　2 171 425

　　　　应付账款——惠州恒高公司　　　　　　　　　　　　2 171 425

【业务 5-7】

借:银行存款　　　　　　　　　　　　　　　　　　　　　1 393 120

　　贷:应收账款——福建海联公司　　　　　　　　　　　　1 393 120

【业务 5-8】

借:应收账款——福州连邦公司　　　　　　　　　　　　　1 593 300

　　贷:主营业务收入　　　　　　　　　　　　　　　　　　1 410 000

　　　　应交税费——应交增值税(销项税额)　　　　　　　　183 300

【业务 5-9】

借:管理费用　　　　　　　　　　　　　　　　　　　　　6 000

　　应交税费——应交增值税(进项税额)　　　　　　　　　180

　　贷:其他应收款——徐勇　　　　　　　　　　　　　　　6 180

【业务 5-10】

借:原材料——主板印制板　　　　　　　　　　　　　　　145 180

　　　　　　——键盘板印制板　　　　　　　　　　　　　　42 517

——Flash 板印制板	36 303
贷:在途物资	224 000

【业务 5-11】

借:制造费用	18 000
管理费用	2 000
贷:原材料	20 000

【业务 5-12】

借:预付账款——书报费	45 700
应交税费——应交增值税(进项税额)	5 027
贷:银行存款	50 727

【业务 5-13】 经济业务(13)应分别编制两笔分录。

a. 借:原材料——机芯	2 256 750
——读卡头	401 200
——液晶	601 650
贷:在途物资	3 259 600
b. 借:应付账款——深圳傲世宏公司	1 841 450
贷:银行存款	1 841 450

【业务 5-14】

借:销售费用	16 000
应交税费——应交增值税(进项税额)	960
贷:银行存款	16 960

【业务 5-15】

借:银行存款	3 608 400
贷:应收账款——北京连邦公司	3 608 400

【业务 5-16】 经济业务(16)应分别编制两笔分录。

a. 原材料入库:	
借:原材料——显像管	3 216 000
——安规电源	628 000
贷:在途物资	3 844 000
b. 结清货款:	
借:应付账款——惠州恒高公司	2 171 425
贷:银行存款	2 171 425

【业务 5-17】

借:生产成本——终端	6 720 000
贷:原材料	6 720 000

【业务 5-18】

借:生产成本——路由器	7 820 000

  贷:原材料   7 820 000

【业务 5-19】

 借:管理费用   900

  应交税费——应交增值税(进项税额)   153

  贷:库存现金   1 053

【业务 5-20】

 借:生产成本——POS 机   130 000

  贷:原材料   130 000

【业务 5-21】

 借:生产成本——POS 机   770 000

  贷:原材料   770 000

【业务 5-22】

 借:预付账款——保险费   180 000

  应交税费——应交增值税(进项税额)   10 800

  贷:银行存款   190 800

【业务 5-23】

 借:应收账款——建设银行福建省分行   6 870 400

  贷:主营业务收入   6 080 000

   应交税费——应交增值税(销项税额)   790 400

【业务 5-24】

 借:应收账款——广东证券   3 774 200

  贷:主营业务收入   3 340 000

   应交税费——应交增值税(销项税额)   434 200

【业务 5-25】 经济业务(25)的会计处理包括几个方面的内容:

① 计算本月应付工资。其会计分录如下:

a. 借:生产成本——POS 机   276 000

     ——终端   392 000

     ——路由器   456 000

   制造费用   281 000

   管理费用   425 200

  贷:应付职工薪酬——工资   1 830 200

② 计提职工福利费。会计分录如下:

b. 借:生产成本——POS 机   38 640

     ——终端   54 880

     ——路由器   63 840

   制造费用   39 340

   管理费用   59 528

贷:应付职工薪酬——职工福利	256 228

③ 发放本月职工工资。会计分录如下:

c. 借:应付职工薪酬——工资	1 830 200
贷:银行存款	1 830 200

④ 发放职工福利费。会计分录如下:

d. 借:应付职工薪酬——职工福利	256 228
贷:银行存款	256 228

【业务 5-26】

借:生产成本——POS 机	24 000
——终端	36 000
——路由器	60 000
制造费用	25 000
管理费用	15 000
应交税费——应交增值税(进项税额)	24 000
贷:银行存款	184 000

【业务 5-27】

借:应收账款——北京连邦公司	5 876 000
贷:主营业务收入	5 200 000
应交税费——应交增值税(销项税额)	676 000

2. 过账

账户中上月末有余额的,应先结转为本月的"月初余额"。过账情况如下列"丁"字形账户及表 5-4 至表 5-8 所示(期末账项调整和结账内容亦列示在内)。

库存现金

期初余额	9 168			
		(19)	1 053	
期末余额	8 115			

银行存款

期初余额	3 082 620			
(2)	395 460	(3)	1 841 450	
(5)	4 043 520	(4)	66 600	
(7)	1 393 120	(6)	2 171 425	
(15)	3 608 400	(12)	50 727	
		(13)b	1 841 450	
		(14)	16 960	
		(16)b	2 171 425	
		(22)	190 800	
		(25)c	1 830 200	
		(25)d	256 228	
		(26)	184 000	
期末余额	1 901 855			

应收账款

期初余额	36 205 126			
(8)	1 593 300	(2)	395 460	
(23)	6 870 400	(5)	4 043 520	
(24)	3 774 200	(7)	1 393 120	
(27)	5 876 000	(15)	3 608 400	
期末余额	44 878 526			

在途物资

期初余额	0		
(1)	224 000	(10)	224 000
(3)	3 259 600	(13) a	3 259 600
(6)	3 844 000	(16) a	3 844 000

原材料

期初余额	14 669 450		
(10)	224 000	(11)	20 000
(13) a	3 259 600	(17)	6 720 000
(16) a	3 844 000	(18)	7 820 000
		(20)	130 000
		(21)	770 000
期末余额	6 537 050		

应交税费——应交增值税

期初余额	0		
(1)	28 780	(8)	183 300
(3)	423 300	(23)	790 400
(4)	6 600	(24)	434 200
(6)	498 850	(27)	676 000
(9)	180		
(12)	5 027		
(14)	960		
(19)	153		
(22)	10 800		
(26)	24 000		
		期末余额	1 085 250

预收账款

		期初余额	1 020 000
(28)	510 000		
		期末余额	510 000

生产成本——POS 机

期初余额	3 048 416		
(20)	130 000	(35)	4 527 452
(21)	770 000		
(25) a	276 000		
(25) b	38 640		
(26)	24 000		
(34)	240 396		

生产成本——终端

期初余额	2 116 272		
(17)	6 720 000	(35)	9 660 584
(25) a	392 000		
(25) b	54 880		
(26)	36 000		
(34)	341 432		

其他应收款

期初余额	9 007 712		
(32)	10 000	(9)	6 180
期末余额	9 011 532		

长期待摊费用

期初余额	336 330		
(4)	60 000	(30)	5 000
期末余额	391 330		

预付账款

期初余额	3 082 062		
(12)	45 700	(29)	30 000
(22)	180 000		
期末余额	3 277 762		

制造费用

期初余额	0		
(11)	18 000	(34)	978 599.83
(25)a	281 000		
(25)b	39 340		
(26)	25 000		
(29)	30 000		
(31)	585 259.83		

销售费用

期初余额	0		
(14)	16 000	(37)b	16 000

生产成本——路由器

期初余额	3 106 358		
(18)	7 820 000	(35)	11 902 969.83
(25)a	456 000		
(25)b	63 840		
(26)	60 000		
(34)	396 771.83		

累计折旧

		期初余额	8 428 006
		(31)	766 182.36
		期末余额	9 194 188.36

应付职工薪酬——工资

		期初余额	0
(25)c	1 830 200	(25)a	1 830 200

应付利息

		期初余额	560 000
		(33)	280 000
		期末余额	840 000

应付职工薪酬——职工福利

		期初余额	970 216
(25)d	256 228	(25)b	256 228
		期末余额	970 216

主营业务成本

期初余额	0		
(36)	11 993 308	(37)b	11 993 308

其他业务收入

		期初余额	0
(37)a	10 000	(32)	10 000

所得税费用

期初余额	0		
(37)c	891 535.37	(37)d	891 535.37

应交税费——应交所得税

		期初余额	4 374 394
		(37)c	891 535.37
		期末余额	5 265 929.37

库存商品

期初余额	11 987 612		
(35)	26 091 005.83	(36)	11 993 308
期末余额	26 085 309.83		

财务费用

期初余额	0		
(33)	280 000	(37)b	280 000

本年利润

		期初余额	32 862 118
(37)b	12 983 858.53	(37)a	16 550 000
(37)d	891 535.37		
(37)e	35 536 724.10		

应付账款

		期初余额	14 409 614
(13)b	1 841 450	(1)	252 780
(16)b	2 171 425	(3)	1 841 450
		(6)	2 171 425
		期末余额	14 662 394

主营业务收入

		期初余额	0
(37)a	16 540 000	(8)	1 410 000
		(23)	6 080 000
		(24)	3 340 000
		(27)	5 200 000
		(28)	510 000

盈余公积

		期初余额	0
		(38)a	3 553 672.41
		期末余额	3 553 672.41

利润分配——提取法定盈余公积

(38)a	3 553 672.41	(38)b	3 553 672.41

管理费用

		期初余额	0
(9)	6 000	(37)b	694 550.53
(11)	2 000		
(19)	900		
(25)a	425 200		
(25)b	59 528		
(26)	15 000		
(30)	5 000		
(31)	180 922.53		

利润分配——未分配利润

		期初余额	0
(38)b	3 553 672.41	(37)e	35 536 724.10
		期末余额	31 983 051.69

表 5-4　现金日记账

第 × 页
单位:元

202×年		凭证号码		对方科目	摘要	收入	付出	结余
月	日	现收	现付					
12	1				期初余额			9 168
12	16		19	管理费用	支付公司办公用品购置费		1 053	8 115
					合计		1 053	8 115

表5-5   银行存款日记账

第 × 页

单位:元

202×年 月	202×年 日	凭证 号数	摘要	对应账户	过账	借方	贷方	余额
12	1		期初余额					3 082 620
12	1	2	收到福州连邦公司上月所欠货款	应收账款	√	395 460		
	2	3	向深圳傲世宏公司支付货款与运杂费	材料采购	√		1 841 450	
	2	4	支付办公室装修费	预付账款	√		66 600	
	2	5	收到厦门金卡中心上月所欠货款	应收账款	√	4 043 520		
	3	6	向惠州恒高实业公司支付货款及运杂费	材料采购	√		2 171 425	
	4	7	收到福建海联公司前欠货款	应收账款	√	1 393 120		
	9	12	支付次年全年书报费	预付账款	√		50 727	
	10	13	向深圳傲世宏公司支付剩余货款	应付账款	√		1 841 450	
	11	14	支付广告费	销售费用	√		16 960	
	12	15	收到北京连邦公司前欠货款	应收账款	√	3 608 400		
	13	16	向惠州恒高实业公司付清所欠货款	应付账款	√		2 171 425	
	19	22	预付次年上半年保险费	预付账款	√		190 800	
	31	25	发放工资	应付职工薪酬	√		1 830 200	
	31	25	发放生活困难补助	应付职工薪酬	√		256 228	
	31	26	支付水电费	生产成本	√		184 000	
			合计			9 440 500	10 621 265	1 901 855

表 5-6　生产成本明细分类账

产品品种:终端　　　　　　　　　　　　　　　　　　　　　　　　　　　　单位:元

| 202× 年 | | 凭证号数 | 摘要 | 借方(成本项目) | | | | 贷方 | 借或贷 | 余额 |
月	日			直接材料	直接人工	制造费用	合计			
12	1		期初余额	1 913 645	117 576	85 051	2 116 272			
	14	17	生产耗用材料	6 720 000			6 720 000			
	31	25	分配工资及福利费		446 880		446 880			
	31	26	生产耗用水电费			36 000	36 000			
	31	34	分配制造费用			341 432	341 432			
	31	35	结转完工产品生产成本					9 660 584	平	—
			本期借方发生额和期初余额	8 633 645	564 456	462 483	9 660 584		平	—

表 5-7　生产成本明细分类账

产品品种:路由器　　　　　　　　　　　　　　　　　　　　　　　　　　　单位:元

| 202× 年 | | 凭证号数 | 摘要 | 借方(成本项目) | | | | 贷方 | 借或贷 | 余额 |
月	日			直接材料	直接人工	制造费用	合计			
12	1		期初余额	2 485 086	372 763	248 509	3 106 358			
	15	18	生产耗用材料	7 820 000			7 820 000			
	31	25	分配工资及福利费		519 840		519 840			
	31	26	生产耗用水电费			60 000	60 000			
	31	34	分配制造费用			396 771.83	396 711.83			
	31	35	结转完工产品成本					11 902 969.83	平	—
			本期借方发生额和期初余额	10 305 086	892 603	705 280.83	11 902 969.83		平	—

表 5-8　生产成本明细分类账

产品品种：POS 机　　　　　　　　　　　　　　　　　　　　　　　　　　　　　单位：元

202×年		凭证号数	摘要	借方（成本项目）				贷方	借或贷	余额
月	日			直接材料	直接人工	制造费用	合计			
12	1		期初余额	2 438 733	365 810	243 873	3 048 416			
	17	20	生产耗用材料	130 000			130 000			
	18	21	生产耗用材料	770 000			770 000			
	31	25	分配工资及福利费		314 640		314 640			
	31	26	生产耗用水电费			24 000	24 000			
	31	34	分配制造费用			240 396	240 396			
	31	35	结转完工产品成本					4 527 452	平	—
			本期借方发生额和期初余额	3 338 733	680 450	508 269	4 527 452		平	—

3. 试算平衡

会计期末，在经济业务已记入日记账、明细账且全部过入总分类账簿之后，应编制调整前试算平衡表。通过编制试算平衡表，既能核验账簿中借方和贷方金额是否相等，又可提供账户的发生额及余额，为后续的账项调整提供依据。本期末调整前试算平衡表如表 5-9 所示。

表 5-9　试算平衡表（调整前）　　　　　　　　　　　　　　　　　　　　　　　单位：元

账户名称	期初余额		本期发生额		期末余额	
	借方	贷方	借方	贷方	借方	贷方
库存现金	9 168			1 053	8 115	
银行存款	3 082 620		9 440 500	10 621 265	1 901 855	
其他货币资金	10 350				10 350	
应收账款	36 205 126		18 113 900	9 440 500	44 878 526	
其他应收款	9 007 712			6 180	9 001 532	
在途物资			7 327 600	7 327 600		
原材料	14 669 450		7 327 600	15 460 000	6 537 050	
库存商品	11 987 612				11 987 612	
预付账款	3 082 062		225 700		3 307 762	
固定资产	25 843 016				25 843 016	
长期待摊费用	336 330		60 000		396 330	
累计折旧		8 428 006				8 428 006
短期借款		29 500 000				29 500 000
应付账款		14 409 614	4 012 875	4 265 655		14 662 394
预收账款		1 020 000				1 020 000
其他应付款		380 144				380 144

续表

账户名称	期初余额		本期发生额		期末余额	
	借方	贷方	借方	贷方	借方	贷方
应付职工薪酬		970 216	2 086 428	2 086 428		970 216
应付利息		560 000				560 000
应交税费		4 374 394	998 650	2 083 900		5 459 644
实收资本		20 000 000				20 000 000
本年利润		32 862 118				32 862 118
利润分配						
生产成本	8 271 046		16 841 360		25 112 406	
制造费用			363 340		363 340	
主营业务收入				16 030 000		16 030 000
主营业务成本						
销售费用			16 000		16 000	
管理费用			508 628		508 628	
财务费用						
盈余公积						
合计	112 504 492	112 504 492	67 322 581	67 322 581	129 872 522	129 872 522

4. 账户调整

前述反映在账户中的经济业务,有一部分不仅仅影响一个会计期间的净收益。为了在权责发生制基础上正确反映各期经营成果,必须要对账簿记录的有关账项进行必要的调整,以使本报告期的全部收入与相应的成本费用相配比。

分析本期所发生的经济业务,应进行账项调整的业务有经济业务(28)(29)(30)(31)(32)(33)。

【业务 5-28】 经济业务(28)表明公司已收到全部货款,现已完成了原协议中交付机器300台的任务,本月确认收入 1 020 000×300/600=510 000 元,应做调整分录如下:

借:预收账款——鸿宇网络公司　　　　　　　　　　　　　510 000

　　贷:主营业务收入　　　　　　　　　　　　　　　　　　　510 000

【业务 5-29】 前期已支付的生产设备保险费,应按实际受益月份平均分摊,本月摊销额为 30 000 元。编制分录为:

借:制造费用　　　　　　　　　　　　　　　　　　　　　30 000

　　贷:预付账款　　　　　　　　　　　　　　　　　　　　　30 000

【业务 5-30】 前期已支付的办公室装修费分 12 个月平均分摊,本月应分摊 5 000 元(办公室装修费属于管理费用)。编制分录为:

借:管理费用　　　　　　　　　　　　　　　　　　　　　5 000

　　贷:长期待摊费用　　　　　　　　　　　　　　　　　　　5 000

【业务5-31】 固定资产折旧费用按实际使用情况分别记入相应的费用账户:

借:制造费用   585 259.83
　管理费用   180 922.53
　贷:累计折旧   766 182.36

【业务5-32】 从权责发生制的观点出发,企业只要履行了与该项收入有关的义务,就获得享有该项收入的权利。因此,仓库出租一个月以上的收入属于已赚取收入。企业虽未收到现金,但已具有到期收取这项租金的权利,应按期登记入账。做调整分录如下:

借:其他应收款   10 000
　贷:其他业务收入——租金收入   10 000

【业务5-33】 短期借款利息虽然尚未实际支付,但由于本期已使用借款,应分摊其利息费用。因此要按月预先提存,计入本期损益。编制分录如下:

借:财务费用   280 000
　贷:应付利息   280 000

将上述调整分录过入相应的账户。

5. 调整后试算平衡表

编制调整后试算平衡表,如表5-10所示。

表5-10 试算平衡表(调整后)   单位:元

账户名称	期初余额		本期发生额		期末余额	
	借方	贷方	借方	贷方	借方	贷方
库存现金	9 168			1 053	8 115	
银行存款	3 082 620		9 440 500	10 621 265	1 901 855	
其他货币资金	10 350				10 350	
应收账款	36 205 126		18 113 900	9 440 500	44 878 526	
其他应收款	9 007 712		10 000	6 180	9 011 532	
在途物资			7 327 600	7 327 600		
原材料	14 669 450		7 327 600	15 460 000	6 537 050	
库存商品	11 987 612				11 987 612	
预付账款	3 082 062		225 700	30 000	3 277 762	
固定资产	25 843 016				25 843 016	
长期待摊费用	336 330		60 000	5 000	391 330	
累计折旧		8 428 006		766 182.36		9 194 188.36
短期借款		29 500 000				29 500 000
应付账款		14 409 614	4 012 875	4 265 655		14 662 394
预收账款		1 020 000	510 000			510 000
其他应付款		380 144				380 144

续表

账户名称	期初余额		本期发生额		期末余额	
	借方	贷方	借方	贷方	借方	贷方
应付职工薪酬		970 216	2 086 428	2 086 428		970 216
应付利息		560 000		280 000		840 000
应交税费		4 374 394	998 650	2 083 900		5 459 644
实收资本		20 000 000				20 000 000
本年利润		32 862 118				32 862 118
利润分配						
生产成本	8 271 046		16 841 360		25 112 406	
制造费用			978 599.83		978 599.83	
主营业务收入				16 540 000		16 540 000
其他业务收入				10 000		10 000
主营业务成本						
销售费用			16 000		16 000	
管理费用			694 550.53		694 550.53	
财务费用			280 000		280 000	
盈余公积						
合计	112 504 492	112 504 492	68 923 763.36	68 923 763.36	130 928 704.36	130 928 704.36

6. 结账

在此,应进行成本的结转和期末结账工作。期末成本结转如下:

【业务 5-34】 经济业务(34)中的制造费用是间接生产费用,也是产品成本的组成部分。月末调整分录过账后,"制造费用"账户的借方已经完整地归集了本期发生的制造费用,期末应在本期所生产的各种产品之间进行分配,以便确定本期完工产品的制造成本。

四达终端设备有限公司制造费用的分配,按生产工人工资的比例进行分配。计算分配额的公式如下:

$$某种产品应负担的制造费用 = \frac{制造费用总额}{生产工人工资总额} \times 该种产品的生产工人工资$$

制造费用总额 $=18\,000+281\,000+39\,340+25\,000+30\,000+585\,259.83$
$=978\,599.83(元)$

制造费用按生产工人工资比例进行分配:

$$分配率 = \frac{978\,599.83}{276\,000+392\,000+456\,000} = 0.871$$

各种产品应分配的制造费用如下:

POS 机:276 000×0.871=240 396(元)

终端:392 000×0.871=341 432(元)

路由器:978 599.83−240 396−341 432=396 771.83(元)

根据上述计算,就可以按有关产品分配制造费用,从"制造费用"账户转入"生产成本"账户。会计分录如下:

借:生产成本——POS 机	240 396
——终端	341 432
——路由器	396 771.83
贷:制造费用	978 599.83

【业务 5-35】 经济业务(35)涉及完工产品制造成本的确定和结转。本期末有 1 000 台 POS 机、10 000 台终端和 30 000 台路由器已全部制造完工并验收入库。会计分录如下:

借:库存商品——POS 机	4 527 452
——终端	9 660 584
——路由器	11 902 969.83
贷:生产成本——POS 机	4 527 452
——终端	9 660 584
——路由器	11 902 969.83

【业务 5-36】 经济业务(36)的发生涉及主营业务成本的确定和结转(本案例假设已知销售成本,所以可结转销售成本)。

借:主营业务成本——POS 机	6 338 430
——终端	3 671 028
——路由器	1 983 850
贷:库存商品	11 993 308

注:本期共计销售 POS 机 1 400 台,终端 3 800 台,路由器 5 000 台。其销售成本为:

POS 机:1 400×4 527.45=6 338 430(元)

终端:3 800×966.06=3 671 028(元)

路由器:5 000×396.77=1 983 850(元)

以上成本结转分录过账情况见"丁"字形账户及表 5-6、表 5-7、表 5-8。

成本结转完毕后应进行结账工作。会计期末进行的结账工作主要是结清损益类账户。

【业务 5-37】 经济业务(37)的结账工作应按以下步骤进行:

① 将各个收入类账户的余额转入"本年利润"账户,结转后,各个收入类账户将不再有余额。会计分录如下:

a. 借:主营业务收入	16 540 000
其他业务收入	10 000
贷:本年利润	16 550 000

② 将各个费用类账户的余额转入"本年利润"账户,结转后,各个费用类账户将不再有余

额。会计分录如下:

 b. 借:本年利润   12 983 858.53

   贷:主营业务成本   11 993 308

    销售费用   16 000

    财务费用   280 000

    管理费用   694 550.53

③ 计算所得税,并结转所得税费用。

  应交所得税 =(主营业务收入 + 其他业务收入 − 主营业务成本 − 销售费用 −

      财务费用 − 管理费用)× 25%

      =(16 540 000+10 000−11 993 308−16 000−

      280 000−694 550.53)× 25%=891 535.37(元)

会计分录如下:

 c. 借:所得税费用   891 535.37

   贷:应交税费——应交所得税   891 535.37

 d. 借:本年利润   891 535.37

   贷:所得税费用   891 535.37

④ 结转本年利润(含本月及前 11 个月利润)。会计分录如下:

 e. 借:本年利润   35 536 724.10

   贷:利润分配——未分配利润   35 536 724.10

【业务 5-38】 此项业务的会计处理如下:

    应提取盈余公积 =35 536 724.10×10%=3 553 672.41(元)

应做会计分录如下:

 a. 借:利润分配——提取法定盈余公积   3 553 672.41

   贷:盈余公积——法定盈余公积   3 553 672.41

 b. 借:利润分配——未分配利润   3 553 672.41

   贷:利润分配——提取法定盈余公积   3 553 672.41

以上会计分录应过入相应账户。

7. 编制结账后试算平衡表

结账后试算平衡表的编制如表 5-11 所示。

表 5-11 试算平衡表(结账后)   单位:元

账户名称	期初余额		本期发生额		期末余额	
	借方	贷方	借方	贷方	借方	贷方
库存现金	9 168			1 053	8 115	
银行存款	3 082 620		9 440 500	10 621 265	1 901 855	

续表

账户名称	期初余额		本期发生额		期末余额	
	借方	贷方	借方	贷方	借方	贷方
其他货币资金	10 350				10 350	
应收账款	36 205 126		18 113 900	9 440 500	44 878 526	
其他应收款	9 007 712		10 000	6 180	9 011 532	
在途物资			7 327 600	7 327 600		
原材料	14 669 450		7 327 600	15 460 000	6 537 050	
库存商品	11 987 612		26 091 005.83	11 993 308	26 085 309.83	
预付账款	3 082 062		225 700	30 000	3 277 762	
固定资产	25 843 016				25 843 016	
长期待摊费用	336 330		60 000	5 000	391 330	
累计折旧		8 428 006		766 182.36		9 194 188.36
短期借款		29 500 000				29 500 000
应付账款		14 409 614	4 012 875	4 265 655		14 662 394
预收账款		1 020 000	510 000			510 000
其他应付款		380 144				380 144
应付职工薪酬		970 216	2 086 428	2 086 428		970 216
应付利息		560 000		280 000		840 000
应交税费		4 374 394	998 650	2 975 435.37		6 351 179.37
实收资本		20 000 000				20 000 000
本年利润		32 862 118	49 412 118	16 550 000		
利润分配			7 107 344.82	39 090 396.51		31 983 051.69
生产成本	8 271 046		17 819 959.83	26 091 005.83		
制造费用			978 599.83	978 599.83		
主营业务收入			16 540 000	16 540 000		
其他业务收入			10 000	10 000		
主营业务成本			11 993 308	11 993 308		
销售费用			16 000	16 000		
管理费用			694 550.53	694 550.53		
财务费用			280 000	280 000		
盈余公积				3 553 672.41		3 553 672.41
所得税费用			891 535.37	891 535.37		
合计	112 504 492	112 504 492	181 947 675.21	181 947 675.21	117 944 845.83	117 944 845.83

8. 编制财务报告

期末应编制利润表和资产负债表,如表 5-12 和表 5-13 所示。

表 5-12　利 润 表

编制单位:四达终端设备有限公司　　　　202×年 12 月　　　　　　　　　　单位:元

项目	本期金额	上期金额(略)
一、营业收入	16 550 000.00	
减:营业成本	11 993 308.00	
税金及附加		
销售费用	16 000.00	
管理费用	694 550.53	
研发费用		
财务费用	280 000	
其中:利息费用	280 000	
利息收入		
加:其他收益		
投资收益(损失以"-"号填列)		
其中:对联营企业和合营企业的投资收益		
公允价值变动收益(损失以"-"号填列)		
信用减值损失(损失以"-"号填列)		
资产减值损失(损失以"-"号填列)		
资产处置收益(损失以"-"号填列)		
二、营业利润(亏损以"-"号填列)	3 566 141.47	
加:营业外收入		
减:营业外支出		
三、利润总额(亏损总额以"-"号填列)	3 566 141.47	
减:所得税费用	891 535.37	
四、净利润(净亏损以"-"号填列)	2 674 606.10	
五、其他综合收益的税后净额		
六、综合收益总额	2 674 606.10	
七、每股收益:		
(一)基本每股收益		
(二)稀释每股收益		

表 5-13　资产负债表

编制单位:四达终端设备有限公司　　　　　202×年12月31日　　　　　　　　　单位:元

资产	期末数	年初数（略）	负债和股东权益	期末数	年初数（略）
流动资产:			**流动负债:**		
货币资金	1 920 320.00		短期借款	29 500 000.00	
交易性金融资产			交易性金融负债		
衍生金融资产			衍生金融负债		
应收票据			应付票据		
应收账款	44 878 526.00		应付账款	14 662 394.00	
应收款项融资			预收款项	510 000.00	
预付款项	3 277 762.00		合同负债		
其他应收款	9 011 532.00		应付职工薪酬	970 216.00	
其中:应收利息			应交税费	6 351 179.37	
应收股利			其他应付款	1 220 144.00	
存货	32 622 359.83		其中:应付利息	840 000.00	
合同资产			应付股利		
一年内到期的非流动资产			一年内到期的非流动负债		
其他流动资产			其他流动负债		
流动资产合计	91 710 499.83		流动负债合计	53 213 933.37	
非流动资产:			**非流动负债:**		
债权投资			长期借款		
其他债权投资			应付债券		
长期应收款			租赁负债		
长期股权投资			长期应付款		
其他权益工具投资			长期应付职工薪酬		
投资性房地产			预计负债		
固定资产	16 648 827.64		递延收益		
在建工程			递延所得税负债		
生产性生物资产			其他非流动负债		
油气资产			非流动负债合计		
使用权资产			负债合计	53 213 933.37	
无形资产			**所有者权益:**		
开发支出			实收资本(或股本)	20 000 000.00	
商誉			资本公积		
长期待摊费用	391 330.00		减:库存股		
递延所得税资产			盈余公积	3 553 672.41	
其他非流动资产			未分配利润	31 983 051.69	
非流动资产合计	17 040 157.64		股东权益合计	55 536 724.10	
资产总计	108 750 657.47		**负债和股东权益总计**	108 750 657.47	

通过上述演练,陈亮对课堂上所学的会计循环及循环中应用的各种会计专门方法有了更进一步的体会。同时,陈亮将自己所做的各循环步骤的会计处理与公司原来的会计处理相对照,发现存在一些不一致,这引发了他的进一步思考。

要求:

(1) 认真阅读给出的相关资料,并根据给出的经济活动数据,独立完成一个完整的会计循环的处理。

(2) 将完成的会计处理与陈亮同学所做的会计处理进行比较,找出自己对会计循环知识的薄弱环节。

(3) 陈亮将自己演练四达终端设备有限公司会计处理的结果与公司原来的处理相对照,发现存在以下不一致:

① 公司将本月发生的办公室装修费 60 000 元全部作为当期管理费用入账;

② 公司本月未计提将在以后月份支付但本期已发生的借款利息 280 000 元;

③ 公司在次年年初未编制转回分录。

试分析上述不同的会计处理将产生的影响。你认为应该如何处理? 为什么?

思考题

1. 试分析制造业企业生产经营活动的特点,说明制造业环境下会计循环所产生的信息与服务业、商业企业有何不同。会计人员必须增加哪些新的会计方法才能完成会计核算的任务?

2. 试算平衡的目的是什么? 假如试算表已经平衡,是否证实账簿记录完全正确? 如果不能,请列举出五种以上不同类型的错误,并说明理由。

3. 如果未将本月发生的制造费用分配计入各种产品的生产成本,对本月的利润是否会有影响? 为什么?

4. 你认为会计循环的中心任务是为了试算平衡、结账,还是编制财务报表? 理由何在?

5. 制造业的财务报表与服务业有何不同? 指出表中所出现的不同项目,并说出它们代表了什么。

6. 试比较永续盘存制和定期盘存制下的会计处理。

第六章
内 部 控 制

在本章中，你将学到——

- 内部控制的基本原理
- 会计系统中的内部控制
- 现金的内部控制
- 存货的内部控制
- 财产清查

《红楼梦》中，宁国府管理混乱，加之秦可卿过世后，府中无人料理，贾珍邀请王熙凤到府中理事。王熙凤分析宁国府中的问题，将其归纳为五个方面："头一件是人口混杂，遗失东西；第二件，事无专职，临期推诿；第三件，需用过费，滥支冒领；第四件，任无大小，苦乐不均；第五件，家人豪纵，有脸者不服钤束，无脸者不能上进"[①]。

王熙凤运用的管控措施主要包括：第一，授权批准。宁国府实行对牌制度，"对牌"[②]，也即"授权批准书"，只有获取对牌才能执行某项业务。比如贾珍邀请王熙凤主事，从袖中取出宁国府的对牌，命宝玉送给凤姐，又说："妹妹爱怎样就怎样，要什么只管拿这个取去，也不必问我。"在处罚违规者时，凤姐掷下宁国府的对牌，叫管家克扣钱粮。再如，"只见来旺媳妇拿了对牌来领取呈文京榜纸札"[③]。第二，职责分工。她根据宁国府的家仆花名册，做了如下吩咐："这二十人分作两班，一班十个，每日在里头单管人客来往倒茶，别的事不用他们管。这二十个也分作两班，每日单管本家亲戚茶饭，别的事也不用他们管……如今都有了定规，以后哪一行乱了只和哪一行说话"[④]。第三，职务分离。在协理宁国府的过程中，王熙凤运用了不相容职务应予以分离这种内部控制手段。具体分工为：授权和审核这两项大权由她亲自掌握，执行、记录和保管这些不相容职务由不同的下人担任。例如，下人彩明作记录员、买办作采购员、库房作保管员等。第四，账簿控制。王熙凤上任之初，便命彩明"钉造账册"，兼要家仆花名册来查看，以弄清家底。以后在发放实物时，也是"一面交发一面提笔登记"。第五，财产安全控制。王熙凤在宁国府理事时吩咐道："这四个人单在内茶房收管杯碟茶器，若少一件，便叫他四个描赔……至于痰盒掸帚，一草一苗，

---

① 曹雪芹. 红楼梦(第十三回). 北京：人民文学出版社，2006：129. 本文参考了李若山，李树华.《红楼梦》中的内部控制思想观初探. 审计理论与实践，1995(8)：14-17.

② 用木、竹制成的支领财物的凭证，上有标记，从中劈作两半。支领财物时，以两半标记相合为凭。

③ 曹雪芹. 红楼梦(第十三回). 北京：人民文学出版社，2006：130.

④ 曹雪芹. 红楼梦(第十三回). 北京：人民文学出版社，2006：131.

或丢或坏，就和守这处的人算账描赔。"[1] 第六，内部监督。在处罚迟到者时，王熙凤登时拉下脸来，喝命："带出去，打二十板子！"一面又令来升(宁国府大总管)，"革他一月银米"。如此一来，众人皆知凤姐的厉害，因而"众人不敢偷闲，自此兢兢业业，执事保全，不在话下"[2]。

本章将介绍内部控制的基本原理，包括内部控制的演进及内部控制的主要内容等。同时还将具体介绍会计系统中现金及存货的内部控制和财产清查。

第一节　内部控制的基本原理

一、认识内部控制

现代会计之父帕乔利在其所著的《算术、几何、比及比例概要》中指出，欲事经营得法，必具三项要素：现金或信用；良好之会计师；合理之内部控制。实际上，作为提供财务信息的会计，其信息加工过程(确认、计量、记录和报告)与保障输出信息可靠(如实反映)的机制密不可分。比如借贷记账法，记账时的记账、审核分工，登账时的平行登记原则等，既是记账方法，也是保障信息被正确加工和可靠输出的控制机制。

内部控制思想无论在中国还是在其他国家都有悠久的历史。我国早在周朝就创立了分级控制制度、九府出纳制度及交互考核制度。内部控制思想，最早见于《周礼》一书。朱熹在《周礼理其财之所出》一文中指出："虑夫掌财用财之吏，渗漏乾后，或者容奸而肆欺……于是一毫财赋之出入，数人之耳目通焉。"意谓《周礼》中，考虑掌管和使用财物的官吏可能贪污盗窃，弄虚作假，因而规定每笔财赋的出入，要经几个人，达到互相牵制的目的。西周民间交易活动中使用的"木榜"和"傅别"[3] 以及明清时代的"龙门账"和"四脚账"[4] 等，既是典型的会计记账方法，也是一种防止数据处理出错或舞弊的内部控制制度。在国外，古埃及的国库管理制度中，货币及谷物的出入库需经过记录官、出纳官和监督官几个环节的规定也是一种内部牵制思想的体现。15 世纪，意大利的复式记账法以账目间的相互核对为内容，并实施一定程度的岗位分离，被认为是确保当时钱财和账务正确无误的理想控制方法。1929 年，美国的《财务会计报告的验证》中明确提到与内部控制相关的制度。在现实生活中，内部控制思想的应用也比比皆

---

[1]　曹雪芹. 红楼梦(第十三回). 北京：人民文学出版社，2006：131.

[2]　曹雪芹. 红楼梦(第十三回). 北京：人民文学出版社，2006：133.

[3]　"木榜"是西周时，在买卖中的经济凭证，在断案时可作为依据。"傅别"是西周民间经济活动中使用的契券，一份契券可以采用分割方法供两方使用。根据郭道扬先生的研究，"傅别"多用于放债，以手书大写居中剖成两份为特征，债权人与债务人各持一份，以便对字进行勘合。详见郭道扬. 会计史研究 .3 卷. 北京：中国财政经济出版社，2008：135.

[4]　"龙门账"和"四脚账"均为我国独创的复式记账方法。"龙门账"的核心在于将全部账目分为"进"(收入)、"缴"(支出)、"存"(资产)与"该"(负债和资本)四大类，进行分类与分项核算，定期进行"合龙"。"合龙"是根据企业经济活动过程中客观存在的经济平衡关系，即"进缴"差异与"存该"差异之间的平衡关系(进 - 缴 = 存 - 该)，通过"合龙"验证，达到勾稽全部账目，以及考核盈亏计算是否正确的一种科学方法。"四脚账"是清代发展起来的中国独特的复式账簿体系。为检验"日清簿"(序时账)所作记录是否正确，"四脚账"法采用下列公式验算。现金收付事项记录的检验公式为：旧管(期初结存)+新收(本期收入)= 开除(本期支出)+ 实在(本期结余)。非现金事项记录的检验公式为：来账合计数 = 去账合计数。详见郭道扬. 会计史研究 .3 卷 . 北京：中国财政经济出版社，2008：426-452.

是,如管钱不管账、管账不管物。又如"三权鼎立",即决策权、执行权和监督权分离等。但是,内部控制作为一个完整概念被正式提出却是 20 世纪中叶的事。

概括地说,内部控制是各单位全体成员实施的,旨在为组织目标的实现(提高运营效率和效果,保护财产安全、完整,保证财务报告等信息可靠,确保法律法规和内部规章制度的贯彻执行)提供合理保证的过程。内部控制的核心是内部牵制。从效率角度来看,牵制与效率是不相容的。比如,采购人员购买材料,需要填写"请购单"等相关申请文件,报主管批准后,再向财务部门申请货款使用或支付计划。这一过程需要耗费时间,会降低办事效率。既然内部控制制度会牺牲效率,为什么还要设立这种制度?这又要回到第一章所介绍过的理性经济人假设。

理性经济人假设认为,人都是自利的经济人,一旦有权,他总是会谋求自身利益最大化。绝对的权力导致绝对的腐败,正因为如此,权力必须关进笼子。我们知道,企业经营活动离不开资本与财富,几乎每一个经营环节都要接触、处理大量的财产物资。比如,在资本投入阶段,需要有人负责登记从各种渠道筹集的资本;在供应阶段,购买各种原材料、支付货款等,需要有人经办;在生产阶段要领用原材料;在销售阶段会收取现金、发出货物;等等。企业再生产过程中,几乎每个岗位都需要有人去办理,几乎每个岗位都直接或间接地接触到企业的财产物资。如果这些人可以不受限制地处理、支配财产物资,将有可能导致财产的大量流失,最终使企业的再生产难以为继。因此,设立相应的内部控制制度,牵制、约束并监督经济人的各种自利行为,在牺牲部分效率的同时,保证了再生产过程的顺利、有序进行。也正因为此,几乎每个单位都程度不同地设立了内部控制制度。

二、内部控制的演进轨迹

事实上,内部控制是一个动态的概念,它随着现代大企业的兴起与管理理论的发展,以及人们对内部控制认识的逐步深化而拓展和完善。一般认为,内部控制的发展经历了内部牵制、内部控制制度、内部控制结构、内部控制整体框架和基于企业风险管理框架的内部控制五个阶段。

(一) 内部牵制阶段

内部牵制制度作为内部控制发展的雏形,是一些与组织的财务活动直接相关的控制措施,规定组织内部有关经济业务或事项的处理都要有两个及两个以上人员经手。据史料记载,早在公元前 3600 年以前的美索不达米亚文化时期,就已经出现了内部牵制的一些做法。我国西周时的分级控制等制度也迸发着内部牵制思想的火花。内部牵制一直延续到 20 世纪 40 年代,其着眼点在于职责分离和业务过程及其记录的交叉控制,即通过人员配备、职责划分、业务流程和簿记系统等,实现防范组织内部错误、保护组织财产安全、保障组织正常运行的目标。

内部牵制的做法是基于以下两个基本假设:①两个或两个以上的部门或人员无意识地犯同样错误的机会很小;②两个或两个以上的部门或人员有意识地合伙舞弊的可能性大大低于单独一个部门或一个人。其主要目的是查错防弊。常见的内部牵制形式有实物牵制、机械牵制、职责牵制和簿记牵制,且主要针对执行层面。

(二) 内部控制制度阶段

20 世纪以后,科技的迅猛发展和现代公司制的形成使企业的生产经营过程更为复杂,市场竞争日趋激烈,迫使企业强化经营管理。另外,现代管理理论的创立和审计模式的变革,均促使以账户核对和岗位分工为主的内部牵制逐步演变为由组织结构、方法程序和内部审计构成的内部控制系统。该系统由管理者根据组织总体目标而建立,目的在于使企业经营活动具有经济性、效率性和效果性,保证管理决策的贯彻,维护资产和资源的安全,保证会计记录的完整准确,并提供及时、可靠的财务和管理信息。可见,这一阶段的内部控制开始突破与财务会计直接有关的控制的局限,包括内部会计控制和内部管理控制。

"内部控制"作为专业术语,首次见之于美国会计师协会 1936 年发布的《注册会计师对财务报表的审查》文告。1949 年,美国会计师协会下属审计程序委员会在特别报告《内部控制:系统协调的要素及其对管理部门和独立公共会计师的重要性》中,首次界定了内部控制概念的内涵,即"内部控制包括一个企业内部为保护资产、审核会计数据的正确性和可靠性,提高经营效率,坚持既定管理方针而采用的组织计划及各种协调方法和措施"。1958 年,该委员会发布的第 29 号审计程序公报《独立审计人员评价内部控制的范围》将内部控制分为内部会计控制和内部管理控制。1986 年,最高审计机关国际组织(INTOSAI)在第十二届国际审计会议上发表的《总声明》中重新阐释内部控制的定义。

(三) 内部控制结构阶段

20 世纪 80 年代至 90 年代,西方会计界对内部控制的研究重点由一般含义向具体内容深化。"内部控制结构"概念取代了"内部控制制度",企业内部控制结构包括"为提供达到企业特定目标的合理保证而建立的各种政策和程序"。这一阶段开始把控制环境作为一项重要内容,与会计系统、控制程序一起纳入内部控制结构中,并且不再区分内部会计控制和管理控制。由此,内部控制结构由控制环境、会计系统和控制程序三个要素构成[1]。相比之前的控制实践,这一阶段的内部控制开始关注组织整体层面的控制,侧重于研究组织的决策、执行、监督以及相互之间的关系,并以此为依据来设计组织的控制体系,内部控制目标亦开始呈现多元化的趋势。

(四) 内部控制整体框架阶段

1992 年,反虚假财务报告委员会的发起组织委员会(COSO[2])发布了《内部控制——整合框架》的研究报告,提出内部控制整体框架的概念,即内部控制应达到财务报告的可靠性、经营活动的效率性和效果性、法律法规的遵循性三项目标,并且包含五个相互关联的要素:控制环境、风险评估、控制活动、信息与沟通、监督活动。2013 年,COSO 发布了修订版的《内部控制——整合框架》(简称新 COSO 报告),新 COSO 报告将内部控制定义为:"一个由主体的董事会、管理层和其他员工实施的,旨在为实现运营、报告和合规目标提供合理保证的过程"。新 COSO 报告的主要内容可用一个三目标、五要素和主体结构的立方体(如图 6-1 所示)展示。

---

[1]　1988 年 5 月,美国注册会计师协会发布的第 55 号审计准则说明书《会计报表审计中对内部控制结构的关注》中提出了内部控制结构的概念和内容。

[2]　全名为:The Committee of Sponsoring Organizations of the Treadway Commission,这是一个美国民间组织,成立于 1985 年,由美国会计学会(AAA)、美国注册会计师协会(AICPA)、国际财务经理协会(FEI)、管理会计师协会(IMA)和内部审计协会(IIA)发起成立,旨在探讨财务报告中舞弊产生的原因,并寻找解决之道。两年后,基于该委员会的建议,其赞助机构成立 COSO 委员会,专门研究内部控制问题。1992 年 9 月,COSO 委员会发布《内部控制——整合框架》,简称 COSO 报告,1994 年进行了增补,2013 年进行了全面的修订。

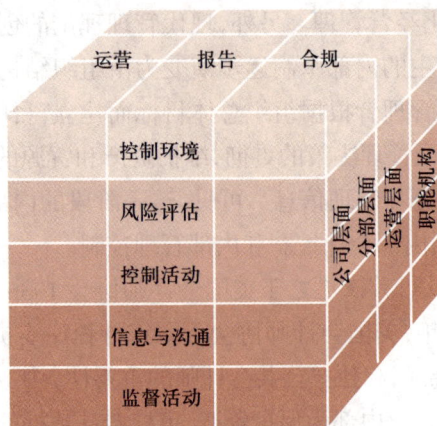

图 6-1　COSO 框架

目标是主体所致力于实现的,要素是主体实现目标必不可少的,主体结构包括业务单元、法人结构和其他结构,这三者之间具有直接的联系,它们的关系可以用一个立方体来表示。其中立方体的纵向代表内部控制目标的三种类别——运营、报告、合规;立方体的横向代表内部控制的五个要素(控制环境、风险评估、控制活动、信息与沟通、监督活动);立方体的第三维层次代表组织结构[①]。

(五) 基于企业风险管理框架的内部控制阶段

尽管美国 COSO(1992)提出的内部控制整合框架已为理论界认同和许多企业采用,但是,随着企业管理重心移至风险管理,人们更加强调内部控制应与企业的风险管理相结合。"安然"事件之后,COSO 结合《萨班斯 – 奥克斯利法案》的要求,在吸收各方风险管理研究成果的基础上,于 2004 年 10 月正式颁布反映内部控制框架新发展的、控制范围更广泛的企业风险管理(enterprise risk management,ERM)框架。相对于内部控制整合框架而言,企业风险管理框架在原有内部控制整合框架的基础上,将内部控制提升到企业风险管理的更高层面。风险管理框架提出一个新观念,增加一项目标、两个概念和三个要素,即提出风险组合观念,新增战略目标、风险偏好和风险容忍度概念以及目标制定、事项识别和风险反应三个要素。

COSO(ERM)将企业风险管理定义为:一个为企业目标的实现提供合理保证的过程。它由企业的董事会、管理层和其他员工共同参与,并用于企业战略制定和企业内部各个层次和部门,用于识别可能对企业造成潜在影响的事项并在其风险偏好范围内管理风险。2017 年,COSO 更新了 ERM 框架——COSO(ERM,2017),即《企业风险管理——将战略和绩效相结合》阐明了企业风险管理在战略规划中的重要性,并将其贯穿于整个组织——因为风险影响战略与绩效,并将战略与绩效和部门及职能联系起来。新框架的要素为五个,即治理与文化;战略与目标制定;绩效;审核与修正;信息、沟通与报告。如图 6-2 所示。

---

① 更进一步的了解,可参见《内部控制——整合框架(2013)》,财政部会计司组织翻译,中国财政经济出版社,2014 年版。

图 6-2 COSO 企业风险管理框架

为了加强和规范我国企业内部控制,提高企业经营管理水平和风险防范能力,促进企业可持续发展,维护社会主义市场经济秩序和社会公众利益,根据国家有关法律法规,2008 年,财政部会同证监会、审计署、银监会、保监会①制定了《企业内部控制基本规范》(以下简称《基本规范》)。我国主板上市公司被要求自 2012 年起施行《基本规范》,同时鼓励非上市的大中型企业执行。执行该规范的上市公司应当对本公司内部控制的有效性进行自我评价,披露年度自我评价报告,并且应请具有证券、期货业务资格的会计师事务所对内部控制的有效性进行审计,这标志着我国内部控制发展在融入国际主流的进程中向前迈出了实质性的步伐。

三、内部控制的内容

(一) 内部控制的目的

由于人性有自私的一面,人类社会目前也还未进入人人大公无私、道德高尚的时代,偷窃、欺诈、舞弊、腐败等现象时有发生。正如日常生活中我们要锁门、锁车、安装摄像头一样,企业为了保护财产的安全,维持正常的经营,也需采取一些管控措施。一般来说,小企业的管理相对薄弱,其财产更容易受到侵害,信息处理更容易出错。所以,建立一套保护企业财产安全和加强会计信息可靠性的内部控制制度(internal control system)是管理者的重要职责。

一个健全的内部控制制度,其最初(也是最为基本)目的就是:①保护资产的安全;②提高会计和经营数据的可靠性。

这也是传统意义上的内部控制要求。但现在的内部控制目标已经远远超越了上述两点,它涉及组织管理的方方面面,呈现多元化、纵深化的趋势。具体而言,包括合理保证经营管理合法合规、资产安全、财务报告和相关信息真实完整,以及提高经营效率和效果、促进企业实现发展战略等。

内部控制制度由各种政策和程序构成,管理者用它来管控各种活动,如监督企业运营情况和员工表现,避免和防范各种风险。内部控制的有效不仅在于设计完善的制度,即内部控制制度的建立健全;更重要的是制度的有效实施。一套有效的内部控制制度尽管无法保证企业经营目标的实现,但能有效降低企业遭受损失的风险。

---

① 2018 年,银监会、保监会撤销,成立中国银行保险监督管理委员会,简称银保监会。

美国《萨班斯－奥克斯利法案》(SOX)404 条款的要求包括两个方面：

一是要求公司年报中包括一份"内部控制报告"，该报告应包括以下内容：①明确指出公司管理层对建立和保持一套完整的与财务报告相关的内部控制系统和程序所负有的责任；②包含管理层在财务年度期末对公司财务报告相关内部控制体系及程序的有效性的评估。

二是受托的上市公司审计师应按照上市公司会计监管委员会对审核约定所发布或采用的准则就管理层关于内部控制的评估进行测试和评价，并出具评价报告。违反 SOX 的最高可判 25 年监禁并处 2 500 万美元罚款 [①]。

SOX 的实施提升了投资者对会计系统与财务报告的信心，对上市公司影响显著，但同时实施成本也较大。

(二) 内部控制基本原则

由于行业和企业规模等因素不同，不同企业所采用的内部控制政策和程序也不相同。但内部控制基本原则(principles of internal control)是普遍适用的，主要包括：

1. 明确岗位责任

明确划分各岗位职责并将其工作任务指派给适当的人员，这样当发生差错时就容易确定是谁的责任，避免部门之间或员工之间工作推脱、责任推卸。比如两个司机共开一辆公交车，两班倒。公司规定交接班时必须加满油、保持车况良好并填写交接班记录，这样每个司机烧了多少油(加油量)、车子出问题是谁的责任就一目了然。王熙凤治理宁国府的重要手段之一也是明确职责，通过落实岗位责任制，使混乱不堪的宁国府变得井井有条。

此外，合理适当的岗位设置、明确有效的职责界定能使员工明确自己的权力和责任，而只有明确自己的岗位职责，才能充分施展自身的能力，提高工作效率。明确员工职责有助于规范员工行为，并成为考评员工绩效的依据，继而提升管理水平。在企业实务中，可通过编制岗位职责说明、完善员工规章制度和加强培训等措施，使员工明确自身的职责，提升岗位职责的胜任能力，知道哪些可以做、哪些不能做。

2. 严格授权审批

授权审批的目标是在明确岗位责任的基础上，使所有业务经办人员在办理每项业务时都能事先得到适当的授权，在授权范围内办理有关事务，并承担相应的责任。未经授权不得处理业务、不能越界行权。特别是重要业务和事项，任何人未经授权审批都不能擅自决策，否则就容易产生舞弊并可能给单位带来重大损失。比如，具有两百多年历史的巴林银行因交易员里森未经授权就进行日经期货指数交易而倒闭。因此，严格授权审批控制是防范风险的重要举措。

我国《基本规范》规定，对于重大的业务和事项(比如"三重一大"，即重大决策、重要干部任免、重要项目安排和大额度资金运作)，企业应当实行集体决策审批或联签制度，任何个人不得单独进行决策或擅自改变集体决策。

---

① 《萨班斯－奥克斯利法案》强化了上市公司高管层对财务报告的责任，公司高管须对财务报告的真实性负责，提供不实财务报告将获 10 年或 20 年的刑事责任，对故意进行证券欺诈的犯罪最高可判处 25 年入狱；对犯有欺诈罪的个人和公司的罚金最高分别可达 500 万美元和 2 500 万美元。

3. 保持适当的记录

良好的记录是内部控制的重要组成部分,它有助于保护资产安全并使员工遵循规定的程序。真实的记录还能为管理者提供监控业务活动所需的信息。例如,对财产物资保持详细、及时的记录,资产被盗或损坏而不被发现的概率就非常小。要求企业或单位根据国家有关规定和经济活动业务流程,在内部管理制度中明确界定各项经济活动所涉及的表单和票据,并要求相关人员按照规定填制、审核、归档、保管单据,能有效约束当事者的行为。比如企业设计一份连续编号的销货单能够有效防范销售人员撕毁销货单或开套票私吞现金的行为。

保持适当记录的核心是可靠的(如实反映)会计记录系统。会计系统控制要求建立健全本单位财会管理制度,加强会计机构建设,提高会计人员业务水平,强化会计人员岗位责任制,规范会计基础工作,加强会计档案管理,明确会计凭证、会计账簿和财务会计报告处理程序,保证会计资料真实完整。

4. 分离不相容职务

不相容职务是指那些由一个人担任,既可能发生错误和舞弊行为,又可能掩盖其错误和弊端的职务。分离不相容职务的关键是"内部牵制",它要求每项经济业务都要经过两个或两个以上的部门或人员处理,使双方可相互监督和制约,防范舞弊。比如,在企业使用资产的员工不能同时负责资产的会计记录,这样能降低资产被盗或浪费的风险,因为使用资产的员工知道另一个员工会负责资产记录;另一方面,记录资产的员工没有实际接触资产,没有理由记录造假。因此,要盗窃资产并做假账掩盖真相,就必须串通合谋。不相容职务分离控制要求合理设置内部控制关键岗位,明确划分职责权限,实施相应的分离措施,形成相互制约、相互监督的工作机制。

一般情况下,单位的经济活动通常可以划分为授权、签发、核准、执行和记录等步骤。如果上述每一步都有相对独立的人员或部门分别实施或执行,就能够保证不相容职务的分离。通常应加以分离的主要不相容职务有:

(1) 授权进行某项经济业务和执行该项业务的职务要分离,如有权决定或审批采购的人员不能同时兼任采购员的职务。

(2) 执行某些经济业务和审核这些经济业务的职务要分离,如填写销货发票的人员不能兼任审核人员。

(3) 执行某项经济业务和记录该项业务的职务要分离,如销货人员不能同时兼任会计记账工作。

(4) 保管某些财产物资和对其进行记录的职务要分离,如会计部门的出纳员与记账员要分离、仓库保管员与会计记账员要分离(仓库保管员负责原材料的收、发、存和管理工作,并负责登记原材料的数量,而相关的账务处理则由会计人员负责)。

(5) 记录明细分类账和记录总分类账的职务要分离,登记日记账和登记总账的职务要分离。

5. 进行财产清查

保护资产安全、保证会计信息可靠是内部控制的重要目标。财产清查不仅是会计核算的重要方法,也是财产物资控制的重要方法。所谓财产清查是对企业或单位的各项货币资产、财产物资及债权债务等进行实地盘点和核对,以查明其实有数并与账面数进行对比,从而确定账实是否相符的一种专门方法。

在实务中,造成账实不符的原因很多,既有客观原因,比如财产物资保管过程中的自然损溢(如潮湿天气散装面粉会增重,干燥天气则可能减重等);也有主观原因,比如记录错误、贪污盗窃等。通过财产清查,能查清账实不符的原因,分清责任,继而有针对性地采取措施,以保护资产安全、保证会计信息真实可靠。

财产清查由于对象、范围和时间不同,可分为不同的类别。比如,按清查范围不同可分为全部清查和局部清查;按清查时间不同,可分为定期清查和不定期清查;按清查执行单位不同,可分为内部清查和外部清查。

6. 定期独立审计

世界上没有什么东西是永恒不变的,也不存在十全十美的事情,内部控制制度也一样。随着环境的变化、科技的进步、人员的更替,企业或单位面临的风险也在变化,现有内部控制系统的漏洞、缺陷也将逐渐暴露。因此,定期对内部控制进行评价或审计就非常必要。内部控制的审查最好由独立第三方执行,因为他们更能站在公正的立场评价内部控制制度运行的效率和效果。目前,普遍的做法是,在企业内部由内部审计机构承担评价其内部控制有效性的责任,包括内部控制制度的建立健全和有效实施;在企业外部,聘请会计师事务所的注册会计师来承担内部控制的审计工作,并独立发表内部控制的审计意见。

(三) 会计制度与内部控制

从控制理论的发展进程看,内部控制与会计有天然的"血缘关系"。早期的内部控制目标以账簿之间的核对相符、账簿记录与财产的一致性以及会计报表数据可靠性为核心内容。

会计制度可有广义与狭义的理解。广义的会计制度泛指进行会计工作、处理会计业务中所应遵循的规范。具体地说,包括《公司法》《会计法》等的规定,企业会计准则、行业会计制度等的要求,以及各单位内部的会计制度等。狭义的会计制度仅指各企业单位根据《公司法》《会计法》,会计准则等要求,结合各单位自身特点所自行制定的、仅适用于本单位的会计制度(下文如不特别指出,会计制度都是指狭义的会计制度)。企业的一切会计工作都按照会计制度进行。因而企业财务会计信息的可靠性、提供信息的及时性都依赖于会计制度的科学性与合理性。其中,会计制度的相当一部分内容与内部控制制度有关,为此,在进行会计制度设计时,我们要关注以下几个方面:

第一,会计人员及机构是否独立。企业应设立独立的会计机构,会计机构或会计人员不得兼管财物实际收支和保管工作。在工作中,执行钱、物、账分管的原则。这是组织规划控制在会计中的具体应用。如在我国绝大部分企业中,都设有独立的会计(财务)科(处)。

第二,制定严格、详细的业务处理程序。企业应对凭证账簿的设计、凭证账簿的填制、凭证的传递、凭证账簿的保管等做出严格、详细、科学的规定,以确保业务处理的正确和及时,保证会计资料的真实完整,避免非法篡改会计资料等现象发生。这是文件记录控制、授权批准控制在会计中的应用。如一张凭证要经制单、会计、主管等签字后才能入账,现金支票的签发要经主管领导批准等。

第三,配备适当会计人员,并对每个会计人员的职责做出明确规定。从事会计工作的人员,必须具备从事会计工作所需要的专业能力。会计机构负责人应当具备会计师以上专业技术职务资格或从事会计工作三年以上经历。大中型企业应当设置总会计师。设置总会计师的企业,不得设置与其职权重叠的副职。确定合理的会计人员之后,要对各自的工作范围做恰当的划分,利用内部牵制制度相互制约,以便明确责任,促使管理效益提高。例如,出纳和会计都是会计部门工作人员,但两者不得兼任,以免出现挪用现金或侵吞公款的行为。

一项业务的全过程不能由一个人或同一个部门完成,也就是说,应该将不相容职务交给不同的人、不同的部门去执行。否则,容易发生舞弊行为,使内部控制失效。让我们看看大家都比较熟悉的金融“金字塔”巴林银行倒闭案。从制度上看,巴林银行倒闭的最根本原因在于没有做到不相容职务相互分离。1992 年,里森去新加坡后,任职巴林银行新加坡期货交易部兼清算部经理。作为一名交易员,里森所从事的代理巴林银行客户买卖衍生性商品以及替巴林银行进行套利这两项工作,基本上没有太大的风险。因为代客操作,风险由客户自己承担,交易员只是赚取佣金,而套利行为亦只赚取市场间的差价。但不幸的是,里森却一人身兼交易与清算二职,拥有批准、执行、审核三种权力。这种制度设计,导致没有人发现里森为掩盖问题所制造的一系列假账,而巴林银行的实际亏损窟窿也越来越大。最终,巴林银行彻底崩溃。当里森受到法律制裁时,他说:“有一群人本来可以揭穿并阻止我的把戏,但他们没有这么做。我不知道他们的疏忽与罪犯级的疏忽之间界限何在,也不清楚他们是否对我负有什么责任。但如果是在任何其他一家银行,我是不会有机会开始这项犯罪的。”

(四) 信息技术与内部控制

1. 信息技术对内部控制的影响

无论采用手工会计系统还是全自动化的信息系统,内部控制的基本原理或方法都一样。信息技术对内部控制的影响主要体现在两个方面:一方面数据的获取、处理和输出更为快捷、准确和个性化,因而大大提高了管理者监控企业活动的能力;另一方面也给企业带来了一些新的风险,例如信息泄露、计算机病毒、黑客攻击、计算机犯罪等。

利用计算机进行数据处理只要输入的数据和软件是正确的,基本上可以排除计算出错的可能性。因此,手工会计系统中防止某些数据处理错误的内部控制方法可能没有多少价值,比如试算平衡、差错更正、多重复核等。当然,这也可能产生新的数据处理风险,如数据录入错误、会计软件出错、计算机操作员篡改数据等。针对新的数据处理风险,就需要加强对数据输入和会计软件的检测和监控。通常采取的控制措施有:会计数据录入人员进入会计信息系统前必须输入密码或进行身份验证、所有数据处理都必须留下可供查证的电子痕迹、系统的设计和编程人员不能同时负责系统操作、计算机操作员不能签发支票等。

近年来,迅猛发展的信息技术,特别是互联网、云计算技术等,让企业的商业运营模式发生了翻天覆地的变化,不少企业的商业活动主要在网络世界中运营,比如共享单车、滴滴打车等。客户订单使用电子数据在互联网中进行交互处理从而没有或很少有人工参与;业务处理往往是通过内部网络外包给服务供应商;仓库中的库存情况通过使用射频识别(RFID)标签进行跟踪;几乎所有银行都向客户提供网上银行服务。由于互联网的主要优势是共享信息,而非保护信息,因此,管理网络风险、保护数据安全成为内部控制的重要任务。有效网络风险控制环境和监督的关键点包括[①]:①领导层对保护信息系统重要性的重视;②为了减少潜在的网络风险暴露,对设计和执行内部控制的有效性开展持续评估和单独评估;③雇用或外聘具备资质和能力的网络风险管理专业人士;④对外包服务供应商的网络风险控制活动开展适当的监督;⑤对网络风险控制缺陷进行及时和适当的沟通;⑥由控制实施主体承担保护信息系统的责任。

2. 信息化环境下的内部控制

随着计算机的普及和大量运用,越来越多的企业用计算机会计信息系统代替传统手工会计系统。尽管计算机会计信息系统与手工会计系统在数据的层次结构、业务处理的基本原理、系统的目标和功能方面是相同的,但是在数据载体、数据处理形式等方面差别很大。因此,信息化环境下所采用的内部控制方式就不同于手工会计系统下的内部控制方式,其所需的控制要求更严密,范围更大。

(1) 常规控制。常规控制也被称为一般控制,是对计算机会计信息系统中组织、制度、开发、安全等系统环境方面进行的控制。这些控制方法对所有会计信息的应用,乃至所有管理信息系统的应用都普遍适用,为信息化系统提供了必要的规程和安全可靠的工作环境。其主要内容包括:

第一,组织与操作控制。由于会计信息系统使数据和责任高度集中,打乱了传统手工职能分割,为此必须考虑新型的内部控制制度。其基本要求是达到合理的职责分离,将数据处理过程中的权力和责任分为几个部分,每个人只能完成其中的一部分工作。一般通过合理划分组织机构,保证各类人员之间的相互稽核、互相监督、互相制约,明确各类人员的职责,相斥的职能要合理分离等措施实现其控制目标。

第二,开发与维护控制。在会计信息系统的开发阶段,需要有一套强有力的控制措施,以便及时发现、修正错误。在需求分析阶段,用户的需求分析报告要经由专家(组)审核;在系统的每个设计阶段,都应有用户代表参加,保证用户与设计人员有效沟通;在系统的运行阶段,任何程序的改变必须经过批准、调试、检测和做好文字记录后才能运行;对设计阶段的文档资料要妥善保管,只有经授权后才能接触这些资料。

第三,硬件和系统软件控制。在选购硬件和系统软件时,尽可能选择设备质量可靠、软件控制功能强、信誉及售后服务好的公司,而且硬件配置上要留有升级、改造的余地。

第四,系统安全控制。系统的可靠性、数据的安全性以及信息处理的正确性均依赖于强有力的安全控制,以防止危及系统安全的事件,及时发现系统的安全问题。系统安全控制的主要措施有:系统的接触控制、系统环境安全控制、系统后备控制与灾难补救计划。

(2) 应用控制。应用控制是为适应会计信息系统的特殊控制要求,保证数据处理完整、准确而建立的具体内部控制。常见的措施有:

第一,输入控制。输入控制的目标在于提供合理的保证,使会计信息系统所接收的数据均经过严格审核与校验,完整、准确地输入并转化为机器能接收的形态,同时,所有数据都没有被遗漏、添加、篡改或被进行其他不当操作。一般通过业务审批制度、输入安全控制、输入校验控制制度等达到上述目标。

---

① Mary E. Galligan, Kelly Rau. 网络时代的内部控制. 财务与会计, 2015.

第二,处理控制。处理控制的目的是保证计算机数据处理活动的可信性,防止有些数据输入没有被处理或被重复处理,防止数据处理或更新错误。可通过计算检查、逻辑检查、合法性检查、文件标签控制、余额合理性检查、余额试算平衡、总账与明细账核对等方式达到以上目的。

第三,输出控制。系统除定期或不定期打印输出各种报表外,还要有一些特殊的输出控制措施。例如,通过输出相关报表进行总数控制核对、勾稽关系检验等。

(五) 内部控制的局限性

任何内部控制系统都有其固有的局限性,即使是一个有效的内部控制系统也可能出现控制失败。造成这些局限性的原因主要来自两个方面:第一,人为因素;第二,成本效益原则。

由于内部控制制度是由人来实施的,人的因素对内部控制有重大影响。首先,疏忽、疲惫、判断错误等无意的人为差错会造成内部控制失效;其次,蓄意的人为舞弊也会导致内部控制失败,比如管理者为牟取私利滥用职权、通过串通规避控制、高管凌驾于内部控制之上等。人为因素对内部控制有效性的影响告诉我们,建设内部控制环境非常重要,良好的内部控制环境有助于监督管理内部控制政策和程序。

人为舞弊行为发生的驱动因素主要是:机会——内部控制薄弱;压力——来自经济、家庭、企业、社会和个人对成功向往的压力;借口——舞弊者为欺诈行为寻找正当理由。

内部控制具有局限性的另一个主要原因是成本效益原则。由于建立和实施内部控制系统需要付出代价,所以只有收益大于成本的内部控制才有生命力。也正因为如此,企业在实施内部控制制度时要考虑成本效益原则,比如公司有权利监控和检查全部员工的工作电子邮件,但实际上公司只有在发现员工行为异常时才会动用这项权利。基于成本效益的考虑,企业往往比较关注重大风险的管控,由于人力、物力局限,企业有可能控制不足导致内部控制失败,也有可能对次要风险重视不够,而若干次要风险叠加或组合可能使风险性质发生变化,进而导致内部控制失效。此外,发生超出组织控制能力的外部事件,也有可能造成内部控制失败,比如科技、法规发生重大变化或自然灾害等。

内部控制的局限性妨碍了管理层实现内部控制目标,也就是说,内部控制仅能为控制目标的实现提供合理而非绝对的保证。

案例 6-1

中行开平支行案[①]

2001 年 10 月,作为全行加强管理的重大技术举措之一,中国银行正在将过去全国多达 1 040 处的计算机中心统一成一套系统,集中设置在 33 个中心。令人难以置信的事情发生了。10 月 12 日,中国银行正在集中的各分支机构的计算机中心反映出来的账目中出现了 4.83 亿美元的亏空。开平支行资金被盗 4.83 亿美元,中行发生了中华人民共和国成立以来规模最大的银行资金盗用案。10 月 15 日,时任广东省分行财会处处长的许超凡突然失踪。同时失踪的还有广东中行的两名支行行

---

① 张继伟 . 开平之劫 . 新浪网,2002-05-13.

长余振东和许国俊。许超凡、余振东、许国俊,恰恰在 20 世纪 90 年代以来先后担任过开平支行的行长,其中许国俊在事发时正在任职。紧接着,负责经营潭江半岛酒店的一位前开平支行副行长也突然跳楼身亡。

开平是个只有 70 万人口的县级市,经济规模有限。直到 2001 年,这个小城市利用外资才首次超过 1 亿美元,愈发突显出被盗的 4.83 亿美元数额何等巨大。事实上,根据 2002 年开平市政府工作报告中的数字,全市 10 年的财政收入总和折合还不到 4 亿美元。

要求:

1. 查阅相关资料,进一步了解上述涉案分行违法违规的具体事实。
2. 应用内部控制的基本原理对其进行分析。
3. 结合上述案例,讨论大数据对完善内部控制的积极意义。

第二节　现金和存货的内部控制

内部控制可运用在企业或单位业务的方方面面,比如现金、销售与收款、采购与付款、存货、成本费用、投资、负债等。本节主要介绍现金和存货的内部控制。

现金是企业流动性最大的资产,它易于携带,也容易被挪用、贪污或盗窃。由现金失控造成经济犯罪的案例"不胜枚举"。

据《北京晨报》报道,国家自然科学基金委员会(下文简称"基金委")财务局的原会计卞中自 1995 年至 2003 年 1 月共贪污、挪用公款高达 2.2 亿元。作为一名普通会计,卞中作案长达 8 年之久,一个人悄无声息地执导了大批资金"频繁进出"的大戏!

1992 年 6 月,卞中调入基金委做会计工作,当时他才 29 岁。在这一岗位上卞中一做就是十多年,对基金委所有款项的来龙去脉有了充分的了解,同时也发现了财务控制方面的漏洞。在资金管理处,卞中既管记账又管拨款,身份是会计却又充当出纳的职能,所有银行单据和银行对账单都由他一手经办。于是,他可以方便地采用谎称支票作废、偷盖印鉴、削减拨款金额、伪造银行进账单和信汇凭证、编造银行对账单等手段贪污挪用巨额款项。令人惊讶的是,在长达 8 年的时间里卞中所为一直未被察觉!

2003 年春节刚过,基金委财务局经费管理处刚入职的一名大学生上班伊始便到定点银行拿对账单,以往这一工作由卞中负责。一笔金额为 2 090 万元的支出引起了这名大学生的注意,印象里他没有听说过此项开支。这个初入社会的大学生找到卞中刨根问底……一桩涉案金额超过 2 亿元的大案也因此浮出水面[①]。

该事件一方面说明,必须对会计人员加强法律道德教育;另一侧面也说明,科学严格的现金管理对保护企业财产安全具有十分重要的意义。

那么,现金的内部控制应当如何进行呢?

①　潘琰. 内部控制. 北京:高等教育出版社,2008:225-226.

一、现金控制的目标和措施

(一) 现金控制的目标

保证现金的安全、完整,是现金控制的首要目标。这体现在会计上要求:第一,落实现金的保管责任;第二,真实、完整地提供现金信息,做到现金的账面数额与实存数额日日相符;第三,保证有足额的现金,满足企业经营活动的日常需要。此外,在国有企业,现金收付还应当符合国家相关政策的需要。

(二) 现金控制的措施

为达到上述目标,必须采取必要的措施,归纳起来有如下几个方面:

1. 现金收支业务中相关职务必须分离

现金收支业务包括授权、付款、收款和记录等环节。现金收支业务的管控,关键在于严格凭证审核制度,其基础是各经办职能部门之间的责任要明确,确保办理现金业务的不相容职务相分离,即每一个环节、每一项工作由不同的人来完成,形成严密的互相牵制制度,防止舞弊行为的发生。具体来说,现金收支业务的管控至少要做到以下几个方面的职责分离:①现金收付及保管只能由经授权批准的出纳来负责处理,其他职员不得接触支付前的任何现金。②出纳不得从事除登记现金、银行存款日记账之外其他账簿凭证的登记、填制工作。这也就是日常所说的"管钱的不管账,管账的不管钱"。③出纳不得兼任稽核、会计档案保管等工作。④支付现金的工作与有关收入现金的工作应分开,即所谓的"收支两条线",防止将现金收入直接用于现金支出的"坐支"行为。⑤经办销售业务的人员不得同时办理现金收款业务,反之亦然。⑥单位不得由一人办理现金业务的全过程。现金支出的授权、现金支付的经办和现金账目的记录应由不同的人来完成。此外,每个单位应配备合格的人员从事现金管理,并根据具体情况定期轮岗。

2. 加强对现金收付的控制并执行严格控制程序

企业应尽量少保存库存现金,及时将超过限额的现金全部送存银行,这是保护现金安全的重要控制措施。所有现金收入每天结存后要如数送存银行;除零星小额支出外,所有的现金支付都要通过银行支付(通过银行支票或其他银行结算方式),出纳不得坐支。这样,通过银行对现金收支进行控制,不仅可以大大减少保存大量现金的成本和风险,又可加强对现金收支的有效管控。而且,银行为企业保持了另一套现金收支记录,并通过定期与企业核对账目,保证现金记录的正确性。此外,现金的使用范围必须符合有关规定,现金收付必须严格按照会计制度及时、正确地填制有关凭证,并登记入账。

3. 建立严格的内部审计或稽核制度

库存现金应做到日清、日结、日对,保证账实相符。出纳要通过现金日记账的每天结账,逐日盘点库存现金,定期核对银行存款并编制银行存款余额调节表,保证账实相符。会计部门或内部审计部门应随时派除出纳以外的其他人员抽查盘点现金,检查现金是否账实相符,以确保现金记录正确和现金控制制度严格执行。

(三) 现金控制的一般程序

在实践中,由于各单位或企业的商业模式、经营规模、信息化程度等具体情况不同,现金控制的措施和程序也不完全相同。通常,一个完整的现金控制系统可分为现金收入控制、现金支出控制和库存现金控制三个方面。

1. 现金收入控制

企业的现金收入主要来自营业收入,对现金收入的控制除建立和执行严格的控制程序以外,还应注意收款的时间和收款金额。现金收入控制程序的基本要点包括:

(1) 全部现金收入必须当日送存银行,因特殊情况当日不能送存银行的应于次日送存银行,防止以收抵支的"坐支"行为发生。

(2) 所有现金收入都应开具收款收据或发票。

(3) 开具收款收据或发票与收款应由不同人员经办。通常由销售部门经办销售业务的人员填制收款收据或销售发票,出纳人员据以收款,会计人员据以记账。三者之间相互牵制,互相核对,可以有效防范舞弊和差错的发生。

(4) 要控制收款收据、销售发票的领用和保管。所有收款收据和发票都必须连续编号,并按规定领用和回收,鼓励使用电子发票。领用收款收据和发票要登记并由领用人签收。收据存根由收据管理人收回和保管。对领用后尚未使用的空白收据和发票,要定期查对。销毁收据和发票必须严格遵循相关审批程序。

(5) 开具发票时,必须做到按照号码顺序填开,填写项目齐全,内容真实,字迹清晰,全部联次一次打印,内容完全一致,并加盖发票专用章,确保现金收入全部入账并账实相符。

现金收入控制的一般程序如图 6-3 所示。

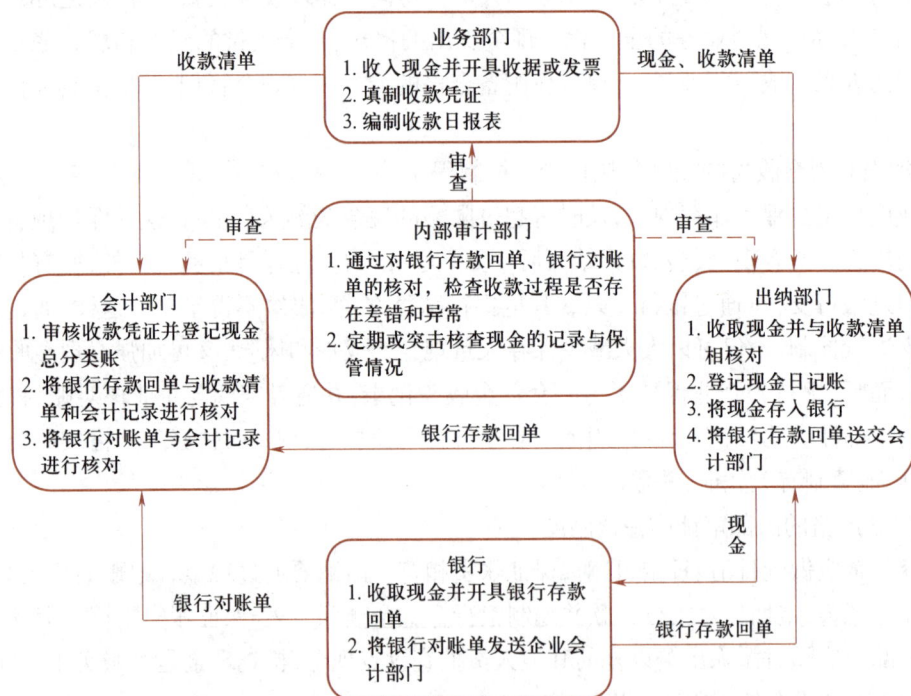

图 6-3　现金收入控制的一般程序

2. 现金支出控制

企业现金支出业务主要包括支付购货款、支付有关费用和工资等。企业必须根据自身业务的特点和具体情况,制定并严格执行现金支出控制制度和程序。现金支出控制程序的基本要点包括:

(1)现金支出要遵守国家有关支付结算制度和现金管理规定,要尽可能使用银行转账方式支付,单位应加强库存现金限额管理。

(2)现金支出流程通常包括支付申请、支付审批、支付复核和办理支付,每一步骤都要按规定的职责权限和程序进行处理,大额资金支付业务要经集体决策和审批,并建立责任追究制度,防止贪污、舞弊、浪费等行为。

(3)付款的授权、支票的签发、款项的支付和记账要由不同的人员经办。

(4)支票签发至少要由两人签字或盖章,相互牵制、相互监督。

(5)任何款项的支付都必须有原始凭证作为依据,由经办人员签字证明,主管人员审批,出纳人员据以办理付款。

(6)付讫的凭证,要加盖"银行付讫"或"现金付讫"章,予以注销,并定期装订成册后由专人保管,防止被重复付款、盗窃或篡改。

现金支出控制的一般程序如图6-4所示。

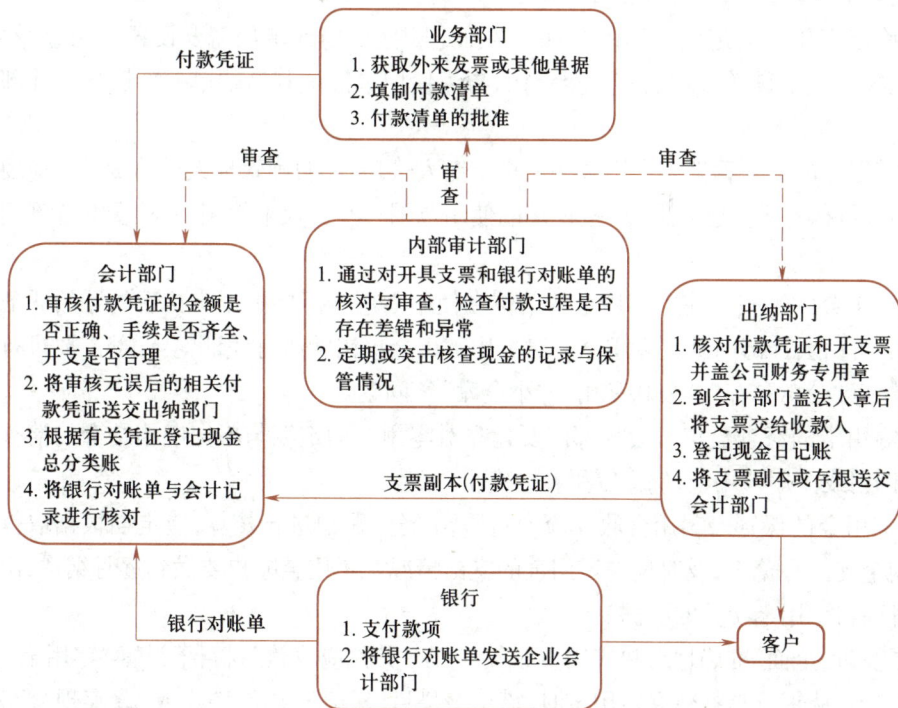

图6-4 现金支出控制的一般程序

3. 库存现金控制

企业库存现金管控的主要目的是确定合理的库存现金数,既要满足企业日常经营活动的

需要,又不能留存过多的现金,保证不影响效率并确保现金的安全问题。库存现金控制的基本要点包括:

(1) 根据企业日常零星开支的需要,合理确定库存现金的限额,超过限额的现金必须及时存入银行。

(2) 出纳人员应及时登记现金和银行存款日记账,做到日清月结、账款相符,不得以"白条"抵充库存现金。

(3) 内部审计或会计部门应采取定期检查和临时突击检查相结合的方法对库存现金进行审核,核实库存现金实有数与账面金额,对发现的问题要及时处理。

(四) 零用金管理制度

企业为了加强现金管控,对绝大部分开支要求使用支票从银行支付,只有一些零星的日常开支,如购买办公用品、个人出差的零星开支等才允许使用现金。这些零星开支金额较小、发生频繁,为了便于管理、提高效率,可以通过建立定额零用金制度(imprest petty cash system)来管理,即事先提存一笔固定金额的零用现金,交由专人保管,以备日常开支之用,金额通常不超过 5 天零星支付所需的现金。边远地区和交通不便地区的开户单位库存现金限额可按大于 5 天,但不能超过 15 天的日常零星开支需要确定。因此,所谓定额零用金就是指会计部门拨付给所属单位或企业内部有关职能部门的、用于日常业务零星开支的、具有一定限额的现金。在设置定额零用金时,应注意以下五个方面:

(1) 确定零用金的定额与范围。首先要确定哪些部门或单位需要设置零用金,然后根据具体情况核定一个科学合理的零用金定额,再由使用单位填制借款单一次性从会计部门领取现金。

(2) 零用金的日常管理。零用金必须指定专人管理,并明确管理人员的责任。应要求零用金的使用人员执行现金管理制度,按规定的使用范围和开支权限使用,并接受会计部门的管理及监督。

(3) 零用金的审核。使用零用金的单位在使用零用金后要根据审核后的原始凭证向会计部门报销,再由会计部门补足零用金。对采用零用金报销的所有凭证,会计部门要进行严格审核,特别注意"公款私存""公款私用""小金库"等问题。

(4) 零用金的清查盘点。会计部门要建立对零用金的定期与不定期相结合的清查盘点制度,防止挪用或滥用零用金,保证零用金的安全、完整。

(5) 零用金的保管。零用金收支应通过"零用金"账户进行核算,应定期根据取得的发票编制零用金支出一览表,及时反映零用金的支出情况。零用金账户要做到逐月结清,出纳应妥善保管各种与零用金相关的票据。

为了及时、全面、准确地反映零用金业务,应在"其他应收款"科目下设置"零用金"(或"备用金"账户)。从银行提款建立零用金时,借记该科目,贷记"银行存款"或"库存现金"科目;收回零用金时,做相反的分录。

【例 6-1】 中昇公司为采购部建立零用金制度,根据预算零用金定额为 5 000 元,会计部开出一张 5 000 元的支票从银行提取现金,供零星采购和开支使用,经办人为采购部陈文。陈文在领用备用金时,应按规定填制借款凭证,有关人员编制现金付款记账凭证,出纳员根据现

金付款凭证支付现金(或现金支票),其会计分录为:

借:其他应收款——零用金　　　　　　　　　　　　　　5 000

　贷:库存现金　　　　　　　　　　　　　　　　　　　　　　5 000

建立定额零用金后,企业日常经过审批的零星支出,由零用金经管人员直接从现金中支付,同时在已付款的凭证上加盖“付讫”章予以注销。零用金经管人员应定期或不定期凭已付款的凭证向会计部门申请报销,会计部门根据报销金额签发支票,补充零用金定额的不足,并借记有关费用科目,贷记“银行存款”账户。

假设上例中,陈文报销零用金,已付款凭证金额为 1 500 元。经批准开出一张金额为 1 500 元的支票从银行提取现金,会计分录为:

借:管理费用　　　　　　　　　　　　　　　　　　　　　1 500

　贷:银行存款　　　　　　　　　　　　　　　　　　　　　　1 500

再假设上例中,由于公司设立服务共享中心,取消原来在外地设立的采购部门,收回剩余的 3 500 元零用金并存入银行,会计分录为:

借:银行存款　　　　　　　　　　　　　　　　　　　　　3 500

　贷:其他应收款——零用金　　　　　　　　　　　　　　　　3 500

思考:某企业设立微信零用金制度,请问是否合规?另一企业向银行申请公务卡备用金,请问如何进行账务处理,公务卡备用金与传统的零用金有何不同?

总之,为了控制现金业务,每家企业都要采用内部控制制度。通常,现金的内部控制包括:①为现金业务建立必需的会计程序,明确职责分工;②将现金管理与现金记账的工作分离,管理现金收支的人(比如出纳)不能处理账务;③将有关支付现金的工作与有关收入现金的工作分开,即所谓的“收支两条线”;④要求将所收到的现金,全部于当天存入银行;⑤除零星小额开支外,要求所有付款,全部不用现金支付,而是用支票等结算方式支付。

二、银行存款内部控制

银行存款①是指企业存入银行及其他金融机构的货币,现金是指库存以备日常零星支付的货币。企业主要的资金收付都是通过银行进行的,因此,银行存款的管理是否有效,是企业经营成败的关键因素之一。通过设立有效的银行存款内部控制制度,可防患于未然,及时发现乃至杜绝诸如挪用资金、贪污等行为。

(一)银行存款内部控制的目标

1. 保证银行存款的安全、完整

从会计技术角度看,要求定期将企业银行存款日记账与银行送来的企业银行对账单核对相符。

2. 确保银行存款账户有足够的数额

在现实实务中,有部分企业因缺乏足够的银行存款而错过了好的投资机会,更有甚者陷入

---

① 在国外,会计处理上,现金与银行存款不做区分,统称为现金,类似我国广义的现金概念。

严重的财务危机而濒于破产。因此,保证一定数额的银行存款是内部控制的又一目的[①]。

(二) 银行存款管控的措施

不同规模、不同行业的企业,在银行存款的使用要求上存在差异,其管控措施也就相应不同。但它们都有一些基本要求,包括:

1. 严格执行国家的各项法规

企业必须严格执行国家对银行存款的各项管理办法和结算制度。每个企业都必须按照规定在当地银行开设存款账户,进行银行存款的存款、取款和转账结算的核算。企业除按规定保存限额范围内的库存现金外,其他余款必须存入银行。

2. 银行存款收付业务的相关人员职责分离

在银行存款收付业务中,涉及出纳、会计、主管及银行相关人员。在企业中,应做到银行存款的审批人同出纳、支票保管人员和记账员相分离,负责调整银行往来账的人员同现金收付及负责应收、应付账款的职员职责分离。

3. 严格支票管理

所有的空白支票必须连续编号,并妥善保管,支票存根要按有关规定妥善保存,任何有文字或数字更改的支票均应予作废(加盖"作废"戳记),并且同其他支票存根一起,按顺序编号并保留。每项支票支出都必须有经过核准的发票或其他必要的凭证作为书面依据,而且必须经过指定的支票签署者的审批并签发。所有已签发的支票应于当日及时入账,并定期与相关账户核对。

空白支票与银行印鉴要分别保管,分人保管,不得先将空白支票加盖银行预留印鉴和填写支票预留密码。空白支票一律存入保险柜,出纳人员应妥善保管保险柜钥匙。

通常财务专用章由出纳人员管理,法人印鉴由会计保管。严禁一人保管支付款项所需的全部印章。

4. 加强银行票据管理

企业对各种银行票据和其他结算凭证要严加保管。银行存款账目要定期与银行对账单核对,月末若发现有差额,必须查明原因,并编制"银行存款余额调节表"进行调节。

5. 定期将企业银行存款日记账与银行送来的企业银行对账单核对相符

如发现企业银行存款日记账与银行送来的企业银行对账单不符,应及时查找原因,力求将损失控制在最低水平。

(三) 借助银行业务控制现金

银行是信用中介和支付中介,为企业提供多种金融服务,其中很重要的一项服务就是帮助企业控制现金。银行可以为企业保管现金,办理现金的收付、结算等业务,提供详细且独立的现金交易记录。

1. 银行对账单

按照我国现金管理和结算制度的规定,每个企业都要在银行开立账户,用来办理存款、取

---

① 当然,实现这一目标,已超越了会计部门的权限,它还需要企业相关部门如财务部门的配合,并受企业的经营策略、筹资能力等的影响。财务管理课程将会详细讨论这一问题。

款和转账结算。有了银行账户，企业就可以将现金存入银行，也可以通过银行办理取款和结算业务。目前，几乎每家商业银行都有网银业务，企业可以通过电子资金转账，即使用电子通信设备将现金从一方转付给另一方。使用电子资金转账不需要纸质凭证，成本低且使用方便快捷，每笔支付成功后立即通知收支双方。

通常，银行每月都会发一份银行对账单给存款企业（目前银行普遍使用电子对账单），告知企业其账户的变动明细。银行对账单一般包括以下内容：①存款人账户的期初余额；②本期发生的减少账户余额的款项；③本期发生的增加账户余额的款项；④存款人期末余额数；⑤交易明细项目，包括交易账户、交易日、交易类型、商户名称、交易金额等内容。

在收到银行对账单时要注意，对于银行来说，存款人账户中的货币是它的负债，因为这些现金的所有者是存款人而不是银行。当存款人增加账户余额时，银行需要贷记其负债账户，也就是说，收到发出的借记通知单以后，存款人需要贷记其存款账户。与此相反，收到银行发出的贷记通知单后，存款人需要借记其存款账户。

2. 银行存款余额调节表

为了检查银行存款收支业务记录的正确性，查明银行存款的实际余额，企业至少每月应将其银行存款日记账与银行每月提供的银行对账单逐笔核对。企业可以通过编制银行存款余额调节表来验证其银行存款收支记录的正确性。银行存款余额调节表是用来解释企业记录的银行存款账户余额与银行对账单上所列示的余额之间存在差额之原因的一种报表。

由于信息不对称，银行对账单上列示的企业账户余额与企业自己记录的银行存款日记账的余额经常存在差异。因此，企业必须验证自身和银行的记录是否正确，调整两者之间的差异，并解释两者之间产生差异的原因。实际上，导致企业银行存款账户和银行为企业登记的账户金额不相符的正常原因是未达账项。

所谓未达账项，指单位与银行之间一方已入账、另一方因未收到有关凭证而未入账的款项。未达账项主要有以下四种情况：

（1）银行已收，企业未收。如银行已收到购货方所支付的货款，但正逢月末，凭证尚未传递到企业。

（2）银行已付，企业未付。典型的事例是银行代缴水电等公用设施费，银行付款一般不通知企业，付款凭证定期传递到企业。

（3）企业已收，银行未收。比如，企业收到客户用于支付货款的银行转账支票，在登记入账后，委托银行代为收款。这样，在企业和银行之间就出现一个"时间差"。

（4）企业已付，银行未付。常见的现象是企业开出现金支票或转账支票用于支付货款，但客户在收到支票后，并未立即去银行办理相关手续。

在第一、第四种情况下，企业银行存款日记账的余额将小于银行对账单的余额；在第二、第三种情况下，则正好相反。为消除未达账项的影响，就需要编制"银行存款余额调节表"。

银行存款余额调节表的编制方法一般是在双方账面余额的基础上，分别补记对方已记账而本方尚未记账的账项金额，然后验证调节后的双方余额是否相符。

若经过银行存款余额调节表的账项调整，企业银行存款日记账的余额仍然与银行对账单的余额不相等，则应进一步查清是否存在记账错误、舞弊等问题，直至双方期末余额完全相等。

因此,编制银行存款余额调节表是企业管控银行存款账户的重要方法之一。

银行存款余额调节表的格式如表 6-1 所示。

表 6-1　银行存款余额调节表

币种 ＿＿＿＿　开户银行 ＿＿＿＿＿＿＿　账号 ＿＿＿＿＿＿＿　年　月　日

银行对账单	金额	银行存款日记账	金额
银行对账单余额		银行存款日记账余额	
加:企业已收,银行尚未入账金额		加:银行已收,企业尚未入账金额	
其中:1.　　2.		其中:1.　　2.	
减:企业已付,银行尚未入账金额		减:银行已付,企业尚未入账金额	
其中:1.　　2.		其中:1.　　2.	
调整后银行对账单余额		调整后企业银行存款日记账余额	

编制:　　　　　　　　　　　　　　　　　　　　　　出纳:

【例 6-2】　中昇高科公司 202× 年 3 月 31 日收到开户行发来的银行对账单余额为 240 920 元,同日中昇高科公司银行存款日记账余额为 227 960 元。经逐笔核对,发现两者不符是由下列事项造成的:

(1) 公司向银行托收宏大公司服务费 9 000 元,银行已收款入账,但收款通知(贷记通知单)未送达公司,公司尚未入账;

(2) 公司存款利息收入 1 872 元,银行已划入公司账户,公司尚未入账;

(3) 银行根据有关协议从公司账户支付电力公司电费 2 600 元,但付款通知(借记通知单)未送达公司,公司尚未入账;

(4) 公司本月收到并送存银行的 ×× 公司用于支付服务费的支票 6 800 元,因付款单位存款余额不足而被退回,银行尚未通知公司;

(5) 支付差旅费 8 691 元,公司误记为 8 619 元,少记 72 元;

(6) 公司本月送存中宏公司用于支付咨询费的支票 11 200 元,银行尚未入账;

(7) 公司 30 日开出的 7 780 元的支票,支付中晟宏大教育科技公司培训费用,收款单位尚未到银行办理转账手续,银行未入账;

(8) 银行发生串户,将一笔不属于本公司的收款 14 980 元误记入本公司账户。

根据以上事项,公司可编制银行存款余额调节表,如表 6-2 所示。

编制银行存款余额调节表一般需要九个步骤:

第一步,确认银行对账单上记录的银行账户余额(银行为企业记录的存款余额),中昇高科公司的银行存款余额为 240 920 元。

第二步,确认并列出银行尚未记录的存款交易及银行所犯的导致银行余额低估的错误,并将其加至企业银行存款的金额中,中昇高科公司未记入银行对账单的金额为 11 200 元。

表 6-2 中昇高科公司银行存款余额调节表

202× 年 3 月 31 日　　　　　　　　　　　　　单位:元

银行对账单	金额	银行存款日记账	金额
余额	240 920	余额	227 960
加:公司已收,银行未入账的中宏公司咨询费	11 200	加:银行已收,公司未入账的宏大公司服务费	9 000
减:银行串户	14 980	存款利息收入	1 872
公司已付,银行未入账的中晟宏大教育科技公司培训费	7 780	减:少计差旅费	72
		退回公司支票	6 800
		银行已付,公司未入账的电力公司托收的电费	2 600
调整后余额	229 360	调整后余额	229 360

第三步,确认并列出未兑现支票及银行所犯的导致银行余额高估的错误,并将其从银行的存款金额中扣除。通过对比中昇高科公司的银行存款日记账记录,我们发现银行记账错误(串户)14 980 元,未兑现支票金额为 7 780 元。

第四步,计算出银行对账单调整后的余额,也即纠正后余额,本例为 229 360 元。

第五步,确认公司银行存款日记账记录的余额。中昇高科公司银行存款日记账的账面金额为 227 960 元。

第六步,确认并列出公司尚未记录的银行未发出或已发出但公司未及时入账的收款通知(贷记通知单)、利息收入及导致账面余额低估的错误,并将上述金额加到银行存款账户的账面余额。中昇高科公司未入账的服务费收入为 9 000 元,利息收入 1 872 元。

第七步,确认并列出公司尚未记录的由银行发出的付款通知(借记通知单)、服务费及导致账面余额高估的错误,并将其从账面余额中扣除。中昇高科公司未记账的电费 2 600 元,退回支票 6 800 元,记账错误少计差旅费 72 元。

第八步,计算出公司银行存款日记账调整后的账面余额,也即纠正或调节后的余额。本例为 229 360 元。

第九步,比较第四步和第八步中计算出来的两个调整后的余额是否相等,如果两者相等,表示调节成功。如果不等,重新确认是否存在遗漏,再进行调节直到相等为止。

调节后的企业银行存款余额,反映企业月末可以动用的银行存款实有数。若银行对账单和企业银行存款账面余额相等,一般情况下表示没有差错,但这并非绝对的,比如双方记账错误刚好相等,银行和企业串通舞弊等。如果调节后的余额仍不相等,表明账目有错误,必须进一步查明原因,予以更正。

对已发现的企业记账错误,要及时做更正分录并登记入账。上例中昇高科公司少计差旅费用 72 元,应做更正分录:

借:管理费用　　　　　　　　　　　　　　　　　　72

　贷:银行存款　　　　　　　　　　　　　　　　　　72

为了及时、正确地反映企业银行存款期末实际余额,如实反映企业的财务状况,对于银行已入账、企业未入账的未达账项,应及时编制调整分录并登记入账。但是应注意,在我国对于未达账项的会计处理,不能以银行存款余额调节表作为原始凭证来调整银行存款账面记录。也就是说,银行存款余额调节表类似于"工作底稿",不是填制记账凭证、登记账簿的法定原始凭证。只有等到银行结算凭证(如收付款通知书等)到达企业,未达账项变成"已达账项"时,才能进行相应的会计处理。

三、存货的内部控制

制造业企业的存货一般包括原材料、在产品、产成品等,商业企业的存货包括库存商品、办公用品、低值易耗品等,在企业流动资产中所占比重较大。由于种类繁多、存放分散、变动频繁,较易出现记账错误、损坏变质甚至盗窃流失等情况,而且存货计价合理与否对企业财务状况的影响较大,因此,建立相应的内控制度至关重要。

知识拓展 6-1

存货控制的重要性

在商店、超市等单位,存货可能比现金更容易流失。有些商场净利润率只有 5%~6%,但损失的存货则是销售额的 4%~5%。在食品业,净利润率只有 1% 左右,这样,管理者的主要职责不仅是如何增加销售量,而且要防止存货丢失。例如,净利润率为 2%,为抵销 1 000 元的存货丢失,需增加50 000 元的销售额。由此,建立存货资产控制制度的重要性可见一斑![1]

(一) 存货控制的目标

1. 保证存货的账存数和实存数相符

这一目标是对任何财产物资进行内部控制的共同目标。对于存货而言,不但要保证数量上相符,还要保证存货的价值相同,最大程度减少存货发生变质、损坏等现象。

2. 存货的计价正确合理,以确保列入利润表的成本恰当

由于市场价格不断波动以及通货膨胀(紧缩)的影响,采用不同的计价方法会导致不同的财务结果。如在持续通货膨胀的情况下,采用后进先出法会低估存货成本,高估销货成本,进而低估当期利润;采用先进先出法,则会高估存货成本,高估当期利润。为较真实地反映企业财务状况,应根据经济环境的变化选择恰当的存货计价方法。

3. 合理经济地购入材料(商品)及制造产品

不合理地购入原材料(商品)等要么会导致大量存货积压,要么会导致存货短缺而停工待料或脱销,这两者都会导致巨大浪费和损失。对制造在产品、产成品也同样如此。

---

① 谢获宝. 会计学. 武汉:武汉大学出版社,2003 :119.

知识拓展 6-2

存货：企业的"钱途"或"定时炸弹"

在美国新经济神话破灭的时候，美国经济界首先想到的是国内的有效需求，第二个关心的就是企业的存货。有效需求与民众对经济的信心相关，属企业不可控的外部因素。而存货，理论上则属于企业可以控制的内部因素。事实上，对企业来说，存货管理一直是个挑战，贬值、消耗企业资源和占用企业资金这三个存货特性决定了与之相关的决策可能决定企业存亡。有人估计，如果要让存货保值，必须以 20% 的速度增加其价值，然而，众所周知，存货即使是珍贵如金的物品，不仅未必能增值，还有可能贬值；同时，它将消耗企业可观的储存费用，即消耗企业资源。对于企业来说，存货的上述两个特性可能还不是最致命的，还有第三个特性，即占用企业资金，将降低企业的资金周转率。对于企业来说，最核心的就是现金流，一旦资金周转不灵往往直接威胁企业生存。

（二）存货控制的方法

1. 存货业务中相关职务分离

存货业务涉及采购、验收、保管领用、盘点、会计记录等业务，从事这些业务的工作人员应适当分离。如采购部门人员与验收、保管人员适当分离，产成品验收部门同产品制造部门分离，保管人员同会计记账人员分离等。

延伸阅读
獐子岛的扇贝又
"逃跑"了吗？

2. 建立存货盘存控制制度

对存货的会计记录一般采用永续盘存制。为克服永续盘存制存在的弊病，一般应在年末通过实地盘点来校对账存数与实存数的差异以及存货的质量差异，以确保企业存货的安全和财务报表的真实性。

3. 建立合理的存货计价及管理制度

企业要根据经济环境选择恰当的存货计价方法，使财务报表尽可能反映存货的真实价值，确定销货成本合理准确。存货的计价方法一经选定，不得任意更改，否则易导致利用存货计价方法进行利润操纵的现象。如确因经济环境发生变化需改变计价方法，应在报表附注中说明改变计价方法的原因及对当期财务状况的影响。

存货内部控制制度容易出现效率与安全相冲突的情形。以生产车间领用原材料或销售发货等存货出库事项为例，内部控制制度要求应当事先拟订计划，出库时还需要经过若干审核手续。显然，完成相关的审核手续需要耗费一定的时间，降低了办事效率。但如果没有相应的审批手续，容易造成存货管理混乱甚至财产流失。如何在效率与安全之间进行有效的协调？这是内部控制制度成功与否的决定性因素。

第三节　财 产 清 查

一套设计完整的内部控制制度运行是否有效，取决于实际执行过程及执行效率。在实际执行过程中，存在多种会干扰内部控制制度运行效率的因素，如管理层的违规或流于形式等，都容易导致内部控制制度失效。

为了解决内部控制制度失效问题,需要定期对内部控制制度执行情况进行检查,包括每年由注册会计师进行外部检查和由公司内部审计部门等进行内部检查。会计部门为编制财务报表而进行的定期财产清查,在一定程度上也能防止内部控制制度的失效问题。

从会计循环程序来看,企业将所有经济业务处理完毕并登记到相关账户中,到会计期末即可准备编制财务报表。为保证财务报表信息的完整、准确、可靠,除了在日常的会计循环过程中严格执行各相关程序外,还需要定期进行财产清查,做到账实相符。

一、什么是财产清查

财产清查是指对各项财产、物资进行实地盘点和核对,查明财产物资、货币资金和结算款项的实有数额,确定其账面结存数额和实际结存数额是否一致,以保证账实相符的一种会计专门方法。

财产清查是内部控制制度的一个部分,它的功能在于定期确定内部控制制度执行是否有效。企业日常工作中,在考虑成本、效益的前提下,可选择范围大小适宜、时机恰当的财产清查,也就是说,可按照财产清查实施的范围、时间间隔等将财产清查适当地进行分类。

(一) 全面清查与局部清查

按照财产清查对象范围的不同,财产清查可分为全面清查和局部清查两种。

1. 全面清查

顾名思义,全面清查是把企业单位的所有财产进行清查和核对,而且把受其他单位委托代管的财产列入清查的范围。由于涉及面广、内容多、工作量大,全面清查一般在年终决算以前、单位合并或撤销、单位改变隶属关系以及清产核资时进行。

2. 局部清查

局部清查指仅对部分财产进行实地盘点和核对。在日常经营活动中,主要是对流动性较大、变现能力较强的财产及贵重物品进行盘点和核对。在遭受非正常损失和更换有关管理人员的时候,也要对有关财产进行局部清查,以确保账实相符,保护财产物资的安全完整。

(二) 定期清查和不定期清查

按照清查时间间隔的不同,财产清查可分为定期清查和不定期清查。

1. 定期清查

定期清查是指按计划预先安排的时间对财产进行清查,通常在月末、季末、年终结账时进行。清查的范围一般是年终决算前进行全面清查,在月末和季末对贵重财产及货币资金进行盘点和抽查,实施局部清查。

2. 不定期清查

不定期清查是指根据实际需要,事前不规定清查时间而临时实施的财产清查。不定期清查可以是全部财产清查,也可是局部财产清查。一般说来,单位在更换财产保管人员、财产遭受非正常损失、发生产权转移或变动、领导或工作人员发生贪污盗窃行为时,应进行不定期清查。

对财产清查的分类因分类标准不同而不同,如按财产清查的组织形式分,财产清查可分为单位自己组织的清查和外单位组织的清查。至于单位采用何种方式在何时进行财产清查,则要根据实际工作的需要以及人力、物力、财力条件确定。

二、财产清查的目的

通过财产清查,可以达成如下目的:

(一) 保证会计资料的真实性,为可靠地编制财务报表提供保证

财务报表是综合反映一定时点或时期单位资金、成本、利润等情况的报告文件,是按照日常会计核算的有关资料编制的。通过财产清查,可以查明各项财产物资的实有数额,确定实存数和账存数之间的差异,进而查明差异产生的原因和责任,以便及时调整账面数字,做到账实相符,保证会计资料的真实性,为编制财务报表提供真实可靠的资料。

(二) 反映企业内部控制制度是否完善,并促使企业加强管理、提高效率

通过财产清查,可以查明各项财产物资是否账实相符,是否存在被非法挪用、贪污、盗窃等情况,能够帮助管理者判断内部控制制度设计是否完善、执行是否有效,最终有助于企业对内部控制制度进行检查并加以改善。通过财产清查,还可以查明企业有无因管理不善而造成财产霉烂变质、损失浪费,有无储备不足、过多积压、财产设备不配套等情况,从而促使企业管理者采取措施改善经营管理,加速资金周转,提高经营管理效率。

三、如何进行财产清查

因财产物资的形态和特征不同,财产清查的方法也就相应不同。常用的方法有实地盘点法、技术推算法、查询法和核对法等。由于每种方法有不同的应用范围,下面将结合各类财产物资的清查,介绍每种方法的具体运用。

(一) 现金的清查

现金是企业流动性最强的财产,应经常对现金进行清查。清查采用的方法是实地盘点法。盘点由清查人员和出纳共同负责。盘点之前,出纳应将现金收款及付款凭证全部登记入账,并结出余额;盘点时,由出纳逐一清点,由清查人员从旁监督。如发生盘盈盘亏,由清查人员和出纳共同核实。现金盘点应当有突然性,盘点中同时要关注出纳有无违反现金管理规定。盘点结束后,根据盘点结果编制"库存现金盘点报告表",由清查人员和出纳共同签章认可。此表是明确经济责任的依据,也是调整账实不符的原始凭证。其格式如表6-3所示。

表6-3　库存现金盘点报告表

单位　　　　　　　　　　　　年　　月　　日

币种	实存金额	账存金额	对比结果		备注
			盘盈	盘亏	
合计					

盘点人:　　　　　　　　　　　　　　　　　　　　　　出纳员:

（二）银行存款的清查

对银行存款的清查采用核对法，即将开户银行定期送达的银行对账单与企业的银行存款日记账逐笔进行核对，以查明银行存款收付及余额是否正确。一般地，在正式清查之前先检查本单位银行存款日记账的正确性和完整性。其次，以每个银行账户为单位，核对银行账目与企业账目是否相符。如不相符，先查看双方是否有未达账项。如有未达账项，则先编制银行存款余额调节表，再核对双方账目是否相符；如无未达账项或编制余额调节表后仍不相符，则属不正常现象，要检查并明确相关责任人的责任。

（三）债权、债务的清查

债权、债务清查是指对单位应收、应付项目及其他应收、应付项目等结算和往来款项所实施的清查，所采用的方法是查询法或核对法，或两者的结合。在清查过程中，不仅要查明债权、债务的余额，还要查明其形成的原因，以便加强管理；对于在清查中发现的坏账损失要按有关规定进行处理，不得擅自冲销账簿记录。其清查程序大致为：

首先，检查、核对账簿记录。有关会计人员应对本单位的债权、债务业务全部登记入账，不得遗漏，以保证账簿记录的完整性。在此之后，清查人员应对有关账簿记录依据会计凭证进行核对，保证账簿记录准确无误。

其次，编制债权、债务款项对账单。单位将编制的对账单送债权人或债务人进行核对，确认债权、债务。对账单一般可采用两联形式，其中一联为回单，由债权人确认并签章。如果债权人核对后发现不一致，则须注明原因，邮寄回本单位。收到对账单后，如存在不一致事项，应就不一致事项做进一步调查；如存在未达账项，应进行余额调整（调整方法类似于银行存款余额调节），然后确认债权、债务余额。当然，在清查中，也可直接派人去对方单位面询，或利用电话、电报、传真、互联网等手段进行核实。

最后，编制"债权、债务清查结果报告表"。在检查、核对并确认了债权、债务后，清查人员应根据清查中发现的问题和情况，及时编制债权、债务清查结果报告表。对于本单位同对方单位或个人有争议的款项、收回希望较小和无法支付的款项，应当在报告中尽可能详细说明，以便有关部门及时采取措施，减少不必要的坏账损失。债权、债务清查结果报告表一般格式如表6-4所示。

表6-4　债权、债务清查结果报告表

单位名称 　　　　　　　　　　　　　　　_____年___月___日

总分类账户		明细账户		发生日期	对方结存额	对比结果及差异额	差异原因及金额			备注
名称	金额	名称	金额				未达账项	有争议账项	无法收回账项	

清查人员：　　　　　　　　　　　　　　　　　　　　　　　　主管人员：

（四）存货的清查

在企业中，存货占流动资产的比重较大，易于流动，是企业日常管理的重点。存货清查的内容主要包括商品、原材料、在产品、产成品、低值易耗品、包装物等。清查常用的方法是盘点法，有时也采用技术推算法，如施工企业原材料的清查。在清查中，不仅要关注存货的数量，也要关注存货的质量。原则上，在盘点时，存货的保管人应在场，并参加盘点工作。盘点必须以各项存货目录规定的名称规格为标准，查明各项存货的名称、规格，盘点各类存货的数量，同时检查存货的质量。盘点结束时，根据盘点结果如实填制"盘存单"，存货保管人员、盘点人员共同签章后，根据"盘存单"和有关账簿记录编制"盘点盈亏报告单"。盘存单及盘点盈亏报告单格式分别如表6-5、表6-6所示。

表6-5 盘存单

单位名称　　　　　　　　　　盘点时间
财产类别　　　　　　　　　　存放地点　　　　　　　　　　　　编号

编号	名称	规格或型号	计量单位	账面结存数量	实际盘点			备注
					数量	单价	金额	

盘点人：　　　　　　　　　　　　　　　　　实物保管人：(签章)

表6-6 盘点盈亏报告单

单位名称　　　　　　＿＿＿年＿＿＿月＿＿＿日　　　　　　　编号

编号	类别及名称	计量单位	单价	实存		账存		差异				备注
								盘盈		盘亏		
				数量	金额	数量	金额	数量	金额	数量	金额	

报告人(签章)：

（五）固定资产的清查

固定资产清查的常用方法与存货清查的方法相同，不再重述。清查结束应编制"固定资产盘盈盘亏报告表"。其格式如表6-7所示。

表 6-7　固定资产盘盈盘亏报告表

部门　　　　　　　　　　　　　　　　　　　　　年　　月　　日

固定资产编号	固定资产名称	固定资产规格及型号	盘盈			盘亏			毁损			原因
			数量	重估价	累计折旧	数量	原价	已提折旧	数量	原价	已提折旧	
处理意见	审批部门			清查小组				使用保管部门				

财产清查工作结束后,应认真整理清查资料,对清查工作中发现的问题,分析其原因、提出改革措施,并撰写财产清查报告,对财产清查中发现的成绩和存在的问题做客观公正的评价。

四、财产清查结果的处理

(一) 财产清查结果的处理程序

财产清查的结果不外乎以下三种情况:①实存数等于账存数,账实相符;②实存数大于账存数,即盘盈;③实存数小于账存数,即盘亏。后两种情况为账实不符。对财产清查结果的处理,也就是对这两种情况进行处理,同时也要对清查过程中发现的物资变质霉烂等进行处理。在处理时应设置"待处理财产损溢"账户,并在其下设置"待处理固定资产损溢"和"待处理流动资产损溢"两个明细账户进行核算。大致程序为:

1. 查明盘亏、盘盈的原因

一般地,盘盈可能是由保管过程中发生自然增量,记录时发生错记、漏记,收发中计量不准确等造成。造成盘亏的原因较多,如保管中的自然损耗,记录中发生错记、重记,管理不善或工作人员失职而造成的财产损失、变质、霉烂或短缺,不法分子贪污盗窃,营私舞弊,自然灾害等。

2. 进行账务处理

在查明盘亏、盘盈的原因后,应根据有关原始凭证编制有关记账凭证,并据以登记有关账簿,以保证账实相符。同时按规定将清查结果及原因报有关部门批准。

(1) 审批阶段的账务处理如下:

① 盘盈的账务处理。对于盘盈的各种材料、固定资产等,借记"原材料"和"固定资产"等账户,贷记"待处理财产损溢"和"累计折旧"账户。

② 盘亏和毁损的账务处理。对于盘亏的各种材料、固定资产等,借记"待处理财产损溢"和"累计折旧"账户,贷记"原材料"和"固定资产"等账户。

(2) 在有关部门批准有关清查结果后,应按照相关规定进行转销处理。方法如下:

① 盘盈财产的转销。如流动资产盘盈,借记"待处理财产损溢"账户,贷记"管理费用"等账户;如盘盈固定资产,借记"待处理财产损溢"账户,贷记"以前年度损益调整"账户。

② 盘亏和毁损的账务处理。流动资产的盘亏和毁损,扣除残料价值、可收回的保险赔偿

和过失人赔偿后的剩余部分,属于非常损失的部分,借记"营业外支出——非常损失"账户,贷记"待处理财产损溢"账户;属于一般经营损失的部分,借记"管理费用"账户,贷记"待处理财产损溢"账户。固定资产的盘亏,借记"营业外支出——固定资产盘亏"账户,贷记"待处理财产损溢"账户。

(二) 盘盈、盘亏的账务处理示例

1. 财产盘盈的账务处理示例

【例6-3】　某企业在财产清查中发现材料盘盈6 000元。

在报经有关部门审批前,根据清查结果报告表编制会计凭证,登记有关账簿。会计分录为:

借:原材料	6 000	
贷:待处理财产损溢——待处理流动资产损溢		6 000

在报经审批之后,根据审批处理意见,转销材料盘盈,会计分录为:

借:待处理财产损溢——待处理流动资产损溢	6 000	
贷:管理费用		6 000

【例6-4】　某企业在财产清查中盘盈损坏设备一台,估计原价20 000元,已提折旧10 000元,现值10 000元。在报经审批前,编制会计凭证,登记账簿,分录为:

借:固定资产	20 000	
贷:累计折旧		10 000
待处理财产损溢——待处理固定资产损溢		10 000

在报经审批之后,根据审批意见,转销固定资产盘盈,会计分录为:

借:待处理财产损溢——待处理固定资产损溢	10 000	
贷:以前年度损益调整		10 000

2. 盘亏和毁损的账务处理示例

【例6-5】　某企业在财产清查中发现某种材料盘亏3 000元,属一般经营损失。

在报经审批前,编制会计凭证,登记有关账簿,会计分录为:

借:待处理财产损溢——待处理流动资产损溢	3 000	
贷:原材料		3 000

在报经审批后,根据审批意见,转销流动资产盘亏。会计分录为:

借:管理费用	3 000	
贷:待处理财产损溢——待处理流动资产损溢		3 000

【例6-6】　一家企业在财产清查中发现某种材料变质,原价5 000元,残料变价收入300元。经查系保管员张某保管不慎所致。

在报经审批前,编制会计凭证,登记账簿。会计分录为:

借:待处理财产损溢——待处理流动资产损溢	4 700	
银行存款	300	
贷:原材料		5 000

在报经审批后,损失由保管员张某负责赔偿。会计分录为:

借:其他应收款——张某	4 700	

贷:待处理财产损溢——待处理流动资产损溢　　　　　　　　　　　　 4 700

【例 6-7】　某企业在财产清查中发现设备短缺,原价 7 000 元,已提折旧 3 000 元。在报经审批前,根据固定资产盘盈盘亏报告表编制会计凭证,登记账簿。会计分录如下:

借:待处理财产损溢——待处理固定资产损溢　　　　　　　　　　　　 4 000

　　累计折旧　　　　　　　　　　　　　　　　　　　　　　　　　　 3 000

　　贷:固定资产　　　　　　　　　　　　　　　　　　　　　　　　　 7 000

报经审批后,根据批准意见,转销固定资产盘亏。会计分录为:

借:营业外支出　　　　　　　　　　　　　　　　　　　　　　　　　 4 000

　　贷:待处理财产损溢——待处理固定资产损溢　　　　　　　　　　　 4 000

本章小结

本章主要介绍了内部控制的基本原理、会计系统中现金及存货的内部控制和财产清查。各单位设立相应的内部控制制度是为了牵制、约束并监督经济人的各种自利行为。内部控制是一个动态的概念,它经历了"内部牵制—内部控制制度—内部控制结构—内部控制整体框架—基于企业风险管理框架的内部控制"五个发展阶段,已形成了为实现企业目标提供合理保证的风险管理架构。内部会计控制是内部控制的重要内容和方法。财产清查,能够在一定程度上防止内部控制制度的失效。

关键词

内部控制　　风险管理　　会计控制　　银行存款余额调节表　　财产清查

即测即评

请扫描右侧二维码,进行即测即评。

案例分析

光大证券乌龙事件 [①]

2013 年 8 月 16 日 11 点 05 分,上证指数出现大幅拉升,大盘一分钟内涨超 5%,指数最高报 2 198.85 点。多只权重股瞬间出现巨额买单。大批权重股瞬间被一两个大单拉升之后,又跟着涌现出大批巨额买单,带动了整个股指和其他股票的上涨,以致多达 59 只权重股瞬间封涨停。下午 14 点 23 分左右,光大证券发布公告,承认套利系统出现问题,公司正在进行相关核查和处置工作。有传闻称光大证券方面,下单 230 亿元,成交 72 亿元,涉及 150 多只股票。

---

① 资料来源:百度百科。

就此,市场一度怀疑乌龙事件操作者为光大证券葛新元的量化投资团队。2013 年 8 月 16 日 16 点 27 分左右,中国证监会发言人在通气会上表示:上证综指瞬间上涨 5.96%,主要原因是光大证券自营账户大额买入。

　　2013 年 8 月 20 日,光大证券收到中国银行间市场交易商协会《关于开展非金融企业债务融资工具主承销业务规范自查的通知》,称光大证券这几日出现的交易异常事件反映出公司在内控合规、风险管理等方面存在重大问题,不符合交易商协会关于主承销类会员应建立健全风险管理和内部控制制度的自律管理相关要求,决定暂停其非金融企业债务融资工具主承销业务。2015 年 12 月 24 日,上海市第二中级人民法院就郭志刚等 57 人分别起诉光大证券股份有限公司涉及"8·16"事件民事赔偿纠纷案做出判决,令光大证券共计赔偿原告损失 425 万元。2016 年 1 月 20 日,上海市高级人民法院认为,光大证券在内幕信息未披露的情况下仍进行交易,系利用内幕信息进行的违法交易,一审法院判决并无不当。二审判决驳回了公司的上诉请求,光大证券被判赔偿原告 5.9 万元。

　　据报道,光大乌龙事件的触发原因是系统缺陷。策略投资部使用的套利策略系统出现了问题,该系统包含订单生成系统和订单执行系统两个部分。核查中发现,订单执行系统针对高频交易在市价委托时,对可用资金额度未能进行有效校验控制,而订单生成系统存在的缺陷会导致特定情况下生成预期外的订单。订单生成系统存在的缺陷导致在 11 时 05 分 08 秒之后的 2 秒内,瞬间重复生成 26 082 笔预期外的市价委托订单。由于订单执行系统存在的缺陷,上述预期外的巨量市价委托订单被直接发送至交易所。问题出自系统的订单重下功能,具体错误是:11 点 02 分时,第三次 180ETF 套利下单,交易员发现有 24 个个股申报不成功,就想使用"重下"的新功能,于是程序员在旁边指导着操作了一番,没想到这个功能没实盘验证过,程序把买入 24 个成分股,写成了买入 24 组 180ETF 成分股,结果生成巨量订单。

　　光大证券策略投资部门系统完全独立于公司其他系统,甚至未置于公司风险控制系统监控之下。因此,深层次原因是多级风控体系都未发生作用。

　　交易员级:对于交易品种、开盘限额、止损限额三种风险控制,后两种都没发挥作用。

　　部门级:部门实盘限额 2 亿元,当日操作限额 8 000 万元,都没发挥作用。

　　公司级:公司监控系统没有发现 234 亿元巨额订单,同时,或者动用了公司其他部门的资金来补充所需头寸以完成订单生成和执行,或者根本没有头寸控制机制。

　　交易所:上交所对股市异常波动没有自动反应机制,对券商资金越过权限的使用没有风险控制,对个股的瞬间波动没有熔断机制。上交所声称只能对卖出证券进行前端控制。

　　传统证券交易中的风险控制系统交易响应最快以秒计,但也远远不能适应高频套利交易的要求,如本事件中生成每个下单指令用时 4.6 毫秒,而传统 IT 技术开发的风险控制系统具有时间延迟,这可能是各环节风险控制全部"被失效"的真实原因。

　　试讨论:

　　(1) 自行收集资料,描述并分析"8·16"光大证券案前因后果。

　　(2) 运用内部控制的原理,对光大证券乌龙事件进行分析。

　　(3) 根据分析结果提出你的政策建议。

思考题

1. 什么是内部控制？为什么企业需要内部控制制度？

2. 以你周围所发生的现象说明，没有内部控制制度所导致的严重后果。

3. 内部控制制度最核心的思想是什么？

4. 请分别说明现金、银行存款、存货内部控制制度的组成内容并分析它们之间可能存在的区别。

5. 为什么需要财产清查？它与内部控制制度之间的关系如何？

6. 星光公司的财务经理与业务部门经理发生了争执。业务部门经理发生的费用经总经理审批以后，财务经理拒绝办理报销。业务部门经理："老总都批了，你还啰唆什么！"财务经理："老总批了算什么，应先经过财务部！"请根据内部会计控制的原理，对以上争执发表你的看法。

7. 什么是会计职业道德？企业内部会计人员的职业道德与注册会计师的职业道德有哪些不同？

8. 请结合自身的体会，讨论社会主义核心价值观与会计职业道德的关系。

第七章
财务报告：会计系统的"产品"

在本章中，你将学到——

- 财务报告、基本财务报表和简化的业绩报告
- 财务报表的编制方法
- 简单的财务分析

　　学生在校学习一个学期，到了期末，要带一份成绩单向家长报告一个学期的学习情况。家长可以凭借成绩单大致了解其子女在学校学习成绩的好坏，还可以根据教师对学生的评语来了解其子女在学校其他各方面的表现。如果可以比照，资本市场投资者就像"家长"，如同家长无法每天在学校监督其子女学习一样，资本市场的投资者也无法对企业日常的经营活动进行监督与关注，他们只能通过企业定期提供的、高度浓缩的财务报告，了解企业的经营业绩以及企业在其他方面的表现。当然，与成绩单无法全面、准确地反映学生的成绩、能力以及未来发展潜力一样，财务报告同样也只是对企业某一期间经营成果的一种近似反映，它也存在诸多局限性。

　　本章将具体介绍财务报告的基本内容及其编制，最后还会简要讨论财务报表分析的基本原理。

第一节　财务报表与财务报告

　　我们在第一章导论中，将现代会计的发展大致按四个分支来描述：财务会计、审计、管理会计、财务管理。就财务会计系统而言，对外报告是其主要目的。但财务报告的使用者人数多且构成复杂，如第一章介绍的资本市场上已经持有公司股票和有兴趣持有公司股票的投资者、债权人（如银行和债券持有人）、供应商和采购商、公司员工、政府行政管理部门、资本市场监管部门等。这些人中的绝大部分不具有专门的会计知识，他们需要企业提供一种通俗易懂的、能够综合反映企业经营活动的"报告"；此外，由于该"报告"使用人中的大部分没有兴趣耗费大量时间来阅读一家企业的报告，他们需要一种高度简化、浓缩的报告；但也有部分人需要能够全面反映企业经营活动以及其他相关情况的详细报告[①]。这样，企业在对外提供报告时，不仅需要

---

　　① 例如，资本市场上有一些专业的投资机构如各种投资基金、机构投资者等，它们拥有大量的专业人士，能够消化、吸收非常专业的信息，对他们来说，企业提供的报告越详细越好。此外，一些具有专业知识的个人投资者，也希望企业能够提供较具体的信息，以便其对企业未来发展走向做出更好的判断。

提供一个高度浓缩、简化的报告供普通投资者使用，还需要提供相对具体、详细的报告供专业投资者使用。

一、简化的业绩报告

资本市场上绝大部分信息使用者就如第一章所列举的金算子公司股东顾冬益先生那样，没有太多专业知识，同时，也没有太多时间花费在阅读企业财务报告上（因为他们都有自己的专门工作），向他们提供一种最简化的业绩报告，显得十分必要。在我国资本市场上，所有上市公司年报都必须要包括一个简短的"会计数据和业务数据摘要"。

按照中国证监会《公开发行证券的公司信息披露内容与格式准则第2号——年度报告的内容与格式（2021年修订）》的规定，公司应当采用数据列表方式，提供截至报告期末公司近3年的主要会计数据和财务指标，包括但不限于：总资产、营业收入、归属于上市公司股东的净利润、归属于上市公司股东的扣除非经常性损益后的净利润、归属于上市公司股东的净资产、经营活动产生的现金流量净额、净资产收益率、每股收益。同时发行人民币普通股及境内上市外资股或（和）境外上市外资股的公司，若按不同会计准则计算的归属于上市公司股东的净利润和归属于上市公司股东的净资产存在重大差异，应当列表披露差异情况并说明主要原因。

二、会计数据和业务数据摘要

表7-1列示的是天华超净科技股份有限公司2021年度报告中"会计数据和业务数据摘要"的一部分。

表7-1　主要会计数据和财务指标

项目	2021年度或2021年末
营业收入（元）	3 397 557 862.27
归属于上市公司股东的净利润（元）	910 697 235.61
归属于上市公司股东的扣除非经常性损益的净利润（元）	860 070 322.78
经营活动产生的现金流量净额（元）	180 482 013.62
基本每股收益（元／股）	1.59
稀释每股收益（元／股）	1.59
加权平均净资产收益率	42.37%
资产总额（元）	6 255 692 024.80
归属于上市公司股东的净资产（元）	3 243 441 652.18

三、基本财务报表

简化的业绩报告数据主要取自企业的财务报表,从会计角度来看,财务报表才是企业年度报告的核心部分。当然,财务报表也是财务会计系统最终输出的主要"成果"。

如果将 1494 年卢卡·帕乔利公开出版的《算术、几何、比及比例概要》一书作为现代会计的起源,那么,经过 500 多年的发展,企业财务报表已经从最初单一的"账户余额表"——今天资产负债表的雏形,演变成目前以资产负债表、利润表和现金流量表三张财务报表为主、包括多张附表的财务报表体系。其中,资产负债表、利润表和现金流量表的数据都来自相应的账户,它们之间仍然保持了复式簿记的"自动平衡"机制,如表 7-2 所示。

表 7-2　财务报表的基本数量关系

资产负债表	资产 = 负债 + 所有者权益(账户式)
利润表	营业收入 − 营业成本 − 销售、管理、财务费用等 = 营业利润 营业利润 ± 营业外收支 = 利润总额 利润总额 − 所得税 = 净利润 净利润 ± 其他综合收益税后净额 = 综合收益总额
现金流量表	期初的现金余额 + 本期现金增减变动额 = 期末现金余额

其中,资产负债表除了左右要平衡外,它与利润表之间还存在一定的勾稽关系。因为按照复式簿记原理,企业在记录收入的同时,必须要记一项资产的增加(如收到销售货款)或负债的减少(如用销售收入抵减预收货款);同样,发生费用的同时,要记录一项资产的减少(如用现金支付各种费用)或负债的增加(如拖欠工人工资)。由于收入、费用账户不进入资产负债表,这样,资产负债表账户左右两边只记录资产和负债的增减,将会存在一个差额,无法自动平衡[①]。这个差额就是企业每一个会计期间的经营所得或利润,它应当与利润表上所报告的利润数相等。如果不等,则表明企业在记账过程中出现差错。资产负债表和利润表之间的这种勾稽关系,构成复式簿记自动平衡机制的一个重要组成部分,它也是前面所学习的复式簿记记账规则中"有借必有贷、借贷必相等"在报表部分的具体体现。

相比而言,现金流量表更大程度上是一份衍生报表,它首先于 20 世纪 80 年代在美国出现,其目的在于:一方面说明企业当期现金增减变化情况;另一方面提供企业"赚取"现金能力的相关信息。现金流量表与资产负债表、利润表上的对应项目存在内在的勾稽关系。表 7-3、表 7-4 和表 7-5 列示的就是天华超净科技股份有限公司 2021 年度的基本财务报表。为节省篇幅,我们对报表予以简化,只保留了 2021 年的合并数,删除了母公司数及全部 2020 年的数据,合并或删除一些不常用的项目。

---

①　例如,企业销售商品,取得收入 10 000 元,体现为资产(具体为银行存款)和收入分别增加 10 000 元;该项商品的成本为 6 000 元,会计分录表现为资产(具体为存货)减少 6 000 元,成本增加 6 000 元。如果仅考虑资产负债表账户,那么,资产方将会比负债方多 4 000 元。这个多出来的差额,就是利润。

表 7-3　资产负债表

编制单位：天华超净科技股份有限公司　　　2021 年 12 月 31 日　　　　　　　　　金额单位：人民币元

资产	期末余额	负债和所有者权益	期末余额
流动资产：		**流动负债：**	
货币资金	1 097 840 258.64	短期借款	738 025 718.17
交易性金融资产	1 432 804.44	交易性金融负债	1 905 319.30
应收款项	555 769 679.68	应付票据	404 134 390.70
预付款项	271 986 851.74	应付账款	314 539 237.19
其他应收款	143 771 521.34	合同负债	96 302 538.13
存货	1 231 984 581.88	应付职工薪酬	44 541 761.93
其他流动资产	6 220 301.24	应交税费	132 306 452.69
流动资产合计	3 309 005 998.96	其他应付款	8 101 944.35
非流动资产：		其他流动负债	253 373 570.12
其他权益工具投资	924 064 000.47	**流动负债合计**	1 993 230 932.58
固定资产	965 940 867.09	**非流动负债：**	
在建工程	657 468 222.14	长期借款	55 777 800.00
使用权资产	3 585 646.94	租赁负债	2 698 568.93
无形资产	108 468 737.46	递延收益	5 031 906.69
商誉	231 782 121.70	递延所得税负债	134 612 915.09
长期待摊费用	1 782 313.35	**非流动负债合计**	198 121 190.71
递延所得税资产	16 157 355.49	**负债合计**	2 191 352 123.29
其他非流动资产	37 436 761.20	**股东权益：**	
非流动资产合计	2 946 686 025.84	股本	582 880 538.00
		资本公积	811 481 651.82
		其他综合收益	480 375 837.06
		专项储备	233 936.99
		盈余公积	60 696 063.96
		未分配利润	1 307 773 624.35
		归属于母公司股东权益合计	3 243 441 652.18
		少数股东权益	820 898 249.33
		股东权益合计	4 064 339 901.51
资产总计	6 255 692 024.80	**负债和股东权益总计**	6 255 692 024.80

表 7-4　利　润　表

编制单位:天华超净科技股份有限公司　　　　　　2021 年　　　　　　　　金额单位:人民币元

项目	本期金额
一、营业收入	3 397 557 862.27
减:营业成本	1 661 473 193.74
税金及附加	15 320 365.40
销售费用	38 547 962.01
管理费用	143 210 375.29
研发费用	52 490 328.42
财务费用	37 747 681.36
加:其他收益等	20 822 801.33
二、营业利润	1 469 590 757.38
加:营业外收入	3 612 767.72
减:营业外支出	2 621 328.34
三、利润总额	1 470 582 196.76
减:所得税费用	219 539 261.82
四、净利润	1 251 042 934.94
归属于母公司股东的净利润	910 697 235.61
少数股东损益	340 345 699.33
五、综合收益总额	1 839 991 127.27
六、每股收益	
(一)基本每股收益	1.59
(二)稀释每股收益	1.59

表 7-5　现金流量表

编制单位:天华超净科技股份有限公司　　　　　　2021 年度　　　　　　　金额单位:人民币元

项目	本期金额
一、经营活动产生的现金流量	
销售商品、提供劳务收到的现金	2 981 907 074.88
收到的税费返还	11 282 794.71
收到其他与经营活动有关的现金	41 275 534.84
经营活动现金流入小计	3 034 465 404.43

续表

项目	本期金额
购买商品、接受劳务支付的现金	1 995 392 747.89
支付给职工以及为职工支付的现金	276 831 770.85
支付的各项税费	189 408 171.61
支付其他与经营活动有关的现金	392 350 700.46
经营活动现金流出小计	2 853 983 390.81
经营活动产生的现金流量净额	180 482 013.62
二、投资活动产生的现金流量	
投资活动现金流入小计	884 225 040.36
投资活动现金流出小计	1 657 144 440.18
投资活动产生的现金流量净额	−772 919 399.82
三、筹资活动产生的现金流量	
筹资活动现金流入小计	2 138 284 639.54
筹资活动现金流出小计	1 367 529 081.79
筹资活动产生的现金流量净额	770 755 557.75
四、汇率变动对现金及现金等价物的影响	−1 454 307.22
五、现金及现金等价物净增加额	176 863 864.33
加:年初现金及现金等价物余额	219 965 498.73
六、年末现金及现金等价物余额	396 829 363.06

从会计角度而言,资产负债、利润表和现金流量表构成了基本财务报表,它们也是会计系统运行一个循环后所直接完工的产品。理论上,通过基本财务报表,应当能够概括地反映企业的财务状况和经营成果。例如,从表 7-3、表 7-4 和表 7-5 可以看出,天华超净科技股份有限公司(简称"天华超净")2021 年 12 月 31 日的资产总额为 62.56 亿元,该公司 2021 年度实现了 33.98 亿元的营业收入及 14.71 亿元的利润总额,现金及现金等价物净增加 1.77 亿元。然而,由于企业经营活动相对较复杂,基本财务报表在概括过程中"牺牲"或"舍弃"的内容较多,特别是企业规模越大、经营活动越复杂,舍弃的内容就越多。这样,在基本财务报表之外,还需要提供更多的补充信息,以满足信息使用者的需求,这就是财务报告。

需要提请注意的是,财务报表的内容、格式、呈报方式等不是一成不变,而是在不停地演变中。这种演变,既包括报表种类的增加(如 1988 年现金流量表的出现),也包括报表编报基础观念的改变(如利润表从关注经营利润到侧重报告综合收益),因为经济活动等的变化,报表项目也在不断调整、变化中。比如,2018 年 6 月 15 日,我国财政部发布《关于修订印发 2018 年度一般企业财务报表格式的通知》(财会〔2018〕15 号),规定新的财务报表格式,对其中一些项目做出调整。作为一本入门级教材,本书侧重讲授财务报表的基本原理,没有聚焦、跟踪最新法规,这一思想在账户设置部分已程度不同地体现了。可以预见,未来这种变化还会持续下去。

四、完整的财务报告

以上市公司为例,一份完整的财务报告包括基本财务报表和其他很多补充内容。例如,通过前述天华超净的基本财务报表,我们可以了解到天华超净在2021年实现利润总额14.71亿元,比上年度3.28亿元增长了11.43亿元或348%;我们也知道天华超净的现金流较为理想,年末账面上仍有3.97亿元人民币的货币资金、当期现金增加1.77亿元等信息。但是,只是借助上面的基本财务报表,我们无法知道天华超净是如何实现上述利润、特别是在2021年度新冠疫情冲击经济运行的情况下是如何实现这样高的增长速度的,我们也无法知道天华超净下一个会计年度能否保持同样强的增长能力,甚至,我们无法知道天华超净经营的是什么样的业务。为此,我们需要有比基本财务报表更为详尽的信息。

在现有的制度安排下,除基本财务报表外,还有财务报告和年度报告这两个术语,其中,财务报告是在基本财务报表之外,增加了报表项目附注等信息;而年度报告(简称年报)则是上市公司每年向外界提供的综合性信息披露汇编,它在财务报告之外又增加了关于公司其他各方面的信息,如股东大会和董事会的召开情况、公司治理结构等信息。

对于公司年度报告究竟应当提供什么信息、提供多少信息,相应的部门会给出各自的规定,这些规定大致相同、各有侧重。比如,财政部会根据企业规模、行业特性等发布通用目的财务报表格式,中国证监会则对资本市场所有上市公司发布信息披露格式及要求,这些要求不仅包括财务报表的格式,更强调、关注其他信息披露;又如,美国的准则制定机构会发布报表格式准则,美国证券交易委员会也对年报的内容、格式等给出规定。例如,万科是一个在深圳交易所上市的股份有限公司,除了要遵循财政部相关的财务报表格式要求外,还需要遵守中国证监会相应的披露要求。

中国证监会自1994年起,开始发布"年报内容与格式"准则,并根据环境变化及时修订。2021年修订版准则要求上市公司年报必须提供下列信息:①重要提示、目录及释义;②公司简介和主要财务指标;③管理层讨论与分析;④公司治理;⑤环境和社会责任;⑥重要事项;⑦股份变动及股东情况;⑧优先股相关情况;⑨债券相关情况;⑩财务报告。此外,还对年度报告摘要的编报做出具体规定。

天华超净2021年度年报按照该准则的要求,提供了完整的信息,全部内容约200页。其中,财务报告部分又包括审计报告、财务报表、财务报表附注等内容。

财务报表附注主要是对报表项目的解释与说明,是财务报告的重要组成部分。由于财务报表上的各项目只有金额,仅凭借这些金额,信息使用者无法真正了解其背后的经济含义。报表附注的目的在于提供相对较具体的信息,让使用者了解这些金额及其变化所代表的具体经济业务。例如,天华超净的报表附注就具体说明了营业收入大幅增长的具体原因、营业利润大幅增长的具体项目构成等。但是,如果一些上市公司的管理层不希望投资者真正读懂其财务报表(这通常预示着公司财务报表的真实性值得怀疑),那么,他们常用的一个手法就是在报表附注中采用"春秋笔法",让报表使用者"摸不着头脑"。本书后文还会讨论这一问题。

资本市场实际上是一个以资本为买卖对象的市场。在这个市场上，买卖的对象为资本（包括股票和债券）这一较特殊的"商品"。严格地说，资本市场买卖的只是资本的使用权，而不是所有权。上市公司需要的是资本的使用权，资本的所有者——具体为股东、债权人等各种形式的投资者——出让资本使用权的目的是获取较高的投资回报。与普通商品买卖类似的是，消费者在购买时会按照质量差别进行定价，优质优价、低质低价，如果质量不能符合基本的使用要求，则无人问津。资本所有者在具体选择将资本投向某家上市公司时，主要关注该公司未来经营的安全性、效率性以及为投资者提供回报的能力等因素。此时，上市公司吸引投资者将资本投向本公司的常用手法之一就是在强制性信息披露之外，提供一些对投资者有用的信息，这部分信息披露构成了自愿性信息披露。自愿性信息披露有可能采用专门事项公告的形式（在我国市场上称为"临时公告"），这部分不构成年度报告的内容；也有的上市公司希望在年度报告中补充提供监管部门要求之外的信息。

年报究竟应当提供多少以及哪些信息才最合适？这个问题没有明确答案。比如，董事长个人身体状况，大部分股东可能不关注；但是，那些公司价值与董事长个人能力联系紧密的企业，其股东就会对此十分关注。例如，苹果公司创始人、苹果创新能力象征的乔布斯（Steve Jobs），2008年夏天起传出健康问题，苹果公司的股票价格受到影响，股价从最高每股超过180美元，跌到2008年11月最低每股接近80美元，尽管其中有金融危机带来的负面影响，但其幅度也高于同期市场指数的跌幅。因为市场普遍担心，乔布斯如果健康出现问题，会影响到苹果公司的创新能力。

第二节　工作底稿

前面会计循环部分曾经介绍过，在一个会计循环结束时，需要编制工作底稿，再根据工作底稿编制财务报表。下面，将结合财务报表编制的需要，再次介绍工作底稿的编制。

一、基本会计资料

新天地商贸公司202×年12月有关会计资料如下：

第一，新天地商贸公司202×年12月1日总分类账余额资料如表7-6所示。

表7-6　新天地商贸公司账户余额表   单位：元

会计账户	借方余额	贷方余额
库存现金	2 000	
银行存款	466 800	
应收账款	74 000	
周转材料——在用[①]	8 000	
债权投资	200 000	
库存商品	25 000	
固定资产	775 000	
累计折旧		99 200

续表

会计账户	借方余额	贷方余额
短期借款②		100 000
应交税费——应交所得税		64 845
应付账款		35 000
预收账款		50 000
实收资本		1 000 000
本年利润		131 655
未分配利润		70 100
合计	1 550 800	1 550 800

注:①周转材料——在用借方余额8 000元,系销售部门一次性领用低值易耗品的价值,应分10个月摊销。

②短期借款系当年11月份借入,借期10个月,年利率6%。

第二,本年1月至11月,主营业务收入合计1 315 340元,主营业务成本671 708元,销售费用321 640元,管理费用120 498元,财务费用5 594元,营业外收入2 200元,营业外支出1 600元。

第三,部分明细账余额情况如下(单位:元):

应收账款——新星公司　　28 000(借方)

　　　　——茂名公司　　46 000(借方)

应付账款——丙公司　　35 000(贷方)

预收账款——甲企业　　30 000(贷方)

　　　　——乙企业　　20 000(贷方)

第四,新天地商贸公司202×年12月发生以下经济业务:

(1) 12月1日,行政部门小李报销购买稿纸、墨水、文件夹等办公用品,计825元,以现金支付。

(2) 12月2日,行政部门张秘书报销参加本地会议的交通费24元,以现金支付。

(3) 12月3日,销售部门小刘报销购买宣传颜料、画笔、纸张等费用,计465元,以现金支付。

(4) 12月4日,将甲企业订购的商品发运给该企业,该批商品售价30 000元,成本13 610元,增值税税率13%。

(5) 12月5日,以银行存款偿还前欠丙公司货款35 000元。

(6) 12月5日,银行传来付款通知单,电汇丙公司35 000元货款的手续费12.20元。

(7) 12月6日,开出转账支票预付给兴闽公司购货款30 000元。

(8) 12月7日,开出转账支票给中山物业管理公司,预付本月至次年2月份共三个月的物业管理费1 800元。其中,行政部门负担1 200元,销售部门负担600元。

(9) 12月7日,向丙公司采购商品,价款计15 000元,增值税税率13%,以银行存款支付货款。

(10) 12月8日,收到新星公司偿还前欠货款28 000元。

(11) 12 月 8 日,行政部门张秘书报销传真费 50 元,以现金支付。

(12) 12 月 9 日,销售一批成本为 11 340 元的商品给新星公司,售价 20 000 元,货款未收,增值税税率 13%。

(13) 12 月 10 日,从银行提取现金 2 000 元备用。

(14) 12 月 10 日,将 19 000 元工资款通过银行划拨到每位职员的银行存款工资户上。

(15) 12 月 11 日,将部分未使用的固定资产出租给怡山公司使用,协议每月租金 800 元,预收 3 个月租金,现金 2 400 元。

(16) 12 月 11 日,将现金 2 400 元存入银行。

(17) 12 月 11 日,将乙企业订购的商品发运给该企业,售价共计 10 000 元,该批商品的成本为 4 540 元,增值税税率 13%。

(18) 12 月 12 日,销售部门王小明参加商品交易会,预借差旅费 5 000 元,以现金支票支付。

(19) 12 月 13 日,收到兴闽公司发来的商品,价款计 28 000 元。增值税税率 13%。

(20) 12 月 13 日,购买传真机一台,收到的增值税普通发票上注明设备价税合计 3 500 元,增值税税率 13%,款项均以银行存款支付,传真机已验收,交行政部门使用。

(21) 12 月 13 日,向电信局办理传真机开户手续,交押金 1 000 元,手续费 50 元,计 1 050 元,开具转账支票。

(22) 12 月 14 日,销售一批成本为 6 040 元的商品给新星公司,售价 9 600 元,增值税税率 13%,货款已收。

(23) 12 月 15 日,接银行付款通知单,支付水电费 3 215 元。经计算,应由销售部门负担 2 615 元,行政部门负担 600 元。

(24) 12 月 16 日,接银行付款通知单,支付电话费 1 806 元。经计算,应由销售部门负担 1 300 元,行政部门负担 506 元。

(25) 12 月 17 日,王小明参加商品交易会回来,报销差旅费 3 560 元。

(26) 12 月 18 日,向怡山公司购入商品一批,价款 37 000 元,增值税款 4 810 元,货款已由银行付讫。

(27) 12 月 19 日,销售一批成本为 26 470 元的商品给茂名公司,售价 45 000 元,增值税税率 13%,货款已收。

(28) 12 月 21 日,行政部门张秘书报销绿化用花、草费 1 030 元,以现金支票支付。

(29) 12 月 22 日,收到茂名公司汇来的部分欠款 25 000 元。

(30) 12 月 23 日,将本月支付的 19 000 元工资计入本月费用,其中:销售部门人员工资 15 000 元,行政部门人员工资 4 000 元,并为生活困难职工实际支付补助金 2 660 元,其中销售部门人员 2 100 元,行政部门人员 560 元。

(31) 12 月 24 日,行政部门张秘书报销招待费 1 770 元,以现金支票支付。

(32) 12 月 25 日,行政部门小李报销汽油费 315 元,高速费 154 元,以现金支付。

(33) 12 月 25 日,陈经理出差深圳,预借差旅费 8 000 元,以现金支票支付。

(34) 12 月 25 日,收到对外投资分红 20 000 元(假定为税前收益),已由被投资方转入本公司银行账户。

(35) 12 月 26 日,王小明接财务部门通知,将预借的差旅费尚未报销部分归还财务部门。

(36) 12 月 31 日,结转本月份的商品销售成本。

(37) 12 月 31 日,编制调整分录,确认本月已实现的固定资产租金收入。

(38) 12 月 31 日,编制调整分录,摊销应由本月负担的低值易耗品。

(39) 12 月 31 日,编制调整分录,计提本月应负担的借款利息。

(40) 12 月 31 日,编制调整分录,确认本月应当负担的物业管理费。

(41) 12 月 31 日,编制调整分录,计提本月折旧 6 200 元,其中销售部门应负担 3 200 元,行政部门负担 2 400 元,出租的固定资产计提 600 元。

(42) 12 月 31 日,计提本月应交的所得税,所得税税率为 25%。

(43) 12 月 31 日,将收入转入"本年利润"账户贷方。

(44) 12 月 31 日,将成本、费用转入"本年利润"账户借方。

(45) 12 月 31 日,将"本年利润"账户余额转入"利润分配——未分配利润"账户。

二、编制会计分录(代记账凭证)

以上 45 笔经济业务的会计分录如表 7-7 所示。

表 7-7 会 计 分 录

业务号	日期	凭证号	摘要	会计科目	借方金额	贷方金额
(1)	12.1	现付 1#	行政部门购稿纸等办公用品	管理费用	825	
				库存现金		825
(2)	12.2	现付 2#	行政部门报交通费	管理费用	24	
				库存现金		24
(3)	12.3	现付 3#	销售部门报购颜料等费用	销售费用	465	
				库存现金		465
(4)	12.4	转字 1#	发出甲企业订购的商品	预收账款——甲企业	33 900	
				主营业务收入		30 000
				应交税费——应交增值税(销项税额)		3 900
(5)	12.5	银付 1#	偿还前欠丙公司货款	应付账款——丙公司	35 000	
				银行存款		35 000
(6)	12.5	银付 2#	支付电汇手续费	财务费用	12.20	
				银行存款		12.20
(7)	12.6	银付 3#	预付购货款给兴闽公司	预付账款——兴闽公司	30 000	
				银行存款		30 000

续表

业务号	日期	凭证号	摘要	会计科目	借方金额	贷方金额
(8)	12.7	银付 4#	预付本年 12 月至次年 2 月份物业管理费给中山物业管理公司	预付账款——中山物业公司	1 800	
				银行存款		1 800
(9)	12.7	银付 5#	向丙公司采购商品	库存商品	15 000	
				应交税费——应交增值税（进项税额）	1 950	
				银行存款		16 950
(10)	12.8	银收 1#	收到新星公司偿还前欠货款	银行存款	28 000	
				应收账款——新星公司		28 000
(11)	12.8	现付 4#	行政部门报销传真费	管理费用	50	
				库存现金		50
(12)	12.9	转字 2#	销售商品给新星公司	应收账款——新星公司	22 600	
				主营业务收入		20 000
				应交税费——应交增值税（销项税额）		2 600
(13)	12.10	银付 6#	提现备用	库存现金	2 000	
				银行存款		2 000
(14)	12.10	银付 7#	支付职工工资	应付职工薪酬——工资	19 000	
				银行存款		19 000
(15)	12.11	现收 1#	出租部分固定资产预收 3 个月租金	库存现金	2 400	
				预收账款——怡山公司		2 400
(16)	12.11	现付 5#	将现金存入银行	银行存款	2 400	
				库存现金		2 400
(17)	12.12	转字 3#	销售商品给已预订该批商品的乙企业	预收账款——乙企业	11 300	
				主营业务收入		10 000
				应交税费——应交增值税（销项税额）		1 300
(18)	12.12	银付 8#	王小明差旅费借款	其他应收款——王小明	5 000	
				银行存款		5 000
(19)	12.13	转字 4#	收到兴闽公司发来的商品	库存商品	28 000	
				应交税费——应交增值税（进项税额）	3 640	
				预付账款——兴闽公司		31 640

续表

业务号	日期	凭证号	摘要	会计科目	借方金额	贷方金额
(20)	12.13	银付 9#	购传真机一台交付使用	固定资产	3 500	
				银行存款		3 500
(21)	12.13	银付 10#	交传真机开户押金及手续费	其他应收款——电信局	1 000	
				管理费用	50	
				银行存款		1 050
(22)	12.14	银收 2#	销售商品给新星公司	银行存款	10 848	
				主营业务收入		9 600
				应交税费——应交增值税（销项税额）		1 248
(23)	12.15	银付 11#	支付水电费	管理费用	600	
				销售费用	2 615	
				银行存款		3 215
(24)	12.16	银付 12#	支付电话费	管理费用	506	
				销售费用	1 300	
				银行存款		1 806
(25)	12.17	转字 5#	王小明报差旅费	销售费用	3 560	
				其他应收款——王小明		3 560
(26)	12.18	银付 13#	向怡山公司购入商品	库存商品	37 000	
				应交税费——应交增值税（进项税额）	4 810	
				银行存款		41 810
(27)	12.19	银收 3#	销售商品给茂名公司	银行存款	50 850	
				主营业务收入		45 000
				应交税费——应交增值税（销项税额）		5 850
(28)	12.21	银付 14#	行政部门报绿化费	管理费用	1 030	
				银行存款		1 030
(29)	12.22	银收 4#	收茂名公司汇来的前欠货款	银行存款	25 000	
				应收账款——茂名公司		25 000

续表

业务号	日期	凭证号	摘要	会计科目	借方金额	贷方金额
(30)	12.23	转字 6#	将工资福利计入本月费用	管理费用	4 560	
				销售费用	17 100	
				应付职工薪酬——工资		19 000
				应付职工薪酬——福利费		2 660
		银付 15#	支付职工生活困难补助	应付职工薪酬——职工福利	2 660	
				银行存款		2 660
(31)	12.24	银付 16#	行政部门报招待费	管理费用	1 770	
				银行存款		1 770
(32)	12.25	现付 6#	行政部门报汽油费等	管理费用	469	
				库存现金		469
(33)	12.25	银付 17#	陈经理出差借差旅费	其他应收款——陈经理	8 000	
				银行存款		8 000
(34)	12.25	银收 5#	收到对外投资分红	银行存款	20 000	
				投资收益		20 000
(35)	12.26	现收 2#	王小明还借款余款	库存现金	1 440	
				其他应收款——王小明		1 440
(36)	12.31	转字 7#	结转本月销售成本	主营业务成本	62 000	
				库存商品		62 000
(37)	12.31	转字 8#	调整分录，确认本月已实现的固定资产租金收入	预收账款——怡山公司	800	
				其他业务收入——租金收入		800
(38)	12.31	转字 9#	调整分录，摊销应由本月负担的低值易耗品	销售费用	800	
				周转材料——摊销		800
(39)	12.31	转字 10#	调整分录，计提本月应负担的借款利息	财务费用	500	
				应付利息		500
(40)	12.31	转字 11#	调整分录，确认本月应当负担的物业管理费	管理费用	400	
				销售费用	200	
				预付账款——中山物业公司		600
(41)	12.31	转字 12#	调整分录，计提本月固定资产的折旧费	管理费用	2 400	
				销售费用	3 200	
				其他业务成本	600	
				累计折旧		6 200

续表

业务号	日期	凭证号	摘要	会计科目	借方金额	贷方金额
(42)	12.31	转字 13#	计提所得税	所得税费用	7 590.95	
				应交税费——应交所得税		7 590.95
(43)	12.31	转字 14#	结账:将本月收入转入本年利润账户	投资收益	20 000	
				主营业务收入	114 600	
				其他业务收入	800	
				本年利润		135 400
(44)	12.31	转字 15#	结账:将本月费用、成本转入本年利润账户	本年利润	112 627.15	
				主营业务成本		62 000
				其他业务成本		600
				管理费用		12 684
				销售费用		29 240
				财务费用		512.2
				所得税费用		7 590.95
(45)	12.31	转字 16#	将本年利润转入未分配利润账户	本年利润	154 427.85	
				未分配利润		154 427.85

三、登记账户

将上述会计分录过入新天地商贸公司各有关账户,如表 7-8 至表 7-11,及"丁"字形账户所示。

表 7-8　银行存款日记账

单位:元

日期	凭证号	摘要	借方	贷方	借或贷	余额
12.1		月初余额			借	466 800
12.5	银付 1#	偿还前欠丙公司货款		35 000		
12.5	银付 2#	支付电汇手续费		12.20		
12.6	银付 3#	预付购货款给兴闽公司		30 000		
12.7	银付 4#	预付本年 12 月至次年 2 月物业费		1 800		
12.7	银付 5#	向丙公司采购商品		16 950		
12.8	银收 1#	收新星公司偿还前欠货款	28 000			
12.10	银付 6#	提现		2 000		
12.10	银付 7#	支付职工工资		19 000		
12.11	现付 5#	将现金存入银行	2 400			

续表

日期	凭证号	摘要	借方	贷方	借或贷	余额
12.12	银付 8#	王小明借支差旅费		5 000		
12.13	银付 9#	支付购传真机款		3 500		
12.13	银付 10#	交传真机开户押金及手续费		1 050		
12.14	银收 2#	销售商品给新星公司	10 848			
12.15	银付 11#	支付水电费		3 215		
12.16	银付 12#	支付电话费		1 806		
12.18	银付 13#	向怡山公司购入商品		41 810		
12.19	银收 3#	销售商品给茂名公司	50 850			
12.21	银付 14#	行政部门报绿化费		1 030		
12.22	银收 4#	收茂名公司汇来的前欠货款	25 000			
12.23	银付 15#	支付职工生活困难补助		2 660		
12.24	银付 16#	行政部门报招待费		1 770		
12.25	银付 17#	陈经理借支差旅费		8 000		
12.25	银收 5#	收到对外投资分红	20 000			
12.31		本月合计	137 098	174 603.2	借	429 294.8

表 7-9   库存现金日记账   单位：元

日期	凭证号	摘要	借方	贷方	借或贷	余额
12.1		月初余额			借	2 000.00
12.1	现付 1#	行政部门购稿纸等		825	借	1 175.00
12.2	现付 2#	行政部门报交通费		24	借	1 151.00
12.3	现付 3#	销售部门报销颜料费		465	借	686.00
12.8	现付 4#	行政部门报销传真费		50	借	636.00
12.10	银付 6#	提现	2 000		借	2 636.00
12.11	现收 1#	预收出租固定资产租金	2 400		借	5 036.00
12.11	现付 5#	将现金存入银行		2 400	借	2 636.00
12.25	现付 6#	行政部门报销汽油费等		469	借	2 167.00
12.26	现收 2#	王小明归还借款余额	1 440		借	3 607.00
12.31		本月合计	5 840	4 233	借	3 607.00

单位:元

表 7-10 管理费用明细账

日期	凭证号	摘要	办公费	交通费	水电费	电话费	绿化费	工资	福利	招待费	物业费	折旧费	合计
12.1	现付 1#	行政部门购稿纸等	825										825
12.2	现付 2#	行政部门交通费		24									24
12.8	现付 4#	行政部门传真费	50										50
12.13	银付 10#	传真机开户手续费	50										50
12.15	银付 11#	支付水电费			600								600
12.16	银付 12#	支付电话费				506							506
12.21	银付 14#	行政部门绿化费					1 030						1 030
12.23	转字 6#	将工资福利费记入本月费用						4 000	560				4 560
12.24	银付 15#	行政部门招待费								1 770			1 770
12.25	现付 6#	行政部门报汽油费等		469									469
12.31	转字 11#	调整确认本月负担物业费									400		400
12.31	转字 12#	调整计提折旧										2 400	2 400
		本月合计	925	493	600	506	1 030	4 000	560	1 770	400	2 400	12 684
12.31	转字 15#	结转本年利润	925	493	600	506	1 030	4 000	560	1 770	400	2 400	12 684

表 7-11　销售费用明细账　　　　　　　　　　　　　　单位:元

日期	凭证号	摘要	宣传费	水电费	电话费	差旅费	工资	福利	低耗品	物业费	折旧费	合计
12.3	现付 3#	销售部报销颜料费	465									465
12.15	银付 11#	支付水电费		2 615								2 615
12.16	银付 12#	支付电话费			1 300							1 300
12.17	转字 5#	王小明报销差旅费				3 560						3 560
12.23	转字 6#	工资福利记入费用					15 000	2 100				17 100
12.31	转字 9#	调整摊销低耗品							800			800
12.31	转字 11#	调整确认本月负担物业费								200		200
12.31	转字 12#	调整计提折旧									3 200	3 200
		本月合计	465	2 165	1 300	3 560	15 000	2 100	800	200	3 200	29 240
12.31	转字 15#	转本年利润	465	2 165	1 300	3 560	15 000	2 100	800	200	3 200	29 240

借方		银行存款	贷方	
期初余额	466 800			
(10)	28 000		(5)	35 000
(16)	2 400		(6)	12.20
(22)	10 848		(7)	30 000
(27)	50 850		(8)	1 800
(29)	25 000		(9)	16 950
(34)	20 000		(13)	2 000
			(14)	19 000
			(18)	5 000
			(20)	3 500
			(21)	1 050
			(23)	3 215
			(24)	1 806
			(26)	41 810
			(28)	1 030
			(30)	2 660
			(31)	1 770
			(33)	8 000
本期发生额	137 098		本期发生额	174 603.2
期末余额	429 294.8			

借方		应收账款	贷方	
期初余额	74 000			
(12)	22 600	(10)	28 000	
		(29)	25 000	
本期发生额	22 600	本期发生额	53 000	
期末余额	43 600			

借方		库存现金	贷方	
期初余额	2 000			
(13)	2 000	(1)	825	
(15)	2 400	(2)	24	
(35)	1 440	(3)	465	
		(11)	50	
		(16)	2 400	
		(32)	469	
本期发生额	5 840	本期发生额	4 233	
期末余额	3 607			

借方		应交税费	贷方	
		期初余额	64 845	
(9)	1 950	(4)	3 900	
(19)	3 640	(12)	2 600	
(26)	4 810	(17)	1 300	
		(22)	1 248	
		(27)	5 850	
		(42)	7 590.95	
本期发生额	10 400	本期发生额	22 488.95	
		期末余额	76 933.95	

借方		其他应收款	贷方	
(18)	5 000	(25)	3 560	
(21)	1 000	(35)	1 440	
(33)	8 000			
本期发生额	14 000	本期发生额	5 000	
期末余额	9 000			

借方		预付账款		贷方
（7）	30 000	（19）		31 640
（8）	1 800	（40）		600
本期发生额	31 800	本期发生额		32 240
		期末余额		440

借方		周转材料		贷方
期初余额	8 000			
		（38）		800
本期发生额	—	本期发生额		800
期末余额	7 200			

借方		库存商品		贷方
期初余额	25 000			
（9）	15 000	（36）		62 000
（19）	28 000			
（26）	37 000			
本期发生额	80 000	本期发生额		62 000
期末余额	43 000			

借方		固定资产		贷方
期初余额	775 000			
（20）	3 500			
本期发生额	3 500	本期发生额		—
期末余额	778 500			

借方		累计折旧		贷方
		期初余额		99 200
		（41）		6 200
本期发生额	—	本期发生额		6 200
		期末余额		105 400

借方		应付账款	贷方
		期初余额	35 000
(5)	35 000		
本期发生额	35 000	本期发生额	—
		期末余额	0

借方		应付职工薪酬	贷方
(14)	19 000	(30)	21 660
(30)	2 660		
本期发生额	21 660	本期发生额	21 660
		期末余额	0

借方		预收账款	贷方
		期初余额	50 000
(4)	33 900	(15)	2 400
(17)	11 300		
(37)	800		
本期发生额	46 000	本期发生额	2 400
		期末余额	6 400

借方		应付利息	贷方
		(39)	500
本期发生额	—	本期发生额	500
		期末余额	500

借方		本年利润	贷方
		期初余额	131 655
(44)	112 627.15	(43)	135 400
(45)	154 427.85		
本期发生额	267 055	本期发生额	135 400

借方		利润分配——未分配利润	贷方
		期初余额	70 100
		(45)	154 427.85
本期发生额	—	本期发生额	154 427.85
		期末余额	224 527.85

借方	投资收益		贷方
（43）	20 000	（34）	20 000
本期发生额	20 000	本期发生额	20 000

借方	主营业务收入		贷方
（43）	114 600	（4）	30 000
		（12）	20 000
		（17）	10 000
		（22）	9 600
		（27）	45 000
本期发生额	114 600	本期发生额	114 600

借方	其他业务收入		贷方
（43）	800	（37）	800
本期发生额	800	本期发生额	800

借方	主营业务成本		贷方
（36）	62 000	（44）	62 000
本期发生额	62 000	本期发生额	62 000

借方	其他业务成本		贷方
（41）	600	（44）	600
本期发生额	600	本期发生额	600

借方	所得税费用		贷方
（42）	7 590.95	（44）	7 590.95
本期发生额	7 590.95	本期发生额	7 590.95

借方	财务费用		贷方
（6）	12.20	（44）	512.20
（39）	500		
本期发生额	512.20	本期发生额	512.20

借方		管理费用	贷方	
(1)	825	(44)	12 684	
(2)	24			
(11)	50			
(21)	50			
(23)	600			
(24)	506			
(28)	1 030			
(30)	4 560			
(31)	1 770			
(32)	469			
(40)	400			
(41)	2 400			
本期发生额	12 684	本期发生额	12 684	

借方		销售费用	贷方	
(3)	465	(44)	29 240	
(23)	2 615			
(24)	1 300			
(25)	3 560			
(30)	17 100			
(38)	800			
(40)	200			
(41)	3 200			
本期发生额	29 240	本期发生额	29 240	

在采用工作底稿的情况下,有关损益类账户在月度结账时也可以不在总分类账中结转,只在年度终了时才予以结转,以便保持这些账户的全年累计余额。

四、编制工作底稿

根据上述资料可编制工作底稿,如表 7-12 所示。

通过上述例子,我们可以发现,在工作底稿上已将编制财务报表所需要的相关数据汇集在一起,可直接据以编制财务报表。因而,工作底稿具有以下优点:

(1) 所有总账余额一目了然地体现于表中。

(2) 任何调整及其影响清晰列示,易于计算。在使用账户多、调整事项多的企业,这一优点更是显而易见。

表 7-12 新天地商贸公司工作底稿

202×年 12 月 31 日

单位：元

账户名称	调整前试算表 借方	调整前试算表 贷方	调整分录 借方	调整分录 贷方	调整后试算表 借方	调整后试算表 贷方	利润表 借方	利润表 贷方	资产负债表 借方	资产负债表 贷方
库存现金	3 607				3 607				3 607	
银行存款	429 294.8				429 294.8				429 294.8	
应收账款	43 600				43 600				43 600	
预付账款	160			(40)600		440				440
其他应收款	9 000				9 000				9 000	
库存商品	43 000				43 000				43 000	
周转材料	8 000			(38)800	7 200				7 200	
债权投资	200 000				200 000				200 000	
固定资产	778 500				778 500				778 500	
累计折旧		99 200		(41)6 200		105 400			(105 400)	
短期借款		100 000				100 000				100 000
应付账款		0	(37)800			0				0
应付职工薪酬		0				0				0
应交税费		69 343		(42)7 590.95		76 933.95				76 933.95
预收账款		7 200				6 400				6 400
应付利息		500		(39)500		500				500
实收资本		1 000 000				1 000 000				1 000 000
未分配利润		70 100		(45)154 427.85		224 527.85				224 527.85

续表

账户名称	调整前试算表		调整分录		调整后试算表		利润表		资产负债表	
	借方	贷方	借方	贷方	借方	贷方	借方	贷方	借方	贷方
本年利润		131 655	(44) 112 627.15 (45) 154 427.85	(43) 135 400						
投资收益		20 000	(43) 20 000					20 000		
主营业务收入		114 600	(43) 114 600					114 600		
其他业务收入			(43) 800	(37) 800				800		
主营业务成本	62 000			(44) 62 000			62 000			
其他业务成本			(41) 600	(44) 600			600			
管理费用	9 884		(40) 400 (41) 2 400	(44) 12 684			12 684			
销售费用	25 040		(38) 800 (40) 200 (41) 3 200	(44) 29 240			29 240			
财务费用	12.2		(39) 500	(44) 512.2			512.2			
小计							105 036.2	135 400		
所得税费用							7 590.95			
净利润							22 772.85			
合计	1 612 098	1 612 098	411 355	411 355	1 514 201.8	1 514 201.8	135 400	135 400	1 408 801.8	1 408 801.8

平衡利润表栏的数字是将进入利润表的净利润

（3）便于发现和纠正潜在错误及易忽视的调整。可据以确定调整后的账户余额，并把它们分别归属于利润表和资产负债表，从而为正式编制财务报表提供了便利。

第三节　利润表：特定期间的业绩

利润表（profit statement），也称作收益表（income statement）、损益表（profit and loss statement），它是提供企业盈利信息的财务报表[①]。利润表所报告的财务信息对信息使用者具有举足轻重的作用，是人们关注的重点。美国学者查尔斯·吉布森（1996）对美国最大的500家公司的总会计师进行调查，结果表明：在企业财务报告所提供的众多指标中，重要等级居前三位的指标分别是每股收益（EPS）、净资产收益率（ROE）及税后净利润率。这些均为获利能力指标。[②] 在我国，与利润相关的财务指标同样备受信息使用者关注，中国证监会历次关于上市公司配股条件的控制参数以及中国权威证券报刊与券商每年进行的"中国上市公司经营业绩排行榜"的评选、投资者和证券分析师们用于评价上市公司获利能力和企业成长所运用的指标均源于利润表。公司利润表对信息使用者的重要性可见一斑。

一、利润表的构成

（一）内容

利润表既然是反映一个企业特定期间经营成果的财务报表，它的内容就必须包括影响该会计期间损益的所有内容。也就是说，任何导致该会计期间收入和费用增减的事项，都必须进入利润表。

现代社会企业的规模越来越大，经营活动日趋复杂，为企业产生收入的项目多，同样，企业日常运行过程中需要发生的费用支出也不再单一。从对企业利润贡献大小来看，某些经营活动的贡献要显著高于另外一些活动。比如，一家以工业品生产和销售为主要活动的企业，产品生产、销售收入带来的利润贡献，显然要大于来自机器设备、厂房建筑物销售收入的利润贡献。又如，天华超净的业务收入来自三个领域：静电与微污染防控的集成供应商、医疗器械产品、锂电材料业务。因而，利润表还需要反映不同的经营活动所创造的利润，以便投资者判断未来年度企业经营活动的发展趋势。

（二）格式

利润表通常包括表首和表体两部分。

1. 表首

表首应列示报表名称、编表单位的名称、提供信息的期间、所用货币的名称等，这些体现了会计基本假设的要求。

2. 表体

在表体部分，根据企业利润表的构成要素，按利润计算过程排列表中项目。实践中有两种

---

① 在我国，该表先后用过多个名称，如"收益表""损益表""利润表""利润及利润分配表"等。本书采用《企业会计准则》的用法，称"利润表"。行文中也会用到"收益表"术语。

② 查尔斯·吉布森. 财务报表分析——利用财务会计信息. 刘筱青. 等，译.6 版. 北京:中国财政经济出版社,1996.

排列方式:一种为单步式排列,用该方法排列的利润表称单步式利润表;另一种为多步式排列,与其相应的利润表称多步式利润表。

单步式利润表只采用一个步骤就完成利润的计算。具体做法为,首先列示所有的收入项目,然后再列示所有的费用项目,两者相减,收入大于费用的部分即为净利润,若收入小于费用,差额为亏损。其基本格式如表 7-13 所示。

表 7-13　利润表(单步式)

编表单位:　　　　　　　　　　　××××年度　　　　　　　　　　货币单位:

收入		
销售收入净额	××××	
其他收入	××××	××××
费用与成本		
销售成本	××××	
销售费用	××××	
管理费用	××××	
财务费用	××××	
其他费用	××××	
所得税费用	××××	××××
净利润		××××

单步式利润表的优点是简明易懂,但所提供信息较少,不便于分析利润的构成等情况。它只适合规模小、业务单一的企业。如果企业经营活动种类繁多、结构复杂,单步式利润表就无法适应要求。

多步式利润表将不同的收入与费用项目加以归类,按企业损益构成的内容列示,逐步反映净利润的计算过程。各步骤的排列大致按照其对企业利润的贡献程度而定。通常,排列在最上边的是企业主要经营活动所产生的收入、发生的成本以及相抵减后的利润,即主营业务利润;主营活动之外,企业会发生一些零星活动并形成相应的收入,这部分称为其他业务收入;其他业务收入在扣减成本后形成其他业务利润;企业正常经营活动过程中还会发生一定的费用,如管理费用、财务费用等,这部分无论企业是否产生经营收入都必然要发生,企业的主营业务利润、其他业务利润在扣减这部分费用后就构成企业正常经营活动所产生的“营业利润”。当然,企业在经营活动过程中会发生一些偶发性事项(如地震、水灾、火灾等)导致企业蒙受无法预期的损失或收益,这些损失或收益作为营业外收支项目列示在利润表上。此外,利润表上还列示了其他对企业最终利润产生影响的项目。在得出净利润后,会计准则还要求进一步列示企业当期的其他综合收益税后净额与综合收益总额。其他综合收益是指企业按照准则规定未在当期损益中确认的各项利得和损失。综合收益总额项目则反映净利润与其他综合收益扣除所得税影响后的净额相加后的合计金额。多步式利润表的基本格式如表 7-14 所示。

表 7-14　利润表(多步式)

编制单位：　　　　　　　　　　　　＿＿＿年＿＿＿月　　　　　　　　　货币单位：人民币元

项目	本期金额	上期金额
一、营业收入		
减：营业成本		
税金及附加		
销售费用		
管理费用		
研发费用		
财务费用		
其中：利息费用		
利息收入		
加：其他收益		
投资收益(损失以"-"号填列)		
公允价值变动收益(损失以"-"号填列)		
信用减值损失(损失以"-"号填列)		
资产减值损失(损失以"-"号填列)		
资产处置收益(损失以"-"号填列)		
二、营业利润(亏损以"-"号填列)		
加：营业外收入		
减：营业外支出		
三、利润总额(亏损总额以"-"号填列)		
减：所得税费用		
四、净利润(净亏损以"-"号填列)		
(一)持续经营净利润(净亏损以"-"号填列)		
(二)终止经营净利润(净亏损以"-"号填列)		
五、其他综合收益的税后净额		
六、综合收益总额		
七、每股收益		
(一)基本每股收益		
(二)稀释每股收益		

二、利润表的编制

利润表是一张动态报表，它反映会计主体在某一期间的盈利情况，因而其数据来源于损益类账户(或称"虚账户")的本期发生额。表内各项目的填列方法一般有两种：

（一）根据总分类账各有关账户的本年发生额(净额)填列

其中,收入类项目根据相应账户贷方发生额填列。如主营业务收入、其他业务收入、投资收益、营业外收入等。成本费用类项目根据损益类账户有关账户的本期借方发生额(净额)填列,如主营业务成本、其他业务成本、销售费用、税金及附加、管理费用、财务费用、营业外支出、所得税费用等。

（二）根据利润表中有关项目数字计算填列

多步式利润表按以下四个项目分步骤计算企业的经营成果:

1. 营业利润项目

营业利润 = 营业收入 − 营业成本 − 税金及附加 − 销售费用 − 管理费用 − 研发费用 − 财务费用 + 其他收益 + 投资收益 + 公允价值变动收益 + 信用减值损失 + 资产减值损失 + 资产处置收益

2. 利润总额项目

$$利润总额 = 营业利润 + 营业外收入 − 营业外支出$$

3. 净利润项目

$$净利润 = 利润总额 − 所得税费用$$

4. 综合收益项目

$$综合收益总额 = 净利润 ± 其他综合收益的税后净额$$

三、实例说明

为了帮助大家理解利润表,现以本章第二节新天地商贸公司有关会计资料为例说明利润表的编制。根据本章第二节的工作底稿,可编制新天地商贸公司利润表,如表7-15所示。

表7-15 利 润 表

编制单位:新天地商贸公司　　　　　　202x 年 12 月　　　　　　货币单位:人民币元

项目	本期金额	本年累计金额
一、营业收入	115 400	1 430 740
减:营业成本	62 600	734 308
税金及附加		
销售费用	29 240	350 880
管理费用	12 684	133 182
研发费用		
财务费用	512.20	6 106.20
加:其他收益		
投资收益(损失以"−"号填列)	20 000	20 000
公允价值变动收益(损失以"−"号填列)		
信用减值损失(损失以"−"号填列)		
资产减值损失(损失以"−"号填列)		
资产处置收益(损失以"−"号填列)		

续表

项目	本期金额	本年累计金额
二、营业利润（亏损以"–"号填列）	30 363.80	226 263.80
加：营业外收入		2 200
减：营业外支出		1 600
三、利润总额（亏损总额以"–"号填列）	30 363.80	226 863.80
减：所得税费用	7 590.95	72 435.95
四、净利润（净亏损以"–"号填列）	22 772.85	154 427.85
（一）持续经营净利润（净亏损以"–"号填列）		
（二）终止经营净利润（净亏损以"–"号填列）		
五、其他综合收益的税后净额		
六、综合收益总额	22 772.85	154 427.85
七、每股收益		
（一）基本每股收益		
（二）稀释每股收益		

第四节　资产负债表：特定时点的财务状况

资产负债表（balance sheet）是用于反映企业某一特定时点财务状况的财务报表。它也被称为财务状况表（statement of financial position）。从财务报表的发展历史来看，最早的财务报表就是资产负债表，早期称为"账户余额表"。

一、资产负债表的作用

作为反映企业财务状况的基本报表，资产负债表向会计信息使用者传递十分有用的信息，在财务报表体系中处于重要地位。它的主要作用是：

（一）有助于分析、评价、预测企业的短期偿债能力

企业的短期偿债能力主要反映在资产或负债的流动性上。流动性是指资产转换为现金或负债到期清偿所需要的时间。企业资产的变现能力越强，流动性就越强；而负债到期日越短，流动性也越强。企业的短期偿债能力越弱，破产的可能性越大。资产负债表中流动资产与流动负债及报表中相关附注所提供的信息，有助于信息使用者分析、评价、预测企业的短期偿债能力。

（二）有助于分析、评价、预测企业的长期偿债能力和资本结构

企业的长期偿债能力取决于其获利能力和资本结构。资本结构指企业资产、负债和所有者权益之间的相对比例，该比例的大小直接影响债权人和所有者的相对投资风险以及企业的

长期偿债能力。负债比重越大,债权人的风险越高,企业偿债能力就越弱;反之,负债比重越小,债权人风险越低,企业偿债能力越强。资产负债表可为信息使用者分析、评价、预测企业的长期偿债能力和资本结构提供信息。

(三) 有助于分析、评价、预测企业的变现能力和财务弹性

财务弹性是指企业应付各种变化的能力,即抓住各种突如其来的获利机会的能力和财力,以及在经营危机中生存的能力。财务弹性强的企业不仅能从有利可图的机会中获取大量资金,而且也能借助债权人的长期资金和所有者的追加资本获利。财务弹性来源于资产的流动性、生产经营产生现金流入的能力、筹措资金的能力以及变现能力。资产负债表所反映的企业资源分布情况和企业对资源的索取权等信息,有助于信息使用者分析、评价、预测企业的变现能力和财务弹性。

(四) 有助于分析、评价、预测企业的经营业绩

企业的经营业绩直接影响投资者、债权人以及其他利益关系人的利益,也影响企业继续经营和发展的能力。评价企业经营业绩的主要指标是其获利能力,具体体现为各项利润指标;同时,投资报酬率和资金利用率等指标也可以反映企业的经营业绩。因此,将资产负债表和利润表相结合,有助于信息使用者分析、评价、预测企业的经营业绩。

二、资产负债表的构成

(一) 内容

作为反映报告主体特定时点财务状况的财务报表,资产负债表的内容就是表述企业特定时点上的资产、负债和所有者权益。为了便于使用者理解和使用,还需要对资产、负债及所有者权益按一定的标准进行进一步划分。分类时要考虑使用者的需求,以简明扼要、易于理解的形式向使用者提供决策所必需的、更加详细的财务信息。

(二) 格式

根据资产负债表主体部分排列形式的不同,资产负债表的格式主要有账户式、报告式,以及报告式的衍生,如财务状况式。

账户式资产负债表根据"资产 = 负债 + 所有者权益"等式,采用左右对称排列的结构,这是目前资产负债表的通行结构。本章开篇引用的天华超净公司的资产负债表就是采用账户式。

与账户式按左右对称排列资产和权益不同,报告式按上下顺序排列,并分别采用"资产 = 负债 + 所有者权益"或"资产 − 负债 = 所有者权益"的格式。

将报告式格式加以变更,可形成一种旨在报告营运资金的格式,即财务状况式格式。这种格式的资产负债表主要根据"流动资产 − 流动负债 = 营运资本""营运资本 + 非流动资产 − 非流动负债 = 所有者权益"的等式编制。

三、资产负债表的编制

如前所述,资产负债表是一种静态报表,它反映企业在特定时点的财务状况,编表的主要资料来源于反映特定时点财务状况的总分类账户余额。所以,资产负债表的编制是以资产、负债和所有者权益等实账户的期末余额计算填列的,且要求在资产、负债和所有者权益之间保持

恒等关系。一般说来，资产类项目应根据资产类账户的期末借方余额填列，负债和所有者权益类项目应根据负债类、所有者权益类账户的期末贷方余额填列。但这并不意味着账簿信息全部可以直接进入报表，由于报表项目与账户记录并不完全一一对应，所以，将各账户中的数据转化为报表项目时，仍存在再确认的问题。有相当一部分数据必须进行合并、分拆等重新整理，具体有以下几种情况。

（一）直接填列

直接填列一般根据总账有关账户的期末余额直接填列。其中资产类项目有递延所得税资产、其他权益工具投资等，负债类项目有短期借款、应付职工薪酬、预计负债等，所有者权益类项目有股本（或实收资本）、资本公积、盈余公积等。

（二）间接填列

1. 根据有关总分类账户期末余额合并或抵减填列

资产类项目有货币资金、应收账款、其他应收款、存货、债权投资、固定资产、无形资产等。其中，货币资金项目应根据"库存现金""银行存款"和"其他货币资金"等一级账户的期末余额合并填列；应收账款项目应根据"应收账款"账户所属各明细账户的期末借方余额合计，减去"坏账准备"账户有关余额填列；存货项目应根据有关账户的期末余额合并填列；固定资产项目应根据"固定资产"账户借方余额与"累计折旧""固定资产减值准备"账户的贷方余额相抵减后的净额填列等。负债类项目有长期应付款等，该项目应根据"长期应付款"账户的期末余额减去"未确认融资费用"账户期末余额后的金额填列。所有者权益类项目有未分配利润，如果是中期报表，应根据"本年利润"账户和"利润分配"账户余额所在的方向合并或抵减填列；如果是年报，则可根据"利润分配"账户期末余额直接填列。

2. 根据有关账户（总分类或明细账户）期末余额分析计算填列

资产类项目有预付账款、一年内到期的非流动资产等。其中：预付账款项目应根据"预付账款"账户所属各明细账户的期末借方余额合计填列。若该账户的明细账户期末有贷方余额，应归入应付账款项目内填列，而"应付账款"账户所属明细账户若有期末借方余额，则应反映在预付账款项目里。一年内到期的非流动资产项目应根据有关账户的期末数据分析计算填列。负债类项目有预收账款、一年内到期的非流动负债、长期借款、应付债券、长期应付款和其他非流动负债等。其中：预收账款项目应根据"预收账款"账户所属有关明细账户期末贷方余额合计填列。该账户的明细账户若有借方余额，应在应收账款项目内填列，而"应收账款"账户所属明细账户若有贷方余额，则在该项目内反映。一年内到期的非流动负债应根据有关非流动负债总分类账户所属的明细分类账户期末余额中偿还期已不足一年的部分计算填列。长期借款项目则应根据"长期借款"账户期末余额减去将于一年内到期偿还的各项长期借款的差额填列。

四、实例说明

为了帮助大家理解资产负债表，现仍以本章第二节新天地商贸公司的数据来说明资产负债表的编制。根据本章第二节的工作底稿，可编制新天地商贸公司资产负债表，如表 7-16 所示。

表 7-16　资产负债表

编制单位:新天地商贸公司　　　　　202×年12月31日　　　　　货币单位:人民币元

资产	期末余额	上期年末余额	负债和所有者权益	期末余额	上期年末余额
流动资产:			流动负债:		
货币资金	432 901.80	332 900	短期借款	100 000	230 000
交易性金融资产			应付票据		
应收票据			应付账款	440	57 000
应收账款	43 600	28 000	预收款项	6 400	25 000
预付款项			应付职工薪酬		
其他应收款	9 000		应交税费	76 933.95	
存货	50 200	51 200	其他应付款	500	
一年内到期的非流动资产			一年内到期的非流动负债		
其他流动资产			其他流动负债		
流动资产合计	535 701.80	412 100	流动负债合计	184 273.95	312 000
非流动资产:			非流动负债:		
债权投资	200 000	200 000	长期借款		
固定资产	673 100	770 000	应付债券		
在建工程			长期应付款		
无形资产			递延所得税负债		
长期待摊费用			其他非流动负债		
递延所得税资产			非流动负债合计		
其他非流动资产			负债合计	184 273.95	312 000
非流动资产合计	873 100	970 000	所有者权益:		
			实收资本	1 000 000	1 000 000
			资本公积		
			盈余公积		
			未分配利润	224 527.85	70 100
			所有者权益合计	1 224 527.85	1 070 100
资产总计	1 408 801.80	1 382 100	负债和所有者权益总计	1 408 801.80	1 382 100

第五节 现金流量表：现金从哪来，又到哪里去

一、为何需要这张报表

从 2016 年开始，共享单车突然席卷全国各大城市。操作简单、支付方便的单车租赁服务受到广大用户一致好评。但是，好景不长，2017 年，包括悟空、酷骑、小蓝在内的共享单车二三梯队企业竟纷纷倒闭，徒留消费者面对押金难退的困境。

甚至是共享单车热浪中的领头羊 ofo 也最终资不抵债而破产。它于 2014 年创立，媒体报道认为，从创立到 2018 年，ofo 多轮融资，吸引了约 150 亿元投资。但是，2018 年年底，ofo 就因为现金流陷入困境，宣布破产。可见，现金流对一个企业的持续经营多么重要，本节所要学习的就是反映企业现金流动情况的财务报表——现金流量表。

下面，我们再通过一个具体例子来了解现金流量表。退休不久的老王最近遇上一件令他既伤心又困惑的事。伤心的是：他于年初所投资的福兴公司，居然在不到一年的时间内就因为没有周转资金而陷入困境！困惑的是：公司还在正常运转并且还有一定的盈利。他问过代记账的公司会计，知道公司有 240 000 元的销售收入，净利润 24 000 元。不解之余，他找到一位在会计师事务所执业的朋友郑会计师咨询，郑会计师让他找来公司的基本财务报表并据以编制了一张现金流量表，如表 7-17 所示。

表 7-17 福兴公司现金流量表 单位：元

项目	金额
经营活动产生的现金流量	
净利润	24 000
调整项目：	
应收账款增加	(48 000)
存货增加	(40 000)
折旧费用	44 000
经营活动产生的现金流量净额	(20 000)
投资活动产生的现金流量	
购买设备及其他投资项目	(180 000)
筹资活动产生的现金流量	
短期借款	112 000
现金净增加额	(88 000)

郑会计师告诉老王，现金流量表能提供其他报表未直接列出的一些重要财务信息：公司经营正常，但销售过程中赊销金额偏大，应收账款增加了 48 000 元，占总销售收入的 20%，同时，存货增加了 40 000 元，这挤占了销售收入所产生的现金流入。此外，公司投资过多、摊子铺得

太大(当年新增固定资产投资 180 000 元),导致公司不仅缺少正常周转的资金,也缺乏资金来偿付即将到期的债务。如果此时借款银行坚持要求福兴公司清偿债务,而公司又不能在短期内筹措到足额的资金,公司只有歇业清算。

企业运行离不开现金,无论是购买材料、设备,还是支付工资以及其他日常费用,都需要现金。因此,现金被喻为企业经营过程中的"血液"。企业一旦"失血过多",只有死路一条。也正因为如此,在资本市场环境最为复杂的美国,人们经过实践摸索,于 20 世纪 70 年代逐渐提出"现金流量表"的概念,并最终成为"公认会计原则"的一部分[①],1988 年之后要求所有企业提供这一报表。

至此,老王才明白现金对企业的重要性以及如何阅读现金流量表来获取关于现金流的信息。

二、现金流量表的构成

(一)现金流量表的编制基础

提起现金流量表的编制基础——现金,人们首先想到的是企业持有的可随时用于支付的现金本身。事实上,这里所指的现金,亦包括现金等价物。现金等价物是指企业持有的期限短、流动性强、易于转换为已知金额的现金及价值变动风险很小的投资。其中,期限短一般是指从购买日起 3 个月内到期。例如,可在证券市场上流通的 3 个月内到期的短期债券投资等。现金等价物虽然不是现金,但其支付能力与现金的差别不大,可视为现金。

(二)现金流量表的结构和内容

从上述福兴公司的现金流量表之例,我们很容易得知现金流量表的结构,如表 7-18 所示。

表 7-18　××公司现金流量表

项目	金额
经营活动产生的现金流量	
现金收入	×××
现金支出	×××
经营活动产生的现金流量净额	×××
投资活动产生的现金流量	
现金收入	×××
现金支出	×××
投资活动产生的现金流量净额	×××
筹资活动产生的现金流量	
现金收入	×××
现金支出	×××
筹资活动产生的现金流量净额	×××
现金净增加额	×××

---

① 现金流量表的前身为"财务状况变动表",它是美国会计原则委员会(该机构后来被财务会计准则委员会取代)于 1971 年发布的。1987 年,美国财务会计准则委员会发布第 95 号准则公告"现金流量表",要求所有符合要求的企业自 1988 会计年度起提供现金流量表信息。

影响现金流入或流出的活动很多,诸如:顾客现购产品或服务,企业支付货款给原材料供应商,企业购买设备、出售厂房、借入款项、支付现金股利等。它们都无一例外地归属于经营活动、投资活动、筹资活动这三种活动中的一种。而现金流量表的内容,也正是按业务性质分为这三类。

1. 经营活动产生的现金流量

经营活动是指企业投资和筹资活动以外的所有交易和事项,一般与企业创造利润的目的有关。如顾客现购商品,企业支付货款等。影响现金流量的典型经营活动中,现金流入包括:销售商品(劳务)收取的现金、租金收入、其他与经营活动有关的现金收入。现金流出包括:支付给供应商货款、支付工人工资、支付税费等。

以榕达公司的现金流量表为例,如表 7-19 所示。榕达公司经营活动产生了 10 000 元的现金净流入,它是由顾客处收取 70 000 元,扣除支付的工人工资 10 000 元以及供应商货款 50 000 元后得到的。

表 7-19　榕达公司现金流量表——经营活动部分   单位:元

项目	金额
经营活动产生的现金流量	
从顾客处收款	70 000
支付工人工资	(10 000)
支付供应商货款	(50 000)
经营活动产生的现金流量净额	10 000

2. 投资活动产生的现金流量

投资活动是指企业长期资产的购建和不包括在现金等价物范围内的投资及其处置活动。投资活动产生现金流入的项目有:收回投资,分得股利或债券利息,处置厂房、设备等长期资产。现金流出项目有:购建厂房、设备等长期资产,对外进行权益投资和债权投资。

表 7-20 是榕达公司现金流量表的投资活动部分。该表显示:榕达公司出售设备所得的 60 000 元款项,购买设备、进行债券投资后,净流出 250 000 元,也就是说,榕达公司必须使用经营活动、筹资活动所得的现金来做投资。

表 7-20　榕达公司现金流量表——投资活动部分   单位:元

项目	金额
投资活动产生的现金流量	
出售设备所得款项	60 000
购买设备	(300 000)
债券投资	(10 000)
投资活动产生的现金流量净额	(250 000)

3. 筹资活动产生的现金流量

筹资活动是指导致企业资本及债务规模和构成发生变化的活动。从现金流量表的这一部分可以看出企业取得资金的来源。筹资活动中,借款、发行股票和债券等,都会导致现金流入;而偿还债务、支付现金股利及利息、股票回购等,导致现金流出企业。

为有助于理解,仍以榕达公司的现金流量表为例,如表 7-21 所示。

表 7-21 榕达公司现金流量表——筹资活动部分 单位:元

项目	金额
筹资活动产生的现金流量	
发行普通股	800 000
支付股利	(200 000)
偿还贷款	(100 000)
筹资活动产生的现金流量净额	500 000

榕达公司发行普通股筹得 800 000 元,支付股利、偿还贷款共用去了 300 000 元,即:榕达公司筹资活动产生的现金流量净额为 500 000 元。

表 7-19、表 7-20、表 7-21 三个部分结合在一起,即为一份完整的榕达公司现金流量表。

三、现金流量表的编制

编制现金流量表时,经营活动产生的现金流量的填列方法有两种:一是直接法,二是间接法。不论采用哪一种方法,经营活动所产生的现金流量净额应是相同的。

(一)直接法

直接法是通过现金收入和支出的主要类别反映来自企业经营活动的现金流量。一般是以利润表中营业收入、营业成本等数据为基础,将收入调整为实际收现数,将费用也从权责发生制基础调整为实际付现数,并以一定的类别反映在现金流量表上。以直接法所编制的现金流量表如表 7-22 所示。

表 7-22 西河公司现金流量表——经营活动部分(直接法) 单位:千元

项目	金额
经营活动产生的现金流量	
销售商品、提供劳务收到的现金	85
购买商品、接受劳务支付的现金	(80)
支付给职工以及为职工支付的现金	(9)
支付的各项税费	(5)
经营活动产生的现金流量净额	(9)

直接法的优点是直观,经营活动产生的现金来自哪里,又运用到哪里去,让人一目了然。美国财务会计准则委员会鼓励使用直接法,我国企业会计准则要求的现金流量表也是采用直接法编制的。

（二）间接法

间接法则以利润表上的净利润为起点，以是否影响现金流动为标准进行调整，将减少净利润但不减少现金的项目加回，将增加净利润但不增加现金的项目扣减，据此调整、计算出经营活动的现金流量。下面以西河公司的现金流量表为例，说明具体的调整方法，如表7-23所示。

表7-23　西河公司现金流量表——经营活动部分（间接法）　　　　单位：千元

项目	金额
经营活动产生的现金流量	
净利润	5
调整项目：	
加：设备折旧费	8
应付账款增加额	25
减：应收账款增加额	(15)
存货增加额	(32)
经营活动产生的现金流量净额	(9)

由于会计上的净利润是基于权责发生制的，在调整为基于收付实现制的现金流量过程中，需要关注两部分内容：一是不增减现金的收入与费用项目，如本例中的固定资产折旧费；二是与最终净利润无关、但对现金流产生影响的各类应收、应付项目。例如，应收账款通常是与销售收入相联系的，而在计算经营活动产生的现金流量时假定所有的销售收入都收到等量现金，因此，需要将应收账款的增减变动相应调整，以反映销售活动实际创造的现金流量。同样，应付账款、存货的增减都是与销售成本相联系的，这部分也要予以调整，以反映经营活动实际耗费的现金支出。

通过间接法的调整，可以直观地说明企业净利润与经营活动的净现金流量之间的差异以及产生差异的原因，便于企业外部的信息使用者对企业未来现金流量及其趋势做出判断和预测。

四、实例说明

下面以新天地商贸公司的有关数据说明现金流量表的编制。新天地商贸公司202×年12月发生的经济业务以及相关账户资料，可见本章第二节，其12月月初、月末的比较资产负债表如表7-24所示。

表7-24　新天地商贸公司比较资产负债表

202×年12月　　　　货币单位：人民币元

资产	期初数	期末数	增(减)	负债和所有者权益	期初数	期末数	增(减)
流动资产：				流动负债：			
库存现金	2 000	3 607	1 607	短期借款	100 000	100 000	0
银行存款	466 800	429 294.8	(37 505.2)	应付账款	35 000	440	(34 560)
应收账款	74 000	43 600	(30 400)	预收账款	50 000	6 400	(43 600)

续表

资产	期初数	期末数	增(减)	负债和 所有者权益	期初数	期末数	增(减)
预付账款	0	0	0	应付职工薪酬	0	0	0
其他应收款	0	9 000	9 000	应交税费	64 845	76 933.95	12 088.95
存货	33 000	50 200	17 200	应付利息	0	500	500
流动资产合计	575 800	535 701.80	(40 098.20)	流动负债合计	249 845	184 273.95	(65 571.05)
非流动资产:				非流动负债:			
债权投资	200 000	200 000	0	长期借款	0	0	0
固定资产	675 800	673 100	(2 700)	非流动负债合计	0	0	0
非流动资产合计	875 800	873 100	(2 700)	负债合计	249 845	184 273.95	(65 571.05)
				所有者权益			
				实收资本	1 000 000	1 000 000	0
				本年利润	131 655	0	(131 655)
				未分配利润	70 100	224 527.85	154 427.85
				所有者权益合计	1 201 755	1 224 527.85	22 772.85
资产总计	1 451 600	1 408 801.80	(42 798.20)	负债和所有者权益总计	1 451 600	1 408 801.80	(42 798.20)

(一) 直接法计算经营活动现金流量

直接法是以销售收入、销售成本等数据为基础,将收入调整为实际收现数,将费用也调整为付现数,并以一定的类别反映在现金流量表上。

1. 将主营业务收入调整为实际收现数

因为权责发生制的主营业务收入包括现金销售和赊销,所以应根据应收账款、预收账款数进行调整。应收账款增加,反映赊销增加,减少现金流入,应收账款减少,反映现金多收回;预收账款增加,反映虽未确认收入,但本期流入现金增加,预收账款减少,虽确认了收入,却并未在本期流入现金。分析新天地商贸公司预收账款账户可知:与销货有关的减少额为 45 200 元,表明本月相关销货款已于前期预收,本月无现金流入,故应减少"销售商品、提供劳务收到的现金";收到租金增加预收账款 2 400 元,本月因确认租金收入而减少预收账款 800 元,收到租金和确认租金收入的金额不应作为经营活动现金流量的调整数;应收账款账户减少 30 400 元,表明销货款回笼,现金流入增加。此外,销售商品、提供劳务获取收入往往伴随着增值税销项税额的增加,销项税额未计入收入,但计入了应收账款中,随着应收账款的收回,销项税额同步收回,故应增加"销售商品、提供劳务收到的现金"。则:

(1) 主营业务收入　　　　　　　　　　　　　114 600
　　加:增值税销项税额发生额　　　　　　　　14 898
　　加:应收账款减少额　　　　　　　　　　　30 400
　　减:预收账款减少额　　　　　　　　　　　(45 200)
_____
　　销售商品、提供劳务收到的现金　　　　　　114 698

(2) 收到租金 2 400 元，现金流量表上反映在"收到其他与经营活动有关的现金"项目中。

2. 将主营业务成本调整为实际购货支出

本例需要考虑库存商品、应付账款和预付账款等账户的变动，以把主营业务成本调整为用于购货的本期现金支出。库存商品本期增加额，反映购货金额比主营业务成本多的部分；应付账款反映赊购，它的增加会减少现金支出；预付账款的增加，显然会增加现金支出。本例中，新天地商贸公司库存商品增加 18 000 元，同时周转材料减少 800 元，导致存货共增加 17 200 元；减少的 800 元周转材料计入了销售费用，并未发生现金支出，应加回；应付账款减少 35 000 元；预付账款中，由于购货而减少 1 640 元；预付物业管理费 1 800 元及其本期摊销 600 元，这两个数字是其他经营活动支出非本项目调整数字，应剔除。此外，购买商品、接受劳务发生费用往往伴随增值税进项税额的增加，应计入应支付的全部款项中。则：

(1) 主营业务成本	62 000
加：存货增加额	17 200
销售费用	800
应付账款减少额	35 000
预付账款增加额	（1 640）
增值税进项税额发生额	10 400
购买商品、接受劳务支付的现金	123 760

(2) 支付物业管理费 1 800 元，在现金流量表上反映在"支付其他与经营活动有关的现金"项目中。

3. 将销售费用调整为实际付现数

分析"销售费用"账户资料，工资福利费用 17 100 元将在"支付工人工资"项目单独反映，计提折旧 3 200 元，确认物业管理费 200 元，摊销低值易耗品 800 元，并未有实际现金流出，一并予以扣除。所做调整为：

销售费用	29 240
减：工资福利费用	（17 100）
摊销低耗品	（800）
计提折旧	（3 200）
物业管理费	（200）
支付其他与经营活动有关的现金	7 940

4. 将管理费用调整为实际付现数

"管理费用"账户资料与销售费用情况类似，应调整如下：

管理费用	12 684
减：工资福利费用	（4 560）
物业管理费	（400）
计提折旧	（2 400）
支付其他与经营活动有关的现金	5 324

5. 财务费用的调整

本期发生财务费用 512.2 元。其中，12.2 元为电汇货款的手续费，已实际支付，应在现金流量表的"支付其他与经营活动有关的现金"项目中反映；500 元为计提本月应负担的借款利息，未实际支付，不必反映在现金流量表中。

6. 其他业务收入的调整

其他业务收入为租金收入 800 元，是确认的本月实际租金收入，并未增加实际现金流入，应予以扣除。

其他业务收入	800
减：确认租金收入	(800)
收到其他与经营活动有关的现金	0

7. 其他业务成本的调整

其他业务成本为计提的固定资产折旧 600 元，并不增加现金流出，应予以扣除。

其他业务成本	600
减：计提折旧	(600)
支付其他与经营活动有关的现金	0

8. 投资收益的调整

投资收益 20 000 元，是从被投资单位分来的现金股利，应在投资活动产生的现金流量中以现金流入反映。

9. 所得税费用的调整

所得税费用为计提值，尚未实际支出，不产生现金流出，应做扣除处理。

所得税费用	7 590.95
减：计提所得税	(7 590.95)
支付的各项税费	0

10. 工资费用的调整

工资费用应单独列在"支付给职工以及为职工支付的现金"项目中，本月计提职工工资费用 19 000 元、职工福利费用 2 660 元，并实际用现金支付。

工资和职工福利费用	21 660
支付给职工以及为职工支付的现金	21 660

比较资产负债表上，流动项目中尚有其他应收款增加 9 000 元，为员工预借差旅费、支付押金等现金流出，应作为"支付其他与经营活动有关的现金"项目反映；应交税费中，除了所得税之外，还有应交的增值税，但未实际交纳税金，因此，"交付的各项税费"项目金额为 0。至此，支付其他与经营活动有关的现金 =1 800+7 940+5 324+9 000+12.2=24 076.2 元。

根据以上分析和计算，可得到以直接法计算的新天地商贸公司现金流量表的经营活动部分，如表 7-25 所示。

表 7-25　新天地商贸公司现金流量表——经营活动部分(直接法)　　　单位:元

项目	金额
销售商品、提供劳务收到的现金	114 698
收到其他与经营活动有关的现金	<u>2 400</u>
经营活动现金流入小计	117 098
购买商品、接受劳务支付的现金	123 760
支付给职工以及为职工支付的现金	21 660
支付的各项税费	0
支付其他与经营活动有关的现金	<u>24 076.2</u>
经营活动现金流出小计	<u>169 496.2</u>
经营活动产生的现金流量净额	(52 398.2)

(二)间接法计算经营活动现金流量

间接法是以利润表上的净利润为起算点,将减少净利润但不减少现金的项目加回;将增加净收益但不增加现金的项目从净收益中扣除。根据新天地商贸公司的利润表和比较资产负债表,经分析,可用间接法计算的经营活动现金流量表,如表 7-26 所示。

表 7-26　新天地商贸公司现金流量表——经营活动部分(间接法)　　　单位:元

项目	金额
净利润	22 772.85
调整项目:	
加:计提固定资产折旧	6 200
财务费用	500[1]
投资损失(减收益)	(20 000)
应交税费	12 088.95[2]
存货的减少	(17 200)
经营性应收项目的减少	21 400[3]
经营性应付项目的增加	(78 160)[4]
经营活动产生的现金流量净额	(52 398.2)

注:[1] 512.2−12.2=500(元)。

　　[2] 22 488.95−10 400=12 088.95(元)。

　　[3] 30 400−9 000=21 400(元)。

　　[4] 34 560+43 600=78 160(元)。

(三)非流动项目的分析

新天地商贸公司的比较资产负债表显示,共有三项非流动项目发生变化,即固定资产、本年利润和未分配利润。

固定资产中"累计折旧"账户增加 6 200 元,无论是间接法还是直接法,均已在经营活动现金流量部分做了调整。

"本年利润""未分配利润"账户的变化,是由期末结转所致,与现金流量无关。

固定资产原值增加 3 500 元,表示本期间购买固定资产的现金支出,此金额应在投资活动产生的现金流量中作为现金流出予以反映。

根据以上的分析,可以编制完整的现金流量表。表 7-27、表 7-28 分别为按直接法和间接法编制的新天地商贸公司的现金流量表。

表 7-27　新天地商贸公司现金流量表(直接法)

<table>
<tr><td>202× 年 12 月</td><td align="right">单位:元</td></tr>
</table>

项目	金额
经营活动产生的现金流量	
销售商品、提供劳务收到的现金	114 698
收到其他与经营活动有关的现金	2 400
经营活动现金流入小计	117 098
购买商品、接受劳务支付的现金	(123 760)
支付给职工以及为职工支付的现金	(21 660)
支付的各项税费	0
支付其他与经营活动有关的现金	(24 076.2)
经营活动现金流出小计	(169 496.2)
经营活动产生的现金流量净额	(52 398.2)
投资活动产生的现金流量	
取得投资收益收到的现金	20 000
购建固定资产所支付的现金	(3 500)
投资活动产生的现金流量净额	16 500
筹资活动产生的现金流量	
取得借款收到的现金	0
分配股利、利润或偿付利息所支付的现金	0
筹资活动产生的现金流量净额	0
现金流量净增加额	(35 898.2)

表 7-28　新天地商贸公司现金流量表(间接法)

202× 年 12 月　　　　　　　　　　　　　　　　　　　单位:元

项目	金额
经营活动产生的现金流量	
净利润	22 772.85
调整项目	
加:计提固定资产折旧	6 200
财务费用	500
投资损失(减收益)	(20 000)
应交税费	12 088.95
存货的减少	(17 200)
经营性应收项目的减少	21 400
经营性应付项目的增加	(78 160)
经营活动产生的现金流量净额	(52 398.2)
投资活动产生的现金流量	
分得股利所收到的现金	20 000
购买固定资产所支付的现金	(3 500)
投资活动产生的现金流量净额	16 500
筹资活动产生的现金流量	
取得借款收到的现金	0
分配股利、利润或偿付利息所支付的现金	0
筹资活动产生的现金流量净额	0
现金流量净增加额	(35 898.2)
附:现金净增加情况	
现金期末余额	3 607+429 294.8=432 901.8
减:现金期初余额	2 000+466 800=468 800
现金净增加额	(35 898.2)

第六节　财务报表信息的再加工:报表分析

　　编制财务报表的目的是为信息使用者提供与决策有关的信息。由于财务报表高度浓缩,内在关系复杂,且本身存在一定的局限性,导致大多数使用者难以有效利用。所以在财务报表和它的使用者之间需架起一座桥梁,那就是财务报表分析。例如,每年年初,各上市公司会陆续公布其财务报表。对会计信息使用者来说,如此多的信息集中发布,他(们)很难判断一家上市公司财务状况的好坏,而通过适当的财务报表分析,在一定程度上能解决这一问题。

这里有两个术语——财务报表分析和财务分析。财务报表分析的重点主要集中在三张基本财务报表上,而财务分析不仅局限于财务报表,还有很多其他内容;从分析技术和方法角度看,财务分析的技术和方法更为复杂。本书在行文中不刻意区分这两个术语,但内容主要集中在财务报表分析部分。

一、财务报表分析信息的需求

从理论上讲,几乎所有关心企业财务状况的人,都需要财务报表分析的信息。但是,由于每个人的利益不同,对财务报表分析信息的需求也存在差异。例如,同样作为某企业的投资者,其外部控股股东与一般股东(通常所说的散户)的需求显然存在差别。不同的需求者对会计信息的认知能力、愿意承担的信息费用等方面也相差甚远。按照目前我国会计信息市场的现状,财务报表分析信息的需求者主要有以下三类:

(一) 企业管理部门

企业管理部门对会计信息的需求几乎是无限的。任何有助于管理部门更有效地管理企业的信息,都是企业内部各管理部门所必需的。第一章已经介绍,除财务会计外,管理会计和财务管理都是面向管理部门、以提供各种管理信息为主的,尽管如此,管理者仍然需要财务报表分析的信息。例如,在财务报表编制完成并向外界报送后,如果能及时提供本企业的一些报表分析数据,如净资产报酬率、每股盈利等数据以及与同行业水平的比较情况等信息,对管理层的一些重大投资决策将有相当的影响;又如,在财务报表的基础上,向管理层报告企业资产利用效率(如存货周转率、应收账款周转率等)的数据,有助于管理层修订或调整相应的采购政策、赊销政策等。

(二) 企业外部投资者

对上市公司而言,其投资者主要来自外部各利益团体或个人。这其中,一些持股比例相对较高的投资者,更关注企业的长期发展能力。因此,他们会要求公司提供反映其长期发展能力的信息,而现有财务报表无法满足他们的这一要求,这种情况下就必须借助于财务报表分析。通过各种分析,如长期趋势分析、企业核心盈利能力分析,以及一些非财务分析,如该企业所生产的产品是否具有技术发展前景等,可在一定程度上揭示出企业在未来数年内的发展趋势,供大额持股股东决策参考。相比之下,那些持股比例不高、以短期投资为目的的投资者,主要关注企业当期财务业绩表现。一些当期财务指标,如资产收益率、每股盈利、企业净现金流量等,是他们所需要的信息。

(三) 政府管制部门

我国国有企业的管制部门较多,这里暂不讨论。就上市公司而言,其直接管制部门主要是中国证券监督管理委员会(以下简称证监会)。证监会对资本市场进行有效监管,一个重要依据就是各上市公司所提供的财务报表信息。当然,其需要的信息也包括经过分析、提炼的数据。例如,1997 年之前证监会曾要求上市公司必须连续 3 年净资产报酬率不低于 10%,才能申请配股。1996 年、1997 年各种财务分析表明,上市公司为了达到 10% 配股及格线,采取各种方式虚增利润,出现了所谓"10% 现象"。为此,证监会及时调整配股要求,将 10% 降低至 6%。又如,财务报表分析表明,上市公司为虚增利润,通过关联方交易、资产置换等手法在账上"创造"利润，以满足监管部门关于再融资的要求。针对这种情况，证监会更新了相关再融资政策，要求上市公司明确说明剔除非经常性损益后的净资产收益率，并以二者孰低为原则进行配股。由此可见，财务报表分析能为证监会更有效地加强对资本市场的监管提供帮助。

除了上述需求方之外，其他所有会计信息潜在需求方也都需要经过加工、分析的信息。限于篇幅，这里不再一一赘述。

二、财务报表分析信息的供给

在市场经济环境下，只要存在足够的需求，就一定有相应的供给。财务报表分析也是如此。例如，企业管理当局需要财务报表分析信息，他(们)会要求会计部门提供这一信息；那些持股比例较高的股东通常是机构投资者，他们可以雇用专业人员为其收集相关信息；而政府监管部门也可以通过增加相应的专业人员，为其提供所需信息。总体来看，目前能专门提供财务报表分析信息的人员，主要由两部分组成。

(一) 各机构内部专业人员

无论是企业还是投资者，抑或政府管制机构，只要聘请专业财务分析人员的支出低于其所产生的效益，他们就会乐意聘请(雇用)专门的财务分析人士。例如，目前我国资本市场上的一些大型券商(如国泰君安、海通等)都设有专门的研究机构，这些研究机构的主要任务就是提供各种分析报告，包括财务报表分析报告。又如，中国证监会创建之初，没有专门人士进行财务分析，但目前，证监会首席会计师办公室已拥有相当数量的证券分析专业人才，从事各种分析，包括财务报表分析。至于企业内部，进行财务分析更是会计部门的当然职责。

(二) 独立的财务分析人士

在西方，财务分析已形成一个独立的职业，财务分析人士在会计服务市场上销售的"产品"就是各种财务报表分析信息。只要存在充足的市场需求，财务分析人士通过专业提供这类产品，可获取相当丰厚的利润。例如，国际知名的"标准普尔"(Standards & Pool)，实际上就是以提供专业财务分析为主而发展起来的。目前，我国资本市场上，这一职业尚未真正形成。

三、财务报表分析的基本原理

财务分析经过一个时期的发展，已经成为一个技术方法相当复杂的学科。在美国，独立从事财务分析的专业队伍数量可观。目前，财务分析逐渐演化成多个不同的流派，本书将侧重从财务报表信息的分析角度介绍财务分析的基本原理。

严格说来，财务分析没有固定套路，因而，所谓的基本步骤，也是见仁见智的说法。但总体上，进行财务分析，首先要明确可能拥有的财务资料和索取资料的途径；然后要对所获取的资料进行必要的加工、整理，对资料的可信度有一个基本的掌握；第三步是进行相应的比率分析和行业指标对比分析等工作，这也是传统意义上的财务分析；最后是在财务分析的基础上形成一些基本的结论。当然，在实际进行财务分析时，还需要考虑相关的一些资料，如公司所处行业背景、公司所处地域的相应发展情况等。下面，以我国资本市场和上市公司情况为依据，对财务分析的各步骤作简单介绍。

（一）如何取得公司的资料

对一个普通投资者来说，他（她）获取资料的途径相对单一：只能通过公开渠道取得。按照中国证监会的要求，上市公司必须公开发布年度报告、季度报告以及其他相关信息，因此，普通投资者可以通过有关途径获取上述资料，例如，可以通过登录所要分析上市公司的网站，或直接登录一些公开提供上市公司信息的网站，如金融界网站，或中国证监会指定的信息披露网站，如巨潮资讯网站等获取相关信息。投资者也可以直接写信向上市公司索取所需资料。当然，为了更好地了解和利用上市公司的公开资料，我们还需要熟悉中国证监会对上市公司信息披露的一些要求，如"公开发行证券的公司信息披露内容与格式准则"系列文告对上市公司信息披露的要求。以《公开发行证券的公司信息披露内容与格式准则第2号——年度报告的内容与格式》为例，该文告从1994年发布第一稿后，以几乎每年一次修订版的频率，到2021年发布最新版。预计这种修订频率还会持续下去。现在，上市公司年报的内容相当丰富。对一个愿意花时间了解上市公司经营情况的普通投资者来说，上述资料应当是全面的。

除了年度报告等公开信息外，投资者还可以通过网络检索与上市公司相关的其他信息，如公司的相关新闻报道、行业信息、相关法律法规等。

（二）对上市公司及资料可信度的了解与判断

财务分析的一个重要前提是：所依据的信息相对可靠。因此，在做具体分析之前，需要对所获取信息的可信度做出基本的判断。

理论上，为了确保上市公司提供可靠的会计信息，人们设计了一个相对复杂的制度，包括一套独立于会计信息提供方和编报方的会计准则或"公认会计原则"、独立的审计制度。但是，无论是中国资本市场还是美国资本市场，各种类型的财务造假事件禁而不绝。1929—1933年美国经济危机中的各种公司丑闻，促生了美国《证券法》和《证券交易法》；2001年起的安然、世界通信等事件，推动了《萨班斯-奥克斯利法案》的发布。我国资本市场上，也同样出现过多起类似事件，如康美药业、康得新事件等。显然，如果所取得的财务信息不具备基本的可信度，那么，任何分析、加工都是没有意义的。

案例 7-1

关于瑞幸咖啡的研究报告

瑞幸咖啡创立于2017年，2019年5月登陆纳斯达克（NASDAQ）市场。2020年1月31日，浑水公司转发一份匿名的做空报告，称瑞幸咖啡财务和运营数据有造假嫌疑。这份报告的分析包括两部分：对门店跟踪的数据分析，认为瑞幸咖啡在年报中夸大门店销售数量和单价；对商业模式的分析，认为瑞幸咖啡商业模式存在问题。

针对瑞幸咖啡2019年上半年所提交的IPO财务数据和后续公司管理层所发布的财务预测等，该机构选派实习生对其中数百家门店进行全程跟踪，记录并分析门店销售数量、平均销售单价、广告费用等数据，认为瑞幸咖啡存在夸大销售收入的现象；同时，其分析报告还认为，瑞幸咖啡的商业模式存在缺陷。2020年4月，瑞幸咖啡自己成立的独立调查委员会向美国证券交易委员会提交了一份独立调查报告，承认造假超过22亿元人民币。随后，在一份公开的评论中，瑞幸咖啡财务资料造假的方式被"揭秘"：虚构了多个公司或集团客户，大批量购买咖啡；而之前瑞幸咖啡的销售收入主要来自市场上的单个顾客。但是，瑞幸咖啡自己所曝出的问题，与浑水公司公布的研究报告所"推测"的造假不完全一致。2021 年 8 月，有媒体报道，瑞幸咖啡已经实现集团整体盈利。瑞幸咖啡的商业模式被证明是可行的。

　　请自行下载相关资料，试讨论：浑水公司转发的研究报告对瑞幸咖啡商业模式的讨论，存在什么问题？瑞幸咖啡 2020 年 4 月内部调查报告所披露的财务造假方式是什么？它对财务报表可能有哪些影响？从 2021 年瑞幸咖啡的年报看，瑞幸咖啡的商业模式是否有效？为什么？

（三）比率分析与行业比较

　　在经过可信度判断后，就可以进行通常所说的专业分析，并在财务分析的基础上形成有用的结论或建议。对这一部分内容，下面会专门介绍。

（四）初步结论与建议

　　在上述各种比率分析和横向比较的基础上，可以形成一些初步的结论与建议。当然，人们在进行财务分析时，总是有具体的要求或目标，他们将会根据相应的要求和目标选择适当的分析方法。在做出结论和建议时，还需要考虑一些具体因素，如相应的宏观环境、资本市场形势、所关注的上市公司的发展前景及其所处行业的发展前景等。具体说来，如果进行财务分析的目的是确定二级市场投资对象（如企业拥有多余资金，希望从事短期投资），那么，分析者在进行财务分析时更关注上市公司短期的盈利能力和股票价格上升空间，这就要求财务分析不仅关注所选定上市公司的财务比率，还需要关注资本市场的整体走势和所属行业的市场走势。例如，在 2022 年房地产股整体走低的环境下，即便投资者选定的公司各项财务指标良好，也不能保证能获取预期的投资收益；反过来，新冠疫情后那些直接生产防疫相关产品的上市公司，即便其财务指标暂时不好，但因为疫情带来的市场需求，资本市场对与疫情相关的多家上市公司给予高度关注，持有其股票的收益可观。

　　如果进行财务分析是为了长期控制上市公司，则分析者会更多地关注公司长期经营能力、未来发展前景以及未来行业发展方向等。如果进行财务分析的目的是寻找战略合作伙伴（如原材料供应商、产品经销商、合作研发等），关注的侧重点又有所不同。

四、财务分析：基本技术 [①]

　　目前财务分析已经发展成为一门相对复杂的学科，所涉及的分析技术很多。下面将介绍最基本、也是最常用的一些分析方法。

（一）比率分析法

　　财务报表分析就是用"数字说话"，通过一些数字来说明被分析企业的状况。实际上，会计的特点就是用数字来表现企业的财务状况与经营成果，但由于财务报表最后所提供的数字太多，也太专业，使得这些数字很难直接"说话"。因此，借助一些比率分析手段，将这些经过复杂

---

　　① 本部分在具体介绍指标分析时，引用的例子是上市公司福耀玻璃（600660）。文中只是给出一些最简单的财务报表数据，以千元为单位四舍五入取整，不涉及任何价值判断。读者可通过一些综合财经类网站检索（如金融界），也可以登录专业财经数据库如万德（Wind）等获取完整的财务报表。

加工的数字转化成一些简单、易懂的指标,让指标本身说话。正因为比率分析法能够将复杂的数字转化为简单的指标,所以它成为财务分析中应用最广泛的方法。计算比率时所涉及的财务指标通常来自同一个会计期间,所以称为静态比率分析。

下面以福耀玻璃(股票代码:600660)为例,简要说明财务报表分析的方法及其应用。表 7-29 和表 7-30 分别是福耀玻璃 2021 年度简化的资产负债表和利润表。其余资料可自行查找。

表 7-29 资产负债表(简化)

编制单位:福耀玻璃工业集团股份有限公司　　　　　2021 年 12 月 31 日　　　　　单位:(人民币)千元

资产	期末余额	上年年末余额	负债和股东权益	期末余额	上年年末余额
流动资产:			流动负债:		
货币资金	14 327 356	8 809 986	短期借款	5 925 551	6 165 804
应收票据	38 888	19 430	应付票据	1 623 268	1 166 210
应收账款	4 311 234	3 734 495	应付账款	1 524 955	1 299 795
存货	4 327 048	3 280 990	应交税费	319 533	302 322
……	…	…	……	…	…
流动资产合计	24 683 102	18 559 637	流动负债合计	14 718 782	12 131 253
非流动资产:			非流动负债:		
长期应收款	461 516		长期借款	1 138 940	1 985 000
长期股权投资	228 824	206 749	应付债券	1 198 778	1 198 785
固定资产	14 502 764	14 260 439	……	…	…
在建工程	1 976 817	2 354 298	非流动负债合计	3 772 008	4 701 465
无形资产	1 235 092	1 270 843	负债合计	18 490 790	16 832 718
……	…	…	所有者权益:		
非流动资产合计	20 101 792	19 863 988	实收资本	2 609 744	2 508 618
			资本公积	9 700 751	6 222 912
			盈余公积	3 180 340	2 931 419
			未分配利润	11 245 487	10 305 549
			……	…	…
			所有者权益合计	26 294 104	21 590 907
资产总计	44 784 894	38 423 625	负债和所有者权益总计	44 784 894	38 423 625

表 7-30　利润表(简化)

编制单位:福耀玻璃工业集团　　　　　　2021 年度　　　　　　　　单位:(人民币)千元
股份有限公司

项目	2021 年度	2020 年度
一、营业总收入	23 603 063	19 906 593
其中:营业收入	23 603 063	19 906 593
二、营业总成本	20 112 994	17 101 256
其中:营业成本	15 129 053	12 640 913
税金及附加	204 629	198 182
销售费用	1 150 992	1 051 202
管理费用	1 944 179	1 901 093
研发费用	997 203	815 579
财务费用	686 937	494 285
其中:利息费用	318 941	354 752
利息收入	168 838	290 290
加:其他收益	242 338	352 821
投资收益(损失以"-"号填列)	62 948	70 997
其中:对联营企业和合营企业的投资收益	26 975	11 844
公允价值变动收益(损失以"-"号填列)	-9 397	-680
信用减值损失(损失以"-"号填列)	-5 436	-5 987
资产减值损失(损失以"-"号填列)	-18 976	-30 974
资产处置收益(损失以"-"号填列)	484	75 118
三、营业利润(亏损以"-"号填列)	3 762 030	3 266 632
加:营业外收入	217 975	57 628
减:营业外支出	161 163	214 665
四、利润总额(亏损总额以"-"号填列)	3 818 842	3 109 595
减:所得税费用	675 861	511 144
五、净利润(净亏损以"-"号填列)	3 142 981	2 598 451
六、其他综合收益的税后净额	-56 326	-494 996
七、综合收益总额	3 086 655	2 103 455
八、每股收益		
(一)基本每股收益(元/股)	1.23	1.04
(二)稀释每股收益(元/股)	1.23	1.04

表 7-30 表明，2021 年度福耀玻璃的销售收入约为 236 亿元，利润总额约为 38.19 亿元，净利润约为 31.43 亿元。这些数字可以反映一个企业规模，但不能直接反映企业的效率。我们可以将表 7-30 转化为一个比率性报表，见表 7-31。该表又被称为共同比报表，因为，它通常选择一个有代表性的数值作为共同比的基数。例如，资产负债表通常以资产总额作为共同比的基数，而利润表一般以销售收入或主营业务收入为基数。表 7-31 以 2021 年度营业收入作为基准。

表 7-31　2021 年度福耀玻璃共同比利润表　　　　单位：%

项目	2021 年度	2020 年度
一、营业总收入	100.00	100.00
其中：营业收入	100.00	100.00
二、营业总成本	85.21	85.91
其中：营业成本	64.10	63.50
税金及附加	0.87	1.00
销售费用	4.88	5.28
管理费用	8.24	9.55
研发费用	4.22	4.10
财务费用	2.91	2.48
其中：利息费用	1.35	1.78
利息收入	0.72	1.46
加：其他收益	1.03	1.77
投资收益（损失以"-"号填列）	0.27	0.36
其中：对联营企业和合营企业的投资收益	0.11	0.06
公允价值变动收益（损失以"-"号填列）	-0.04	0.00
信用减值损失（损失以"-"号填列）	-0.02	-0.03
资产减值损失（损失以"-"号填列）	-0.08	-0.16
资产处置收益（损失以"-"号填列）	0.00	0.38
三、营业利润（亏损以"-"号填列）	15.94	16.41
加：营业外收入	0.92	0.29
减：营业外支出	0.68	1.08
四、利润总额（亏损总额以"-"号填列）	16.18	15.62
减：所得税费用	2.86	2.57
五、净利润（净亏损以"-"号填列）	13.32	13.05
六、其他综合收益的税后净额	-0.24	-2.49
七、综合收益总额	13.08	10.57
八、每股收益		
（一）基本每股收益（元/股）	1.23	1.04
（二）稀释每股收益（元/股）	1.23	1.04

上述共同比利润表可以直观地反映企业经营活动的效率,如2021年度福耀玻璃营业利润率为15.94%,总成本率为85.21%,其中销售费用、管理费用和财务费用三项合计占营业收入的16.03%。

福耀玻璃2020年度的营业利润率为16.41%,净利润率为13.05%,而2021年这两项数据分别为15.94%、13.32%。从2020年到2021年福耀玻璃的营业利润率下降了,净利润率却升高了,主要原因是2021年福耀玻璃的营业外收入增加、营业外支出减少。

如果将资产负债表、利润表和现金流量表的各项指标结合起来,可以生成更多的比率,这些比率统称为财务比率。通过财务比率,可以评价企业的财务状况、经营成果和财务状况变动情况。在实务中,按反映内容的不同,财务比率可进一步分成偿债能力比率、盈利能力比率和资产利用效率比率、现金指标等类别。下面分别作简要说明。

1. 偿债能力比率分析

用来分析企业偿债能力的关键比率主要有流动比率、速动比率、负债比率(资产负债率)、收益对利息保障倍数等。其中,流动比率、速动比率是用来分析企业短期偿债能力的主要指标,负债比率、收益对利息保障倍数是用来分析企业长期偿债能力的主要指标。

(1) 流动比率(current ratio)。流动比率指企业流动资产总额与流动负债总额的比率,用以衡量企业在某一时点以现有的流动资产偿还到期流动负债的能力。计算公式如下:

$$流动比率 = \frac{流动资产}{流动负债}$$

一般来说,该比率越高,表明企业资产的流动性越大,变现能力越强,短期偿债能力相应越高。但这并不意味着流动比率越高越好,任何比率都有一个"度"。从理财的角度看,流动性越高的资产,其资产报酬率相应也就越低。例如,货币资金的流动性最高,但其资产报酬率只是同期银行存款利率。因此,过高的流动比率意味着企业资金过多地滞留在持有的流动资产上,从而影响这部分占用资金运用的效率,丧失良好的获利机会。在美国资本市场上,长期经验证明,流动比率一般维持在2或200%左右,就视为企业具有充裕的短期偿债能力。但对流动比率的要求也不能一概而论,还要视企业经营性质、经营周期和行业特点等情况而定,甚至与企业本身的经营方针和管理水平有关。譬如,制造业企业所需的流动资产一般要少于零售企业;那些以长期赊账形式为主的企业所需的流动比率一般高于那些以现金销售为主的企业。所以,计算出的流动比率最好还要与同行业平均数或先进水平、计划数及历史水平进行对比,同时,还要根据行业的不同、市场银根松紧情况及企业本身信用评估等级而定。福耀玻璃2021年年末资产负债表提供的数据表明,其流动比率为1.68。

(2) 速动比率(quick ratio)。尽管流动比率能较好地反映企业资产的流动性和短期偿债能力,但由于流动资产包括一部分流动性较差的资产(如存货)和部分几乎没有变现能力的资产(如预付账款),如果这部分资产在流动资产中所占份额较高,则流动比率用于衡量企业短期偿债能力的作用将大打折扣。为此,实践中产生了一种新的比率,即将流动资产中变现能力较差的资产(如存货)和预付账款剔除,形成所谓"速动资产"。以速动资产总额与流动负债总额比较,就是"速动比率",亦称"酸性测验比率"(acid test ratio)。它用于衡量企业在某一时点运用随时可变现流动资产偿付到期流动负债的能力。计算公式如下:

$$速动比率 = \frac{流动资产}{流动负债} = \frac{流动资产 - 存货 - 预付账款}{流动负债}$$

一般来说,速动比率应维持在 1 或 100% 以上,即速动资产应至少与流动负债相等,企业才具有较强的短期偿债能力,短期内债权人如期收回债权的安全系数高。如果速动比率小于 1 或 100%,说明企业偿还短期债务还须变卖部分存货。与流动比率指标类似,该比率也不是绝对的越大越好,不同的企业和行业一般都有差别。所以在评价速动比率时,也要结合同行业的平均或先进水平、本企业的计划、历史资料和经营策略等情况考虑,以做出正确的判断。根据福耀玻璃 2021 年年末完整的资产负债表,其速动比率为 1.37。

(3) 负债比率(资产负债率)。负债比率亦称举债经营比率,指的是负债总额与资产总额之比,它通过企业由债权人提供的资本占资产总额的比重,表明企业负债水平和长期偿债能力,反映债权人提供贷款的安全程度。计算公式为:

$$负债比率 = \frac{负债总额}{资产总额} \times 100\%$$

通常,负债比率越小,资产对债权人的保障程度就越高;反之,负债比率越高,企业长期偿债能力越差,债权人收回债权的保障就越低,债权人面临的风险就越大。如果负债比率大于 100%,则表明企业已经资不抵债,如果此时清算,债权人将会蒙受损失[①]。负债比率以多大为宜,在不同国家、同一国家的不同地区或不同行业不尽相同。在美国,资本市场以股票投资为主,负债比率相对要低;日本企业以家族经营为主,企业生产资本和金融资本相互渗透,其负债比率较高;我国以国有企业为主,同时,对国有商业银行资本依赖过大,导致企业负债比率偏高。福耀玻璃 2021 年年末资产负债率为 41.29%。

西方学者的研究表明,在西方、特别是美国资本市场上,资产负债率的高低,取决于很多外部因素。例如,受管制行业因为竞争受限,其风险相对较低,资产负债率较高;而不受管制的行业,竞争激烈,风险高,资产负债率相对较低。又如,成长中的企业,特别是高科技成长型企业,其有形资产比重低,可抵押物不多,加之未来经营风险高,资产负债率低;反之,那些处于成熟期的企业,其有形资产比重高、经营风险低,很容易取得银行的借款,其资产负债率高。

(4) 收益对利息保障倍数。收益对利息保障倍数指的是税前利润加上利息费用除以利息费用求得的数值。它反映企业当期的经营活动产生的收益是否足以支付当期利息费用。因为利息费用是一种税前项目,因此,在计算该指标时,需要将所得税加回来。很显然,如果该指标等于 1,表明企业当期的经营所得在支付完利息费用后,"两手空空",利润为零,当然也不需要缴纳所得税。其计算公式为:

$$收益对利息保障倍数 = \frac{净收益 + 所得税费用 + 利息费用}{利息费用}$$

该比率越高,表明企业偿付利息的能力越强,债权人的利息收入越有保障;比率越低,表明企业可用于支付利息的利润越少,企业偿付利息的能力越弱。当该比率小于 1 时,表明企业

---

① 实际上,即便是负债总额低于资产总额,企业一旦清算,其资产不可能按照账面价值变现,而必须要以一定的比例折现,如果最终变现总额仍然低于负债总额,债权人仍会蒙受损失。

的获利能力根本无法承担举债经营的利息支出，企业已陷入财务困境，举债的安全保障已成问题。福耀玻璃 2021 年年度利润表中的"财务费用"一栏是利息费用抵减利息收入的净额，通过查阅 2021 年度报告第 152 页的报表附注 66，其利息支出为 312 536 千元 [1]，其收益对利息保障倍数 = (3 818 842+312 536)/312 536=13.22。

2. 盈利能力比率分析

用以反映企业盈利能力的比率，一般有资产报酬率、净资产报酬率、每股收益、市盈率等。

(1) 资产报酬率。资产报酬率亦称全部资产报酬率，指的是税后利润即净利润与平均资产总额的比率，用以反映企业运用全部经济资源的获利能力。其计算公式为：

$$资产报酬率 = \frac{净利润}{平均资产总额} \times 100\%$$

由于资产负债表通常提供的是时点数据，如年末数、季末数，而利润表提供的是期间数，如一年或一个季度的净利润。为了在期间上匹配，在计算资产报酬率时，如果是季度资产报酬率，就用季度初资产总额和季度末资产总额的加权平均值与该季度的净利润相比较；如果是年度资产报酬率，就用年初和年末资产总额的加权平均值与当年净利润相比较 [2]。福耀玻璃 2021 年度的平均总资产是 (44 784 894+38 423 625)/2=41 604 259.5 (千元)，2021 年度资产报酬率为 7.55%。

资产报酬率是反映企业投入与产出、所用与所得对比关系的一项综合性经营效率指标，它可进一步分解为资产周转率和销售利润率，即：

$$资产报酬率 = \frac{销售净额}{平均资产总额} \times \frac{净利润}{销售净额} \times 100\% = 资产周转率 \times 销售利润率 \times 100\%$$

上式表明，企业如果希望提高资产报酬率，不仅要设法提高销售利润率，还要提高资产利用效率(即资产周转率)。福耀玻璃 2021 年资产报酬率 7.55% 可以进一步分解为：

$$\frac{23\ 603\ 063}{41\ 604\ 259.5} \times \frac{3\ 142\ 981}{23\ 603\ 063} \times 100\% = 0.567\ 3 \times 0.133\ 2 \times 100\% = 7.55\%$$

(2) 净资产报酬率。净资产报酬率，又称所有者权益报酬率，是净收益与净资产(平均所有者权益)的比率。与资产报酬率相比，净资产报酬率不仅能反映企业的获利能力，还可以反映企业杠杆经营的水平。其计算公式可以具体分解为资产报酬率与杠杆经营水平的乘积：

$$净资产报酬率 = \frac{净利润}{平均净资产} \times 100\%$$

$$= \frac{净利润}{平均资产总额} \times \frac{平均资产总额}{平均净资产} \times 100\%$$

---

① 与利息费用相关的另外一项支出为银行手续费。由于缺乏相应的明细资料，我们无法剔除利息支出中与手续费相关的部分，因此，我们在计算收益对利息保障倍数时，假定利息支出与手续费无关。

② 如果要获得更准确的信息，应当先对每个月的资产总额进行加权平均，然后再用 12 个月的平均总资产计算出全年平均资产总额。

$$= 资产报酬率 \times \left(1 + \frac{平均负债额}{平均净资产} \right)$$

显然，如果企业资产报酬率一定，负债比率越高，净资产报酬率相应也就越高。福耀玻璃的净资产报酬率是 13.13%，可具体分解如下：

$$\frac{3\,142\,981}{23\,942\,505.5} \times 100\% = \frac{3\,142\,981}{41\,604\,259.5} \times \frac{41\,604\,259.5}{23\,942\,505.5} \times 100\% = 0.075\,5 \times 1.737\,7 \times 100\% = 13.13\%$$

其中，1.737 7 的倒数为 0.575 5，它实际就是净资产对比总资产的比率；再用 1 减去该比率，就是企业的资产负债率。用这种方式可以算得福耀玻璃平均资产负债率为 42.45%[①]。

（3）每股收益（earnings per share，EPS）。每股收益通常指的是每股可享有的净利润额，它直观地反映了企业经营活动成果中投资者可能取得的份额，也称为每股盈余、每股利润等。如果企业发行了普通股、优先股、可转换为普通股的债券等多种证券，那么，每股收益还可做进一步细分。由于我国市场目前绝大部分企业只发行普通股，因此，每股收益计算较简单，就是以当期实现的净利润除以加权平均的股票股数。该比率不仅反映了企业的获利能力，也直接反映了股东的获利能力。其计算公式为：

$$每股收益 = \frac{净利润}{加权平均普通股股数}$$

在西方，特别是在美国资本市场，每股收益已成为非常重要的一项指标。它是影响股票价格的一个重要因素。在其他条件不变的前提下，该比率越大，表明企业的获利能力越强，股票市价相应越高。我国也越来越重视这一指标，每股收益已成为投资者经常使用的指标之一，福耀玻璃 2021 年度每股收益为 1.23 元。

（4）市盈率（price earnings ratio）。市盈率是上市公司普通股每股市场价格与每股收益的比值。其计算公式为：

$$市盈率 = \frac{普通股每股市价}{每股收益}$$

如果某公司每股收益为 0.8 元，该公司股票市价为 12 元，其市盈率就是 15 倍，大致可以解释为：假如企业将所有利润都用来分发股利，不考虑资金成本因素，股东所购入的股票需要 15 年才能返本。正常情况下，投资者看好企业未来盈利前景（未来获得的股利会增加）并对公司经营的稳定性和持续性持乐观态度，他（她）就愿意以更高的倍数来购买上市公司的股票。从这一层面上说，市盈率在一定程度上代表了投资者对公司股票的信心与乐观程度。

福耀玻璃 2021 年 12 月 31 日股票收盘价格为每股 47.14 元，以该股价为基础，其市盈率为 38.33。

[①] 注意，这里的资产负债率是按平均总资产、平均净资产倒算的，它与上面年末资产负债率不一致。

3. 资产利用效率比率分析

经常用于分析资产利用效率的财务比率有资产周转率、存货周转率和应收账款周转率等。

(1) 资产周转率。资产周转率指的是销售净额与资产总额的比率，反映企业对其所拥有的全部资产的有效利用程度。其计算公式为：

$$资产周转率 = \frac{销售净额}{平均资产总额}$$

一般而言，在其他条件不变的情况下，销售收入上升时，资产周转率也上升，表明企业各项资产的运用效率提高，企业管理水平上升；反之，则下降。当然，这项比率还需结合销售利润率等因素加以考察，因为较高的销售收入只是盈利的基础，企业能否获利、获利多少，最终还与销售利润率的高低等密切相关。在计算资产报酬率指标时，我们已计算出福耀玻璃 2021 年度的资产周转率为 0.567 3。按照这一指标，企业全部资产周转一次需要 21.15 个月。

(2) 存货周转率。存货周转率亦称存货利用率，指的是企业在某一特定期间的销售成本同存货平均余额的比率，反映企业在特定期间存货周转速度，以衡量企业销售商品的能力。其中，存货平均余额的计算与上面所提到的资产平均余额计算方法相同。其计算公式为：

$$存货周转率 = \frac{销售成本}{存货平均余额}$$

一般来说，该比率越高越好。该比率越高，表明企业存货管理越有效率，存货变现能力越强。存货周转率越高，存货积压的风险相对越低，资产使用效率也越高。但过高的存货周转率也可能表明企业的存货管理水平过低，导致经常缺货，从而影响正常生产经营活动；或由于采购次数过于频繁，每次订量过小而增加存货采购成本。存货周转率过低，往往表明存货管理不善，造成资金沉淀，销售不畅，存货积压。另外，对存货周转率分析评价还应考虑不同行业、不同经营方式等因素的影响。福耀玻璃 2021 年度的存货周转率为 3.98 次，也就是说，福耀玻璃平均每 3.02 个月存货就可以周转一次。

在日本，企业管理的一个发展方向是"适时生产"与"零存货"。这要求企业生产各个环节协调一致，最大限度地降低乃至消除存货。如果真正实现了零存货，再计算存货周转率就没有意义了。

(3) 应收账款周转率。应收账款周转率亦称收款比率，指的是企业销售净额与应收账款平均余额的比率，用以反映企业应收账款收回的速度和管理效率。其计算公式为：

$$应收账款周转率 = \frac{销售净额}{应收账款平均余额}$$

上式中，销售净额是销售收入（包括赊销收入和现销收入）扣除销售退回、折扣与折让后的净额，当然，更精确的处理方式是将现销收入剔除，但这需要企业提供相关的明细资料；应收账款平均余额是应收票据和应收账款扣除坏账准备后的净额的期初余额和期末余额的加权平均值。福耀玻璃 2021 年度应收账款周转率为 5.83 次。如果以一年 360 天为基准，该指标还可以转换为按天数表示的应收账款回收期。福耀玻璃 2021 年度的应收账款回收期为 360/5.83=61.75 天。

应收账款周转率越高，表明企业收款速度越快，应收账款的管理效率越高，可减少坏账损失而且资产的流动性强，偿债能力也强，在一定程度上可以弥补流动比率和速动比率在分析短期偿债能力方面的不足。但过高的应收账款周转率也可能说明企业在赊销政策方面存在问题:或为及早收回款项而给予顾客过高的现金折扣,从而降低企业的盈利水平;或奉行严格的信用政策,付款条件过于苛刻,从而虽然降低了应收账款数额,但同时限制了企业销售量,影响企业的销售收入,最终影响企业的盈利水平。当然,对该比率的分析也要结合行业特点来进行。

4. 现金指标分析

传统的财务比率分析指标,主要是在 20 世纪四五十年代形成的,它侧重于资产负债表和利润表,缺少关于现金和现金流量的指标分析。从财务报表体系来看,现金流量表是 20 世纪 80 年代后期才出现的,目前尚未形成系统的、关于现金流量的指标分析体系。但是,正如本章财务报表部分介绍的,不关注现金和现金流量,可能会增加企业的潜在风险。

从目前的财务分析技术来看,对现金指标的分析主要是依据现金流量表展开的。现金流量表通常将现金流量分为三大部分:经营活动现金流量、投资活动现金流量、筹资活动现金流量。在企业正常经营活动过程中,后两类活动发生的概率不高,因此,现金流量分析更多地关注经营活动,所采用指标主要包括每股经营活动现金流量、每股现金等。

(1) 每股经营活动现金流量。用当期经营活动现金流量除以平均外发普通股股数,就可以得到每股经营活动现金流量,该指标反映了每股可以支配使用的经营活动现金流量。将该指标与每股收益指标结合,还可以反映企业盈利的质量。因为,利润是经过复杂的配比、摊销等程序计算确定的,存在人为操纵的空间(下一章会计理论会简单介绍盈余管理与滥用会计准则问题);相比较而言,现金流量必须通过市场交易才能形成,对其进行操纵的难度要更大一些。如果一家公司的利润数与现金流量能够基本一致,则表明利润数的可信度相对较高;如果利润数与现金流量差别较大,则可对利润数产生质疑。例如,蓝田股份的业绩增长神话被揭穿,一个很重要的因素就是其现金极度短缺,其高额利润增长与不断萎缩的现金流量之间不匹配。

值得注意的是,上面说现金操纵的难度要大于盈余管理,也只是相对而言。公司管理层也可以通过一些较容易的方式来控制,甚至操纵现金流量,如年末时推迟采购货物或推迟支付采购款项、给予额外折扣提前销售货物以取得现金、削减一些影响公司长期竞争力的费用(如广告费、研发费等)。另外,公司还可能通过分类方式,将现金从其他来源归入经营活动产生的现金流量。

2021 年度福耀玻璃经营活动提供的现金净流量为 5 677 010 千元,普通股加权平均股数约为 2 555 269 千股,每股经营活动现金净流量约为 2.22 元,与 1.23 元的每股收益比较接近,这表明福耀玻璃正常经营活动产生现金流量的能力较强。

(2) 每股现金。与每股经营活动现金流量相关的另外一个指标是每股现金。福耀玻璃 2021 年年末货币资金为 14 327 356 千元,平均每股净现金约为 5.61 元,这表明福耀玻璃可以有充足的现金来支付股利。美国财务会计准则委员会在"现金流量表"会计准则中,一再建议不要只关注每股现金流量指标,而应当将其与每股收益等指标结合起来使用。

现金流量指标分析还可以从偿债能力角度考虑。例如,用当期到期债务(短期借款、应付票据、应付账款、一年内到期的长期负债等具有刚性要求的负债)与经营活动提供的现金流量相比较,可以反映企业以当期经营活动产生的现金来支付到期债务的能力。

在介绍了上述四类指标分析方法,并提供了福耀玻璃相应的财务比率后,我们仍然不能对福耀玻璃的财务状况给出一个具体的评价,其原因主要在于两个方面:第一,没有明确:我们究竟是站在什么角度、以什么样的目的在进行财务分析？[1]第二，评价需要有参照，我们只是给出一个指标，没有参照。因此，下面将介绍财务分析方法的另外一个部分：对比分析法。

(二) 对比分析法

严格地说，对比分析不是一个单独的方法，至少，它不像比率分析法那么成熟、稳定。但是，在进行财务分析时，如果没有相应的比较，就无法对所分析的公司给出一些最基本的评价。

在具体进行对比分析时，可进行如下三类比较：与计划比较、与历史比较、与同行比较。由于上市公司通常不对外公开其计划或预算数，因而，与计划比较主要是企业内部管理部门进行财务分析、发现问题、寻找差距所用。与本公司历史资料进行对比分析，有助于发现趋势，所以也称为趋势分析法。与上一节的静态分析相对应，它也可以称为动态分析法。例如，福耀玻璃2021年、2020年和2019年三年的净资产报酬率分别是13.13%、12.10%、13.95%，公司2018年、2017年与2016年的净资产报酬率分别为20.96%、19.87%及18.24%。从这些指标来看，总体上福耀玻璃2019—2021年的净资产报酬率低于2016—2018年，将其分解成资产报酬率和权益乘数（杠杆经营水平），我们会发现，2019—2021年间福耀玻璃的资产报酬率在下降。通过对比分析，能够帮助管理层找到问题的根源所在，为进一步改善管理、提高效率提供依据。当然，趋势分析提供的是一个初步数据，企业还需要结合具体运行情况、同行业企业对比、市场发展情况等进行更细致的分析。

与同行比较，是对比分析中使用最多的一种方法。因为历史资料也可能受到管理当局的影响，但任何一家公司的管理层都无法影响和控制同行业其他公司的资料。这样，通过与同行业资料对比，容易发现问题，作为好坏、优劣的评价依据也较可靠。

俗语说，不怕不识货，就怕货比货。财务分析中最常用的手段就是"货比货"。例如，《财经》杂志2001年8月刊的著名文章"银广夏陷阱"，比较了银广夏萃取设备和国内同类设备厂家西安嘉德的效率，以及银广夏自己宣布的萃取产品价格与国际报价，发现两者之间存在非常大的差距。又如，蓝田股份，其水产品产出率远远高于同一地区、生产同类产品的"武昌鱼"公司；东方电子的主营业务毛利率也明显高于同行业。参见表7-32。

表7-32 2000年"A07渔业"部分财务指标的同业比较[2]

项目	同业企业					同业比较		
	武昌鱼	洞庭水殖	华龙集团	中水渔业	蓝田股份	平均值	最高值	最低值
流动比率	3.76	9.66	3.09	5.63	0.77	4.58	9.66	0.77
速动比率	3.66	9.47	3.04	5.15	0.35	4.33	9.47	0.35
现金流动负债比率	2.39	7.90	1.44	1.58	0.30	2.72	7.90	0.30
存货周转率	3.65	4.17	12.56	4.05	5.10	5.90	12.56	3.65
应收账款周转率	0.62	2.02	50.87	1.92	63.68	23.82	63.68	0.62
资产周转率	0.13	0.15	0.14	0.30	0.65	0.28	0.65	0.13

---

[1] 这一问题将由读者自行寻找答案，本书不会给出具体的选择。

[2] 刘姝威. 上市公司虚假会计报表识别技术. 北京：经济科学出版社，2002：146. 在该表中，作者对28个指标进行同行业比较分析。这里只引用少数几个主要的比率。

续表

项目	同业企业					同业比较		
	武昌鱼	洞庭水殖	华龙集团	中水渔业	蓝田股份	平均值	最高值	最低值
净利润率	0.61	0.33	0.26	0.19	0.23	0.32	0.61	0.19
资本收益率	0.34	0.06	0.05	0.06	0.20	0.14	0.34	0.05
资产收益率	0.08	0.05	0.04	0.06	0.15	0.07	0.15	0.04
每股经营活动净现金流量	−0.26	0.05	0.32	0.52	1.76	0.48	1.76	−0.26
每股收益	0.28	0.34	0.13	0.24	0.97	0.39	0.97	0.13

表 7-32 中的资本收益率就是上面所说的净资产报酬率。通过上面的同行业比率分析,我们可以发现,蓝田股份的短期偿债能力远远低于同行业指标,但每股经营活动净现金流量又是同行业中最高的,且远远高于同行业平均水平。正由于这两者之间的矛盾,让人们怀疑其财务数据的可信性。

除了上述两种传统的财务报表分析方法外,最近数十年学术界在研究的基础上形成了一些新的方法,这些方法主要以资本市场大量发生的经验数据为基础,通过一定的研究设计和相应的方法来发现数据背后的规律性,我们可以称之为"经验分析"。例如,什么样的企业容易陷入财务困境乃至破产,是大量财务报表信息使用者所关注的。美国一些学者通过研究,确立了单因素和多因素财务失败预测模型。又如,前几年,有学者通过研究发现我国资本市场存在所谓的"10% 现象",限于篇幅,这里不展开。

上面我们仅介绍了财务报表分析中的比率分析和对比分析方法,并主要侧重于技术方面。实际上,财务比率只是孤立的数字,它需要放在具体且特定的背景下解释,才有意义。因此,实际分析中需要联系企业的发展趋势、同行业数据、社会平均水平等多种因素,如能结合一些非财务分析,如技术分析、宏观政策分析等,财务比率分析就更有意义。在行业、宏观面的基础上,还应当考虑企业的自身情况、特别是公司治理结构完善程度,因为比率分析的一个前提是假定企业自身组织结构稳定、数据可信。如果公司治理结构不当,企业组织结构的稳定性就会受到冲击,同时,会计信息的真实性也就值得关注。例如,本书提到过的一些美国超大型公司,如安然、世界通信等,由于其公司治理结构不当,导致公司会计信息大面积失真。此时,任何基于财务数据的比率分析都是没有意义的。

本章小结

本章主要介绍了财务报表与财务报告、工作底稿,重点说明了资产负债表、利润表和现金流量表这三张基本报表的作用、构成及编制方法,同时还介绍了财务报表分析方法。财务报表反映的是企业报告期末的财务状况和报告期内的经营成果,包括资产负债表、利润表和现金流量表三张基本报表以及一些相关附表。由于财务报表高度浓缩,内在关系复杂,且本身存在一定局限,为有效利用财务报表信息,信息使用者就有必要进行适当的财务报表分析。财务报表分析的基本方法包括比率分析法和对比分析法。

关键词

简化的业绩报告　　　　财务报告　　　　　　资产负债表　　　　利润表
现金流量表　　　　　　财务报表分析

即测即评

请扫描右侧二维码，进行即测即评。

案例分析

作为传统家电行业的巨头，海尔近年来一直在努力发展战略转型。2011 年，海尔收购日本三洋家电部分家电销售业务；2012 年，海尔对新西兰家电龙头斐雪派克启动强制收购；2016 年，海尔收购美国通用电气的家电业务；2017 年，完成新西兰家电龙头斐雪派克的收购工作；2019年，青岛海尔更名海尔智家。从海尔的这些动作我们不难看出，收购对象均为国外知名家电品牌。有人认为，这些企业在当地和国际上都拥有较大市场份额以及较高的品牌认知度，收购有利于形成完整的海尔产品体系。

要求：

(1) 自行查找相关资料，整理出海尔收购上述企业或业务的完整过程。

(2) 分析海尔收购这几家企业或业务前后业绩变化情况，并与同行业（美的、格力）进行对比。

(3) 归纳整理分析过程中涉及的财务分析技术。

思考题

1. 什么是财务报表？企业为什么需要编制财务报表？

2. 财务报告包括哪些内容？试结合我国企业会计准则和美国财务会计准则委员会的论述加以说明。

3. 资产负债表的基本构成是什么？它的主要用途何在？

4. 什么是利润表？多步式利润表的功能是什么？请自己选择一家上市公司的利润表加以说明。

5. 20 世纪四五十年代以前，资产负债表被认为是第一报表；但之后利润表成为第一报表；20 世纪 80 年代起，财务报表的重心又逐渐向资产负债表转移。请结合会计准则的发展过程说明这一现象（有关会计准则的发展过程在下一章会学习到）。

6. 什么是现金流量表？为什么企业需要提供现金流量表？

7. 为什么需要对财务报表信息进行再加工？

8. 什么是净资产报酬率？为什么它被证券监管部门选定作为公司业绩考核的综合指标？

9. 实证会计研究发现，由于证券监管部门过于重视净资本报酬率，使得各上市公司为"改善"这一指标，而进行各种诸如资产重组等行为。请结合财务报表的基本内容，说明如何判断一家公司的净资产报酬率是否经过刻意"改善"。

第八章
会计理论与会计准则

在本章中，你将学到——

- 什么是会计理论
- 会计理论有什么作用
- 什么是会计基本假设
- 主要的会计基本原则有哪些
- 会计与经济环境之间的共生互动究竟如何

2021 年 4 月 30 日，吉祥航空（股票代码：603885）发表关于会计处理调整说明的公告，主要内容是，结合吉祥航空对中国东航（股票代码：600115）股权的持有目的及实际影响情况，基于谨慎性原则，为准确反映股权投资现状，2020 年度公司将持有的中国东航股权列报为"其他权益工具投资"并进行相应会计处理，不涉及追溯调整，对公司财务状况、经营成果和现金流量无重大影响。

请同学自行查找相关资料，了解吉祥航空对中国东航投资的多次变化，并结合吉祥航空当年度的利润表，尝试讨论：吉祥航空为什么要做这样的变更？ 会计政策变更的可能原因有哪些？ 假如你是审计师，你不同意吉祥航空的变更，你如何与吉祥航空的管理层沟通？

类似的，因为会计政策变化导致企业报告利润变化的事例非常多。比如，2021 年 2 月，巴菲特在致股东的一封信中说明，2020 年度公司赚得的 425 亿美元中，有 267 亿美元来自会计准则所确定的收益。他还在 2018 年度致股东的一封信中提醒投资者，会计准则的变化在未来会严重扭曲公司的利润，容易误导投资者。

我们在学习完会计的循环过程，并可以编制财务报表之后，难免要"摩拳擦掌"，准备"小试牛刀"，去实习当一回会计、编一次报表。或者，至少我们可以从网上下载一份上市公司的年度报告，看看资产负债表，知道"钢铁是怎样炼成的"。

正如第一章所说的，会计是一种信任工具，它用来解决经济人之间相互不信任的问题。我们同样也在第一章说过，理性经济人是聪明的，他们发明了一个用来约束自己的信任工具，他们同样也会充分利用这个工具。也就是说，作为一个信任的工具，会计并不是"百毒不侵"的。要知道，现实经济环境复杂多变，人们不可能也无法完全预知未来，与之相关联，会计上出现多重选择等判断性空间，导致会计很容易变成被利用乃至滥用的工具。会计上的多重选择，何时是恰当的？ 何时有滥用的风险？ 这需要我们能够从一个更高的层次来把握。这就需要我们了解会计理论。

第一节　会计理论:一种解构性讨论 ①

按照主流的教科书,会计理论通常被定义为一套系统的原则或概念等所构成的体系。它的表现形式应当是:一组核心的概念、相互关联的术语、一个内在一致的逻辑体系等。基于"理论来源于实践并指导实践"的观点,会计理论应当能够为会计实际工作提供指导。

遵照这种关于会计理论的认识,我们接下来应当介绍会计理论包括哪些内容,以及作为会计学的入门课程,我们应当了解其中哪些最基本的内容。然而,正如本书一直避免正面给会计下定义一样,本书同样也避免给会计理论做出正面的界定。我们期望通过一些不同角度的讨论,让读者自己确立一个关于会计理论的基本图像。

一、会计理论的作用

会计理论究竟有什么作用? 对这个问题的讨论存在不同的角度。比如,我们通常所说的理论来源于实践,反过来又指导实践,意味着理论能够对人们的实践发挥指导、规范作用。具体而言,如果会计理论认为采用公允价值有利于提高会计信息的相关性,实践中就应当采纳公允价值的计量属性;如果认为历史成本能够更真实地反映企业的经济活动,且真实反映企业经济活动又是必需的,那么,实践中就应当应用历史成本属性。这就是传统理论研究范式下人们对会计理论作用的理解。

知识拓展 8-1

会计理论存在规范研究与实证研究流派之争。按照相关研究文献,规范研究方法上主要采用演绎法和归纳法,所形成的结论通常都认为"应当如何",比如,典型的规范会计理论认为,历史成本计量属性不能充分反映物价变动环境下资产的真实价值,使得企业报告的会计信息不真实、不公允。为了充分反映物价变动(包括技术进步等)对企业的影响,应当采用公允价值计量属性。

规范会计理论研究者在经过层层分析和推理之后,一般会提出一个更好的会计理论。规范理论研究者的一个重要目的就是发现或提出更好的理论,并据以改造世界。

关于会计理论作用的另一种观点则认为,人们不是按照理论的指导来行动,相反,理论只不过是人们用来支持自己行动的一种"理由"或工具。当人们具有某种需要后,他(她)需要一种合适的理论做支撑,使得其行为"合情合理",正如中国古人云:"名不正,则言不顺;言不顺,则事不成。"换言之,人们具有实际需要在前,合适的理论形成在后。按照这种逻辑,理论不是用来指导实践的,相反,它因为实践的需要而产生或得到重视。比如,会计界从 20 世纪 20 年代起就开始讨论历史成本之外的计量属性,并逐步形成了多种计量属性,包括重置成本、现行市价、不变币值、未来现金流量贴现值等。但是,公允价值的规模化应用,主要还是在金融、证券行业,特别是在资本市场上处于上升

---

① 解构一词借自"解构主义",按照哲学上的解释,属于"反结构",即:通过拆解现有的结构,让事物背后的真实与本原显现出来。这里只是借用"解构"术语,舍弃了它在解构主义范畴中的特定含义,而是用来表示一种相对特别的方式或认识角度。

期;2008 年 9 月起,美国资本市场进入快速下降通道,金融机构就站起来反对公允价值,认为公允价值是导致金融海啸的重要原因之一,并认为继续采用公允价值计量属性,会加快资本市场恶化的进程。

既然理论是为不同的实践行为提供"理由"或"辩解借口",人们在实践中需要什么样的理论?回到我们第一章关于理性经济人的讨论。既然人可以一般地称为理性经济人,人们在实践中所需要的应当是能够支持其利益主张的理论。以会计政策选择为例,教科书上通常认为加速折旧法等体现谨慎思想的会计政策,有助于降低企业风险,企业应当采纳。但是,实践中企业并不是完全采用加速折旧法等提前计提费用和损失、推迟确认收入或收益的会计方法,相反,我们会看到很多企业通过改变会计政策等方式来推迟确认费用和损失、提前确认收入和收益,甚至,还有不少企业不惜通过造假的方式在账面上虚构利润。资本市场上,经常会曝出公司财务造假的丑闻,且无论管制部门采取什么样的措施或方法,财务丑闻总是存在。比如,2018 年,康美药业(股票代码:600518)和康得新(股票代码:002450)先后曝出巨额财务数据造假;即便随后证券监管部门和相关法律机构对他们进行了严惩,但是,资本市场类似事件还是在发生。2021 年年底,资本市场先后曝出柏堡龙(股票代码:002776)、盛通股份(股票代码:002599)、金正大(股票代码:002470)等公司的财务造假。

企业为什么要在财务数据方面做"文章",而不是按照前面所讨论的,遵守各项会计原则,向信息使用者提供相关、可靠的信息,以供其决策使用? 对这一问题的回答,就导向另外一个角度的会计理论。

知识拓展 8-2

与规范会计研究者立足于改造世界不同,实证会计研究者期望能够认识世界、解释世界。因而,其理论研究的结果不是提出有关会计实务的更好方法的建议(即应当如何),而是对实践中人们为什么采用某种会计方法给出合理的解释(即为什么这样)。比如,同样关于历史成本和公允价值计量属性问题,实证理论更侧重于研究:为什么实务界仍然广泛采用历史成本计量属性? 哪些企业、在何种环境下,更愿意采用历史成本属性? 同样,哪些企业、在何种环境下,更愿意采用公允价值等计量属性? 其背后的原因或规律性特征是什么?

按照传统的规范理论,应当存在一种协调一致的会计理论;然而,当我们从实证研究角度来"世俗化"会计理论时,我们发现:理论在一定程度上是理性经济人用来为那些能够最大化自我利益的行为提供辩解或借口的,显然,不同的经济人将具有不同指向的自我利益最大化;同一个经济人,在不同的时点上,也会有不同的利益导向,他们当然需要不同的理论来服务于自我利益最大化的行为[①]。这也可以部分解释为什么会计上会有对同一个问题存在多重选择的情况。比如,被深交所谴责的公司中,有公司已经被"ST"了,如果不能报告利润,企业就有可能被强制退市。对这些公司的管理层

---

① 一个完全虚构的例子:各位同学在大学读书时,都倾向于认为大学收取学费不合理,并给出很多理由(理论);但如果大学的同学毕业后,担任所在大学的财务处长或校长,这时,你会倾向于支持大学收费,也有相应的理由(理论)。就如同水、电、煤气、汽油等带有垄断性物品的价格听证一样,所有消费者都希望最大限度地降价,但这些厂商都希望能够提价,双方都有理由。这种需求,一定程度上推动了理论的产生。

来说,选择一个能够最大限度报告利润的会计政策,甚至虚增利润,对自身业绩考核以及公司资本成本等都有利;但是,这些公司的债权人显然希望公司选择一个较为谨慎的会计政策,这有利于最佳地反映其债务风险程度;税务部门以及其他政府管制部门(包括证监会和交易所在内)对会计政策的预期,也不完全一致;甚至,同为股东,能够直接参与管理、发挥控制作用的大股东与无法影响公司决策的小股东对会计政策的态度,也存在差别。期望在实践中形成一致的理论(如统一采用谨慎的会计政策),就意味着让一部分人放弃自己的利益,这对理性经济人而言是不可思议的。易言之,按照实证研究者的逻辑思路,本来就没有一个内在一致的会计理论,未来也不可能形成一种内在一致的会计理论。这就是我们所说的解构性会计理论的意义之所在。

二、会计理论研究:规范还是实证

既然理论研究可以大致分为规范和实证两大部分,相应地,会计理论可以具体分为规范理论和实证理论。

规范理论通常会形成一个"应当如何"的建议或结论。由于人们总是期望世界会更好,因而,规范理论研究者在研究过程中总是致力于寻找或发现更好的理论或方法,并将其推荐出去。这样,"应当如何"的建议也可以更换为"为了更好,我们应当采取以下行为"。比如,规范理论研究的学者在经过完整的讨论与分析后,认为只有采用公允价值属性才能提供更加可靠、更加相关、更有用——在规范理论研究者看来也是对投资者更好——的会计信息;安然事件之后,美国出现了关于会计准则表现形式的讨论与争论,其中一个思想是:原则导向的会计准则有助于降低安然事件之类的钻准则漏洞的行为,并能够提供更加可靠的会计信息,应当予以采纳并推广应用。

与自然科学,如化学的实验室研究或物理学针对纯自然现象的研究不同,会计活动中掺杂了大量人的影响因素,会计理论研究不应当忽视人的影响因素对会计实务的影响。由于经济学一般认为人是理性的经济人,追求个人价值最大化是所有理性经济人通常都会采取的行动。这样,有关会计理论的研究,就转换成一种解释理性经济人行为的研究。当然,影响乃至决定理性经济人行为的因素很多,会计只是其中一个部分。会计理论研究应关注与会计相关联的人的行为问题,任何对会计政策"应当如何"的建议必须和人的经济利益联系起来,否则,这种建议很容易成为"过眼云烟"。具体而言,当我们通过规范研究,认为采用谨慎的会计政策能够提供质量更可靠的会计信息,但是,管理当局为了公司利益最大化或个人利益最大化,仍然会选择不是非常谨慎的会计政策,甚至会刻意造假。这时,实证研究的学者就需要考虑:究竟是什么原因导致公司管理层选择不谨慎的会计政策? 如果相关研究能够解释公司管理层具体在何种情景下选择某种相应的会计政策,那么,他就可以预测未来公司会计政策的选择走向甚至是具体选择。

以会计领域较为关注的盈余管理为例。为了行文简便,我们将盈余管理界定为管理当局出于特定目的而干预企业最终报告利润的行为,表现为通过会计政策的调整或刻意操控收入和费用的入账时机等来增加或降低当期报告利润。在规范理论研究的学者看来,盈余管理显然不是一种值得提倡的行为,应当被实践所摒弃;与之不同,实证研究学者更多地关注:企业为什么要进行盈余管理? 基于我国资本市场环境的一项研究表明,20世纪90年代中期配股是上市公司再融资几乎唯一的手段,而中国证监会又对配股施加若干政策限制。其中,净资产收益率不低于10%在一段时期里成为配股的先决条件。上市公司如果要配股,就必须设法满足10%的门槛要求,这成为上市公司盈余管理非常重要的一个利益动机,也就是所谓的"10%现象"。按照这种理论,我们可以有效地解释:当上市公司"真实"[①]的净资产收益率略低于10%时,极有可能通过盈余管理来达到配股要求;同样,这种理论还可以用来预测:那些净资产收益率正好略大于10%的上市公司,比那些净资产收益率低于或远高于10%的上市公司,更有可能采取了盈余管理的处理方法。

尽管实证会计理论研究不期望直接规范与改造世界,但是,有效的实证研究结果,不仅能够增加我们对有关现实世界的认识,而且还会在一定程度上影响到现实世界。比如,"10%现象"的研究发现,那些报告的净资产收益率处在略高于10%区间的上市公司,更有可能采用了盈余管理的处理方法。这样,监管部门就可以有针对性地对这部分上市公司的盈余质量进行监管,同时,考虑改变配股政策,以弱化上市公司出于再融资目的而操纵利润的利益冲动。

三、解构性会计理论:基本框架

我们从解构角度讨论会计理论,是一种方法或观念上的转变,当然,这种转变也带来了会计理论基本框架的变化。按照我们的理解,解构性会计理论应当包括三大块:第一块是会计理论的一些基本构件;第二块是将这些构件组合起来的各种方法;第三块是综合各个构件后所形成的基本理论体系。如果可以类比,这里的会计理论基本构件有点像建筑上的各个建筑构件,甚至可以说是积木。组合这些构件的方法有点像按照功能来设计建筑物,如上海浦东的上海中心大厦,以商务和办公为主要功能,并需要取得形式上的突破——作为建造时的中国第一高楼;而普利茨克建筑奖获得者王澍的作品(如中国美术学院象山校区、宁波博物馆等),显然又是另一个完全不同的功能定位,它们对建筑构件的要求完全不同于上海中心大厦。功能与构件之间的对应关系,有点像我们上面所说的第二块内容;最终的会计理论体系就有点像最后完工的建筑物的外表形式与内部结构。

仍然沿用关于建筑物的比喻。由于人们设计、建造建筑物的目的、功能等各不相同,因此,最终所完成的建筑物千奇百怪。期望在一本基础性教材中穷尽各种形式和功能的"建筑物"及其"构件",显然是不切实际的。同样,在这本会计学入门教材中,我们也只能提供关于会计理论最基本构件的一些简单介绍,并通过后面的内容触及部分关于会计理论的解释性理论框架及其应用的简单事例。至于会计理论研究的具体方法以及更进一步的会计理论问题,留待以后再学习。

我们这里所说的理论构件,是指构成会计理论体系的各个组成部分。基于我们对会计学科发展及会计理论的总体把握和理解,我们认为,构成会计理论最基本的要素至少应当包括两

---

① 由于会计上存在大量的估计和判断,严格地说,并不存在一个真实的利润数字。为了便于说明情况,我们使用了"真实"一词,用来表示一种客观存在的、不受人们主观因素干扰和污染的盈利水平状态。

大部分:第一部分是以复式簿记为主体的记录与报告方法,它包括了"借贷记账法"以及在此基础上衍生的资产、负债、收入、费用等要素,和这些要素之间的内在关系。第二部分是支持或支撑这些方法的相关概念,包括会计基本假设、会计准则等。下面将介绍会计基本假设和会计准则等内容。

第二节　会计基本假设与会计原则

总体上,那些支持或支撑会计确认、记录、计量和报告方法的相关概念,可以分为两个部分:一部分相对比较抽象,受人的影响和干预程度较低,容易在不同利益团体之间达成一致;另一部分更具体一些,容易引发不同的经济后果,执行过程中比较容易受到人的影响和干预。我们本节所要讨论的,是那些能够相对独立于人们经济利益的各种概念。

一、基本假设的性质

会计作为一个以提供财务信息为主的经济信息系统,密切依存于其所赖以存在的外部经济环境——市场经济。市场经济环境具有的一些内在特性,必然会对财务会计系统提出某些要求和规定,这些要求和规定构成了财务会计系统运行的前提条件。会计上,我们将那些来自特定的市场经济环境(也包括政治、社会等因素)、对会计系统的运行和发展具有制约和约束作用的基本前提,称为会计基本假设。

实践表明,这些基本假设对会计系统的运行不可或缺。如果违反这些基本前提的规定,会计就不能作为科学的信息系统为人们提供服务。但是,就目前对实践的认识水平来看,人们又无法或不能证明这些规定,因此,将其界定为"假设"。事实上,科学的发展,本身就无法排除假设的存在。恩格斯曾说,"只要自然科学运用思维,它的发展形式就是假说"。[1] 假设所代表的前提和制约条件具有客观性质,但是,人们认识这些前提和条件,在一定程度上又取决于判断。因此,也不能排除基本假设中的主观和相对成分。反映在会计学界,虽然人们承认会计基本假设的存在,但就目前对实践认识的水平来看,人们又无法或不能证明它,因此,将其界定为"假设"。当前,人们对会计基本假设所包括的内容,看法之所以不一致,原因就在这里。

我们也可以将假设比作几何学上的"公理"。[2] 在平面几何学中,存在公理和定理等一组规则。其中,公理为人们所普遍接受,但目前无法证明或在一定条件下才成立的命题。比如,"两点成一条直线""两条平行直线永远不相交"等;而定理则是借助公理和其他已证明的定理所推导出的命题,如"三角形内角之和等于180°"等。虽然公理是人们所无法证明的,但它的命题为"真",是显而易见的;或者,在一定范围内为"真",是人们所可能接受的。超出一定的范围或度,它就可能会变成"伪"(比如,两点成一条直线,在无限大的空间里,将不再成立)。进而言之,这些公理是几何学所赖以建立的前提,没有这些公理或假定,这些公理的命题就不成立,几何学也就无法建立,甚至要被彻底推翻。

---

①　《马克思恩格斯选集》第三卷.北京:人民出版社,2012:932.
②　会计作为一门科学,有其内在的科学性和相应的科学规律。但是,目前社会上人们并不都这样认为,有的人将会计作为一种可以随意更改数字的"匠术"。

作为外部经济环境对会计系统所提出的客观规定,会计基本假设就相当于几何学中的"公理",目前人们尚无法证明它,但这些"命题"为"真"的确当性,很容易为人所理解;并且,依据这些假设,可以推导出相当于"定理"的会计基本原则的正确性。如果没有这些假设,或这些假设所规定的内容是不成立的,那么,现代财务会计的一系列原则、方法都必须重新构建。

二、会计基本假设的内容

会计基本假设的内容取决于会计所处的客观经济环境。根据我国社会主义市场经济的基本特征,并考虑国际上对这一问题的通行观点,可以确定会计主体假设、持续经营假设、会计分期假设、货币计量假设四大基本假设。

(一) 会计主体假设

会计系统所处理的数据、所提供的信息,不是漫无边际的,而是要严格限定在每一个经营上或经济上具有独立或相对独立地位的单位或主体之内,或者说,要以该单位为空间界限,会计系统所接受和处理的数据、所输出的信息,都不应该超出这些单位的界限。这每一个具有独立或相对独立地位的单位,就是"会计主体"。会计系统在设计、运行时,要以每一个主体为空间界限,即"会计主体假设"。

会计主体假设所规定的会计活动的空间范围,从根本上确立了会计这一信息系统立足于微观经济主体,主要为微观服务的属性。它要求:会计所提供的信息,只能反映会计系统所依存的特定会计主体的财务状况、经营成果及其他相关信息,它既不应该与别的主体相混淆,也必须同主体所有者自己的资产、负债和经营活动分开。

会计主体假设在具体应用时,有三层含义:

(1) 决定了什么样的数据可以输入会计系统。即:凡是与本主体经济利益有关或最终影响了本主体经济利益的交易和事项,都是应该输入会计系统并予以反映的。会计主体假设的这一层面的含义,决定了财务会计是服务于具体微观企业的。

(2) 决定了会计系统在具体进行信息的加工、处理时,应站在什么立场上。前面在介绍经济业务的处理时,出现了收入、费用、资产、负债,这些都隐含了明确的利益立场。比如,一笔赊购材料的业务,对购买方而言,形成应付账款,是负债;对销货方来说,增加应收账款,是资产。会计主体假设就是要求在具体的账务处理时,应该有明确的利益立场,即:要代表某一具体的利益主体来进行信息的处理和加工,一切经济业务,要以对这个主体的利益的影响为出发点来进行处理。

(3) 要求严格区分不同主体之间、主体和主体的所有者之间的利益界限。这是会计主体假设最初形成时的要求,因为早期的企业大多数是独资经营,业主和业主所经营的企业之间,界限不是很明确。为了准确地核算企业的经营成果,不划分主体的财产和主体所有者的财产、不区分主体的活动和主体所有者的活动,是无法做到的。因此,这一层面的含义要求严格区分不同主体的活动以及主体的所有者和主体之间的利益界限,也正是为了准确地核算各主体的经营活动。

需要注意的是,会计主体与法律主体不完全一致。一般而言,任何一个具有独立经济意义的法律主体(即:所有注册登记的企业),都应该是会计主体。但是,那些规模小、不需要记账的经济主体,就不成为会计主体了。反过来,大部分会计主体,应当是法律主体,但也存在例外,如大企业内部的独立核算部门,可以成为会计主体,但不一定是法律主体;或者,因控股等行为而编制的企业合并报表,其合并会计主体,显然也不是独立的法律主体。

按照会计主体假设,企业的盈利只能来自不同主体之间的交易行为,同一个主体内部各部门之间的交易,不产生利润。这样,在编制合并报表时,就需要对原有各成员企业财务报表所报告的利润进行分解,将其中来自各成员企业间的利润予以消除。

会计主体假设的进一步运用还要求:会计上所报告的利润,必须来自不同会计主体间的、可确指的交易,即:会计主体内部的任何活动,本身不产生利润,同时,企业所报告的利润,必须有相应的会计主体间交易与之对应。这导致现有会计系统无法确认自创商誉。因为,自创商誉主要来自企业长期卓有成效的经营和管理,它主要产生于内部的管理活动,且不与某一项具体的交易活动相关。只有当企业进行兼并、改组等行为时,商誉才能加以确认。

互联网的普及与共享经济的出现,对会计主体假设也提出一些新的挑战。比如,Airbnb 或 Uber、滴滴出行这类企业,已经突破了传统的、存在物理空间的会计主体,因此,这类企业的主体,有一定的虚拟性,对会计的确认和计量都带来新的冲击与挑战。甚至,互联网上还出现过一类企业,三五个程序员分布在美洲、亚洲、欧洲,可以 24 小时不间断接力开发软件应用程序。这类企业同样会对会计主体假设提出挑战。

与企业虚拟化趋势相伴而生的是互联网与信息技术的普及,特别是区块链技术的应用,人人都会成为记账主体,未来会计主体假设在内容、界定等方面都将会出现较大,甚至革命性的变化。

(二) 持续经营假设

这一假设又称连续性、继续经营、非清算性假设等。其含义是:除非存在明显的"反证",否则,都将假设一个主体的经营活动是连续下去的。而所谓的"反证",就是那些表明企业经营活动将会终止的证据,如合同规定的经营期限即将到期、企业资不抵债已被宣告破产、国家法律明文规定要求停业清算等。这一假设可以有两层理解:一是各主体在可预见的未来不是期望清理或清算的;二是假定各主体能执行现有的经营活动,包括各项合同、各种既定的经济活动等,并无法确定其结束时间。

持续经营假设,是由于在市场经济条件下,作为会计主体的企业存在着竞争,其经营的持续期间带有不确定性而提出的。会计主体假设为会计的活动规定了空间范围,而持续经营假设则为会计的正常活动做出时间的规定。我们前面学过关于固定资产折旧及其会计处理,其中,对折旧年限的确定,是按照固定资产有效经济使用寿命估计,就是基于企业可以持续经营的前提假设。如果企业不能持续经营,或者说已经有确切证据表明企业的经营将不再持续(如合同终止或企业被清算等),那么,再对固定资产按照预计使用寿命提折旧就不合适了,所提供的会计信息,不能满足真实、公允的要求,同时,还会造成投资人的投资蒙受损失、无法收回。与固定资产折旧相对应的,还有收入确认、费用配比等权责发生制基础的会计方法,它们都会因为企业无法持续经营而失去应用的前提基础。

从具体市场经济环境来看,由于竞争风险和不确定性的存在,确实没有一个企业能够无限期地存在下去,然而,企业在何时将关、停、并、转,又难以预料。在这种情况下,企业应如何提供信息？提供什么样的信息？或者说，是基于会计主体随时可能会关、停、并、转的考虑加工、处理信息，还是基于企业会长期经营下去的考虑来生成信息？从企业的主观愿望看，除少数企业在完成了预定的经营目标或经营期限后清算外，绝大部分企业都争取实现长期、连续经营，不断发展、壮大。尤其是现代社会，一方面，现代化的生产和经营要求企业一次性投入数额较大的资本，如果短期内终止经营，将难以收回相应的投资；另一方面，股份公司的股权比较分散，特别是上市公司，一旦股票公开发行以后，股票与企业事实上是相互分离的，股票之间的交换、转让，也是独立于企业之外的。所有这些，都要求现代企业，特别是股份公司能长期存在下去。可以说，持续经营假设的依据和基础，也就在于此。

案例 8-1

审 计 报 告

CAC 证审字〔2021〕275 号

贵州长征天成控股股份有限公司全体股东：

一、无法表示意见

我们审计了后附的贵州长征天成控股股份有限公司（以下简称天成控股）的财务报表，包括2020 年 12 月 31 日的合并及母公司资产负债表，2020 年度的合并及母公司利润表、合并及母公司现金流量表和合并及母公司股东权益变动表以及相关财务报表附注。

我们不对后附的财务报表发表意见。由于"形成无法表示意见的基础"部分所述事项的重要性，我们无法获取充分、适当的审计证据以作为对财务报表发表意见的基础。

二、形成无法表示意见的基础

……

三、管理层和治理层对财务报表的责任

天成控股管理层（以下简称管理层）负责按照企业会计准则的规定编制财务报表，使其实现公允反映，并设计、执行和维护必要的内部控制，以使财务报表不存在由于舞弊或错误导致的重大错报。

在编制财务报表时，管理层负责评估天成控股的持续经营能力，披露与持续经营相关的事项（如适用），并运用持续经营假设，除非管理层计划清算天成控股、终止运营或别无其他现实的选择。

治理层负责监督天成控股的财务报告过程。

四、注册会计师对财务报表审计的责任

我们的责任是在按照中国注册会计师审计准则的规定执行审计工作的基础上对财务报表发表审计意见。但由于"形成无法表示意见的基础"段中所述的事项，我们无法获取充分、适当的审计证据以为发表审计意见提供基础。

按照中国注册会计师职业道德守则，我们独立于天成控股，并履行了职业道德方面的其他责任。

中审华会计师事务所　中国注册会计师　张乾明（项目合伙人）

（特殊普通合伙）　　　中国注册会计师　周　志

中国·天津

上面是注册会计师为天成控股公司 2020 年年报出具的审计报告,报告中,注册会计师对公司的持续经营能力提出怀疑。

就如同互联网和虚拟经济对会计主体假设造成冲击一样,未来因为互联网、金融化等因素,会计会出现从交易基础向估值基础转变的趋向,比如,现有会计准则中对公允价值的应用越来越多,其实质就是逐渐地背离基于确认和交易价格的实际成本或历史成本模式,逐渐转向定期、适时按活跃市场的最新价格来估算,并重新计价企业的各项资产、负债与权益。此时,持续经营假设的作用就下降了。实际上,估值更多地是以活跃市场即时交易的价格为依据,而活跃市场的即时交易价格本身,并不必然要求以持续经营为前提。随着基于大数据和互联网的多重属性财务报告从构想变成现实,至少对那些以清算为目的的财务报告使用者而言[①],就不再需要持续经营前提假设了。

(三) 会计分期假设

按照持续经营假设,一个主体的经营活动应当是无限期的,这又为会计核算带来难题:什么时候进行会计核算? 显然,不可能等到企业最终解散或清算时才来核算,这在逻辑上要求为会计信息的提供规定期限。会计分期假设因此而产生。

所谓会计分期,就是将主体持续不断的经营活动人为地分割成一个个等距离的时间"间隔",以便于核算和报告主体的财务状况和经营成果。会计分期作为一项假设,它实际上是持续经营假设的补充。持续经营假设把主体的经营活动看成是延续不断的"长河",会计分期假设则把这连续的"长河"人为地"隔断"以测定其流量。持续经营假设和会计分期假设相配合,产生了一系列的会计基本原则,如收入实现、费用配比等。上面所说的固定资产的支出,按照持续经营假设,可以将支出递延到以后期间,会计分期假设则具体规定了应在什么期间摊销。没有这两条假设,会计上的递延、应计、预提、摊配等方法就都失去了存在的基础。如果没有会计分期假设,划分"资本性支出"和"收益性支出",也就失去其相应的前提。

理论上看,最理想的报告期间的长度,应该与企业经营活动的周期相一致,这样,所报告的收益与成本最为准确。但是,随着现代化大生产的日益普及,产品生产的周期越来越短,大部分企业采用日历年度作为报告期间。但会计年度的开始与结束,并不完全与日历年度一致,而是考虑其自身的经营特点而定。我国《会计法》就要求所有企业都必须将日历年度作为会计年度,我国上海、深圳两个证券交易所将近 4 000 家上市公司,都需要在会计年度结束的 4 个月内提交年报。相比而言,美国上市公司在会计期间的确定上,有较大的自主权。我们都熟悉的苹果公司,它的会计年度截止日为每年 9 月的最后一个星期六。

当然,在商品经济环境下,由于风险和不确定性的存在,企业破产或清算时有发生。只要存在足够的"反证",就应该放弃持续经营假设,而改用其他的核算基础。这时,会计分期也将是不必要的了。在这种特定的情况下,假设就成为"伪"命题了。

---

① 到目前为止,企业对外财务报告还是严格以公认会计原则或相应的会计准则为依据,针对绝大部分使用者的绝大部分需求,提供一套通用的财务报告。在基于互联网的财务报告体系下,技术上已经完全可以针对同一个报告主体提供多套基于不同计量属性的报表。由于受会计原则的约束、人们日常观念的限制以及潜在的法律风险等的影响,目前仍然只是提供通用的财务报告。

（四）货币计量假设

货币计量假设规定了会计系统主要提供的是可以用货币计量的信息。以货币作为计量单位，与其说是一种假设，倒不如说是复式簿记经过长期发展所形成的一种规定。因为，会计系统在反映某一主体的经营活动时，涉及影响主体的一切经济业务，只有运用货币量度单位，才能将各种不同的经济活动综合地反映、再现出来。

按照货币计量假设，会计核算所采用的是名义货币单位。我国的名义货币单位是"元"，因此，我国的会计核算就以"元"作为基本量度单位。量度单位假设还有第二层含义，就是假定币值稳定不变，或少量上下波动，但可相互抵消，忽略不计。正是有了这一层面的含义，历史成本原则才能付诸应用，会计的各种跨期处理的方法才可有效施行。否则，不同期间的币值不一致，跨期处理就是不恰当的了。

货币计量假设，使得会计系统只能反映可以用货币计量的经济活动，这导致财务报表信息存在严重不足。因为，市场竞争加剧、企业经营活动日益复杂，大量非财务信息对信息使用者具有越来越重要的意义。因此，如何突破货币计量的限制，使会计系统能提供更多、更有用的信息，成为未来会计研究的一个重要课题。

由于会计系统只输入可以用货币计量的信息，这使得很多对企业价值非常重要的事项与活动无法进入会计系统。比如，对苹果公司来说，最重要的资产是由其创始人史蒂夫·乔布斯长期努力所建立的创新文化；伯克希尔·哈撒韦公司（Berkshire Hathaway）公司最重要的资产就是巴菲特。很遗憾，到目前为止，财务会计体系无法在其财务报表中反映杰出企业家对公司的价值。

事实上，对那些尚处于创业阶段的高科技企业而言，最有价值的资产就是公司的核心创业企业家们。从会计发展进程来看，大约在 20 世纪 70 年代，美国会计界曾有学者一度试图建立人力资源会计，来解决这一问题。但最终还是无法解决如何通过货币计量方法来量化不同层次企业员工的价值的问题，而最终趋于沉寂。

除了企业家等相对较特殊的人力资本外，一些未来事项对公司价值所产生的影响也至关重要。但是，货币计量的限制，导致那些影响公司价值的重要未来事项无法进入财务报表。比如，政府的行业准入政策，特别是相对高的行业准入门槛，将会对门槛内与门槛外的企业产生迥然不同的影响，但目前的会计系统无法直接、量化反映这种影响。

以上四条基本假设，主要是在 20 世纪 50 年代前后形成的。随着"冷战"的结束，世界经济进入了新的发展时期。特别是 20 世纪 80 年代起，由于电子通信设备，特别是互联网等的发展与普及，国际经济一体化的进程加快，出现了众多原有经济环境所难以想象的经济活动，特别是计算机和互联网的普及，从根本上改变了数据的生成、传递和使用方式，同时，基于大数据和互联网的资本市场和证券化，改变了人类社会的财富创造模式，人们不再仅通过设立企业、生产产品、销售出去的方式实现盈利。从创立企业第一天开始，甚至，仅是一个创意阶段，就可以对企业进行估值，并在市场上进行销售。这些制度环境的改变，使得立足于传统商品经济环境的会计基本假设，一定程度上不能有效适应现代市场经济环境的特征与需求。因此，认真研究、总结当前市场经济的基本特征，分析其对会计系统的总体要求和规定，重新检讨传统会计基本假设的内容，对于我们更好地研究财务会计的基本问题，有着极为重要的理论意义。

三、会计原则

会计原则是一个口径宽、争议大的概念,它既可以广义化到包含一切会计的基本原则或准则,如上面所介绍的会计基本假设,也可以狭义地仅指会计确认、计量过程中所运用的原则,它还可以指下文将要讨论的会计准则。为了区别,这里只集中讨论那些所有企业都必须应用的最基本的概念,这些概念构成了会计准则的基础,或者说,它们是会计准则构建与发展的基础原则。

(一) 权责发生制原则

这是会计中应用最为广泛的原则之一。它要求:企业应当以权利或责任的发生与否为标准来确认收入和费用,即:凡是收取一项收入的权利已经具备,不论企业是否已取得这项收入上的现金,都应该确认这项收入;同样,只要主体已经承担支付某项费用的义务,即使与该项义务相关联的现金支出行为尚未发生,也应入账并确认为费用。正因为有了这一原则,会计上大量的应计和递延项目才会存在,大量的估计、判断的程序才能得到应用。

与权责发生制相对应的是收付实现制,它要求将收入或费用的确认分别与现金收到或付出的时间相联系。比如,企业预收一笔货款,按照权责发生制,只能记录为预收收入;而收付实现制就允许将其记录为当期收入。我们上一章介绍的现金流量表,实际上就是以收付实现制为依据编制的。

从目前各国会计实践来看,权责发生制的应用最为普遍。并且,从其影响程度来看,很多会计原则都直接或间接地与权责发生制有关,特别是收入实现和费用配比两项原则,更是直接建立在权责发生制基础之上的。

与权责发生制相对应的,是会计上所称的“交易观”(transaction-based)的基本思想,亦即:凡是进入会计系统的数据,必须来自交易或其他事项,数据来源可以独立验证。与交易观相对应的,是“估价观”(valuation-based),对企业经营成果的确定,不是通过收入减费用的方式,而是用期末净资产的市场价值,抵减期初净资产的市场价值,净增加额就是当期经营成果。与估价观相符合的,是现金流动制。相应地,基于交易观和权责发生制的收益确定观念,称为“收入费用观”,而估价观和现金流动制下的收益确定,是“资产负债观”。从会计准则的发展来看,估价方法在准则中的应用越来越多,资产负债观逐步成为会计的核心观念。

(二) 收入实现原则

这可能是会计上历来争议最大的会计原则了,它涉及什么时点在会计系统确认收入、金额是多少。

早期的商业活动相对比较简单,以商品的生产、销售为主,当商品销售出去,就可以在账面上记录销售收入。

对收入确认的第一个挑战就是物价变动。19世纪后半期,美国结束内战进入一个经济繁荣期,随着经济发展,物价,特别是房地产价格相应飞涨。很多企业所拥有的厂房和土地的价格上涨部分是否应该记作收入? 如果不记,厂房和土地的价格实实在在地涨了;如果记作收入,只要企业不卖出这部分厂房或土地,企业就没有相应的现金,对这部分收入所形成的利润,进行利润分配或缴纳税收,会导致企业现金短缺,严重时会导致企业破产。因此,实践中逐步形成"交易观"的收入确认原则,即只有发生在两个相互独立的会计主体之间的交易,才能形成收入。相应地,收入实现原则的核心思想也逐步形成,企业收入确认必须符合两项基本条件:一是收入的赚取过程已经完成;二是已经取得货款或具备收取货款的权利。这条原则实际上是权责发生制原则在收入确认上的应用。

收入的赚取过程已经完成,具体是指:对以产品销售为主的主体来说,商品已经交付;对那些服务性的主体而言,则是劳务已经提供。在现实的商品经济环境中,企业在交付了商品或提供了劳务之后,通常会立即取得货款;如果存在商业信用,企业收取货款的权利也应该有可靠的保证,即:企业应当具备收取货款的法定权利。这通常要求交易双方之间订有合同。

在实际应用时,收入实现原则一般要求在交付货物或提供劳务时确认收入。但市场经济是一个动态、发展的经济,新的交易方式不断被创新,因此,究竟何时确认收入,也应视具体的情况而定。比如,分期付款销售、特别是房地产的分期付款销售,付款期会长达 30 年。我们知道,房地产的分期付款销售,包含了一定比例的不确定性,即:购房者可能会因为各种因素,陷入经济困境,无法继续支付分期贷款。此外,还有一些特定的销售安排,如售后回购、售后回租等,让我们很难判断这是一项销售,还是一项融资安排。

为了解决这一问题,收入实现原则中加入了风险的考量,即:只有当销售方的风险已基本转移到购买方时,或者销售方不存在收取货款的风险时,才可以确认收入。具体地说,对分期付款销售,特别是付款期限比较长的情况下,销售方就可以考虑在货款收到时才确认收入;但在长期建筑合同项目下,如果建筑周期长于一年,尽管最终交易的完成是在项目完工之后,只要建筑方收取货款不存在重大风险且工程成本、收入等可以合理、准确地预计,就可以按照工程完工进度,提前确认收入。这种方式,也加大了会计的估计成分。

按照收入实现原则,只要企业实质上已经取得了某项收入,就可以在会计系统中予以确认。从这个角度看,收入实现和下面的费用配比原则都是一种技术问题。但实际上,收入和费用的确认,都会影响到最终的利润,而利润数字的高低又与方方面面的利益相关——公司管理层的业绩考核和绩效奖励、股东的股利、政府的税收等,而所有这些相关的利益方都是理性经济人,它们为了各自的利益,必然会设法利用现有的收入实现和费用配比原则中的"漏洞",以实现各自利益最大化。相关监管部门为了堵住这些"漏洞",不断修补现有准则并发布新的准则,这使得会计准则越来越多,也越来越复杂。为此,国际会计准则委员会和美国财务会计准则委员会联合发布了新的收入准则[1],强调:合约在收入确认中的作用;控制权转移作为收入确认的时点;关注净合同头寸,并以此来确认收入。这样,会计准则正式将"资产负债观"作为收入确认的基础。[2]

---

[1] IASB 与 FASB 于 2014 年 5 月联合发布 "客户合约收入"(Revenue from Contracts with Customers),国际会计准则的编号是 IFRS No.15,美国会计准则编号为 ASC 606。

[2] 提请读者朋友关注两个问题:第一,本部分涉及的会计理论,需要一些知识准备。限于篇幅,这里没有展开,因此,读起来会有一定的跳跃性。有兴趣继续阅读的同学,可以参阅葛家澍教授的会计理论著作,如《会计理论——关于财务会计概念结构的研究》(中国财政经济出版社)、《会计大典——会计理论》(中国财政经济出版社)等。第二,2014 年 5 月,IASB 和 FASB 联合发布收入准则,并要求自 2017 年 1 月起执行。但美国 FASB 迫于工商界的压力,宣布延后一年执行,因此,IASB 也只好宣布延迟一年执行。这也表明,会计准则会牵涉多方面的利益关系。

（三）费用配比原则

它同样是建立在权责发生制基础之上的,用于确定何时确认费用。通常,费用的发生是为了取得收入,因此,费用配比要求采用受益原则,所有费用应当与收入联系起来确认,即费用应该在与它直接和间接产生的收入被确认的期间内确认。如果收入推迟确认,其费用也应推迟确认。比如,企业本期确认了某项销货收入,就应该将为取得该项收入有关的所有支出确认为本期费用;但如果企业将某项收入递延到下期确认,它也应该将相关的支出同时递延。

费用配比原则的核心就是要确定支出与收入之间的内在联系。按照支出与收入之间联系方式的不同,可分为:①直接配比。对那些与收入存在直接因果联系的支出,就可以采用直接配比方法予以确认。比如,本期已实现销售收入的产品的直接生产成本、销售佣金等。直接配比可以是本期发生、本期配比,如产品销售费用等;也可以是以前期间发生的支出,比如,销售产品的生产成本就不一定全部是本期发生的支出。②间接配比。对同时为赚取两种以上收入而共同发生的费用,可以按间接配比方式确认。比如,同时制造两种产品所发生的人工费用,就应该在两种产品间按比例分摊。③期间配比。企业在经营活动过程中存在一些支出,其发生不与某项收入直接关联,而是随时间的推移一定会发生的,如某些管理费用、厂房建筑物的折旧费等。这些支出被认为与本期所实现的全部收入相关联。需要注意的是,通常在计提固定资产折旧时所应用的"系统且合理"的方法,也可视为费用配比的表现形式之一,即对某些难以辨认其受益期间或受益项目的支出,采用系统且合理的方法进行摊配。

费用配比原则与收入实现原则结合起来,共同构成了"收益确定"的基本原理。在思想上,它们是权责发生制的具体化。正如上文讨论的,随着基于交易的会计模式逐渐式微,公允价值的估价模式逐渐兴盛,费用配比的作用也在相应弱化。

（四）实际成本原则

实际成本原则有两层含义:一是指对财产物资、债权债务的计价,以各该项目取得或交易发生时的实际交易价格为依据。这里所说的交易应当是公平交易,即发生在两个相互独立交易方之间的自愿交换行为。二是指在各项目按实际成本入账后,除非该项目被结转或冲销,否则,不得调整其账面价值。也就是说,各项目的实际成本一经入账,再也不发生变动。因此,它也被称为历史成本。正如本书开篇所强调的,会计是人类社会信任工具,其中,交易基础、实际成本等是会计信息可靠的保障。

实际成本原则的有效应用,是建立在持续经营和货币计量等假设之上的。对一个无法持续经营的企业来说,它要考虑资产的变现能力,采用历史成本原则就是不恰当的;同样,如果物价发生较大幅度的变动,比如在物价持续上涨的情况下,历史成本原则将会导致资产严重补偿不足。严格地说,考虑到公平交易下交易价格可以在不同时点上发生,实际成本原则应由过去的交换价格、现在的交换价格和未来的交换价格加以取代,所以更符合市场经济特点的计量属性应是广义的交换价格原则。

在会计准则制定过程中,尽管对历史成本的批评不断增加,但到目前为止,整个会计系统总体上还是基于"交易观",强调"如实表述"和"可验证",因此,历史成本仍然是占主导地位的计量属性。

当然,目前会计系统中,公允价值应用的比重越来越高,IASB 与 FASB 于 2014 年联合发布的"收入"准则也引入了关于合约头寸估价等非实际成本计量属性。当然,公允价值的应用及其未来的发展趋势,还会受到多种社会力量的干预。FASB 决定推迟一年应用"收入"准则,就是一个例证。

(五) 谨慎性原则

市场经济与风险、不确定性总是相伴而生的。由于风险的存在,增强企业的实力、提高企业抵御风险的能力,显得十分必要。一般认为,当面临风险和不确定性时,保守地估计企业的收益和资产,有利于企业保有更多的现金(因为更高的收益意味着更高的税收和股利,而这些都需要支付现金),从而增强企业抵御未预期风险的能力,实践中因此而逐步形成了体现稳健或谨慎思想的会计方法。谨慎性原则(也称为稳健原则)的总体思想体现了两个不对称:一是企业在确认收益(利得)和费用(损失)时,对证据要求不对称,其中,确认收益或利得对证据的要求较高,而确认费用或损失对证据的要求较低。比如,会计上将或有事项按发生的可能性程度高低分为基本确定(大于 95% 但小于 100%)、很可能(大于 50%、小于或等于 95%)、可能(大于 5%、小于或等于 50%)、极小可能(大于 0 但小于或等于 5%)等层次。当可能性程度达到"可能"时,就可以确认费用和损失;对收益或利得的确认,需要的可能性程度为"很可能"。二是企业确认收益(利得)和费用(损失)时间上的不对称,当出现费用或损失,企业总体提前确认,而对收益或利得则尽量延迟确认。

需要注意的是,谨慎性原则的应用必须要在合理的范围内进行,它本身不会影响会计信息可靠、相关的质量要求。任何有意多计损失、少计收入的方法,都不符合谨慎性原则。

(六) 实质重于形式原则

这是会计上广泛应用但又容易被忽视的一项原则。该原则要求按照交易或事项的经济实质——而非外表形式——来进行相应的会计确认、计量、记录与报告。仍以上面所讨论的收入实现和费用配比原则为例,实质重于形式原则要求,只有当企业实质上实现了相应的收入,我们才能在账上确认相应的收入;同样,只要费用实际上已经发生,我们也需要在账上确认该费用。然而,实践中,由于收入和费用的确认直接影响到最终的利润,而最终的利润数又是多方所关注的。为了能够在许可的范围内影响利润数,一些为了满足账面上确认收入和费用要求的"交易安排"被设计和创新了。

案例 8-2

美国安然公司财务丑闻爆发后,人们发现,导致安然公司失败的一个重要因素是"特殊目的实体"(special purpose entity,SPE)。这是一种表外融资的手段。按照美国原有的会计准则要求,如果安然公司设立 SPE 进行表外融资,只有当一个独立第三方持有该 SPE 不低于 3% 的权益且实质上承担了该 SPE 的风险时,该 SPE 可以不合并入安然公司的财务报表。但是,安然事件表明,安然公司实际上只是执行了 3% 的数量要求,而没有遵循实质上承担风险的要求。尚德电力在纽约证券交易所上市,它也曾经在欧洲设立了 Global Solar Fund,尚德电力和其实际控制人施正荣联合持有 96.67% 的股份 [1]。

在美国国会就安然事件举行的听证会上,国际会计准则委员会提出了应当采用原则导向的会计准则。他们认为,规则导向的会计准则容易引导人们去规避具体的规则(如 3% 的要求),而原则导向的会计准则要求人们关注经济业务的实质,同时,因为不存在具体的规则,因此,也就没有什么规避的问题了。

对原则导向和规则导向的争论,我们下文还会涉及。但是,读者可以先思考一个问题:原则导向的会计准则是否能解决人们重形式不重实质的弊端? 如果能解决,之前实践中为什么一直不采用? 如果不能解决,国际会计准则委员会为什么要提出来?

四、会计信息质量特征

任何一种商品如果要对其拥有者有用,就必须符合一定的质量标准。比如,一支钢笔要能流利地书写,并要有好的外观,且能方便、舒适地握持。这里已涉及三项质量标准。同样,一本教材——比如我们这本《会计学基础》——也需要符合若干质量标准,如外表装帧设计美观大方,内页排版整洁且易于阅读,当然,最重要的标准应当是:内容要好,且符合学习规律。要注意的是,对本书的读者特别是大学一年级学生来说,内容好且易读、易懂是最为重要的质量标准;而那些使用本书的教师则还要考虑是否易于教学——通俗易懂并不意味着易于教学。但也有些部门以比较特殊的质量角度来衡量这本教材:错别字比例有多高? 装帧设计是否美观? 定价是否合理? 等等。不同的使用者,会重视不同的质量特征。

如果将会计信息视为一种特殊形式的"商品",它也应该符合一定的质量要求,否则,它对其使用者将没有什么作用。这种使会计信息有用的最基本的质量要求,就是会计信息质量特征。

任何商品的质量标准都不是固定的,其最高要求可以无限穷尽,不同的人可以有不同的要求。因此,通常所说的商品质量应该有最基本的标准。只要满足了这些标准,它对大部分人都会有用。同样,会计信息质量标准的确定也是遵循了这一思想,即以对大部分使用者有用为主。依此所确定的标准,称为会计信息质量的基本特征。

究竟谁是企业会计信息的使用者? 这是一个被广泛研究但仍然没有明确答案的问题。以上市公司为例,资本市场的投资者应当是主要的使用者,但是,上市公司在提供财务报告时,还需要考虑监管部门、政府税收部门、国有资产投资者、债权人等不同使用者的需要。并且不同的使用者对会计信息的质量要求并不完全相同。比如,资本市场的普通投资者更关注与未来股票买卖相关的信息,国有资产管理部门更关注与国有资产保值增值相关的信息,银行等债权人考虑的是与偿债安全性相关的信息等。下面所讨论的会计信息质量特征,更多的是从资本市场普通信息使用者的角度出发的。

美国财务会计准则委员会在系列研究报告《财务会计概念公告》中,提出财务报告的目标是满足资本市场信息使用者的决策相关性需求。从财务会计现状来看,这多少是一种期望或

① 蔡宁,董艳华,刘峰. 董事会之谜——基于尚德电力的案例研究. 管理世界,2015(4):155-169.

假设,而不是一种现实。因为,与投资者决策最相关的是关于企业未来价值的信息,应当是面向未来的;但是,现有财务会计系统的所有处理都是立足过去的,且特别强调交易或事项确实已经发生,输入会计系统的所有数据都需要满足可验证性的要求。之所以如此,一个重要的因素是会计信息会影响乃至决定相关各方的经济利益,此时,客观、中立,不偏袒任何一方的利益,成为必然的选择。而要做到这一点,以历史数据为基础,强调历史数据的可验证性来源,显得必要且有意义。

由于会计信息主要是通过财务报表形式公布的,因而,这里所说的会计信息质量标准主要就是针对财务报表而言的。它又可进一步分为报表内容标准和报表形式标准。报表内容标准,是指那些用于界定财务报表信息内容的质量要求,它由可靠性和相关性组成。

财务报告所提供的信息,一定要对信息使用者有用,即所谓的有用性。下一个问题就是:具有什么样特征的信息,才是符合有用性要求的? FASB 从两个角度将有用性予以分解:有用的信息必须与使用者所要做出的决策相关,即相关性;有用的信息还必须如实地反映所要反映的现象,即所谓"如实反映",显然,不如实反映的信息会误导信息使用者,不但不符合有用性要求,甚至还有负面的作用。

(一) 相关性

会计信息的相关性,是指财务报表信息与使用者将要做出的决策相关联,能改进使用者所要做出决策的质量。对使用者来说,他们在决策时需要在两种以上的备选方案中,寻找较佳方案并做出判断与决定。只要存在可供选择的不同方案,就表明决策中存在"差异"或"差别"。会计信息的相关性就是指帮助信息使用者发现"差别",从而更有效地做出决策。

相关性可以进一步分解为预测价值、反馈价值和及时性。其中,预测价值是指会计信息能帮助使用者提高其预测未来某事件的能力。反馈价值则是能帮助信息使用者证实过去的某项预测或对现有的预测进行更新。在现实经济生活中,这两者有时很难加以准确区分。而及时性是指财务报表信息能及时地传递出去,以便使用者能充分利用其价值。比如,10 年前的财务报表对使用者当前的投资决策价值极低。及时性本身不会增加相关性,但是不及时的信息将会使会计信息原来所具有的相关性完全消失。

(二) 如实反映

如实反映就是忠于实际所发生交易的事实、企业实际财务状况和经营成果的事实,如实地反映意欲反映的对象。具体地说,是指财务报表信息能准确、合理地反映报告主体的财务状况和经营成果,信息使用者在依据这些信息做出决策时,不会产生重大错误。而要达到这一要求,财务报表信息必须符合这样三个条件:①完整。如实反映必须包括全部有助于使用者理解所反映对象的全部信息,包括数字以及必需的文字描述与解释。现在的上市公司年度报告在基本财务报表之后,是篇幅极长的报表附注,这就是完整性的体现。②中立。财务报告信息具有经济后果,只有保持中立,不偏袒任何一方的利益,才能有效发挥会计的信任功能。为了保持立场中立,需要对财务信息的选择或列报不存偏见。一个过度乐观的财务报告,会对当前短期投资者有利,但长期投资者、债权人的利益会受到程度不等的负面影响;过度悲观的报告,同样不符合中立的要求。尽管理论上的中立也不需要谨慎,但由于企业所处的经济环境充满不确定性,企业自身的运营也充满不确定性,一个适度谨慎的立场会有助于降低企业运营风险,对几乎所有利益方都有利。③无误，即尽可能地降低信息加工、提供过程中的错误或遗漏，包括会计方法的选择、会计信息的列报、必要的文字说明等。当然，会计过程充满了主观判断，会计信息不可能绝对准确和精确。

在会计信息质量概念演变的过程中，早期人们倾向于强调会计信息的"真实性"，希望会计信息能真实地反映企业的财务状况和经营成果。逐渐地，人们发现，会计中存在大量估计、假设因素（包括会计的基本假设），真实是不可能实现的，因此，人们转而要求会计信息能"客观"地反映经济情况。但是，会计程序中存在各种估计、判断的成分（如估计固定资产的可使用年限和残值，估计坏账准备的比率，估计未完工产品的完工程度以便采用约当产量法分配产品成本等），主观性相当强，学术界转而使用可靠性概念，以取代真实性和客观性。当然，可靠是一个非常主观的概念，因此，FASB 和 IASB 的联合公告将如实反映提升上来，用来与相关性并列，作为最基本的信息质量标准。

由于如实反映要求会计信息尽量基于已发生的经济业务，而完全基于历史事件的信息，其相关性程度相对较低。这就形成如实反映与相关性二者不能得兼的矛盾。比如，企业账面上的应收账款，只有等到最终真正收回了再予以报告，"如实"程度最强，但相关性将大受损失。因此，实际工作中，需要会计人员进行必要的职业判断，在相关性和如实反映之间进行权衡。在资本市场上，会计信息要同时满足现有股东评价企业管理当局经营业绩的需要和潜在股东做出购买股票决策的需要，因此，相关性和如实反映应受到同等程度的重视。而那些国有企业，其财务报表信息主要应帮助所有者评价管理当局对国有资产的保管、经营是否有效，在这种情况下，如实反映应得到更高程度的重视。

除了上述基本质量特征外，还有一些质量特征，如果能够得到遵守，则有助于提升会计信息的有用性，它们包括可比性、可验证性、及时性和可理解性等。

五、会计信息的局限性

上面，我们介绍了会计基本假设、会计原则和会计信息质量等概念。通过这些基本概念，对会计理论的基本构件有了大致的了解。下面，我们将集中讨论会计信息的局限性问题。

资本市场上的信息使用者，往往会对会计信息抱有较高的期望，希望财务报表信息能真正如实地反映企业的财务状况和经营成果，希望财务报表信息能与其投资决策直接相关，甚至通过财务报表信息就可以直接知道如何投资。那些不了解财务会计特点的使用者们普遍认为，财务报表信息对企业财务状况和经营成果的反映，就如同在一个黑白分明的童话世界中，"对"与"错"、"好"与"坏"非此即彼，不是如实、准确地反映了企业的经济现实，就是虚假地反映了情况。并且，对企业经济现实的准确反映，应该也只能有一套财务报表信息。进而言之，对那些被认为是"如实""准确"地反映情况的财务报表信息，使用者可以完全信赖。如果事后报告主体出现了一些原先财务报表信息所未能揭示的现象（比如，一个原先报告盈利的公司突然破产等），信息使用者会倾向于认为，财务报表的提供者（企业）、鉴证者（注册会计师）应当承担必要的责任。

可以说，现实生活中这种观念极为普遍。可作为佐证的是：自 20 世纪 60 年代以来，在西方国家特别是财务报表备受重视的美国，掀起了诉讼注册会计师的热潮。那些受损的财务报表使用者认为,注册会计师应当对企业财务报表信息负责,并要求其承担连带的经济责任。

会计界早已认识到财务报表信息或者说会计信息的作用和局限性。比如,早在20世纪30年代,美国会计界在反省经济危机并对会计提出种种苛求时,当时任美国会计师协会主席的C. 柯林斯(C.Collins)曾做了精辟的总结:

总而言之,很可能会计工作被吹嘘过头了。也就是说,人们已明显地形成了一般的信念,认为会计程序都是一贯正确而无过失的。医药科学可能有其缺陷,工程学原理也可能由于无法预见的情况而失败,正义也可能由于有害于人类独创性而流产,甚至我们神圣的目标也可能由于人类判断力和信念的差异而变化无常。但是,在许多人的心目中,会计似乎是作为人类智能的图谋所不能战胜的一种科学而屹然不动。

又如,1961年,美国注册会计师协会所属的会计研究部主任莫里斯·莫立茨(M.Moonitz)发表的第一号研究报告《会计基本假设》中,就提出"暂时性假设"。因为,一个持续经营的企业,其经营活动是连续不断的,但我们人为地将其经营活动分割成若干个会计期间,分别提供财务报表,反映其经营活动。这些报表信息必然是暂时的,它不可能绝对真实、准确。随着时间的推移,其相对不准确性程度会不断提高。这实际上已经清楚地说明,财务报表信息有其不足之处。

当1971年美国注册会计师协会要求特鲁伯罗德委员会研究财务报表的目标时,曾提出四个问题,其中之一是:在他们(使用者)所需要的信息中,有多少能够由会计师提供? 这一问题也表明,由会计师借助财务报表所提供的信息,不能满足所有信息使用者的全部需要。也就是说,财务报表信息并不是万能的。

美国财务会计准则委员会所发布的财务会计概念结构公告,提出了财务报告的目标、会计信息质量等,其中,对信息使用者也做了一定程度的要求,特别是要求信息使用者具备一定的会计知识。这实际上也潜在地表明,如果信息使用者不具备基本的会计知识,可能会误解会计信息的作用。

我们这里所提的会计信息的局限性,包括这样三个方面:其一,会计信息不可能真实、准确地反映企业经营活动情况,它只能大致地描述。在准确与不准确之间有一个"灰色区",会计信息对企业经营活动的描述就是在"灰色区"中,并朝着"准确"的端点逼近。其二,会计信息对企业经营活动的描述只是一个侧面。通过会计信息,我们可以大致了解企业的财务状况和经营成果,但是,如果要准确把握企业的经济现实,还需要借助多方面的信息。其三,即使是借助会计信息来反映企业的经营活动,也存在不同角度和不同特征的把握。比如,实际成本信息反映企业取得各项资产、负债时的交换价值;现行市价所表述的信息,可较合理地反映企业各项资产的现时价值。也就是说,对企业真实经济状况的反映,并不存在数学上的"唯一解",而可以同时有多组信息,它们都从各自的侧面反映了企业的经济状况。这表明,任何企图以一套财务报表信息来涵盖所有经济状况的构想,其本身是有缺陷的。

案例 8-3

传 SEC 对苹果披露乔布斯病情展开调查 [1]

新浪科技讯 北京时间 1 月 21 日下午消息,据国外媒体报道,有消息人士称,美国证券交易委员会正在调查苹果披露 CEO 史蒂夫·乔布斯的健康状况过程是否误导投资人。

……

1 月 5 日,在乔布斯公布荷尔蒙失调消息后,苹果股价当天上涨 4.2%。这也是 2004 年 8 月以来乔布斯首度公开自己的健康状况。乔布斯上一次公开的信息是,他已经成功进行了手术,切除了一种神经内分泌胰岛细胞肿瘤,这是一种发病缓慢的癌症,在美国每年最多有 3 000 人受到这种疾病的困扰。

1 月 14 日,在苹果公布 53 岁的乔布斯将病休 5 个月后,苹果股价顿挫 8.4%。本周二,苹果股价下跌 4.13 美元,跌幅为 5%,报收于 78.2 美元。

苹果公司一直拒绝公布乔布斯的详细病情,而乔布斯本人也对此闭口不谈。1 月 16 日,在媒体就病情致电乔布斯时,他说:"你们别烦我了,这件事有那么重要吗?"(肖恩)

要求:分析乔布斯对于苹果的价值,以及乔布斯病情是否应该披露。根据乔布斯身体状况信息披露对股票价格的影响,讨论会计信息在反映公司价值上的局限性。

如果不考虑理性经济人属性,而单纯就会计方法自身的特征出发,会计信息的局限性来自以下几个方面:

第一,动态的市场经济环境。随着市场经济的日益发展,特别是近年来国际经济一体化趋势的发展,市场竞争越来越激烈,各种市场风云瞬息万变。任何会计主体都处于市场环境之中,它必然受到市场环境多变特点的影响。期望以一套"静态的"会计信息准确地表述处于"动态"环境中的企业经营活动,"以不变应万变",是不现实的。比如,国际原油价格波动幅度巨大,2016 年 5 月 20 日约 48 美元每桶,此后逐步走高,并因为俄乌冲突进一步升高,2022 年 3 月 18 日,最高升至 130 美元每桶。国际油价如此巨幅震荡,对相关企业的影响不容忽视。很遗憾,目前的会计系统尚难以充分反映经济环境变化对企业的影响。

第二,会计原则中的不合理规定。由于财务会计信息具有相当重要的经济后果,比如,报告利益的高与低会直接影响到不同利益关系人所可能分配的利益。为了确保财务会计信息不偏袒其中少数利益集团的经济利益,往往通过会计原则来约束财务报表信息的生成与提供。在这些约束方法中,可验证性的约束力最强。受其影响,会计计量长期采用历史成本属性。尽管最初它是来自各经济业务发生时的市场交换价格,但这种市场价格一旦进入会计系统,就与市场价格的变动相脱节。即便在一个物价基本稳定的市场环境中,由于技术进步等因素的影响,原先入账的市场交换价格也逐步与它所反映的资产价值不相符,更遑论目前市场上物价变动这一普遍现象。而最终企业财务报表信息又主要是由入账价格(历史成本)所组成,它只能如实地反映企业所发生过的经营活动,而无法准确地体现企业经济上的真实性,即企业真实的

---

① 传 SEC 对苹果披露乔布斯病情展开调查 . 新浪科技,2009-1-21.

经营能力等。由此可见，按历史成本基础所提供的财务报表信息，在反映企业经济真实性方面存在着先天不足。

第三，会计方法中大量的估计、判断等因素的存在。财务报表信息在最终加工完成之前，必须经过大量的会计程序，其中，不乏估计、判断等因素。比如，对于固定资产折旧，尽管强调"系统且合理"，但实际上是主观估计的产物；又如，会计上大量的应计、递延、摊销等方法，都包含了一定的主观因素。由于财务报表信息包含了大量的主观判断因素，其相对性程度是不容忽视的。

在会计信息生成过程中，人的因素影响很深：从确认环节决定什么信息可以进入会计系统，到中间环节会计政策的选择，以及最后如何在财务报表中报告，都是那些理性经济人决定的。回想第一章关于理性经济人的讨论，我们可以合理地推测：这些理性经济人为了追求自身利益最大化，必然会充分利用甚至滥用现有会计准则体系中各种可能利用的空间，会计信息的局限性乃至不可靠程度将会大大增加。

认识到会计信息的局限性，并不是否定财务报表信息存在的必要，相反，它不仅可以提醒使用者在利用会计信息时要充分考虑其局限性，以更好地进行决策；同时，也能促进会计信息的提供者和会计研究人员不断改善会计信息，减少其局限性。

第三节　会计准则及其制定

"无规矩不成方圆"，在会计信息加工过程中，我们需要大量地借助各种"规矩"，如一项固定资产，从最初的立项到最终交付使用，通常需要一个比较长的时间段，应当在什么时点正式记录固定资产，固定资产购、建、试运行等阶段所发生的各项支出，究竟哪些应当计入固定资产的成本，哪些不能计入固定资产的成本，就需要相应的规则来确定。不同的时点、不同的金额，对企业当期财务状况和经营成果影响较大。又如，房地产企业销售楼盘，有些企业图纸一画好就开始销售，有些企业等到楼盘完全建好才开始销售，并且，无论采取何种方式销售，从与客户签约到最终交钥匙，中间都需要或长或短的一个时间段，企业预收的售楼款应当在什么时候、按多少比例确认为企业当期销售收入？那些已经全部竣工、只待"良辰吉日"放盘销售的楼盘，是否应当确认为销售收入？可以说，企业几乎每一项经济活动，在进入会计系统、具体转化为明确的会计要素（如资产、负债、收入、费用等）时，都存在着争议和判断的空间。协调、解决这些判断和争议问题，需要"多管齐下"，但一套有效的规则，作用不可忽视。

一、为什么需要规则：一个思想实验（续）

本书第一章曾用一个思想实验来说明会计为什么会产生。现在，我们将继续沿用这个思想实验，说明会计在日常运行中为什么需要一套规则。

李雄作为金算子股份有限公司的创始人，在金算子公司成功地发行股票后，仍然继续担任公司的董事会主席和总经理。公司第一期引进的四位外部股东（他们分别是古栋贾、顾冬益、谷洞宾、辜东鼎）由于持股比例较高，成为公司董事。此外，公司还按照规定引入了独立董事（战略管理专家吴用、财会专业人士柴进、法律专业人士裴宣）。

案例 8-4

会计年度即将结束时，公司财务负责人蒋敬就其中一项研发费用的会计处理（假定是研发财务共享系统的支出，公司各种投入约 200 万元），提交董事会讨论。蒋敬向董事会提交的备选方法是：一次性计入当期费用或分 3 年进行摊销[①]。如果一次性摊销，公司当年账面将会出现亏损；如果采用3 年摊销，当年会盈利约 120 万元。董事会就这一问题展开讨论，并形成两种不同的观点：一种认为应当采用较谨慎的思想，一次性摊销这些支出，这样，公司未来盈利能力有保障，持这种观点的主要是四位股东；另外一种观点则认为分 3 年摊销，当年公司有一定的业绩，市场上的广大中小投资者比较喜欢。你认为究竟应当如何选择？理由是什么？

这个虚构的例子涉及的问题是：在面对会计选择时，应当如何抉择？实践中，为了解决这种分歧，需要由相应的权威部门出面对这种问题进行约束与规定。这种约束与规定就是这里所说的会计准则[②]。

二、会计准则制定：历史回顾

第一章我们曾提出，如果公司股票上市后，事先确立一套标准，以确定上市公司应当对外报送的会计信息，有助于降低上市公司在资本市场筹集资本的成本。但是，这一标准并不是自发形成的，因为提供一套标准需要耗费相当的资源，而一旦某个团体正式提供后，其他团体就会"搭便车"，直接或间接模仿。市场上各个参与方都是理性经济人，他们都采取观望、等待的"搭便车"策略，使得资本市场上没有人愿意自愿提供这一标准，直到 1929—1933 年美国经济危机的爆发，才改变了这一局面。

早在 20 世纪 30 年代初期，就有人指责会计职业界及其松散的会计实务是导致美国经济崩溃的主要原因。而经济危机全面爆发后，美国政府也开始着手采取一些旨在限定上市公司会计方法的立法。1934 年成立的证券交易委员会，具有制定上市公司应当遵守的会计规则的权力。当时的美国会计职业界担心：如果最后由证券交易委员会来制定会计准则，他们在社会中的权威地位会下降，会计职业界的收入会降低，进而言之，会计职业界的生存也会受到威胁。因此，会计职业界迅速行动起来，在 1932 年向纽约证券交易所提交了一份包含数条原则的报告，这些原则成为美国会计职业界最早制定的"公认会计原则"。

当美国证券交易委员会将会计原则的制定权转授给会计职业界后，美国先后出现了三个会计准则制定机构，它们是：会计程序委员会（1938—1959 年）、会计原则委员会（1959—1973 年）和财务会计准则委员会（1973 年至今）。其中，前两个委员会是会计职业界下属的机构，它们在

[①]　要注意的是，对于软件业研发费用的处理，美国财务会计准则委员会第 86 号准则有专门的规定；我国现行的制度规定要求企业将其全部费用化。本书提出这一问题，只是便于讨论。当然，我们也预期未来我国会计准则的规定中也存在一些模糊空间。

[②]　我们在本章使用了两个术语：会计原则与会计准则。其中，上一节讨论的会计原则是从一般意义出发的，它更多地涉及会计处理的基本性规定；本节所说的会计准则则是指经由权威部门认定、带有强制性约束力的规定，它具体限定了实务应当如何处理。

制定准则的过程中受到社会各界的批评。会计职业界经过认真的分析和研究,认为一个直接隶属于会计职业组织的会计准则制定机构,容易受到外界各种压力的影响,所制定的准则因而受到各界批评。因此,1973年成立的财务会计准则委员会是一个充分独立的机构,但即便如此,会计准则制定过程仍然受到来自社会的各种压力,最终所发布的准则质量经常得不到保障。

2002年7月,新通过的《萨班斯-奥克斯利法案》一方面认可了财务会计准则委员会作为准则制定者的权威地位,另一方面将以往经费自筹改为通过收取上市公司、事务所等的费用的方式来资助。这样,财务会计准则委员会的纯民间独立机构的身份有所改变。

美国制定会计准则的成功尝试,很快在一些国家得到响应。英国、澳大利亚、加拿大等先后开始制定各自的会计准则。到目前,市场经济国家都程度不同地制定和发布了会计准则。我国于1992年年底发布了一份涵盖会计基本理论的"企业会计准则";1996年起,陆续发布针对具体问题的会计准则,如关联方交易、现金流量表、营业收入的确认、非货币性交易等,并于2000年年底、2001年年初对已发布的准则进行较全面的修订。在经过多轮修订、讨论后,2006年2月15日,财政部一次性发布了38项具体准则和一项基本准则,此后又对基本准则和具体准则进行了多次修改和补充。

从国际范围来看,国际会计准则委员会的影响越来越大。由国际会计准则委员会制定的会计准则,目前在国际范围内得到越来越多国家的认可。美国因为国会的压力,也在尝试与国际会计准则进行协调,并从2007年起对海外在美国上市的公司,允许其按照国际会计准则编制报表。我国在2006年发布的会计准则的基础上,与国际会计准则委员会发表联合声明,后者认可我国的会计准则在主要方面与国际会计准则一致。

三、为什么会计准则制定过程会受到各方干预

会计准则制定过程受到社会各界干预,已是各国会计准则制定过程中的一个普遍现象。为什么社会各界愿意耗费一定的资源①去干涉会计准则的制定过程?从理性经济人角度出发,只有当这些耗费能换回更高的效益时,游说才是有意义的。问题在于:社会各界干预准则的预期收益何在?

通过前面的学习我们知道,不同的会计方法对企业最终所报送的财务报表影响较大。比如,中国股票市场上第一家被出具否定意见报告的渝钛白(股票代码:000515),其之所以被会计师事务所出具否定意见,在于一项8 064万元的应付债权利息应该资本化为长期资产,还是费用化进入当期损益。如果将其费用化,则公司每股亏损增加0.62元。显然,将这部分利息费用资本化还是费用化,对公司及其相关各利益集团影响较大。假设目前中国会计准则制定机构正在准备制定一项借款利息资本化的会计准则,可以预见,渝钛白将会乐意去游说会计准则制定机构,建议对出现渝钛白情况的借款利息资本化。

按照契约理论,企业是一系列契约的连接。历史证据表明,企业在维持与各方的契约关系时,必须借助会计数据。比如,公司董事会聘请总经理,一般会和总经理签订合同,规定如果实

---

① 如花费一定时间去阅读准则征求意见稿并给出具体的反馈意见,通过电话、传真、邮寄等方式将意见反馈到会计准则制定机构手中,出席相关的听证会,这些都是直接干预成本。借助国会议员或政府官员向准则制定机构施加压力等间接方式,也需要耗费相应的资源。

现目标利润,可得到相应的奖励;又如,银行将款项贷给公司,往往会签订相应的合同,要求公司保持一定的负债比例和盈利水平;在我国,证券监管部门要求,上市公司连续三年亏损就会被停牌,而上市公司如果希望增发股票(再融资),其盈利还需要达到一定的水平;等等。因此,当会计准则制定机构所要制定的准则会影响到企业的盈利水平和/或负债水平时,就有可能增加企业的运行成本(如无法配股或被摘牌)或降低主要当事人的利益(如总经理不能取得奖励),这时,企业就可能会对会计准则制定的过程进行游说或力度更高的干预。正由于各方力量的干预,使得最终所发布的会计准则往往是各方力量均衡的结果。

美国会计准则制定历史较长,会计准则制定过程中受到外界干预的事例很多。比如认股权会计准则,在征求意见的过程中,前后共收到1 786封反馈意见,美国国会甚至为认股权处理通过了一个符合企业界利益要求的法案。同样,美国财务会计准则委员会在制定关于企业合并的会计准则的过程中,也面临着来自企业界和国会的干预,最终通过的会计准则(第141号《企业合并》和第142号《商誉及其他无形资产》),同样是一种折中与协调的产物[①]。

案例 8-5

花旗银行(Citigroup)正考虑出售,德意志银行(Deutsche Bank)却扭亏为盈。拯救德意志银行的并非其精明的高管,而是国际会计准则委员会(IASB)。

德意志银行同样未能躲过金融危机,其在2008年10月30日发布第三季度盈利的财务报告,同时却暗示状况糟糕。

不过得益于IASB新修订的国际会计准则相关条款,德意志银行能够把近250亿欧元的资产重新归入贷款类别,并将持有直至到期。这其中包括原设计为出售的71亿欧元的杠杆融资贷款。

这些变化使德意志银行避免了8.45亿欧元的减记,从而将其利润提高了5.36亿欧元,实现4.14亿欧元的季度净利润。德意志银行也成为采用新准则的第一家欧洲大型金融机构。

资料来源:朴华. 不能指望会计救经济. 竞争力,2008(12).

四、国际会计准则制定中的权力之争

从一国范围来看,一套既定的会计准则有助于降低资本市场的交易成本,即作为资本提供方的股东和债权人出售"资本"的成本以及作为资本需求方的上市公司购买"资本"的成本。那么,在资本跨国流动十分普遍之后,如果存在一套国际会计准则,理论上应当会节省跨国资本供求双方的成本。1973年,来自英美等国的会计职业组织商定,成立国际会计准则委员会(International Accounting Standards Committee,IASC),负责协调各国会计准则之间的差异,制定国际会计准则。

国际会计准则委员会早期所制定的各项国际会计准则,基本上涵盖了一些主要国家现

[①] 有关这些准则的背景介绍,请参阅:刘峰,等. 从FASB第141、142号准则制定过程看会计准则的性质——兼论高质量会计准则问题. 财会通讯,2004(11).

行准则所允许的方法,因而,发布之后没有对各国现行准则产生多少冲击,当然,国际会计准则本身的影响力也十分有限。20世纪90年代初,国际会计准则委员会寻求到国际证监会组织(International Organization of Securities Commissions,IOSC)的支持,制定并发布一套"核心准则"(core standards),要求对每个经济事项的会计处理只保留一至两种方法作为"基准方法"(benchmark treatment)。国际证监会组织曾允诺,如果这套核心准则符合要求,将作为公司跨国上市财务报表编报的依据。但是,当国际会计准则委员会宣布完成了"核心准则"的制定后,国际证监会组织没有立即批准、认可,而表示要进行认真审核。作为该组织主要成员的美国证券交易委员会则宣布,只有当"核心准则"具备高质量时,才能作为在美国上市的外国公司财务报表编制的基础。由于美国证券交易委员会的介入,高质量会计准则概念为美国会计准则制定机构(财务会计准则委员会)和管理机构(证券交易委员会)成功地抵御国际会计准则提供了理论依据。

迫于来自美国的阻力,国际会计准则委员会被迫改组,从IASC改组为IASB(International Accounting Standards Board)。不要以为这只是一词之变,实际上,IASB在组织结构、职能安排等方面都发生了彻底的变化:IASB成为美国会计准则制定机构FASB的翻版[①]。

如果说美国用高质量会计准则成功地狙击了国际会计准则委员会推广国际会计准则的努力,那么,安然事件显然为国际会计准则委员会再次推销与推广国际会计准则提供了难得的机遇。在美国国会就安然事件召开的听证会上,国际会计准则委员会的秘书长认为,美国的会计准则是规则导向的,容易引导人们遵守准则的外在形式而不是内在实质。这一思想被写入2002年正式生效的《萨班斯-奥克斯利法案》。这样,国际会计准则委员会在迫使美国会计职业界接受乃至认同国际会计准则上取得实质性突破,而其理论武器就是"原则导向"。这也印证了本章开篇对会计理论作用的讨论:理论往往是因为实践的需要而产生的。

第四节 会计与经济环境:共生与互动

会计是反应性的。即会计主要是适应一定时期经济的需要,特别是商品经济的需要而发展的,会计思想、技术方法的演变和完善,同样也是建立在适应经济环境需要的基础上的。反过来,会计也应当对经济环境有一定的反作用。正因为如此,我们将会计与经济环境之间的关系表述为共生与互动。下面,我们分别看一看这两者的具体表现,最后,还要从我国当前的具体经济环境出发,对会计环境问题做一阐述。

一、经济环境决定了会计的发展

中世纪意大利商品经济的发展和繁荣,直接促生了复式簿记方法;18—19世纪英国的工业革命,导致了成本会计的产生;"公认会计原则"的出现,直接得益于美国1929—1933年的经济危机。这些事件最一般性地证明:经济的发展直接推动了会计的发展。如果我们更进一步考察一些具体事件对会计的影响,将使这一命题更有说服力。

---

① 限于篇幅,这里不展开。有兴趣的读者可参看:刘峰.会计准则变迁.北京:中国财政经济出版社,2000.

从历史角度看,几乎每一个会计思想的形成、每一个会计方法的确立,都与经济环境有着密切的、不可分割的联系。如果我们广义地理解,经济环境不仅包括经济的发展,也应该包括与经济发展相关的各种要素,如技术进步、为规范经济发展所制定的各种法律和法规,以及文化和教育等。这些因素对会计的发展也有着程度不同的影响。那么,这一命题就更加确切了。美国会计学家亨德里克森(Eldon S. Hendriksen)在其著作《会计理论》中,曾将影响会计理论的要素归纳为五个方面,并分别论述了它们对会计理论和方法的影响。这五个方面分别为:①技术变革;②铁路业;③政府规章;④所得税;⑤股份公司。总体而言,以股份公司的影响最大。

早在17世纪末18世纪初,由于英国政府管制不当,加上社会上投机意识浓厚,各种投机性甚至欺骗性公司随处可见。到1720年,南海公司的危机促使英国国会颁布《泡沫公司取缔法》;同年底,南海公司倒闭,查尔斯·斯内尔受托检查与南海公司有着业务往来的一家公司的账目,这一经济事件昭示着在股份公司全面发展后,应当制定上市公司财务报表的审查制度。而工业革命导致股份公司成为必要后,英国议会于1844年颁布《股份公司法》,允许设立股份公司;后又颁布法律,允许设立有限责任公司。为了有效地保护有限责任公司债权人和上市公司外部股东的利益,英国的公司法对财务报表提出一些原则性要求。这些要求在实践中不断补充、发展,并逐渐导致定期报告(会计分期假设)、合理地确定收益(收入实现和费用配比原则)、会计主体、定期审计、成本与市价孰低、合并报表、公认会计原则等会计思想和方法的形成。可以说,在所有会计思想和方法中,都能直接和间接发现股份公司影响的痕迹。

截至目前的会计体系,特别是以对外报告为主要目的的财务会计体系,主要是20世纪80年代前后成型的。而这之后的经济环境和相应的社会环境都发生了显著变化,如计算机和互联网的全面应用带来数据处理能力大大提高,信息传递也瞬时即达,超越地理空间的限制,大数据时代已经到来;国际金融一体化程度越来越高,企业面临越来越多的跨国经营活动;资本市场发展和证券化程度高,社会财富流动性加大,逐步改变了社会财富的创造模式,从设立企业—制造产品—销售获利,转向设立企业—转让企业的模式,比如,YouTube从创立到被Google以16.5亿美元收购,只经历了不到20个月,YouTube甚至连一个稳定的盈利模式都未确立。这些经济和社会环境的发展,同样要求会计做出相应的改变。比如,我们前面所学习的会计,总体上是以权责发生制模式为主体,利润的确定是通过收入减费用的方式,收入和费用的确认分别遵循收入实现和费用配比原则。这又与会计上的另一个概念相关联:交易基础,即只有发生了交易,才能够确认收入和费用,以及相应的资产、负债等的变化。但是,高度证券化导致对企业进行估值——无论是整体估值还是对单项资产、负债或资产组估值——都变得比较容易,甚至会存在IASB所定义的"活跃市场报价",这样,包括公允价值在内的各种估值方法会在会计系统中应用更多。

如果我们换一个角度,从当前各国会计发展的程度来看,我们也不难发现,当前各国会计理论和方法上的差异与各国经济、法律、社会环境的差异密切相关。比如,美国高度发达的证券市场特别是股票市场,以及完善的投资者保护导向的法律体系,导致了它的会计强调以资本市场普通投资者的利益为重,要求充分披露;德国企业的资本主要来自银行信贷,加之税法的限制比较严格,同样,它的法律以债权人利益为导向,会计倾向于最低限度的披露,大量计提各种准备。我国在经济体制改革之前,宏观上实行计划经济,微观企业则是国有国营,这一经济环境要求会计不仅能帮助贯彻执行国家计划,提供国家宏观计划调控所要求的信息,而且还要求企业能在一定程度上代表国家监督微观经济主体对国家计划的贯彻、执行。稳定的宏观环境、单一的职能,决定了会计方法以执行为主,同时,技术方法上也缺乏创新的动力。社会主义市场经济的建立已彻底改变这种经济环境,新的经济环境宏观上要求以各种市场为主体,政府借助各种经济杠杆引导、调节市场,微观企业则要求建立现代企业制度,从根本上重塑企业作为经济人的机制。这一全新的经济环境,对会计提出了全新的要求。我国最近十多年会计持续的改革,特别是会计准则和新会计制度的发布与修订,就是对这一新经济环境要求所做出的调整。

经济环境对会计的影响不仅表现在良好的经济环境能促进会计的发展,也表现在不良的经济环境会限制会计的发展或诱使会计朝非科学化方向发展。比如,中国几千年的封建统治过程中,不重视发展商业,甚至抑制商业的发展。"士、农、工、商",商为各业之末;"无商不奸",表明世人鄙视商人。在这样一种经济环境下,期望有较完善、科学的会计方法,是不切实际的。又如,美国 20 世纪 30 年代的经济大危机之初,当时整个社会投机热潮高涨,企业家们不切实际的幻想、不受限制的行动,使得他们对"账面经营"的关注高于脚踏实地的经营、管理,这在一定程度上迫使注册会计师们采用一些不良的会计行为,以迎合或顺应企业家们的不当要求。这里,混乱的经济环境只能导致不当的会计实务。同样,我国 20 世纪 90 年代起,会计信息质量也成为一个备受世人关注的问题,究其原因,不健康的社会经济环境应当是非常重要的因素之一。

二、会计反作用于经济环境

会计是一个反映经济活动的信息系统,它对经济发展特别是商品发展的促进作用,从复式簿记产生之日起,就受到高度重视。比如,著名的德国诗人、一代文豪歌德(1749—1832 年)曾这样赞美复式簿记:它是"人类智慧的绝妙创造,以至每一个精明的商人都必须在自己的经营事业中利用它"(转引自:Niswonger,Fess,Accounting Principles,1977)。而德国另一位政治经济学家桑巴特(Werner Sombart,1863—1941 年)在讨论欧洲资本主义发展的原因时认为,法律、市场和管理技术是促进资本主义企业发展的关键要素,其中,管理技术主要就是会计。他认为,没有复式簿记,就没有资本的观念。没有资本的观念,资本主义也就无从谈起了,那么,市场交换就会停留在马克思所定义的"为买而卖"的那种自然交换状态。从这一意义上,会计对人类社会经济的作用,是基础性的、决定性的。没有复式簿记和现代会计,资本与资本之间的信任关系无法建立,投资、借贷、合作等就无从谈起,甚至,社会运行也面临困难:如何适度征税,以保障社会有序且有效运行?所得税的基础就是对利润征税,或者,对有效增量征税。没有会计作为基础,就无法合理地确定企业盈利状况,税收也就失去合理且有效的依据。

会计对经济环境的反作用,同样也存在两种不同的角度。内在科学、良好、能适应经济环境发展要求的会计方法,会促进经济有序、稳定地发展;反之,随意、混乱的会计方法,在一定程度上会妨碍经济的发展或助长经济的无序化状态。这一点,历史上不乏事例。最有惊醒意义的,当数美国 1929—1933 年的经济危机。

这场经济危机到来之前,美国社会的投机狂热在一定程度上带动了会计实务的混乱化、随意化。加之当时人们普遍认为，会计是一门艺术，它不需要有规则或制度的限制与约束。注册会计师在对上市公司的报表进行审计、验证时，缺乏客观、可靠的标准，会计处理方法随意化、多样化。当经济危机到来之时，人们批评会计处理方法混乱，缺乏科学性，并列举了当时实务中普遍存在的一系列弊端，如折旧会计和合并报表的方法过于多样化、缺乏折旧政策的信息等。从这里也可以看出当时会计实务处理的混乱性。正因为如此，人们普遍认为，当时混乱的会计实务对美国经济大危机的到来起到了推波助澜的作用。可以设想，如果当时会计方法科学、合理，注册会计师拥有较客观、可靠的标准，对上市公司的报表进行严格的审查，并能真实、客观地报告审查结果，它将有可能在经济混乱的初期就已经将当时"虚假繁荣"的经济发展现状公布于众。这将有可能在一定程度上推迟大危机的到来，减轻大危机可能产生的负面影响。

由于美国充分吸收了 1929—1933 年经济大危机所带来的经验和教训，从 20 世纪 40 年代起，加强对证券市场的监督和管理，包括制定一套完善的"公认会计原则"、加强对注册会计师执业的监督，在一定程度上保证了美国证券市场的稳定发展。因此，在庆祝美国注册会计师协会成立 100 周年的大会上，美国前总统里根曾说，没有你们，美国证券市场将会土崩瓦解。这也在一定程度上说明，良好的会计实务对维护资本市场的秩序有着极为重要的作用。

三、我国当前经济环境与会计职业道德

20 世纪 80 年代中期起，我国计划经济体制被打破，市场经济尚未完全建立。传统会计理论和方法不能适应新经济环境的要求，而新的理论和会计方法又未能迅速、有效地建立起来，在这一过程中，会计面临的最大批评就是会计信息失真。社会各界——上至政府官员，下至一般民众——都对会计提出了各种各样的批评，并要求会计人员迅速改变这一现象，提供真实、可靠的会计信息。

由于会计人员是会计信息加工、生成和传递的直接承担者，因此，他们对会计信息的失真应当负有直接的责任。从这一意义上来讲，要求会计人员在改变会计信息失真中发挥作用是理所当然的。但是，如果从更深层意义上来分析，我们发现，我国当时会计人员所面临的外部环境，与 20 世纪 20 年代美国会计人员所面临的经济环境有着惊人的相似之处。当人们批评会计信息失真时，经常提到"书记成本""厂长利润"。这些在计划经济下的老话表明，会计信息失真的根源在于企业管理层，在于国家尚缺乏一套完善的能约束管理层弄虚作假的体制。而 20 世纪 20 年代的美国，企业家也是一个备受重视的阶层。当时几乎没有什么严格的法律能约束企业家的行为。比如，当时一家公司的总经理将其成功归因于"保密，更保密，再保密"，他几乎拒绝向外界透露任何情况，甚至拒绝回答审计人员的问题。他的这一行为非但未受到谴责，反而成为企业家学习的榜样（见《美国会计史》，第六章）。在这种极度不健康的环境下，希望会计师"独善其身"，并能提供真实的信息，是不切实际的。这种外部环境下的会计信息失真，根源在于不良的社会环境，而直接责任应当来自管理层。在美国经济经历了数十年繁荣，特别是 20 世纪 80 年代中后期至 90 年代中后期连续近 20 年的"非理性繁荣"，经理阶层在美国社会的地位再次上升到无以复加的地步，加之美国出台了措施旨在降低针对管理层和注册会计师的诉讼风险，各种因素综合起来，导致安然等系列公司丑

闻事件的发生。同样,我国 20 世纪 90 年代出现公司"包装上市""圈钱"热潮,加之法律监督等的缺失,给那些机会行为者造成无风险"错觉",与银广夏等事件的产生具有不可分割的内在联系。

可以说,会计信息失真与不良的外部经济环境有着直接的联系。因此,治理会计信息失真是一个系统工程,它需要方方面面的有效配合,包括:重新塑造良好的外部环境;建立一套有效的机制,约束企业家的行为;建立一套国有资产管理的有效体制,以保证国有资产的所有者也能真正关注国有资产保值、增值的经营效率。但会计人员应当从自身角度寻找原因,特别是从职业道德出发,对自身行为提出严格要求。正如大危机过后,美国会计实务界领袖人物乔治·梅在反省当时会计实务时所说:"在 20 世纪 20 年代,会计师们堕落了,并且沉湎于在账簿上调整资本价值……达到了前所未有的程度……。在偏袒的辩解中,他们或许会将不健全的法律、不切实际的经济学以及对事物的新秩序的普遍但虚幻的信念结合在一起,而以这一方针(即在账簿上调整价值——引者注)受到欢迎为借口,但是,……更明智的方针是承认错误,并且不要再重入歧途。"

由于会计信息具有相当直接的经济利益后果,会计信息失真的后果将是全面且广泛的。这就要求会计人员从做人的品格出发,从会计师的职业道德出发,尽最大可能保持会计信息客观、可靠。在这一过程中,会计人员应该坚持的职业道德,首要的就是实事求是,不弄虚作假。对注册会计师而言,还要坚持客观和公正,在做出职业判断时,时刻要考虑会计信息对一般社会公众可能产生的影响,以最大程度保护公众利益作为其最终的道德标准。

本章小结

会计理论有规范理论和实证理论之分。规范理论认为,理论可以用来为实践指明方向;实证理论认为,理论是对实务提供解释和预测。

会计基本假设是会计原则赖以确立的基础,包括会计主体、持续经营、会计分期、货币计量。

会计原则包括的内容多,且口径争议较大。本书只选择介绍了少量内容相对稳定、构成具体会计准则基础的部分,如权责发生制、收入实现、费用配比、谨慎、实质重于形式等。

会计准则制定的过程并不完全是一种追求科学真理的过程,各方利益的平衡与协调对会计准则制定的影响较大。

会计与经济环境之间存在共生与互动的关系。

关键词

解构	规范会计理论	实证会计理论
实质重于形式	会计信息质量	国际会计准则委员会
规则导向	原则导向	

即测即评

请扫描右侧二维码,进行即测即评。

案例分析

　　某跨国公司设立了若干个事业部,其中一个事业部主要生产家电产品,我们这里称之为家电事业部。该事业部又按照地域分为若干个区域,如亚太区、欧洲区、北美区等。2004 年,亚太区在某个法制不是很完备的国家涉及六起未决诉讼。亚太区财务总监陈先生专门赴该国,召集相关负责人和法律专家进行讨论,最后发现这些诉讼胜诉的可能性都只能达到 50%。在向各个项目负责人和法律专家征求关于诉讼可能赔偿金额的意见后,财务总监决定在原有 500 万元诉讼准备的基础上,再补充提取 700 万元的诉讼准备(如果全部败诉,需要赔偿 2 400 万元)。年底审计时,其审计师认为这种处理过于稳健,需要转回;但亚太区财务总监认为,依据充分,不应当转回。同时,家电事业部全球其他分区同级管理层一方面认为亚太区应当坚持原则,另一方面又不停地暗示,家电事业部实际利润离预算目标只差 200 万元。如果完成了利润预算目标,包括陈先生在内的家电事业部全球高管都会得到一笔不菲的业绩奖励。

　　假定你是亚太区财务总监,你应当如何处理? 为什么?

思考题

　　1. 理论有什么作用? 请结合你个人的理解和观察,举一至两个日常生活中的例子说明理论的作用。

　　2. 会计理论有什么作用? 请分别从规范理论和实证理论两个角度讨论。

　　3. 什么是会计准则? 请结合前面各章所学习的内容,具体说明会计准则在会计日常处理中的作用。

　　4. 为什么需要会计准则? 结合有效市场、理性经济人及经济学中的契约成本等思想,说明会计准则在维持社会经济关系方面的作用。

　　5. 什么是国际会计准则? 为什么国际会计准则委员会要极力推广之,而美国却极力反对?

　　6. 请自己查找有关会计准则原则导向与规则导向的文献,并结合你的理解,写一篇关于这一问题的小论文。

　　7. 什么是会计基本假设? 结合前面各章所学习的内容,具体说明会计基本假设的作用。

　　8. 按照会计分期假设,财务报表应当是定期呈报(目前是每季度、每半年或每年一次)。在网络化社会,财务报表的呈报会有什么样的变革? 这些变革对会计基本假设有什么样的挑战?

　　9. 会计信息有哪些局限性? 试举例说明。

　　10. 什么是会计职业道德? 企业内部会计人员的职业道德与注册会计师的职业道德有哪

些不同?

11. 请结合自身体会,讨论会计职业道德与做人的关系。

12. 会计与经济环境之间存在什么样的共生与互动关系?

13. 为什么说"没有复式簿记,就没有资本观念"?

主要参考文献

[1] 葛家澍. 财务会计理论研究. 厦门:厦门大学出版社,2006.

[2] 葛家澍,刘峰. 会计理论——关于财务会计概念结构的研究. 北京:中国财政经济出版社, 2003.

[3] 刘勤,等. XBRL 知识体验:理论、方法与实践. 上海:立信会计出版社,2016.

[4] 财政部会计司编写组. 企业会计准则汇编(2021). 北京:经济科学出版社,2021.

[5] 徐经长,孙蔓莉,周华. 会计学. 6 版. 北京:中国人民大学出版社,2019.

[6] 曼昆. 经济学原理. 梁小民,梁砾,译. 8 版. 北京:北京大学出版社,2020.

[7] 张蕊. 公司财务学. 3 版. 北京:高等教育出版社,2017.

[8] Jerry Weygandt,Paul Kimmel,Jill Mitchell. Accounting Principles. 14th ed. New Jersey:Wiley, 2020.

[9] Robert Libby,Patricia Libby,Frank Hodge. Financial Accounting. 11th ed. New York:McGraw Hill,2022.

[10] COSO. Enterprise Risk Management——Integrating with Strategy and Performance. 2017.

高等学校工商管理类专业会计、财务管理类课程教材

高等学校会计学专业系列教材

会计学基础(第四版)	唐国平
会计学原理(第二版)+ 学习指导书	杜兴强
基础会计学(第四版)	沃 健 赵 敏
基础会计学(第二版)	孟祥霞 程 洋
基础会计(第二版)	孙玉甫
财务会计(第四版)	陈信元
财务会计	窦家春 邢 军
高级财务会计学	戴德明
成本会计学(第二版)	汪祥耀 杨忠智
成本会计(第二版)	罗 飞
成本会计	徐素波
管理会计	胡玉明
管理会计(第三版)	毛付根
成本管理会计(第三版)	孟 焰 刘俊勇
审计学(第四版)	王英姿 朱荣恩
审计学	舒利庆
审计学	李 歆
审计与鉴证服务	刘明辉
内部控制与风险管理——理论、实践与案例	王清刚
企业内部控制(第三版)	程新生
内部控制(第二版)	潘 琰
税法	王红云 陈 红
会计信息系统(第三版)	艾文国 等
会计信息系统(第五版)	杨宝刚 王新玲
会计信息化	陈 旭
会计理论	陈良华 等
企业会计模拟实验(第三版)	杨淑君 等
Excel 会计与财务管理——理论、方案暨模型(第三版)	桂良军
会计职业道德	叶陈刚

高等学校财务管理专业系列教材

财务学原理(第二版)	熊 剑 杨荣彦

高级财务管理(第二版)   左和平   李雨青

高级财务管理(第二版)	左和平	李雨青
国际财务管理	谢志华	
税务筹划(第七版)	盖 地	
税收筹划	经庭如	阮宜胜
财务分析(第二版)	谢志华	
财务报表分析(第四版)	张新民	王秀丽
财务报告分析	郭泽光	
公司理财(第二版)	赵振全	等
成本管理	陈汉文	
投资学(第二版)	金德环	
证券投资学(第三版)	丁忠明	
证券投资学学习指南	丁忠明	
证券投资综合实验教程	丁忠明	
证券投资学(第三版)	任淮秀	
企业融资理论与实务	汤炎非	谢达理
资产评估(第四版)	汪海粟	

高等学校会计学、财务管理课程教材

会计学(第五版)	赵惠芳	
会计学(第二版)	罗金明	
会计学概论(第二版)	刘永泽	
会计学(第二版)	陈 红	姚荣辉
财务管理	王华兵	
财务管理(第二版)	王 斌	
财务管理——理论·实务·案例(第二版)	徐光华	柳世平
财务管理学(第三版)	杨淑娥	
财务管理学(第五版)	郭复初	王庆成
财务管理(第二版)	赵德武	
公司财务管理(第二版)	王化成	
财务管理	常叶青	吴丽梅

互联网＋应用创新型财会系列教材

会计学	袁振兴	
会计学	刘东辉	
会计学	李菊容	
财务管理	黄 虹	等

财务管理	郑亚光
审计学	谢晓燕
基础会计	冯建
基础会计	徐国民
基础会计	吉宏
会计学原理	董红杰
中级财务会计(第二版)+学习指导书	焦桂芳　潘云标
中级财务会计	罗新运
中级财务会计	张慈
财务会计学	刘建中
高级财务会计	徐丽军
会计信息系统(第二版)	徐亚文
会计信息系统	徐晓鹏
会计学实验教程	窦炜
管理会计	邓春梅
管理会计	田高良　张原
成本会计(第二版)	伍瑞斌
财务分析	蔡永鸿　林丽
企业内部控制	王李
税法(第二版)	纪金莲

教学支持说明

　　建设立体化精品教材,向高校师生提供整体教学解决方案和教学资源,是高等教育出版社"服务教育"的重要方式。为支持相应课程教学,我们专门为本书研发了配套教学课件及相关教学资源,并向采用本书作为教材的教师免费提供。

　　为保证该课件及相关教学资源仅为教师获得,烦请授课教师清晰填写如下开课证明并拍照后,发送至邮箱:jingguan@pub.hep.cn,也可通过 QQ群 329885562进行索取。

　　咨询电话:010-58581020,编辑电话:010-58556264。

证　　明

　　兹证明_____大学_____学院/系第____学年开设的_____课程,采用高等教育出版社出版的《　　　　　　》(_____主编)作为本课程教材,授课教师为_____,学生____个班,共____人。授课教师需要与本书配套的课件及相关资源用于教学使用。

　　授课教师联系电话:_____E-mail:_____

学院/系主任:_____(签字)

(学院/系办公室盖章)

20____年____月____日